一部立足于中国文学本位的中国文学史

中国文学史编委会

国家级高等学校特色专业建设教材

中国文学史

（修订本）

【辽宋夏金元卷】

主　　编　方　铭

本卷主编　黄震云　王兆鹏　胡传志

　　　　　赵维江　查洪德

長春出版社

国家一级出版社

全国百佳图书出版单位

图书在版编目(CIP)数据

中国文学史.辽宋夏金元卷/方铭主编;黄震云等分卷主编.—长春:长春出版社,2013.12(2016.7重印)
ISBN 978-7-5445-3214-3

Ⅰ.①中… Ⅱ.①方… ②黄… Ⅲ.①中国文学-文学史-辽宋金元时代 Ⅳ.①I209

中国版本图书馆CIP数据核字(2013)第282878号

中国文学史(辽宋夏金元卷)

主　　编:方　铭
本卷主编:黄震云　王兆鹏　胡传志　赵维江　查洪德
责任编辑:谢冰玉　孙振波
封面设计:王国擎

出版发行:長春出版社　　总编室电话:0431-88563443
发行部电话:0431-88561180　　邮购零售电话:0431-88561177
地　　址:吉林省长春市建设街1377号
邮　　编:130061
网　　址:www.cccbs.net
制　　版:荣辉图文
印　　刷:吉林省良原印业有限公司
经　　销:新华书店

开　　本:787毫米×1092毫米　1/16
字　　数:411千字
印　　张:22.25
版　　次:2013年12月第1版
印　　次:2016年7月第3次印刷
定　　价:39.00元

第五编　辽宋夏金元编

第一章　辽宋夏金元的文人构成与文学形态 …………………………… 003

第一节　辽宋夏金元的社会风貌 …………………………… 003
第二节　辽宋夏金元的文人构成 …………………………… 005
第三节　辽宋夏金元的文学形态 …………………………… 008

第二章　辽宋夏金元诗的发展历程 …………………………… 019

第一节　辽夏北宋诗歌的发展历程 …………………………… 019
第二节　金南宋诗歌的发展历程 …………………………… 022
第三节　元代诗歌的发展历程 …………………………… 027

第三章　辽夏北宋诗歌 …………………………… 031

第一节　萧观音和辽夏诗歌 …………………………… 031
第二节　白体、晚唐体、西昆体和宋初诗歌的沿袭 …………………………… 036
第三节　梅尧臣、苏舜钦、欧阳修和盛宋诗歌的开拓 …………………………… 041
第四节　王安石、苏轼、黄庭坚和典范宋诗的形成 …………………………… 047

第四章　金南宋吐蕃大理诗歌 …………………………… 056

第一节　金代诗歌 …………………………… 056
第二节　吕本中、曾几、陈与义和南渡诗歌 …………………………… 065
第三节　陆游、杨万里和中兴诗歌 …………………………… 069
第四节　刘克庄、文天祥和晚宋诗歌 …………………………… 077
第五节　《格萨尔王传》和吐蕃大理诗歌 …………………………… 082

第五章　元代诗歌 …… 090
第一节　耶律楚材和元代前期诗歌 …… 090
第二节　虞集和元代中期诗歌 …… 094
第三节　杨维祯、萨都剌和元代后期诗歌 …… 097
第六章　辽宋夏金元文的发展历程 …… 101
第一节　辽夏散文的发展历程 …… 101
第二节　宋代散文的发展历程 …… 102
第三节　金代散文的发展历程 …… 105
第四节　元代散文的发展历程 …… 109
第七章　辽夏北宋散文 …… 113
第一节　辽代散文 …… 113
第二节　西夏散文 …… 115
第三节　欧阳修与北宋前期散文 …… 120
第四节　苏轼与北宋中后期散文 …… 140
第八章　金南宋散文 …… 155
第一节　元好问和金代散文 …… 155
第二节　南宋散文 …… 161
第九章　元代散文 …… 185
第一节　元代前期散文 …… 185
第二节　元代中期散文 …… 187
第三节　元代后期散文 …… 190
第十章　宋金元词的发展历程 …… 193
第一节　宋词发展历程 …… 193
第二节　金元词发展历程 …… 205
第十一章　北宋词 …… 212
第一节　柳永和宋初词 …… 212
第二节　苏轼和北宋中后期词 …… 216

第十二章　南宋词 …… 223

第一节　李清照和南渡词 …… 223
第二节　南宋中期词 …… 228
第三节　姜夔和宋末词 …… 234

第十三章　金元词 …… 241

第一节　吴蔡体和金代初期词 …… 241
第二节　金代中期词 …… 243
第三节　金代末期词 …… 245
第四节　元好问的词 …… 247
第五节　元代前期词 …… 249
第六节　元代中期词 …… 252
第七节　元代后期词 …… 254
第八节　张翥的词 …… 257

第十四章　辽宋金元戏曲的发展历程 …… 261

第一节　辽代戏曲的发展历程 …… 261
第二节　宋代戏曲的发展历程 …… 262
第三节　金代戏曲的发展历程 …… 265
第四节　元代戏曲的发展历程 …… 267

第十五章　金元戏曲 …… 269

第一节　金代散曲 …… 269
第二节　金代诸宫调 …… 270
第三节　金代杂剧 …… 274
第四节　元代戏曲 …… 276
第五节　南　戏 …… 285
第六节　元代散曲 …… 288

第十六章　宋元话本的发展历程 …… 294

第一节　说话的产生与话本的出现 …… 294
第二节　宋元说话的发展与话本的流传 …… 295

第十七章　宋元话本的创作 …… 298

第一节　宋元话本的体制 …… 298

第二节　宋元话本的成就……………………………………………………………… 300
第三节　宋元话本的影响……………………………………………………………… 306

第十八章　辽宋金元文学理论批评的发展历程 ……………………………………… 309

第一节　宋代文学理论批评的发展历程 …………………………………………… 309
第二节　金代文学理论批评的发展历程 …………………………………………… 316
第三节　元代文学理论批评的发展历程 …………………………………………… 318

第十九章　辽宋金元文学理论批评 ……………………………………………………… 321

第一节　宋代的文学理论与文学批评 ……………………………………………… 321
第二节　金代的文学理论与文学批评 ……………………………………………… 333
第三节　元代的文学理论与文学批评 ……………………………………………… 339

后　记 ……………………………………………………………………………………… 347

第五编

辽宋夏金元编

第一章 辽宋夏金元的文人构成与文学形态

辽宋夏金元是一个纵横交错的时代，五代与辽、北宋与辽夏南北对峙，南宋与夏金则鼎足而三；元代是天下一统的时代。辽宋夏是由唐分解出来的区域性政权，因此，文化皆本之于唐，又带有地域特征。至南宋、夏、金鼎足时代，文学已先后分别形成了自己新的特质和风尚。经过这一分合的过程以后，中国文学进入了多民族争雄的新时代。

第一节 辽宋夏金元的社会风貌

唐代末年，我国北方的契丹和西部的党项族已经逐步强大。随着五代纷争的开始，先后建立了自己的政权，史称辽和西夏。公元960年，赵匡胤在陈桥发动兵变，五代宣告结束，宋国建立，相对于后来的南宋，又称北宋。就地理方面看，赵匡胤建立的宋国主要是现在的中原及其以南地区，而党项建立的夏国和契丹建立的辽国在今内蒙古阿拉善旗一带接壤，占据着我国的广大北方地区。蒙古人统一中国以后，建立元朝，国号大元。

辽国是生活在我国漠北地区的游牧民族契丹人为主体建立起来的区域性政权，辽太祖耶律阿保机是契丹八部的最后一位可汗，公元906年岁末禅位，成为辽代第一位君主，称帝为公元907年，设年号是公元916年。1125年，天祚帝耶律延禧被女真俘虏，辽代灭亡。历10帝200多年。西辽耶律大石在阴山附近又坚持了近百年，总计约300年天下。辽朝极盛时期，有200余州，纵横万里，是我国北方地区全面开发和建设时期，历史地位十分重要。辽代大致和五代、北宋相始终，与北宋、西夏鼎足而三。辽代的社会政治制度和社会形态在辽太祖时期就基本确立，借才异代，因俗而治，“以国制治契丹，以汉制待汉人”（《辽史》卷四十五）。因此，早期的文化有唐风，而后期实现本土化，并与宋夏交汇发展。

辽国幅员辽阔，纵横万里，土地肥沃，物产丰富，山高林密，风长雪深，景色壮美，多民族之间农牧守望，为文学创作提供了丰富的天然资源。以五京为中心的城市建设和开发，为文学的创作和传播等提供了层次丰富的格局和舞台。契丹统治阶层确立因俗而治、儒教为先、推经义治国以及三教兼存的思想原则和社会制度，大力开展教育、印刷等文化传播事业，文武兼修，追求文质彬彬的人格教化，为培育文学人才队伍创造了优越的条件。统治者对文学的热爱与推崇成为文学发展的动力。又开科举一途，写作诗文可养身、齐家、治国。契丹人在大力发展农业、工业，发展经济的同时，把崇尚诗文看成是文明的标志，一些重要事务和活动通过文学展示表达，因此形成浓厚的尚文氛围。为什么契丹建国 200 多年，没有女真 90 多年的传世作品多？一是因为契丹出于原创，属于发端性质，其中的汉民之作往往又被切割为唐宋；二是战火毁灭了很多作品，未能流传下来。

宋王朝经历了北宋和南宋两个时期。宋太祖赵匡胤认为唐代灭亡的主要原因是方镇权力太重，君弱臣强，因此对内加强中央集权制度，并实行崇文抑武战略，守内虚外；在人才选拔上，以为唐代灭亡的重要原因之一是因为选拔人才太少的缘故，增加进士录取人数，因此宋代的官员往往是进士出身；外交上，对西夏采取绥靖政策，软硬兼施，力图维持现状。但对辽金，宋朝一直显得柔弱，被迫一再退让。边界也从长城、黄河、淮河一步步移到长江。中原是我国传统的科技、经济、文化发达地区，传统深厚，人才济济，农业、手工业在这一时期也得到有效发展，城市化进程加快，如张择端《清明上河图》所示，商业文化也实现了规模化。南渡以后，朝廷偏安一方，多种矛盾并生，主战、主和摇摆不定，内外交困，最终走向灭亡。农业、工商业的发展，推动了城市的繁荣，这时期的学术宗教、教育文化、文学艺术得到了快速发展。李觏的平均土地思想，王安石的新学、变法思想和唯物主义哲学，司马光、邵雍、周敦颐的哲学，关洛学术和张载的二元论，蜀学，二程理学，朱熹的思辨哲学，陆象山的心学，陈亮学派，叶适唯物论等异彩纷呈，成为诸子百家以来我国思想史上难得的活跃期。官方编修的《太平御览》《太平广记》《文苑英华》《册府元龟》《资治通鉴》等相继问世，传统的道统得到进一步的巩固和诠释。文学上借助政策的利好，更是名家辈出，宋词空前繁荣，成为一代文学。宋代是我国文学史上重要的时代之一。

西夏文学的文化环境最显著的特点是格局狭窄，贺兰山麓土地贫瘠，风沙弥漫，唐代赐姓李，宋代赐姓赵，“据夏、银、绥、宥、静五州，缘境七镇，共东西二十五驿”（《辽史》卷四十五），“蕃陲部落，戎寇杂居，劫掠是常，逋亡不一”（《续资治通鉴长编》卷八十八）。夹在辽宋两个大国之间，两面受压，战火不断。目前留下的作品主要是行政、外交文书、朝廷礼乐作品和朝臣唱和诗作，以及大量的契约和应用文书。

金朝立国时间仅有 120 年，《金史·文艺传序》评价金代文学的地位时说：“金用武得国，无以异于辽，而一代制作能自树立于唐、宋之间，有非辽世所及，以文不以武也。”指出了其不同于唐宋的独特成就。大体而言，借才异代只是金代文学的起点，影响金代文学发展的因素还有：统治者对儒家思想的大力推崇，科举制度的实行，各级各类学校的普遍设立，女真等少数民族文人集团的形成，儒释道等多种思想的并存，南北政权的对立与交往，多元文化的排拒与融合，北方民族性格与文化传统，等等。

元代社会与元代文化，具有明显区别于其他朝代的特殊性。蒙古国时期，对于重大事件的决策，实行贵族大民主的忽里台大会制度。作为中央集权制的运作模式，官制及朝仪的建立，是忽必烈即位之后的事。元政府在道德教化方面缺乏有力有效的措施。《元史·许衡传》记载，许衡“慨然以道为己任。尝语人曰：‘纲常不可一日而亡于天下，苟在上者无以任之，则在下之任也’”。元代多民族共居，汉法、回回法混用，国俗（蒙古风俗）、汉俗、回回俗杂行，相互之间难以相互融合，常常是相互碰撞，不免造成社会的混乱：“诸色人同类自相婚姻者，各从本俗法。递相婚姻者，以男为主。蒙古人不在此限。”（《元典章·户部》）在“胡风国俗”浸染下，汉民族传统的伦理观念受到严重冲击，汉人、南人“胡化”之风大盛，一些原有道德底线被打破，如原本流行于游牧地区的收继婚制，[①] 竟在汉人、南人中也多有发生。孔齐《至正直记》卷二《文章设问》中记载，元代表彰的很多节妇都是假节妇，不过是靠关系得个名目而已。胡祗遹《礼论》曾有16字概括：“朝廷之上，无礼无威，闾里之间，彝伦攸斁。”（《全元文》第五册）元代的俗文化、俗文学因此发展起来。

元代在文化上多元并存。所谓的多元文化，可有多层次的理解：中原农耕文明与北方草原文明及西域商业文明的并存；中原文化中固有的儒、释、道的并存；中原本土宗教（道教和已经充分中国化了的佛教）与外来的伊斯兰教、基督教等的并存；士阶层雅文化与市井俗文化的并存；北方承金而来与南方承宋而来各具鲜明特色的地域文化的并存。这些无疑都对元代的文学创作及文学思潮产生重大影响，使得元代文学呈现出不同于中国历史上其他时期的多元丰富性。

第二节　辽宋夏金元的文人构成

辽代的作家当中，有的是由五代入辽，也有的是由宋朝入辽。这些作家在辽国度过了他们的晚年或者一段时间。早期辽代文学的作家，如唐咸通时入辽的李涛，五代时入辽的李瀚、李浣、张砺、高勋、赵延寿，宋代入辽的王继忠等。像张砺、高勋、赵延寿是五代时的权臣，也是文坛领袖。五代文学归辽，集中在契丹初年，

① 收继婚制是女真人婚俗：父死则妻其母（生母以外的妻妾），兄死则妻其嫂，叔伯死则侄亦如之，本之于先秦的烝报婚制度。

亦即借才异代时期。

辽起松漠，鞍马为家，当初没有文字，不遑及文学之事。太祖、太宗主要是平定天下，着力于五京为中心的城市建设和文化开发。世宗、穆宗并无长进，辽景宗向后经济发展，生活安定，方以文雅相尚。因此，辽代的文学以辽景宗为界，分为前后两期，辽圣宗开始进入后期，是辽代文学的繁盛期。前期是以汉文字为主的汉语文学，后期则以契丹语、汉语作品构成了辽代文学的二元语言形态。

由于辽代是一个统一北方的多民族的国家，燕云十六州本是汉人所在地，与中原文化没有什么区别，而渤海、夫余等国文化基础比契丹人还要厚实一些。像夫余自汉魏以来，多次经历磨难迁徙，但是文化并没有毁灭，依然是一个能歌善舞、富有文化气息的民族。因此，民族之间、城乡之间文学发展不平衡，而取得成就的领军人物都是贵族阶层。

宋代文学是继唐代文学之后的又一座高峰，宋词代表了宋代文学创作的最高成就。宋代的作家迁徙聚散、逢时得政，形成了自己的文学创作地图，主要具有以下变化和特点。

宋代作家群体或集团的成员，常常在一起切磋唱和，薪火相传，影响着一代或一地的文风，出现了中国文学史上第一个派中人提出的自我认同的诗歌流派——江西诗派。北宋有四大文人集团：

一是以钱惟演为领袖的洛阳幕府文人集团，主要成员有欧阳修、梅尧臣、尹洙、苏舜钦等。他们时常结“文会”，相互唱酬竞争。二是以欧阳修为领袖的进士文人集团。其中，王安石、曾巩和三苏等著名作家，又团结苏梅等同道，以汴京为中心，通过进士考试的政策导向和自身的典范作品，影响了一代文风。三是以苏轼为领袖的名士文人集团，有苏门四学士、苏门六君子、后四学士，[①] 还有李之仪、毛滂、赵令畤、李伯时、米芾、王诜等人，人才之盛，极一时之选。四是北宋末以黄庭坚为领袖的江西文人集团（江西诗派），影响文坛100多年，一直延续到南宋中后期。

南宋以后，主要是地域性的文人及其群体，如江西庐陵的王庭珪、杨万里，以及江湖派和永嘉四灵等。

唐代的名作家大多是北方人，而两宋时代的大作家几乎都是南方人。唐宋八大家中有六家出自宋代，他们分别是四川人和江西人。此外，大诗人黄庭坚是江西人，中兴四大家中的杨万里是江西人，范成大是苏州人，陆游是绍兴人。从具体的统计数字来看，也是唐代北方多于南方，而宋代则南方远超北方。唐代长达300多年，有半数以上的作者是北方人，半数以上的作品出自他们之手，河南、陕西最为突出。

---

①参见韩淲《涧泉日记》卷上、《王水照自选集》之《苏门的形成与人才网络的特点》，上海教育出版社，2000年版。

两宋有籍贯可考的作者为878人，作品量为17517首。这在作者队伍的地域构成上得到了明确的印证。宋词的作者队伍中80%以上是南方人，77%的作品是由南方人创作的。

北宋时期的文化中心在京洛汝颍之间，尤其是京洛之间。靖康之难后，文化中心转移到苏杭一带的太湖流域。文化中心的南移，带来文学风格、审美理想的差异。唐代文学属于北方文化的范畴，宋代文学则属于南方文化的体系。风土气候影响到南北文化的差异，特别是在交通不发达的古代更为明显。总的说来，古代北方人气质刚健勇猛、豪放爽朗，南方人气质文静含蓄、柔弱多情，故北方文学厚重，以气势胜；南方文学华美，以情韵胜。宋词代表南方文学。

内向型的书斋生活，造就了宋代作家知识结构的多元化、创作才能的全面化。宋代作家好学深思，博今通古，既是文化的创造者，又是传统文化的整理者、传承者和研究者。宋代作家不仅对音乐书画有造诣，对哲学、科技也有研究。许多作家集学者、哲学家、思想家于一身。如欧阳修是诗人、散文家、词人，还是金石学的创始人。苏轼除文学外，对自然科学、医学、水利都曾深究。朱熹对化石的发现辨认和宇宙的演化起源的研究至今仍为人们称道。学者化带来了宋诗议论化或说理化、理性化的特质。

西夏与契丹不同的是，西夏原来是唐代的羁縻四州，宋代相当于一个州，1038年独立，因此早期的汉文作家也就是本土作家。现存文学作品种类和数量不少，但残篇比较多，又主要是应用文书，缺少诗赋类作品。作品能够确定作家姓名的也不是很多，比较完整的散文主要是外交往来文书，作者是西夏王侯，礼乐作品如《月月乐诗》《新修太学歌》可以合乐演唱，梁德养的《西夏谚语》是经过他整理的诗性格言集。李元昊未封称王，造西夏文字，开始进入民族文化发展时期。但就现存的作品看，西夏文和汉文作品的写作成就平分秋色。

金朝建立之初，作家主要是进入金源的辽人和宋人，“借才异代”使得金初文学有一个很高的起点，也取得了不俗的成就。王室权贵对文学的喜爱，推动了文学的迅速发展。金代中期，形成的“国朝文派”，标志着金代文学的成熟。“国朝文派”的代表作家以汉族文人为主，但也有一些少数民族文人，尤其是女真贵族文人，如金世宗、完颜允恭太子以及金章宗等，能写出一些较为圆熟的文学作品。到了金朝末期，国势已经衰落，但文学创作并没有随之减弱，反而迎来了一个创作高峰，涌现出为数众多的文人，形成了创作观念、艺术风格截然不同的两大诗文流派。金朝灭亡以后，一批遗民文人继续进行文学创作活动。其中，元好问以杰出的才能，为金代百年文学画上了一个圆满的句号，同时也为元代文学揭开了辉煌的一页。相比于前代，金代作家的民族成分较为复杂，有汉人、女真人、契丹人、渤海人、鲜卑人等。

一合一分是元代作家队伍的特征。合，是指在宋代分裂为道学家和文章家的两大对立的文人群体，到元代合二而一。分，是指元代的作家队伍一分为二，出现雅俗分流，在中国文学史上再一次出现了雅文学和俗文学并行发展的局面。

《元史》修撰者将前代史书的儒林、文苑二传合而为儒学传，正反映了元代的学术观念和学术现实。元代钟嗣成《录鬼簿》把文人分为三类：科举入仕者，隐居岩壑者，以文章为戏玩者。前两类都属传统的文士，第三类则是新分离出来的文人群体。元初耶律楚材推动儒治，征召经济之士和义理之士，但对辞章之士，斥而不用。"以文章为戏玩者"，是新分离出来的一个群体，主要从事元曲创作。他们无法适应尚武轻文的社会风气，以"戏玩"的态度写出的作品，无关经世大业，后人称这些俗文学作家为"浪子文人"。

作家队伍的雅俗区分的标志是道，也就是人生道路和创作道路的选择。元代士人们遇到了先辈们从未遇到过的问题：千百年来一以贯之的社会运行轨迹一下子变了，传统的读书人实现理想的显达之路已经不通。于是，一些人投入到"救世行道"的行动中去，以天下为己任，用诗文为"救世行道"之具；另一些人表示失望，"以文学为戏玩"，表达自己内心的忧愤，深刻揭露和批判社会的弊端，表现市民的生活。

第三节　辽宋夏金元的文学形态

辽代的文字作品，根据朱子方《新补〈辽史·艺文志〉稿》统计，经史子集计189种。[①] 而根据《全辽诗话》附录的统计，辽代的诗文集约有30余种。[②] 就目前所见的辽代诗歌，不包括散入唐宋诗中的部分，约有300首。[③] 现存辽代的小说一篇，传说10余条，词曲一组。清代光绪中叶，缪荃荪总修《顺天府志》，辑《辽文存》6卷，后有王仁俊《辽文萃》7卷，民国初年的黄任恒有《辽文补录》1卷，近人罗福颐成《辽文续拾》2卷，补遗1卷，汇目1卷，陈述《全辽文》13卷总其成，并附录部分契丹文。[④] 向南（杨森）《辽代石刻文编》[⑤] 收文计300余篇，主要是校订部分辽文，有少量补充。近年来，考古学界陆续又有所发现，但碑石文字不过百通，因此，《全辽文》仍然是当前搜罗完备，又经过考订的较为完善的文本。

辽代文学作品由汉字和契丹文字写成。著名的诗人、词人有辽道宗、萧观音、萧瑟瑟、李俨、赵延寿、寺公大师等，体裁有五言绝句、律诗，七言绝句、律诗，五古、七古，骚体，咒语诗等，以格律诗和谣谚为主，有诗集《玉石观音唱和诗》。

①穆鸿利、黄凤岐：《辽金史论集》第七集，中州古籍出版社，1995年版。

②蒋祖怡、张涤云：《全辽诗话》，岳麓书社，1992年版。

③黄震云：《全辽诗词辑录与编年考证》，见《辽代文史新探》，中国社会科学出版社，1999年版。

④陈述：《全辽文》，中华书局，1982年版。

⑤向南（杨森）：《辽代石刻文编》，河北人民出版社，1995年版。

其中萧观音《十香词》《回心院》、辽道宗《题李俨〈黄菊赋〉》、寺公大师《醉义歌》尤为出色。辽代的散文有诏谕、敕制、哀册、册、官告、表奏疏、碑铭、颂、偈、记、塔记、幢记、题记、祭文、墓志、杂著 20 余类。辽代的散文经历了由简到繁的过程，主要为碑铭和寺庙题记，以实用为本，体现北方文化气息，代表作品有无名氏《造长明灯记》、李万《耿延毅墓志铭》等。辽代现存小说一篇《染庄社记》，戏剧有杂剧、百戏、击毬、鱼龙曼延、女道士戏等。

宋代文学在数量上远远超过以前的任何一个朝代，形态上最能体现其美学时尚的是宋词。《全唐诗》收诗 50454 首，诗人 3328 人；而《全宋诗》收诗 20 多万首，诗人 8900 多人；陆游一人写诗近万首，相当于唐人的五分之一。《全唐文》收文 22896 篇，作者 3516 人；《全宋文》收文 10 万多篇，作者 1 万多人，篇数和作者数量均相当于《全唐文》的 5 倍；《全唐五代词》收词 2809 首（正编 1961 首，副编 848 首），作者 83 人；《全宋词》收词 21055 首，作者 1493 人。虽然这些都是不完全统计，但一定程度上反映了当时的创作情况。文学作品的形态在诗词文以外，讲唱等大众文化方式开始兴起，对后代影响很大。

西夏（1038—1227），是宋初崛起，横跨我国西北地区宁夏、甘肃大部及陕西、内蒙古、青海部分地区的，以党项人为主，兼有汉、吐蕃、回鹘等民族的区域性政权。文学作品由西夏文、汉文、回鹘文、藏文、叙利亚文、女真文[①]等文字写成。西夏王朝陈经立纪，尚文尊孔，由兴学、科举、翰林构成的文脉自成体系，雄踞西陲两百多年，极一时文物之盛。由于元代没有为西夏修史，因此西夏史只见于宋、辽、金三史的附传，原有的典籍《夏国枢要》《夏国史》等也失落不传，西夏的诗文更是湮没无闻。20 世纪以来，黑水城等地大量西夏文献的发现，在国际上兴起了西夏学。现存西夏诗歌近千首，文 3 万篇以上。代表诗作有《新修太学歌》《月月乐诗》等，诗集有《拜寺沟方塔西夏无名氏诗集》等，西夏文作品主要集中在黑水城文献中，已经出版的有《俄藏黑水城文献》《英藏黑水城文献》《中国藏黑水城民族文献》《中国藏西夏文献》《中国藏黑水城汉文文献》《法藏敦煌西夏文文献》等。此外，美国、日本也有少量收藏。[②] 西夏文学整体由西夏、汉、藏和回鹘等文字写成。据统计，西夏用字数量达 6000 多。

金代文学是在继承辽代文学与北宋文学影响的基础上发展起来的，受宋朝的影响更大，相比于辽代文学而言，水准有了更大的提高。

在金代文学的百花园中，诗、文、词、赋等各种传统文体的创作得到进一步发展，而戏曲、诸宫调等新的文学样式也先后兴起，还有名篇流传，对中国文学的发展产生了深远的影响。董解元的《西厢记诸宫调》和一代文豪元好问是金代文学花

①王兴顺:《西夏学概论》,甘肃文艺出版社,1995 年版。

②余传诗:《西夏文献》,《中华读书报》2006 年 7 月 28 日。

园中最美丽的两朵。客观地说，无论是就数量还是成就而言，金代文学上不及宋，下不及元，但雄起北方，拓展了中国文学的地域分布，促进了多民族文化的融合，对元代以后的文学产生了深远的影响。

金代诗歌现存 12000 余首，作者 500 余人。[①] 与唐、宋诗歌相比，金代诗歌是与南宋相对立的女真政权下统治的北方地区汉语文学，总体上呈现出雄豪质朴、刚健野逸、清丽自然的风格，有别于唐宋诗歌，提供了前代诗歌所不具备的特质。金末诗人群体特别是元好问个人的成就，已十分突出。

金代的散文现存约有 2500 余篇，作者 560 余人。[②] 其中堪称大家的有元好问、赵秉文、王若虚等数人。金代散文的整体创作水平不高，既不如唐宋散文，也难比金诗。广义的散文包括骈文和辞赋。金代辞赋留存极少，不过数十篇，纯粹的骈文亦少，但在应用文的创作中骈文化倾向则普遍存在。

金词现存 3600 首左右，词作者逾 70 人。[③] 相比于两宋的词作，金词的数量和艺术成就都要逊色许多，但金词也有不少特殊的贡献：创立并发展了体现着北方文化特色和文学传统的“北宗词”体派，完成了词由应歌娱人向言志自娱的功能转化，实现了词体艺术生命的一次蜕变，[④] 等等。特别值得注意的是，金代词坛上还涌现出一批风格鲜明、成就突出的少数民族词人。这些是我们面对金词时所不能忽视的。

诸宫调是金代独具特色的文学样式，或者说是金代文学对中国文学的特殊贡献。诸宫调的兴起，虽在辽后期和南宋，但最杰出的作品《西厢记诸宫调》则产生在金，而且现存另一作品《刘知远诸宫调》残本也产生于金。诸宫调对元杂剧的产生起到了非常重要的作用。明人胡应麟评价说：“《西厢记》虽出唐人《莺莺传》，实本金董解元。董曲今尚行世，精工巧丽，备极才情，而字字本色，言言古意，当是古今传奇之祖。金人一代文献尽于此矣。”（《少室山房笔丛》）郑振铎对此也有极高的评价：“从宋的大曲或宋的‘杂剧词’而演进到元的‘杂剧’，这其间必得经过宋、金诸宫调的发展阶段；要想躧过诸宫调这一阶段几乎是不可能的。或可以说，如果没有诸宫调的一代文体的产生，为元人一代光荣的‘杂剧’，究竟能否出现，还是一个不可知之数呢!”[⑤] 可见，现存金代诸宫调作品数量虽少，但其成就和地位

---

①据统计，有诗 12066 首，作者 534 位，后来学者又有所增补。此处为概数。薛瑞兆、郭明志：《全金诗》，南开大学出版社，1995 年版。

②据统计，有文 2546 篇，作家 558 人，亦有缺漏者。文中仅取概数而已。阎凤梧：《全辽金文》，山西古籍出版社，2002 年版。

③据统计，有词 3572 首，词作者有 70 位，后来学者又陆续有所增补。此处亦为概数。唐圭璋：《全金元词》，中华书局，1992 年版。

④张晶主编：《中国古代文学通论·辽金元卷》，辽宁人民出版社，2005 年版。

⑤郑振铎：《中国文学研究》，作家出版社，1957 年版。

很高，在文学史上的意义也非常重要。

金代戏剧被称之为“院本”，也有的叫“杂剧”。由于金代戏剧多为民间艺人创作，现存有关金代戏剧剧本的资料很少，留存的主要是剧目。就今山西、河南等地发现的大量金代戏剧演出的舞台和戏俑来看，当时戏剧演出盛况空前。金代戏剧上承宋杂剧，下启元杂剧，在戏剧发展史上起到承前启后的作用。

金代小说流传下来的较少。文言小说只有元好问的志怪小说《续夷坚志》一种，就书名来看，《续夷坚志》是洪迈《夷坚志》的续作，但与洪书旨趣不同，意在“恶善惩劝，纤细必录，可以知风俗而见人心”[①]。另外，刘祁的《归潜志》记有金末文坛轶事和诗文评论，在某种程度上也可看作是志人小说。金代还有与宋代一样的“说话”的活动，[②] 只是话本极少流传下来，有些又难以确定写作时代。

金代的诗文批评十分活跃，相互指责、论辩，非常激烈，出现一些重要的诗文理论作品。其中成就高、影响大的当推元好问的《论诗三十首》和王若虚的《滹南诗话》及《文辨》等篇章。

元代的文学，除了汉语言文学外，还有少数民族语言文学。元代的少数民族语言文学取得了前所未有的辉煌成就，代表作有《蒙古秘史》，蒙古族叙事诗《成吉思汗的两匹骏马》等。此外，突厥族和南方一些少数民族文学也都取得了一定成就。

元代的文坛，诗、文、词、曲、小说，以及文学批评多元并兴，尤以杂剧为后人称道。

诗文是元代文学的主流大宗。《全元文》所收的作者有 3000 多人，文章约 30000 篇；现存元诗作者 3900 多人，诗数量在 13 万首以上。元代诗文，特别是诗歌的质量很好。元末杨维祯在《玩斋集序》中说：“我朝古文殊未迈韩柳欧曾苏王，而诗则过之”。清人宋荦在为顾嗣立《元诗选》所写的序中说：“宋诗多沉僿，近少陵；元人多轻扬，近太白。以晚唐论，则宋人学韩、白为多，元人学温、李为多，要亦娣姒耳。”清人黄宗羲、杨复吉、魏源等人对元代的文章也有很高的评价，认为嗣响唐宋，超越南宋，俯视有明。

前人有词兴于唐、盛于宋、衰于元之说，又有唐以后无诗、宋以后无词等说法，都不够客观全面。金元之际的元好问以及元人白朴、仇远、张翥、邵亨贞等，都是很有成就的词人，“宋末词四大家”中的张炎、王沂孙、蒋捷、周密，除周密可以确定为宋人外，其他三人，也可以说是元代词人。元好问、张翥的词，不逊南宋大家。

① 李正民:《续夷坚志评注》,山西古籍出版社,1999 年版。

② 如《三朝北盟会编》卷七十七《金人来索诸色人》条记,金人攻占汴梁后索要包括“说话”等艺人 170 余家,可知在金代亦有“说话”活动。

元曲，作为一代文学，元初就得到人们肯定。“元诗四大家”之首的虞集，就对元代的散曲和杂剧给予高度评价。元人孔齐《至正直记》卷三《虞邵庵论》说：“一代之兴，必有一代之绝艺足称于后世者：汉之文章，唐之律诗，宋之道学；国朝之乐府，亦开于气数音律之盛。”这里的“乐府”就是散曲。元代罗宗信在《中原音韵序》中不无自豪地说，世之共称唐诗、宋词、大元乐府。

孔齐《至正直记》还记载了虞集对杂剧的评价：“其所谓杂剧者，虽曰本于梨园之戏，中间多以古史编成，包含讽谏，无中生有，有深意焉，是亦不失为美刺之一端也。”认为杂剧体现了诗骚传统和风雅精神。

元代的小说，可分为白话和文言两种。白话小说包括长篇短篇，但在归属上难以定论，如《三国演义》和《水浒传》，大多数人认为在元代逐渐成熟，最终两书成于明代。元代的话本，据胡士莹《话本小说概论》考证，流传至今的有 16 种。元代文言小说的数量，相对较少。袁行霈、侯忠义《中国文言小说书目》著录 44 种，尚存者 28 种。《四库全书》所收元人笔记小说等共 21 种，又小说家类存目 7 种。元人传奇仅有《娇红记》《春梦录》《紫竹小传》《姚月华小传》《绿窗纪事》《名姬传》数种。其中《娇红记》最为有名。

元代的赋和文学批评等，也都取得了很高的成就，值得我们关注。

创新是宋代文学最根本的特质。宋词，代表着宋代文学的最高成就，是一种全新的艺术形式。宋代还出现了白话小说，成为中国小说史上新的里程碑，接受者从上层开始转向下层市民。戏曲在南宋已经成熟。宋代的文学批评更加自觉化、理论化和系统化，出现了诗话这一新的形式。郭绍虞《宋诗话考》列出传存的诗话就有 42 部，残存 46 种，存目的 51 种，共 139 种。大部分已经收录在《历代诗话》及其续编中。唐圭璋《词话丛编》对词话著作进行了较为全面的考证分析。词、白话小说和戏曲的出现，标志着文学体裁的主流发生了巨变和倾斜，审美趣味从雅文学走向俗文学，从贵族文学走向平民文学，接受对象从上层社会走向下层社会。

名家辈出成为宋代文学的明显特征。唐诗有李杜白，宋诗有苏王黄陆；唐文有韩柳，宋文有欧王曾和三苏，唐宋八大家占了六家；唐词有温韦冯李，宋词有苏辛周姜。他们都是可以互相比美的重量级人物。

辽代的文学体现出草原文明特有的气质，以契丹人全面统一、深度开发北方地区的豪迈英雄气概，在艰苦环境下依然具有充满生机的生命力量，用汉字和契丹字书写了契丹、高丽、扶余以及汉民的思想情感、价值观念和性格美感，文学作品释放出顽强的激情、清刚的风格气质、广阔的视野和粗犷任性的想象力。围绕着实用原则尚武崇文，交相辉映，成为中国古代文学中风格卓越的高调。

西夏文学的特质是围绕利益原则进退，刚柔兼济，汉语言文学有晚唐传统，显得高雅；西夏本土文字写作的诗文通俗、实用，整体的文学风格是文简义丰、理幽辞显，但文学性不足，表现为情感单调、想象枯涩，地域特征局限明显，类似自娱自乐。

宋代文学的传播方式，在历史的剧烈变动中呈现出自己的发展路径。师承关系上由个体转向群体，地域构成上由北方转向南方，知识结构上从单项转向全能，传播方式上从手抄转向刻印。讲唱、戏曲、话本等方式随着宋代城市文化的发展，面向大众，逐步兴起，成为新的艺术传播方式。

金代文学“以借才异代始，以流落异代终；以追求中州文派始，以总结中州文派终。以保持华实相扶、骨力遒上为其特色，也不免生硬粗率、苦少蕴藉的弊病”。[①] 金代文学的特征表现在四个方面：一、向北拓展了中国文学的地域范围；二、少数民族文人的崛起为文学注入新鲜血液；三、金末大量豪杰式文人振起末代文学，体现出中国文学发展的多样性；四、南北政权对立赋予金朝文学特别的个性。从总体上来看，金代文学具有清刚雄健的风格。

元代文学的特质，可以概括为多元丰富性。元代多元文化带来了人们价值观、审美观的多元化，思想的活跃使人们可以对事物做出多视角的评判，使文学的主题呈现出前所未有的丰富复杂性。元代文学的空前丰富性，可以从形式体裁、作家队伍和观念意识等方面来认识。形式体裁的多样丰富性表现为：传统雅文学各样式和新兴的俗文学戏曲、小说等并存，少数民族语言文学作品相继涌现。作家队伍构成的复杂性表现为：俗文学作家队伍形成，雅文学创作队伍依然壮观，少数民族作家群体形成等，都是中国文学史上前所未有的。

学术与信仰的多元化对文学的影响最为明显。在蒙古贵族心目中，宗教比学术更为重要，因而地位也更高。在兼收并容的宗教政策下，各种宗教都得以发展。除在蒙古族等北方民族原有的萨满教和中土长期流行的佛教、道教外，回教、基督教、犹太教、摩尼教、袄教等都在流行。儒学作为千年圣王之法的思想统治地位事实上已不复存在，加之草原文化和西域文化凭借政治上的强势地位向社会各个方面渗透，使得千百年来奉若神明的观念和教条受到严重冲击。包括传统的伦理观念、价值观念，以及在中土根深蒂固的重义轻利、重农抑商、恋土重迁等等观念，都受到冲击，很多神圣的、至尊的东西被否定，很多禁区都相继消失。皇帝在文学作品中可以成为丑角，孔子、屈原可以成为嘲笑的对象，本来为“止淫奔”而讲述的故事，转而被颂扬（如据白居易《井底引银瓶》故事写成的《墙头马上》）。可以说，元代学术思想和信仰的多元化，在历史上十分少见，叛逆思想在元代也获得了生存的空间。文人士子中对圣学的怀疑，社会能予以包容。邓牧自称“三教外人”，鼓吹无政府主义，也没有被视为洪水猛兽。

在元代思想文化背景下，文坛自然呈现出前所未有的丰富多彩和纷乱复杂的局面。如以唐明皇和杨贵妃的故事为题材的文学作品中的安禄山、史思明得到赞美，

---

①詹杭伦：《金代文学思想史》，成都科技大学出版社，1990年版。

南宋真德秀说当时“幽燕之人事禄山、思明为二圣”(《西山文集》卷十七)。少数民族作家队伍的表现更为明显。马祖常《题明皇端箭图》就有“羽林孤儿射杀将,坐中凛凛无渔阳”之句,坐中所缺的安禄山,被想象成凛凛多气的英武将军。

在文学思想领域,也有一部分人坚守儒家诗教、先哲垂训。如学者郑玉就强调道外无文。但大部分人却离经弃道而为文。元末,卫道坚定者中如宋濂,愤激于圣人诗教的被抛弃和被践踏,感到元末的文坛简直是一片混乱,所以起而抨击,在《徐教授文集序》中批评说:“非文现象,无法遍指。”

元代杂剧作家生活的时代,是一个社会严重失序、缺乏道德规范的时代,一个充满社会危机和道德危机的时代。但有社会责任感的文人,自始至终都在进行着社会秩序和道德重建的努力。元杂剧作品,大部分也是在呼唤社会秩序和基本道德的重建。正如夏庭芝在《青楼集志》中所说:“院本大率不过谑浪调笑,杂剧则不然。”“可以厚人伦,美风化。”前后期杂剧的变化,只是前期更关心社会秩序,后期更关心家庭伦理。这是元代前后期社会现实的不同需要使然。

20世纪的元杂剧研究,普遍强调元杂剧的社会批判性。而这所谓的社会批判,又表现为以关汉卿等为代表的前期杂剧作家对所谓旧道德的叛逆。后期杂剧之所以衰落,其成就之所以不如前期高,原因也在于失去了对传统道德的批评力,转而接受和宣扬旧道德。所谓家庭伦理剧,成为研究者批评的对象。这些说法,不尽符合元代文学的实际。

文学作品产生出来后,从作者手中到广大的读者手中,还要有一个传播环节。印刷术的发展,使书籍成本价格大降,刻本书价只有抄本书价的十分之一。比如,宋代一部八册的《小畜集》,售价五贯,《说文解字》六百文,而一篇墓志铭的润笔费高达五千贯。书籍价格低廉,平民之家亦可购,为文化、文学知识的普及,文学创作的繁荣提供了条件。欧阳修、苏轼、黄庭坚等著名作家的诗文一出,即日传播;诗词一出,人争传之。

辽代开国的时候,契丹人都是不识字的农牧民,辽代的皇帝会写文章,但不太愿意写,所以采取了借才异代的方式。《辽史》卷四记载辽太宗会同元年“晋及诸国遣使来贺。晋使且言已命和凝撰《圣德神功碑》”。这是辽太宗时代的事情。辽太宗灭晋,带走了晋的图书礼器,还带走了冯道、李浣、和凝等著名作家,之后朝廷制文就不再花钱请人代写了。

御制发布是辽代文学传播的主要方式。如《辽史·耶律良传》说:“清宁中,上幸鸭子河,作《捕鱼赋》……奏请编御制诗文,目曰《清宁集》。上命良诗为《庆会集》,亲制其序。”辽代的君主还会作文表达任臣之心或者褒奖之意。《辽史》卷二十一说,辽道宗即位之次年,“御制《放鹰赋》赐群臣,谕任臣之意”。又耶律隆运有功,辽兴宗乃赐铁券誓文,躬自亲书,斋戒焚香,于北斗星下读之。臣民也会写作诗文进献。《辽史》卷二十一云:辽道宗清宁三年八月,“以《君臣同志华夷同风》诗进皇太后”。

辽代有刻石的传统，以陈三代之佳名，垂千年之人范。如玉石观音唱和诗将25首诗歌刻到石头上。佛教的经典、建功碑、记事碑、经幢、功德文字等也会刻在石头上，目的是以传永久。还有很多是外交场合，如和宋代使节的交往，常常赋诗以示文雅和才华。老百姓之间也会用诗歌来表达自己的思想感情，如《轩渠录》记载燕山军士之妻留给丈夫的信，也是用诗歌的形式。

辽代文学的写作工具，除了铁券丹书这类铁皮用品和石刻文字以外，应县木塔中发现的文物里还有用金银水写成的经书。此外，还有羊皮书，有时候也会用绢和竹简来书写。

辽代有比较先进的印刷技术。1974年，山西应县修理辽代木塔，在四层释迦塔主像胸中发现辽代文物160件。其中有辽代雕版印刷契丹藏、刻经和书籍（辽代的教育课本《蒙求》等）。契丹藏在国内外享有盛名，书成之后，曾经赐给高丽一部，高丽王备法驾，迎于西郊。契丹藏每纸字数不等，为楷书欧体，还有一些图画说明，并说明刻工、书人、时间、地点。其中既有蝴蝶装，也有卷轴装、梵夹装，形式多样。

宋代文学传播方式多种多样，主要有书面传播和口头传播两种。书面传播又可分书册（或称“集本”）传播与单篇传播两类。单篇传播主要有雕印、石刻、题壁三种形式。宋代作家的单篇诗文，主要是靠这三种形式发表问世。单篇传播和集本传播的盛行，促使宋代文学逐步走向商品化。文学的商品化趋势，对宋代文学的发展，有着不可忽视的影响和作用。一是造就了一批以诗文创作为生计的“职业”诗人，如南宋江湖诗人即多属此类。二是加速了文学作品的传播流通与消费，这一方面扩大了作家在当代文坛和读者中的影响，促进了本地文学的发展，为文学集团和文学流派的形成提供了联结的媒介和纽带；另一方面也增进了各民族之间的文学、文化的交流与融合。南宋与金源文学的密切联系和“一体化”趋势，离不开当时双方文学传播方式所起的作用。

传播方式的不同，也影响和制约着文学的创作倾向和创作风格。宋诗和宋词的风格、韵味之所以大相径庭，传播方式的差异是其中一个重要因素。宋诗主要是靠书面传播，诉诸视觉阅读，所以书卷气更浓厚；宋词，尤其是北宋词，主要是口头传播，配合音乐演唱，诉诸听觉感受，所以节奏感更强烈。而宋人特别重视女声演唱，因为女声抒情，清脆娇软，又有可人的花容月貌，视听兼美，更具娱乐功能。词由女声演唱，那么词的风格、韵味就要符合女性娇软的歌喉和特殊的演唱气氛，因而北宋词的风格以婉丽优美为主调，南宋初王灼《碧鸡漫志》早就意识到词风与传播的关系：“今人独重女音，不复问能否。而士大夫所作歌词，亦尚婉媚，古意尽矣。”

宋代的话本小说，从语言到人物、故事都跟宋人传奇小说不同，也是与传播方式的不同有密切关系。传奇小说靠书面传播，为文人案头读物；而话本小说靠口头传播，直接面向市井民众，所以语言是通俗的白话，人物是市井民众熟悉而感兴趣的同一阶层的人物，故事也是取材于他们身边的日常事件。中国古代文学传播方式的发展和变异，在一定程度上制约和影响着中国古代文学的发展进程。

西夏文学作品的传播类似于晚唐五代，有制度保障，还有佛教寺庙以及相关的道场，官员也会互相赋诗唱和。西夏有着先进的印刷技术，因此西夏文学不仅有抄本，也有刻本。仅黑水城文献就达到两万多件，可以想象内府图书文学一定更为丰富，可惜因为战争毁灭了。

灭辽之前，女真人基本不懂契丹语、汉语，只有一些原始质朴的歌谣，如一些贫家女子“自叙家世、妇工、容色，以伸求侣之意”（《大金国志》卷三十九），还有像巫师的神秘歌唱，如“取尔一角指天、一角指地之牛，无名之马，向之则华面，背之则白尾，横视之则有左右翼者”（《金史》卷六十五）。如果说这些勉强可以称之为文学的话，传播方式当然是通过宗教的仪式口耳相传的了。灭辽之后，“获契丹、汉人，始通契丹、汉字”（《金史》卷六十六）。但在金政权建立之初，女真人仍没有本民族的文字，直到天辅三年（1119），完颜希尹才参照汉字和契丹文创造了女真文字。但由于女真文化基础相当薄弱，历经百余年，女真语文学也一直没有发展起来。所以现存金代文学基本上以汉语作品为主。金代的印刷业已经非常发达，科举制度也已经十分完善，文化教育得到普及。因此，金代传统的诗文主要以书面语言的形式传播，当然也有不少碑志作品有赖石刻流传至今，而新兴的俗文学如诸宫调是以说唱的形式传播，戏曲则以舞台表演的形式传播。

由于战争破坏、正统观念、民族歧视、文化选择等种种原因，致使金代文学在流传过程中损失严重，有集传世的不足十家，大概百不存一。后人对金代文学的认识一直存在偏颇，对其研究还远远不够。这就更容易造成人们对金代文学的误解和估价不足。

元代诗文的传播，承宋、金而来，在方式上没有大的变化。只是由于元代疆域的空前广大，传播范围也空前广阔。加之元代中外交通、交流的便利与频繁，元代诗文在国外的传播十分广泛。诗社与文人雅集，使得聚会和社友间的传播，成为元代更重要的传播方式。元词的传播，相对于宋代发生了较大变化。宋词以演唱传播为主，元代的词，基本上成为文本词，传播方式也同于诗，以书面传播为主。

元代文学的传播就方式说，值得关注的是杂剧和散曲的传播。元杂剧的传播，有书面传播与演出传播两种形式。书面传播以抄本为多，刊本很少。书面传播是元杂剧的重要传播方式，或为杂剧艺人因演出之需而抄录，或为刊刻以供文人阅读。《录鬼簿》记载胡存善编辑刊刻的元曲都是散曲作品，元时没有一部杂剧总集，现存的《元刊杂剧三十种》，为元代大都和杭州等地坊间的一些杂剧刻本。明《永乐大典》共收戏文 33 种，23 种为关汉卿、王实甫、白朴、马致远、郑光祖、乔吉

"元曲六大家"的作品。明李开先的《改定元贤杂剧》十六卷相对完备。由于演出过程中常根据需要进行修改和即兴发挥，因此剧本之间往往有很多差异。

元杂剧的传播路径是：最初在真定（今河北正定）、平阳（今山西临汾），由这些地方编演杂剧的才人、艺人组成的戏班在北方传播，然后进入大都。南北统一后，至大德年间，又随杂剧作家与表演艺人的南下而至南方，此即所谓"杂剧南移"，进而传遍全国。杂剧的传播者主要是表演艺人。元代夏庭芝在《青楼集》中说："我朝混一区宇，殆将百年，天下教舞之妓，何啻亿万。"为后人所知的，只是其中极少的一部分。夏庭芝《青楼集》中记载艺妓152人，其中女艺人117人，男艺人35人，以杂剧见长者50人。今人从《青楼集》《南村辍耕录》《全元散曲》等文献中，爬梳出有名有姓的艺妓159人。[①] 他们具有广博的学识，"五方之风俗，诸路之音声"无不谙熟，还能读书为文。胡祗遹《优伶赵文益诗序》《朱氏诗卷序》，都是为伶人的诗集所作之序。

市场竞争有力地推动了杂剧艺术的传播。艺人们大多各有专长，也有不少人兼擅多类，特别是闺怨、花旦、绿林、驾头几类。为了演好戏，艺人们需要记住作品，大量的作品她们都能烂熟于心。《青楼集》中说李芝秀能记杂剧三百余段。演出是杂剧传播的最重要的途径，有在勾栏中演出，有打野呵，有唤官身，也会以乡村社戏演出。这些都属于专业演出。杜仁杰的散套《庄家不识勾栏》、无名氏杂剧《蓝采和》、戏文《宦门子弟错立身》等都生动地记载了当时演出的盛况。

非专业的演出则有曲家演、良家子弟演和"街头群儿聚戏"的自娱自乐性表演。朱权《太和正音谱》载："'良家子弟所扮杂剧，谓之行家生活，娼优所扮者，谓之戾家把戏……'关汉卿曰：'非是他当行本事，我家生活，他不过为奴隶之役，供笑献勤，以奉我辈耳。子弟所扮，是我一家风月。'"扮演者有三种：一为曲家自己，也就是"我家生活"；一为良家子弟，即"行家生活"；一为倡优伶人，是"戾家把戏"。前两种都属非专业演出，只有倡优伶人的"戾家把戏"属专业演出。

散曲在元代的书面传播，主要是书坊刊行。《录鬼簿》卷下胡正臣条记载，父子相承，"裒集诸公所作，编次有伦。及将古本□□，直取潭州易氏印行。元文□读无讹，尽于书坊刊行，亦士林之翘楚也。"散曲的书面传播情况好于杂剧，有姓名可考的200多位散曲家中，有专集流传下来的有张养浩、张可久、乔吉等数人，但远不能与诗文相比。元代的曲选今存四部：《乐府新编阳春白雪》《朝野新声太平乐府》《梨园按试乐府新声》《类聚名贤乐府群玉》。

散曲的演出传播是"清唱"方式。明人魏良辅在《曲律》中说："清唱俗语谓之'冷板凳'，不比戏场藉锣鼓之势，全要闲雅整肃，清俊温润。"但其实专业人员演唱的散曲，演唱场所和接受群体，在层次上都远高于杂剧。专业的散曲演唱主要

① 罗斯宁：《元代艺妓与元散曲》，《中山大学学报》1998年第1期。

在歌楼妓馆的文人诗酒雅会，非表演杂剧的勾栏和路歧可比。在这些场合，“文人与歌妓的合作，使曲这种新兴起的艺术形式得到更加广泛的传播”，使得“关汉卿与朱帘秀，乔吉与李楚仪，王元鼎与莘文秀，白朴与天然秀，杨显之与时顺秀等”，结成了“艺术生产者与艺术传播者的合作关系”①。女艺人的词曲创作，很多也在这些场合完成，她们不仅是散曲的传播者，还成为词曲作家。《青楼集》记载有赵孟𫖯、商衢、高克恭、姚燧、阎复、史天泽等一时高官名流皆乐与其中。已知这些雅集的地方有京师城外万柳堂等。

关于元代歌楼妓馆的散曲演唱情况，清代李光地《榕村语录》卷二十二记载，明代初年，明太祖对于恒舞酣歌处罚十分严厉，但是仍然难以绝迹，元代散曲演唱之盛可见一斑。散曲也有非职业的传唱，主要在街头里巷之中。

思考题

1. 简述宋代的哲学思想与文学创作。
2. 什么是黑水城文献？
3. 金代文学在整体上表现出哪些不同于其他朝代的特征？
4. 为什么说诸宫调是金代文学对中国文学的特殊贡献？
5. 简述元代文学与文化的特殊性。

【参考书目】

1. 北京大学古文献研究所编：《全宋诗》，北京大学出版社，1995 年版。
2. 孙望、常国武：《宋代文学史》，人民文学出版社，1996 年版。
3. 黄震云：《辽代文学史》，长春出版社，2011 年版。
4. 胡传志：《金代文学研究》，安徽大学出版社，2002 年版。
5. 查洪德、李军：《元代文学文献学》，中国社会科学出版社，2002 年版。

①康保成：《酒令与元曲的传播》，《文艺研究》，2005 年 8 期。

第二章
辽宋夏金元诗的发展历程

辽代的诗歌在辽道宗时代兴起，主要是政治诗和宗教诗，整体成就并不突出。辽宋夏金元时代的诗歌成就最突出的是宋代。两宋诗歌可以分别分为三个代群，通过传承与新变演绎出丰富多彩的宋诗。北宋分为宋初诗歌的沿袭、盛宋诗歌的开拓与宋诗风范的形成；南宋分为南渡诗歌、中兴诗歌、晚宋诗歌。西夏诗虽有一些传世，但不足观，更无名篇。元好问的出现，为金代诗坛增色，并成为有史以来最著名的北方作家。元诗整体不突出，但有自己的气象。

第一节　辽夏北宋诗歌的发展历程

一　辽代诗歌

辽代诗歌以辽圣宗为界，大致可以分为前后两期，以帝王为中心展开，经历了原始、初创、发展、鼎盛、终结五个阶段。辽代前五世基本上没有留下什么诗歌，只有一些仪式用的歌谣，可以看成是原始阶段。辽圣宗时代，文化已经比较发达，对中原文化也进行了根的认同，尊唐尚诗成为时尚。《契丹国志》卷七和《辽史》说辽圣宗通晓音律，10岁能诗，尤喜吟诗，出题诏宰相以下赋诗，还有“乐天诗集是吾师”的诗句[①]。辽兴宗是位非常喜欢写诗的君主，以诗代言，还很会评诗，有很多诗友，写得比较好的是和司空辅国大师的交往诗，作品率真直接、情趣盎然。宋仁宗宝元二年（1039）聂冠卿出使辽国，兴宗称：“尝观所著《蕲春集》，词极清丽。”（《宋史》卷二百九十四）自此，辽代的诗歌进入快速发展时期。辽道宗和皇后萧观音都是著名的诗人，风格清刚向上，代表了辽代诗歌的最高成就。辽天祚帝幼年登基，汗颜乱世，大宝归金，伶俜一身。主要诗人有萧瑟瑟、寺公大师等，作

---

①[辽]圣宗(耶律隆绪):“虏中好乐天诗。”见郭绍虞:《宋诗话辑佚·古今诗话》,中华书局,1980年版。

品中表现出凄凉无奈的气息。

二　夏代诗歌

西夏的诗歌作者主要有汉人和党项人，诗歌写得好的都是外来的汉人，如张元等。李元昊建国后推广自己制造的国字，效仿唐宋诗体，但比兴不足，生涩浅俗，始终没有产生很出色的作品。

三　北宋诗歌

清代全祖望《宋诗纪事序》将宋诗按风格流派变化分为四变，元祐以前为初宋，之后到北宋末为盛宋，南渡后为中宋，四灵以后为晚宋。今人有今人的说法，但并无本质上的区别。

（一）宋初三体

北宋初期的60余年间，诗歌从整体风貌上延续了中晚唐诗风，出现白（居易）体、晚唐体、西昆体。

宋初三体这一代群在总体上是沿袭唐风，分别以白居易、贾岛、姚合、李商隐作典范。在思想上、视野上没有离开前代，缺乏开阔的气势和浓郁的思绪。诗人们在建国初期的创作心态是内敛的，诗歌也没有彻底摆脱五代的柔软气息。但宋初诗人们又纷纷站在时代的前沿去试图改变前人的诗风。白体诗人力图抛弃五代的妖艳无力，晚唐体和西昆体诗人分别以精思巧构和色调华丽变革了浅俗鄙俚化的白体诗末流。体派的嬗变表现了宋代诗人特定的审美追求，整体上是轻松的、乐观的，显得通俗闲逸，成为宋代诗歌的起点，成为下一阶段诗歌发展变革的基础。

（二）盛宋诗歌的开拓

真宗、仁宗时期，伴随着政治文化上的变革，诗文革新随之开始。首先是制度上的规定，宋真宗大中祥符二年（1009）下诏："今后属文之士，有辞涉浮华，玷于名教者，必加朝典，庶复古风。"（《宋大诏令集》）其次是著名作家的表率作用。叶梦得《石林诗话》称："欧阳文忠公诗始矫昆体，专以气格为主。"欧诗学韩愈，吸收议论化、散文化的特点，又除去生僻险怪之语，清新自然，一扫西昆体的浮艳，奠定了宋诗的风格，欧阳修成为北宋中叶的文坛盟主。第三，在欧阳修周围，团结了一大批文人如尹洙、石延年、范仲淹、苏舜钦、梅尧臣等人，志趣相投，共同开拓了宋代诗歌的新局面，主要的特色是变革和开拓。

欧阳修、梅尧臣、苏舜钦以诗论政，以诗言志，以诗达情。宋初诗歌较少反映民间疾苦、表达文人真挚的情感，这一代群从模仿走向创新，是诗歌复古运动的中坚力量，恢复了诗学的政教色彩，吸收了兼容并包的"宋学"精神，改变了晚唐五代浮夸的诗风，拓宽了诗的疆域，开始有了对社会政治民生的深切关注，抒写人与人之间的交流，鸣一己之忧愤。在诗歌的风格上，既有对前代优秀诗歌的崇尚，也有宋人自己的感悟；既有大气的外显，也有回归内质的平淡。他们在诗歌创作上又都体现出各自的主体风格和审美情趣的追求。

苏舜钦与梅尧臣齐名，时称苏梅。苏舜钦诗风粗犷豪放，感情奔放，直率自然，干预现实社会，直陈利弊。梅尧臣诗在内容上立足现实社会生活，反映政治事件，有较强的民本性，在题材上开始贴近日常生活，开宋诗气质之先。元人龚啸评其“去浮靡之习，超然于昆体极弊之际；存古淡之道，卓然于诸大家未起之先”（《宛陵先生集》附录《祭宛陵先生文》）。这里的“古淡之道”是梅诗的主要艺术风格。苏舜钦的诗中带有强烈的政治感情，在政治感慨之外也有抒情之作，意境开阔，胸怀宽广，同样体现了诗人豪迈的性情。清人叶燮《原诗·外篇》称：“开宋诗一代之面目者，始于梅尧臣、苏舜钦二人。”

（三）典范宋诗

陈师道《后山诗话》云：“王介甫以工，苏子瞻以新，黄鲁直以奇。”道出了盛宋诗歌的特色与成就。王安石、苏轼、黄庭坚是这一代群的代表诗人，他们的创作成为宋诗的代表和典范，标志着宋诗的发展进入了鼎盛期。

王安石喜欢杜甫、李白、韩愈等诗人，以绝句为高，诗风以工见长，但不同的时期、不同的题材又有不同的风采。其一是政治诗，将政治价值观和文学价值观都灌注诗中，注重反映社会现实，针砭时弊，充满强烈的政治意识和抱负，诗风雄丽。其二是咏史怀古之作，诗句求工，求变求新，以史明志。最后，退出政治舞台后的写景诗和禅理诗代替了前期的政治诗，诗风也转为含蓄淡雅，寄寓悲壮之情于描写自然山水中。黄庭坚说“荆公暮年作小诗，雅丽精绝，脱去流俗，每讽味之，便觉沆瀣生牙颊间”（《苕溪渔隐丛话前集》卷三十五）。王安石的诗以其政治家头脑流连山水之间，表现出简约而精深的风格，荆公体承前启后，风靡一时。

苏轼是集大成者，他学识渊博，胸怀大志，坚持不懈地学习、思考。因此，他的诗歌富有才气，思想深邃。苏轼诗中豪放的情怀、超然物外的境界，人生态度的高昂和心灵的旷达把宋诗的本质精神推向了一个新的阶段。

在苏轼的周围形成了一个苏门诗人群，黄庭坚、秦观、张耒、晁补之并称为“苏门四学士”，再加上陈师道和李廌，又合称“苏门六君子”。其中，黄庭坚的成就最突出，与苏轼并称“苏黄”。

黄庭坚提出在借鉴前人的基础上推陈出新，作品的特点主要是创作上讲求新意，追求技巧，强调“夺胎换骨”。黄庭坚的诗声律有奇峭的特点，喜用拗句，力避平仄熟调，故意打破和谐的声调，创造生新的音调。在310多首的七律中，拗体诗达150多首。恰如张耒所感“不践前人旧行迹，独惊斯世擅风流”（《柯山集》卷十八），史称“山谷体”。

与黄庭坚密切相关的，是宋代文学史上的一个重要体派，即江西诗派。南宋初期吕本中作《江西诗社宗派图》，称“歌诗至于豫章始大出而力振之，后学者同作并和，尽发千古之秘，无余蕴矣。录其名字，曰江西宗派，其源流皆出豫章也”。江西诗派以学杜为号召，以黄庭坚为学习榜样，成为宋代最大也是流传最广的一个体派，一直延续到南宋。宋末元初的方回继承江西诗派衣钵，尊杜甫为祖，奉黄庭坚、陈师道、陈与义为宗，提出了“一祖三宗”之说。诗派中最杰出的当属黄庭坚和陈师道，获得了很大成就。黄侧重诗律的规范，便于后来青年学习；陈则着意内心的体验，两种模式构成了江西诗派后来创作的起点。江西诗派虽然力争学习杜甫，但只是片面地追求杜诗中的句法、用事等艺术技巧，专心于字眼等。这种诗风和创作规范的缜密虽然是其突显的基础，但也成为桎梏其长久流传的弊端。模式的固定和僵硬，对思想内容的忽视，使其渐渐忽略了对诗意本真的追求，走向末路。

元祐诗坛是宋诗的顶峰，这一代群把宋诗推向了艺术的高峰。王安石雄伟的气魄与晚年的“回归”，苏轼才气贯通、潇洒豁达的气质，黄庭坚硬瘦生新的山谷体，无一不自成一家。宋诗在整体面貌上焕然一新，王、苏、黄、陈强化了欧阳修以来变革的成果，又树立了有宋一代诗歌的典范，是宋诗成就最集中最突出的代群。

第二节　金南宋诗歌的发展历程

一　金代诗歌

金代诗歌的发展历程大体可分为四个阶段，金代初期（1115—1160），从金太祖完颜阿骨打建国到海陵王末年，为“借才异代”时期；金代中期（1161—1213），主要是金世宗与章宗两朝以及卫绍王时期，为“国朝文派”形成时期；金朝末年（1214—1234），也即“贞祐南渡”直至金朝亡国，为“南渡诗坛”时期；金亡之后（1235—1270），也即金朝灭亡至蒙古改元，为“遗民诗人”时期。

（一）金代初期诗歌

金政权建立之初，女真人没有本民族的文字，天辅三年（1119），完颜希尹才参照汉字和契丹字创造了女真文字。这一时期，除了一些原始质朴的歌谣之外，几乎没有什么可以称之为文学的。女真统治者选择了文化侵占的方式，即“借才异代”，从此逐步走上了汉化之路。

“借才异代”的提法最早出自清人庄仲方的《金文雅·序》中：

> 金初无文字也，自太祖得辽人韩昉而言始文；太宗入宋汴州，取经籍图书，宋宇文虚中、张斛、蔡松年、高士谈辈先后归之，而文字煨兴，然犹借才异代也。

“借才异代”这个提法很准确地概括了金初文化和文学的性质。金初诗坛作家主要由入金辽人和入金宋人组成。

入金辽人中较著名的有虞仲文、左企弓、韩昉、张通古、王枢、任熊祥等，皆受到金王朝的重用，大都官居高位。他们对金王朝的政权建设贡献颇大，但在文学方面影响较小。真正让金初文学发展获得较高起点的是众多由宋入金的文人，主要有滕茂实、司马朴、朱弁、洪皓、宇文虚中、蔡松年、何宏中、姚孝锡等人，他们具有较高的文化修养和文学水平，对金初的文化与文学影响较大。金初诗坛的本土文人主要有邢具瞻、刘彧、朱自牧、刘瞻、王仲通、王彟、刘扐等汉族文人以及海陵王完颜亮等少数民族文人等。

（二）金代中期诗歌

1161年，金世宗继位，一改前代君主完颜亮的侵略扩张路线，与宋缔结“隆兴和议”，大力发展经济。金王朝迎来了社会稳定、国力富强的“大定明昌五十年”的承平时期，文学发展也获得了良好土壤，加之统治者采取了一系列积极的文化政策，形成了后人所说的“国朝文派”①。“国朝文派”的提法出自《中州集》卷一《蔡太常珪》：

> 国初文士，如宇文太学、蔡丞相、吴深州之等不可不谓之豪杰之士，然皆宋儒，难以国朝文派论之。故断自正甫为正传之宗，党竹溪次之，礼部闲闲公又次之。自萧户部真卿倡此论，天下迄今无异议云。

从这段文字中可以看出，首倡此论者是金代中后期的户部尚书萧贡，得到了包括元好问在内的“天下”人的一致认同。

“国朝文派”主要有两部分人，一是辽宋故人的子弟，辽人子弟如韩汝嘉、张浩、边元鼎、王元节、王元粹、李献可等，宋人子弟如蔡珪、毛麾、王琢等；二是本土成长起来的新人，如刘迎、王寂、党怀英、王庭筠、周昂等。此外，还有少数女真贵族文人，如金章宗完颜璟等。

（三）贞祐南渡诗坛

金宣宗贞祐二年（1214），蒙古兵再次南下，逼迫金廷放弃中都，南迁汴京，这就是史家所说的“贞祐南渡”。之后，金王朝迅速走向衰败。天兴三年（1234），在蒙古与南宋的联手猛攻下，蔡州城陷，哀宗自缢而终，金王朝覆亡。

随着金王朝的岌岌可危和衰落沉没，金末诗歌反而迎来了一个高潮。南渡诗

①关于这一概念的内涵，当前学界说法不一，有的学者直接理解为体现金代诗歌特征的诗歌流派，如张晶《论金诗的“国朝文派”》，见《文学遗产》(1994年第5期)；有的学者理解为“以诗词为主”的文学流派，如李正民《试论金代“国朝文派”的发展演变》，见《民族文学研究》(2004年第2期)；有的学者则笼统地理解成“大定以后以蔡珪为首的金代文学家阵营”，见詹杭伦《金代文学思想史》(成都科技大学出版社，1990年版)。其实“国朝文派”的本意应该是单纯的文章流派。萧贡和元好问使用这一概念的重点，不是强调文体，而是强调文人，强调“国朝”。所以，上述各种观点还只是一家之言。

坛，群峰并起。南渡诗坛在文学观念和创作方面分为两大阵营：一派以赵秉文、杨云翼、王若虚、元好问等人为代表，思想上偏向于儒家，诗歌偏向于儒家诗教传统，努力守正出新，姑且称之为平实派；另一派以李纯甫、雷渊、麻九畴等人为代表，思想相对驳杂，性格豪放倔强，着意创新，追求奇险豪健，姑且称之为奇创派。这两派诗人相互激发，尽管观点不同，但他们共同致力于改革金代中期以来尖新浮艳的不良诗风，引导金末文学朝着健康的方向发展，由此造就了南渡诗坛的繁荣局面。

（四）遗民诗人

尽管金亡前夕，南渡诗坛的著名文人如赵秉文、李纯甫、雷渊、李汾、辛愿等人陆续辞世，但金亡之后，金代文学并没有迅速衰落，反而唱出了金代百年文坛的最高音，那就是以元好问为代表的一批遗民诗人仍在以他们的笔记录那个动乱多难的时代，抒发慷慨悲凉的情绪。尽管元好问在“贞祐南渡”时期已经创作出许多名篇，取得了很大的声誉，但金亡之后，他“蔚为一代宗工，四方碑板铭志尽趋其门”（《金史》卷一百二十六），在文坛的地位更高，影响更盛，且在蒙古国生活长达 24 年之久，所以他相当于“遗民诗人”的领袖。遗民诗人中影响较大的还有“河汾诸老”和杨宏道、李俊民等人。另外，王重阳、马珏等全真教徒也写作了不少诗歌。

二　南宋诗歌

（一）南渡诗歌

靖康二年（1127），北宋灭亡，宋室南渡。动荡的政局激发了诗人们的爱国热情，诗中多了强烈的爱国意识。诗人们脱离了江西诗派的束缚，创作呈现出新的风貌。

南渡三家吕本中、曾几、陈与义被看作是江西诗派的成员。吕本中是南渡诗坛的重要人物。江西诗派作为一个宗派而流传于文学史，即出自于吕本中的《江西诗社宗派图》。吕本中本人宗法黄、陈。但南渡初期，吕本中认识到死板的宗黄诗风已经出现了弊端，极易使人亦步亦趋，因而提出“活法”之说，把江西诗派的“有意于文者之法”和苏轼的“无意于文者之法”辩证统一起来，试图打破僵化的模式和时人日渐封闭的心灵，在形式和内容上有所创新，实现从艰涩的生新走向流转的轻活。在打破江西诗派藩篱的同时，吕本中与同一时期的陈与义一样，也写了不少反映动乱现实的诗作，感时伤怀。

曾几师承数家，既受到了韩驹“炼字”态度的影响，包含了江西诗派的艺术特色；也深谙吕本中的“活法”，在创作中把这种诗风推向清新活泼。曾几的这类作品表达对自然的真实感受，是江西诗派风格内部趋变的一种潜在方式。另一方面，江西诗派中，曾几政治地位较高，且始终站在抗金立场上，因而作品中较多地流露了对南宋局势的悲怆和对收复失地的信念。

陈与义是江西诗派后期的代表人物。他的诗风在靖康之变前后有很大不同。南渡之前，作有流连光景的江西诗风浓郁的情趣诗。南渡以后，他对杜诗的忧国忧民的思想实质有了切身的体会，诗中增添了浓郁的爱国主义情怀，表达了对民生疾苦的关切和对时局的忧愤，诗风遒劲有力。陈诗也有另外一种风格的展现，主要表现在题画诗和咏物诗中，力学陶渊明、韦应物、柳宗元，描写山水，抒写闲适。陈与义后期的诗歌避免了江西诗派的弊病，带来了清新之意。

南宋四名臣李纲、李光、赵鼎、胡铨都是进士出身，是南宋的主战派，往往以诗明志。南渡三家和四名臣这一代群尽管在宋诗史上成就不高，但作品都焕发着强烈的民族忧患意识。

（二）中兴诗坛

与南渡初期相比，自孝宗朝至宁宗前期约半个世纪，出现了中兴气象。方回《跋遂初尤先生尚书诗》云："宋中兴以来，言治必曰乾、淳，言诗必曰尤、杨、范、陆。"中兴四大诗人为陆游、杨万里、范成大、尤袤，萧德藻后世不显。

陆游一生诗歌创作在万首以上，有 9000 多首流传至今。他的诗歌风格早期受到江西诗风的沾染，喜工辞藻，注重技巧；中期入蜀为官、从军，接触了奇丽的山水，又亲历战斗，感受到了紧张豪放的军营生活，因此诗境得到开拓，彻底走出了江西诗派的藩篱，是陆诗臻于成熟的关键时期；晚年闲居农村，偏重于隐居生活的描写，加上佛老思想的影响，格调趋于平淡。在一生的创作生涯中，爱国一直是诗人不变的主题，从不同的角度抒发满腔热情和报国壮志，诗风上追求雄浑的气魄，境界壮阔，兼具现实主义和浪漫主义的色彩。他的诗歌创作在当时和后世都产生了巨大影响。

杨万里早年学习江西诗派，又习理学，诗歌大多体现的是吕本中、曾几的轻快诗风，后学晚唐诗，走向现实世界，回归自然，走出了江西诗风的藩篱。"诚斋体"是他诗风成熟的体现，主要的特征是活泼自然，生动有趣。

范成大是南宋中兴诗坛政治地位较高的诗人之一。他行旅多地，视野开阔，诗的内容较为广泛。诗风上主要是受到了张籍、王建和晚唐诗的影响，语言冷峻，讽刺性强。晚年隐居石湖的十年里，热衷描写田园生活，是他创作中最闪光的部分。其中以《四时田园杂兴》最为著名。

尤袤，《宋史》有传，诗风细润圆转。

陆游、杨万里、范成大、尤袤创作早期都受到江西诗派的艺术影响，但他们逐渐摆脱了江西诗派的束缚，在诗歌艺术上各具特色。

朱熹是宋代理学的集大成者，文学的造诣也极高，寓义理于诗文，强调"文以载道""文道统一""华实相符"。在诗歌创作上有很大作为，现存世诗有 1000 多首，丰富的情感和沉思的义理交织在他的诗中，对后世的文学创作影响深远。

中兴后劲的代表人物是张镃和姜夔。张镃呼应了杨万里、陆游等人创新求变的诗学精神，主张转益多师，广学古人，追求活法悟诗，独造平淡，成为反拨江西诗风，推动宋诗发展的积极因素。其个性豪夸放纵，诗风亦具有同样的特征，在诗坛自成一格。姜夔在创作上早年学江西诗派，师法黄庭坚的声律生新，作拗音，后逐渐转向晚唐体，最后形成了自己清空峭拔的风格，著有《白石道人诗集》。

南宋中期的中兴诗歌，是对江西诗派凝固模式的彻底改变。这一代群在自然感悟、田园境界、爱国豪情、理学情趣等诸多方面都达到了前所未有的高度。南宋中兴诗坛也成为北宋元祐之后宋诗的又一高峰。

（三）晚宋诗歌

开禧北伐失败，宋诗到了它的最后阶段。这一代群诗人较之中兴时期，激昂之声渐弱，永嘉四灵和江湖诗人走上诗坛，道统文人受重用，遗民诗人唱响宋亡的悲歌。

永嘉人徐照、徐玑、赵师秀、翁卷隐逸乡里，自命清高，苦吟为诗，闻名一时。

江湖诗派得名于《江湖集》。《江湖集》是杭州书商陈起给诗家们刻印的诗集，采用丛刊的形式，一家一家发行。宝庆元年（1226），遭诬陷，发生“江湖诗祸”。此派主要由江湖游士所构成，是成分复杂、松散的创作群体，比较擅长写景抒情，成为南宋后期较有影响的诗派。

刘克庄是江湖诗派中比较有代表性的一位，在江湖诗人中官位最高，阅历最丰富，名声最大，作诗数千首，有《后村先生大全集》。戴复古的经历在江湖诗派中是比较典型的，游历广泛。他早年曾学诗于陆游，后来受四灵影响，崇尚晚唐，因此，他的诗歌内容和风格都比较复杂。方岳的诗学道路和刘克庄相似，先从江西诗派入手，用典规范，后受中兴四大诗人的影响，喜对偶和清新诗风，倾向对唐诗的学习，如学习白居易的讽喻之作。方岳曾入仕途，但因得罪权贵，贬谪罢归，实现归隐之志。在他的诗中，多有淡泊之意。摹写自然景物、田园风格和农家生活，贴近平民，诗文中带着丰富的生活气息，表现出了隐居之趣，也透着浓浓的平民意识。

南宋末期，魏了翁、真德秀等理学家重新被重用，在统治阶层的支持下，作正统文学的理学诗，编选道统意味浓重的诗文总集，“以诗人比兴之体，发圣门理义之秘”（真德秀《西山先生真文忠公文集》卷二十七《咏古诗序》）。这些理学诗人主张诗以理为主，重内容轻形式，符合儒家道义的皆可为诗；诗风要雅正平淡，思想感情要健康，语言不计工拙；诗人要屏除情欲之私，以保证触物兴感皆合于天理。理学思想虽然在南宋占据着重要的统治地位，但在晚宋，理学诗只是作为主流诗歌的一个补充而存在。

南宋灭亡之际，诗坛充满了国破家亡的悲思，代表人物是文天祥和汪元量。文天祥既是民族英雄也是爱国诗人，兵败被元人所俘后，囚禁燕京四年，终被杀害。他早期寄兴山林，受江湖诗派的影响；后期学杜甫，有《集杜诗》两百首。他在诗歌中写的是兴亡之事，忠肝义胆，爱国志节，著有《指南录》《指南后录》《吟啸集》等。汪元量诗风受江湖派影响颇深。南宋统治者怯懦无能，随着蒙古军进攻江南，故国沦亡，他的诗于是转而以杜甫为榜样。最著名的诗歌有《醉歌》《湖州歌》《越州歌》等，用纪实的手法把宋亡以及随六宫北迁中的所见所闻记于诗中，抒发了诗人的亡国之痛。

第三节　元代诗歌的发展历程

对于元诗的评价，人们往往以宋诗为参照。明人胡应麟列举赵孟頫、虞集、吴师道、杨维祯、萨都剌等 17 人的歌行体诗说“格调音响，人人如一。大概多模往局，少创新规，视宋人藻绘有余，古澹不足”（胡应麟《诗薮·外编》卷六）。认为缺乏古意，也没有创新。元末杨维祯在《玩斋集序》中说：“我朝古文殊未迈韩柳欧曾苏王，而诗则过之。”明人许伯旅论宋元二代之诗说，人皆谓：“宋之文高于元，元之诗高于宋，殊不知宋之诗亦高于元也。论词语工丽，音节浏亮，宋或不及元。至于说古今，道事理，轻重明白，岂元诸公所能及宋哉？”（朱彝尊《静志居诗话》卷四）清代宋荦为顾嗣立《元诗选》作序说：“宋诗多沉僿，近少陵；元人多轻扬，近太白。以晚唐论，则宋人学韩、白为多，元人学温、李为多，要亦娣姒耳。”或执一端，或作调和，但皆有所本。

元代诗人作家队伍的多民族构成，是一大特色。草原文明语境下的诗人耶律楚材、马祖常、萨都剌、廼贤等，是其中突出代表。

据《全元诗》统计，现存元诗在 13 万首以上，诗人 3900 人。北京燕山出版社 1999 年出版的雒竹筠等《元史艺文志辑本》，所录现存元人诗文别集在 450 种以上，散佚（含未见）425 种。在现存 450 种中，除去仅有《元诗选》本的 102 种，还有 348 种。元代没有出现李白、杜甫那样的伟大诗人，整体成就还不能与唐宋诗歌比，但元代诗人也创作了大量优秀的作品。如元代陈孚的《金山寺》，历来被人称道。

元代诗歌的发展可分为前、中、后期。具体说，忽必烈去世、元成宗即位以前，是元代诗歌发展的前期；从成宗元贞元年到元顺帝即位以前，是元代诗歌发展的中期；元顺帝时期是元代诗歌发展的后期。

一　元前期诗坛

蒙古灭金统一北方以前的诗人以耶律楚材为代表。元前期，北方学术与诗风占据主导地位。这一时期最突出的代表是郝经、刘秉忠、王恽、杨奂、李俊民以及河汾诸老，受元好问的影响最大。以元军攻下南宋都城临安为分界，北方诗人成就最高者是刘因，著名的还有散文家姚燧，诗歌词曲兼擅的卢挚。姚、卢二人都年长于刘因，并且都在朝为官，他们真正影响文坛在成宗大德时期，也就是我们说的中期。全国统一，南北文风开始交汇融合，一批北方文士如姚燧、卢挚等人南下做官，文风影响南方；同时一部分南方文士入朝北上，与在朝北方文人共事，文风互相影响。其中最突出的代表是赵孟頫、张伯淳以及理学家吴澄等。降元的南宋官员如方回等，处于仕隐之间的南方文人如戴表元、赵文、刘将孙、仇远等，他们入元后取得了很好的创作成就。而作为宋遗民的一大批人，他们慷慨悲歌，用诗歌表达着亡国之痛和对故国的哀思，取得了突出的成就。以月泉吟社为代表的南方文人诗社活动，是元代引人注目的文学现象之一。

二　元中期诗坛

元代中期，是元代诗风文风的形成时期，元末以及明清的研究者以“元诗四大家”（虞集、杨载、范梈、揭傒斯）的出现为元代诗歌进入繁盛期的标志。人们称“四大家”等代表的文风为盛世文风。

元中期又分为两个阶段：文风的交融转变期和盛世文风的形成期。清顾嗣立《元诗选》袁桷小传论元诗的发展说：“于是虞、杨、范、揭，一时并起。至治、天历之盛，实开于大德、延祐之间。”从元成宗大德到元仁宗延祐这 20 多年，南北代表性的文人如姚燧、卢挚、虞集、元明善等，先后进入馆阁。延祐二年（1315）开科，一批重要的诗歌作家通过科举被人们所认识，活跃于文坛。黄溍、杨载、欧阳玄、许有壬、马祖常，以及张起岩、王沂，元代文坛上一批重要作家，都是延祐二年进士。加上朝中原有的北方文人和元世祖末年北上的南方文人，大都这个文化中心，汇聚了当时南北代表性的诗歌作家。成宗初年以前，北方文人在馆阁中居主导地位，随着以虞集等代表的南方文人主导馆阁，北方文风也逐渐被南方文风所取代，终于在仁宗后期形成了以“元诗四大家”等人为代表的盛世文风。欧阳玄《雍虞公文序》称为风雅迭倡，治世之音。

在平中寓奇、奇在平中文风下形成的元诗风貌，既不同于唐诗惊风雨、泣鬼神的强烈抒情；也不同于宋诗追求警策与深致，以翻新出奇或见解超人的议论取胜。它是形象的而非理性的，是抒情的却是以理制情的；追求广泽漫流、平波微澜，但具有浩瀚无际的阔大气象，于平易和缓中寓深醇，自有一种隐然动人的力量。

三　元后期诗坛

从元顺帝即位到元室北迁这 30 多年，社会持续动荡，元之所谓“盛世”一去不复返，元中期那种平易正大的文风，自然也就成为历史。对元代后期诗歌，历来有两种评价。一种是否定的，甚至极度的厌恶，以宋濂《徐教授文集序》为代表。肯定者如顾嗣立，他在《元诗选》贡师泰小传中说：“有元之文，其季弥盛。”20 世纪以来，研究者一般认为，元诗的真正繁荣是在元末。

首先是以杨维祯为代表的铁崖体或铁崖派影响一时。其风格特点，如《四库全书总目》："出入于卢仝、李贺之间，奇奇怪怪，溢为牛鬼蛇神者诚所不免。"着意学李贺，追求新奇。铁崖体在当时影响很大，效仿者甚众，研究者认为已经形成一个以杨维祯为宗主的铁崖派，他们以写乐府诗为主，主要代表人物有吴复、项炯、陈谦、郑东、郭翼等。人数众多，创作丰盛。

其次是以顾瑛为主人的玉山草堂唱和，与之同时的"吴中四杰"创作，成为元代最引人注目的文学活动。平江人顾瑛与天下名士如杨维祯、张翥、柯九思、李孝光、郑元祐、倪瓒，方外士如张雨、于立、释良琦等，常在顾家，日夜置酒赋诗。一时风流儒雅，著称东南。与玉山草堂唱和的同时，同在吴地，有以高启为代表的"吴中四杰"以及"北郭十友"的诗歌活动。《明史・文苑传》高启传说："明初，吴下多诗人，启与杨基、张羽、徐贲称四杰，以配唐王、杨、卢、骆云。""四杰"的诗歌成就基本上是在元代取得的。他们的引人注目之处，在于对传统伦理观念和价值观的疏离，以及个体精神的张扬。

其三是元中期两个诗歌中心的走向。江西诸人后学不盛，在虞集等人之后，继承者仅有傅若金等人。婺州后学特盛，与黄溍、柳贯属同一辈分，但年龄小于他们的吴莱已经成为后期作家，他们的下一辈则有戴良（叔能）、宋濂（潜溪）、王祎（华川）、胡翰（长山）所谓"四先生"。后期诗歌也是两大中心：婺州和吴中。这两大中心的代表人物，在人生价值的追求上表现出截然相反的取向：婺中文人积极投身于政治，"四先生"中除戴良做了元朝忠实的遗民外，其他三人都投身于朱元璋政权，成为明朝的开国文臣。吴中文人希望独立于政治之外，做自由的诗人。和这两大中心同时存在的，还有一些地方诗歌流派，如睦州诗派、浙东诗派等。

其四是元代诗坛有理学诗人、僧道诗人、画家诗人、非汉族诗人等几大类别诗人群体。僧道诗人前代已有，但元代特盛。理学诗人、画家诗人、非汉族诗人群体均为元代所特有。这其中，理学诗人主要在前、中期，僧道诗人群体贯穿元代前、中、后期，画家诗人和非汉族诗人群体虽然也贯穿元代各个时期，但以后期为集中。元代代表性的画家诗人有赵孟頫、王冕、倪瓒、吴镇、黄公望等，又有少数民族画家高克恭。不过，赵孟頫、高克恭属于诗、画兼擅，所谓画家诗人更应该指王冕、倪瓒、吴镇、黄公望等人，他们不仅诗、画兼擅，而且融诗画为一。吴镇、黄公望的艺术活动在中、后期，王冕、倪瓒是元末人。非汉族诗人群体，如果就广义上说，耶律楚材、元好问都非汉族，但元代的非汉族诗人群体，主要应指色目和蒙古族诗人，也即所谓"西北子弟"，如顾嗣立在《元诗选》萨都剌小传所举贯云石（云石海涯）、马祖常（马伯庸）、萨都剌（天锡）、雅琥（雅正卿）、泰不华（达兼善）、廼贤（廼易之）、余阙（余廷心）诸人，除贯云石、马祖常、雅琥年岁较长外，其他均为元后期人，他们的创作形成声势影响文坛也在元后期。画家诗人群体、非汉族诗人群体的出现，是元代后期的重要文学现象。

元后期最具代表性的诗歌作家，有杨维祯、萨都剌、张翥、戴良。入明的宋濂和高启，他们的诗歌成就主要是在元代取得的，他们的创作，无疑可以代表元后期的诗歌水平。

思考题

1. 什么是宋初三体？
2. 简述金代诗歌的分期和代表作家。
3. 简述宋代诗歌的分期和代表作家。
4. 简述元代诗歌的分期和代表作家。

【参考书目】

1. 钱锺书：《宋诗选注》，人民文学出版社，2005年版。
2. 张晶：《中国古代文学通论（辽金元卷）》，辽宁人民出版社，2005年版。
3. 郭绍虞：《宋诗话辑佚》，中华书局1980年版。

第三章 辽夏北宋诗歌

辽代自中期以后，诗业方盛，但已是强弩之末，创作数量较少，名篇不多。西夏自王于两宋之际，诗简少亦不足论。宋代诗歌，没有表现盛世的机会，难称风雅，又缺少骚人之志，因此流连骚体外形，以逞一时一己之才。但宋人仍然顽强不懈，努力写作，形成了自己的风范。对于宋诗的写作，清人蒋士铨《辩诗》称“宋人生唐后，开辟真难为”，道出了宋人处境的甘苦。宋人有宋人的办法，宋人严羽谓“近代诸公乃作奇特解会，遂以文字为诗，以才学为诗，以议论为诗。夫岂不工，终非古人之诗也”（《沧浪诗话》），道出了宋诗不同于唐诗的美学风貌。清人吴之振说“宋人之诗，变化于唐，而出其所自得，皮毛落尽，精神独存”（《宋诗钞序》），指出了唐宋诗学精神的一脉相承。

第一节 萧观音和辽夏诗歌

契丹早期没有文字，因此诗歌只有口口相传的祭祀仪式用的咒语。《隋书》卷八十四云：契丹父母死，载其尸深山，置大木上。后三岁往取骨焚之，“酹而祝曰：‘冬月时，向阳食，若我射猎时，使我多得猪鹿。’”《新五代史》卷末《四夷附录》和《契丹国志》记录为“夏时向阳食，冬时向阴食，使我射猎，猪鹿多得”。诗语内容似乎没有发生多大的变化，但由原来的散文体改成了韵文，又体现出季节差异，节奏感也增强了，表明契丹生活语言经历了细致、清晰和诗化的过程。辽人用契丹语作诗，也影响到宋代的诗人，但传下来的不多，有的还是双语交替使用。《契丹国志》卷二十四说：

余靖尚书使契丹，为北语诗，契丹爱之。再往，益亲。余诗云：“夜宴设罢侈盛也臣拜洗受赐也，两朝厥荷通好也情干勒厚重也。微臣秩鲁拜舞也祝若统福佑也，圣寿铁摆嵩高也俱可忒无极也。”国主举大杯，谓余曰：“能道此，余为卿饮。”复举之，国主大笑。刁约使契丹，为北语诗云：“押燕移离毕，移离毕，官名，如中国执政看房贺拔支贺拔支，如执政防阁，践行三匹裂，匹裂，似小木罂，以木为之，加黄漆。密赐十貔狸。形如鼠而大，穴居，食谷梁，嗜肉，北朝为珍膳，味如豚肉而脆。”

宋朝使者用契丹语作诗，促成了一次成功的外交活动。刁约的诗歌是一首五言绝句，内容生活化，是即兴创作的带有酒令性质的辞令。据《续资治通鉴长编》《辽史》《宋史》，余靖出使是在兴宗重熙十三年（1044)，《宋史》卷三百二十《余靖传》说“三使契丹，亦习外国语，尝为番语诗，御史王平等劾靖失使者体，出知吉州”。此诗招祸，当始料未及。

清刚高迈自信是辽代诗歌的基本风格。《中州集》录有邢具瞻《出塞》诗云：“楼外青山半夕阳，寒鸦翻墨点林霜。平沙细草三千里，一笛西风人断肠。”诗歌借塞外风光表达思乡的情绪，用视觉的空旷体现听觉的遥远，美丽而壮阔的边塞使诗人产生兴奋，而随风一曲使诗人的兴奋顿时黯然，想起了繁华的故乡，诗兴由此而发，又突然而止。在诗歌结构取意上颇有些类似于唐代赵嘏的《长安秋望》“残星几点雁横塞，长笛一声人倚楼”，但格局舒展。五代入辽的诗人和凝《题鹰猎兔画》诗说：“虽是丹青物，沉吟亦可伤。君夸鹰眼疾，我悯兔心忙。岂动骚人兴，惟增猎客狂。鲛绡百余尺，争及制衣裳。”和凝入辽后虽受重用，但伤于身世，仍自称“骚人”，表明失意心态，“猎客”以况契丹的骁勇刚猛。

萧观音是辽道宗的皇后，也是杰出的文学家，又是辽代留下作品最多的作家。其《伏虎林应制》诗说：“威风万里压南邦，东去能翻鸭绿江。灵怪大千俱破胆，那教猛虎不投降。”在辽朝人的生活中，打猎和军事训练是一致的，诗歌表达了契丹人希望征服世界的张狂和民族自信。辽道宗去秋山，“以《君臣同志华夷同风》诗进皇太后”（《辽史》卷二十一）。萧观音和作《君臣同志华夷同风应制》诗说：

虞廷开盛轨，王会和奇琛。到处承天意，皆同捧日心。文章通蠡谷，声教薄鸡林。大寓看交泰，应知无古今。（陈述《全辽文》卷三）

诗歌以“虞廷”二字发言，开门见山，强调契丹是中华民族子孙，是虞舜的后裔，平定漠北，诸侯听命，南国来朝，奇琛把握，一切都是秉承天意。文化的繁荣，威名远播，完全是太平盛事、凤凰云集的气象，华夷由文化差异转化为地理分别。这是辽朝强大以后发出的隆盛之音，刚柔相济，也是文化发达以后自豪感的哲思张扬。

文质彬彬表现丰富的情感世界是契丹诗歌的主流。马贤良《献郭药师》说：“闻说将军晓入燕，满城和气接尧天。油然霎霴三千士，雨洗干戈二百年。”据《封氏编年》，诗作于保大二年（1122）。诗歌对刘延庆帅十万大军仓皇逃走非常失望，赞美郭药师，代表了人们对200年来战争的痛恨和期望天下太平的迫切心情。又《辽史索引》引《封氏编年》说，和尚宗印在辽代末年遭乱时于河中府佛刹题诗云："七十劳生西复东，乡关在念感飘蓬。大辽半岁九分尽，全晋一年千里空。周召已亡无善政，蔡童虽死有余风。华阴乞食商山去，岩谷幽寻四老翁"（《全宋诗》卷一四〇五）。这首诗写于辽朝灭亡、蔡童贬死之后。作为在辽朝生活过的僧人，辽朝灭亡后到处流浪，体现的是一种苟安的心态，对辽朝的消失表现出惆怅和失望的心情，所以也就怀念周公、召公那样的鼎立救世的名臣，有《黍离》之悲。在遗民作品中常常见到一些对辽朝留念的情绪，可能未必是对辽朝有多少感情，而是一种角色认定和对乱世的恐惧心理的表现。

诗言志的传统是契丹诗歌一以贯之的精神气质。辽代另一位皇后天祚文妃是契丹又一位著名的女诗人，她的《讽谏歌》说：

> 勿嗟塞上兮，暗红尘。勿伤多难兮，畏夷人。不如塞奸邪之路兮，选取贤臣。直须卧薪尝胆兮，激壮士之捐身。可以朝清漠北兮，夕枕燕云。

这首诗歌用的是骚体，在形式上就定下了强烈抒发悲愤之情的基调。《辽史》卷七十一《后妃传》云："善歌诗。女直乱作，日见侵迫。帝畋游不恤，忠臣多被疏斥，妃作歌讽谏。"天祚时代，辽王朝已经没有回天之力，文妃的理想"朝清漠北，夕枕燕云"就要破灭，因此充满感伤情怀。又《怀古》说：

> 丞相来朝兮剑佩鸣，千官侧目兮寂无声。养成外患兮嗟何及，祸尽忠臣兮罚不明。亲戚并居兮藩屏位，私门潜畜兮爪牙兵。可怜往代兮秦天子，犹向宫中兮望太平！（陈述《全辽文》卷三）

诗歌以秦天子为鉴，劝说天祚皇帝用忠臣良将，赏罚分明，富民强国，很有些像诸葛亮的《出师表》。但是，亡国的君主基本上都有共同的特点，就是不恤国政。天祚本身无能，又不以国祚为意，逢天灾频仍，却依然寻欢作乐，放浪形骸，直接导致了辽朝的灭亡。两首诗都用悲歌性质的骚体，明志谏诤，哀怨之中显得悲壮。

以诗代言，直白内心感受是契丹人性格的一种表现。赵惟皁《叙怀诗》说："三五年来养病姿，素飧君禄合人讥。稍同南国休文瘦，徒羡西河子夏肥。只学因缘精进切，纵逢花酒极欢稀。今春偶失糟糠伴，梁上犹嫌双燕飞。"《辽诗纪事》言"其落句之意，旁人闻之，尚犹凄怆"。妻子先他而去，故诗人作此诗表达自己的心境。诗歌前六句写他自己生病有些像南朝的沈约，与孔子的学生子夏就没有办法相比了，所以注意养生，精心学习佛法，少沾花酒。最后两句说老妻逝离，感到十分孤单，与民歌"打起黄莺儿""打杀长鸣鸡"取意句法相近，用的是传统连动和异质同构的手法。情不自禁，歌以咏志是人类的本性。辽道宗最出色的诗歌要数《题李俨〈黄菊赋〉》。该诗见于陆游《老学庵笔记》卷四，云：

相臣李俨尝作《黄菊赋》以献，道宗作诗题其后以赐之曰：

昨日得卿黄菊赋，碎剪金英填作句。袖中犹觉有余香，冷落西风吹不去。

李俨，《辽史》卷一百二有传，说他“执政十余年，善逢迎取媚”。《辽史》议论他是亡辽的罪魁祸首。李俨于1098年拜参知政事，相臣指称当即指此。辽道宗爱文学，有诗集《御制诗赋》面世。每逢节日，辽道宗总喜欢让群臣赋诗作文，风雅相尚，亦常赋诗言志或喻任臣之意，所以李俨的赋可能是一种应制之作。

以律诗评价文学作品一般以为从杜甫《戏为六绝句》开始，后有元好问《论诗三十首》，辽道宗的诗比起他们应该毫不逊色。李俨的《黄菊赋》已失传，详情已不可知。天冷刮的风多是北风，不是西风，西风人们常常用以和东风相对，表现险恶处境。辽道宗时代正是萧观音和太子与宠臣耶律乙辛拼死搏斗的时代，臣僚受害者甚多，辽道宗诗句用“吹不去”“有余香”，大约是告诉李俨放心，可以辟恶吧。按照辽代的惯例，君臣之间往来诗文应对多关政治，所以李俨的《黄菊赋》虽然已经失传，但推测其内容应该是申述自己的高洁忠贞，而辽道宗的诗歌传递的信息非常清楚，对他十分信任。这是首评赋的诗。关于赋，据《西京杂记》，司马相如以为“合綦组以成文，列锦绣以为质，是作赋之迹”，“赋家之心，包括宇宙，总览人物，斯乃得之于内，不可外传”（葛洪《西京杂记》卷第二）。提出辞赋宏丽华美的主张。赋家之心的根本是表现包容，得天人之道，但古今四海，纷繁广大，就需要精心裁剪，巧以铺陈，才能尺幅万里，笔卷风云。诗人用“碎剪”二字，夸奖赋家之巧夺天工。“碎”强调说明技工之敏，“剪”体现构思之巧，形象深刻，抓住赋铺展外物的特征。“金”写色彩夺目，“香”抒内心感受，“吹不去”更抒情怀信念，字皆苦炼，落地有声。辽道宗此诗一出，后人叹为观止，争相传送，远播南宋词坛。元代虞集点染其辞，寄《蝶恋花》云：

昨日得卿黄菊赋。细剪金英，题作多情句。冷落西风吹不去。袖中犹有余香度。沧海尘生秋日暮。玉砌雕栏，木叶鸣疏雨。江总白头心更苦。素琴犹写幽兰谱。（唐圭璋《全金元词》）

虞集从辽道宗的诗中体悟到美好的情感，自己的词亦写得文情并茂，但以李俨拟陈后主狎客江总未免有些不妥。

辽代文化最有影响力的是佛教文化，诗歌亦多宣扬佛法，忽必烈甚至认为佞佛是辽亡的原因。《全金诗》录有张通古在辽时所作《被命按山东路因游灵岩》诗云：“万壑千岩里，林开一径深……花散诸天雨，灯传古佛心。”“万壑”二句诗写佛寺的所在远悠莫测，实际上正是诗家追求的玄妙境界。灯传佛心，就是觉悟之心，也是诗歌的感受和审美理想追求的奥区。二者皆带有感悟和超然的特点。辽代寺公大师的《醉义歌》是辽代现存的一首最长的诗歌。

晓来雨霁日苍凉，枕帏摇曳西风香。困眠未足正展转，儿童来报今重阳。
吟儿苍苍浑塞色，客怀衮衮皆吾乡。敛衾默坐思往事，天涯三载空悲伤。
正是幽人叹幽独，东邻携酒来茅屋。怜予病窜伶仃愁，自言新酿秋泉曲。
凌晨未盥三两卮，旋酌连斟折栏菊。我本清癯酒户低，羇怀开拓何其速。
愁肠解结千万重，高谈几笑吟秋风。遥望无何风色好，飘飘渐远尘寰中。
渊明笑问斥逐事，谪仙遥指华胥宫。华胥咫尺尚未及，人间万事纷纷空。
一器才空开一器，宿酲未解人先醉。携樽挈榼近花前，折花顾影聊相戏。
生平岂无同道徒，海角天涯我遐弃。我爱南村农丈人，山溪幽隐潜修真。
老病尤耽黑甜味，古风清远途犹迍。喧嚣避遁岩路僻，幽闲放旷云泉滨。
旋舂新黍爨香饭，一樽浊酒呼予频。欣然命驾匆匆去，漠漠霜天行古路。
穿村迤俪入中门，老幼仓忙不宁处。丈人迎立尾杯寒，老母自供山果醋。
扶携齐唱雅声清，酬酢温语如甘澍。谓予绿鬓犹可需，谢渠黄发勤相谕。
随分穷秋摇酒卮，席边篱畔花无数。巨觥深斝新词催，闲诗古语玄关开。
开怀属酒谢予意，村家不弃来相陪。适遇今年东鄙阜，黍稷馨香栖畎亩。
相邀斗酒不浃旬，爱君萧散真良友。我酬一语白丈人，解译线愁感黄耇。
请君举盏无言他，与君却唱醉义歌。风云不与世荣别，石火又异人生何。
荣利傥来岂苟得，穷通夙定徒奔波。梁冀跋扈德何在？仲尼削迹名终多。
古来此事元如是，毕竟思量何怪此。争如终日且开樽，驾酒乘杯醉乡里。
醉中佳趣欲告君，至乐无形难说似。泰山载斫为深杯，长河酿酒斟酌之。
迷人愁客世无数，呼来稽耳充罚卮。一杯愁思初消铄，两盏迷魂成勿药。
尔后连浇三五卮，千愁万恨风蓬落。胸中渐得春气和，腮边不觉衰颜却。
四时为驭驰太虚，二曜为轮辗空廓。须臾纵辔入无何，自然汝我融真乐。
陶陶一任玉山颓，藉地为茵天作幕。丈人我语真非真，真兮此外何足云。
丈人我语君听否？德则利名何足有。问君何事从劬劳，此何为卑彼岂高。
蜃楼日出寻变灭，云峰风起难坚牢。芥纳须弥亦闲事，谁知大海吞鸿毛。
梦里蝴蝶勿云假，庄周觉亦非真者。以指喻指指成虚，马喻马兮马非马。
天地犹一马，万物一指同。胡为一指分彼此，胡为一马奔西东。
人之富贵我富贵，我之贫困非予穷。三界唯心更无物，世中物我成融通。

君不见千年之松化仙客，节妇登山身变石。木魂石质既我同，有情于我何瑕隙。

自料吾身非我身，电光兴废重相隔。农丈人，千头万绪几时休，举觞酩酊忘形迹。（陈述《全辽文》卷十二）

据《湛然居士文集》卷八《醉义歌》序云：“辽朝寺公大师者，一时豪俊也，贤而能文，尤长于歌诗。其旨趣高远，不类世间语，可与苏黄并趋争先耳。有《醉义歌》，乃寺公之绝唱也。昔先人文献公尝译之。先人早逝，予恨不得一见。及大朝之西征也，遇西辽前郡王李世昌于西域，予学辽字于李公，期岁颇习，不揆狂斐，乃译是歌。庶几形容其万一云。”耶律楚材所言应该从实，但是寺公大师的详情已不可考。从诗歌来看，他是一位落魄的和尚。诗歌写重阳日感受西方世界的乐趣，又悲伤自己的孤独，因此破戒饮酒，表现的是超脱的精神。从句式整齐看，应是借用格律诗写法创作的契丹语格律诗。《醉义歌》的核心是通过醉酒方式达到无忧，升华到至乐。在表达方式上既有情绪的宣泄，也有理性的分析劝说。作者认为天命不可违，荣利难得，穷通夙定，因此但醉无妨。醉中之义是至乐无形的美学观念，也是他的美学创造，所谓大象无形，大音希声。为什么酒会使人至乐无形？是因为饮酒可以解忧，可以回归自然，达到无形忘我的状态。

西夏诗歌主要有诗集五种，除拜寺沟方塔出土的无名氏诗集外，他见于俄藏和英藏黑水城文献，总数近千首，由藏文、汉文、回鹘文、女真文、叙利亚文和西夏文写成，三至七言为主，有自己的章法和规范。西夏文作品整体建构方式参照《诗经》和汉语格律诗形式。拜寺沟诗集为西夏学士为主的朝臣写作，时间在1076年前后。西夏的《新修太学诗歌》是政教合一的礼乐作品，可以配乐演唱，秉承《诗经》、楚辞传统。大学士梁德养整理的谚语集是我国第一部谚语集，既体现了西周以来谚的古训精神，也发挥了语的成对、说唱、比兴的形式特质，以为叙事、明理、论道之教化。六朝时谚语合一，语独立自行，出现成语之说。西夏文字的制造得力于佛教的传播，因此关于佛教、民族本源和生存感受记录成为西夏诗歌的主要信息内容。西夏关于民族由来的诗句和殷商神话一致，因此党项出自西羌，就是商颂《殷武》中的氐羌。《解释歌义》用牙齿喉舌四音区来考量诗歌合乐规范，明显地继承体现了西周的礼乐制度，也是西夏现存的唯一的以语言为规则的诗学理论著作。李元昊当政初期就投奔西夏的宋人张元是西夏著名的诗人。他入西夏之初就题壁赋诗。宋人沈括《梦溪笔谈》、洪迈《容斋随笔》、岳珂《桯史》等笔记中记载了他的名篇《咏雪》，诗云：“五丁仗剑决云霓，直上天河下帝畿。战罢玉龙三百万，败鳞残甲满天飞。”用星球大战般的残戾表现雪景，粗鄙无比。整体上说西夏的诗歌尚实用，通俗易懂。

第二节　白体、晚唐体、西昆体和宋初诗歌的沿袭

宋初诗坛通过铲除“五代旧习”，出现了白体、西昆体、晚唐体三体。

一　白　体

胡仔说：“国初沿袭五代之余，士大夫皆宗白乐天诗，故王黄州主盟一时。”

(《苕溪渔隐丛话前集》卷二十二)宋初“白体”诗人是效法白居易作诗的一批诗人，代表人物为王禹偁。

王禹偁(954—1001)，字元之，济州巨野(今山东巨野)人，出身清寒。宋太宗太平兴国八年(983)进士，官至翰林学士。《宋史》本传说他“遇事敢言，喜臧否人物，以直躬行道为己任”。因此，“八年三黜”，曾作《三黜赋》，表示“屈于身兮不屈其道，任百谪而何亏”。久历州县官，比较了解下层人民的疾苦。晚年曾任黄州齐安(今湖北黄冈)地方官，故又称“王黄州”，著有《小畜集》《小畜外集》，共43卷。

王禹偁是宋代最早提倡继承杜甫、白居易现实主义传统的优秀诗人，自称“本与乐天为后进，敢期子美是前身”(《前赋春居杂兴诗二首》)。出于士大夫的社会责任感和道义良知，王禹偁写下了一些反映民间疾苦的诗篇，如《感流亡》，描述了一户因旱荒而从首都流亡到商州的贫苦人家的艰难情形，想到自己左迁十年，处境艰难，而两难的原因是“峨冠蠹黔首”。将批判的矛头直接指向官僚阶层的腐败，表达了关切民生、修德安世的思想主张，叙事、写景、议论交汇一体，发扬了杜甫、白居易的现实主义传统。

另一首《对雪》诗可以看出王禹偁对官场生活的厌倦和无奈：“五日免常参，三馆无公事。”诗人只是思念边塞兵“荷戈御胡骑”，自责“偷安得如是”！不是直士，不愿“深为苍生蠹，仍尸谏官位”。咏物抒怀，心系苍生。这种哀吟手法成为宋代知识分子普遍采用的写作方式。

在商州时，王禹偁学习民间的歌唱方式，写了《畬田词五首》，热情歌颂了人民集体互助的艰苦而欢乐的劳动生活：

> 北山种了种南山，相助力耕岂有偏。愿得人间皆似我，也应四海少荒田。

篇章质朴近于白描，直写所见，抒发了自己力耕开荒的喜悦之情。宋诗散文化、议论化的倾向，于此初见端倪。此外，他还写了一些描绘山水景物、抒发内在情怀的作品，如《村行》：

> 马穿山径菊初黄，信马悠悠野兴长。万壑有声含晚籁，数峰无语立斜阳。棠梨叶落胭脂色，荞麦花开白雪香。何事吟余忽惆怅，村桥原树似吾乡。

村里的美丽景致似曾相识，引发了诗人思乡之情。写法上很有白居易诗的特点，语言浅近，娓娓道来，色彩鲜明而不浓腻。类似的还有《泛吴淞江》《寒食》《春居杂兴》等，皆明净洗练、清新悦目，颇见情趣，很能反映王禹偁诗歌的艺术造诣，影响也很深远。林逋曾盛赞他说：“纵横吾宋是黄州。”(《林和靖集》卷三《读王黄州诗集》)

北宋初，达官贵人“常慕白乐天体，故其语多得于容易”(欧阳修《六一诗话》），但未得真谛。除了王禹偁之外，徐铉、李昉也是宋初学习白体的主要代表，同时也形成了各自的风格特点。

徐铉（916—991），字鼎臣，广陵（今江苏扬州）人。原是南唐重臣，后随李后主降宋，著有《骑省集》。内心常怀黍离之悲，诗作也带有一种惆怅落寞的感情；不过他总是把这种感情处理得很淡漠，如《登甘露寺北望》：

> 京口潮来曲岸平，海门风起浪花生。人行沙上见日影，舟过江中闻橹声。芳草远迷扬子渡，宿烟深映广陵城。游人相思应如橘，相望须含两地情。

诗写于南唐覆灭后，表达了诗人对江南故国的怀念。但是全诗并没有很强的情绪波动，只是将感情深深地埋藏于一片凄迷的景色描写中，称自己为“游人”，找不到回家的渡口。类似的写法还有很多，比如“春愁尽付千杯酒，乡思遥闻一曲歌”（《和钟郎中送朱先辈还京垂寄》），“黄花泛酒依流俗，白发满头思故人”（《九日落星山登高》）等等，都很能代表徐铉诗歌浅切流畅的特点。

徐铉还是一位文字学家和音韵学家，所以他在学习白体风格的同时，对声律、字句以及意象选择方面，都比较讲究。有些五言诗更有精致细巧的一面，如“断云惊晚吹，秋色满孤城”“磬声深小院，灯影迥高房”“吹浪游鳞小，黏苔碎石圆”等诗句，都深含斟酌用心，力图表现出不同于“白体”的自己的特色。

李昉（925—996），字明远，深州饶阳（今河北饶阳）人。宋太宗时任参知政事、平章事，雍熙元年（984）加中书侍郎。他的主要功绩是主编了三部巨著：《太平御览》《太平广记》《文苑英华》，与《册府元龟》合称宋代四大书。宋初朝廷优待文臣，且提倡诗赋酬唱，所以当时的馆阁之臣唱酬成风，还编成了许多唱酬诗集，例如李昉与李至的《二李唱和集》、李昉等人的《禁林宴会集》、徐铉等人的《翰林酬唱集》等。他们的诗歌主要是模仿白居易与元稹、刘禹锡等人互相唱和的近体诗，内容多写流连光景的闲适生活，风格浅切清雅。与徐铉不同，李昉常用随意闲淡的笔法，难以看出焦灼苦闷的心境。总之，徐铉、李昉和王禹偁的创作对北宋下一代诗歌风气产生了很深的影响。

二　晚唐体

“唐末五代，流俗以诗自名者，大抵皆宗贾岛辈。[①]”所谓晚唐体诗人是指宋初模仿唐代贾岛、姚合诗风的一批山林诗人（除寇准外，大多是隐逸山林的处士和僧人），偏重以苦吟的写作方法描绘深邃幽静的山林景色和枯寂淡泊的隐逸生活，代表人物有林逋、魏野、寇准、潘阆以及九僧。

林逋（967—1028），字君复，浙江大里（今奉化市）人，一作今杭州人。北宋

---

①蔡启:《蔡宽夫诗话》,郭绍虞《宋诗话辑佚》,中华书局,1980年版。

初年著名隐逸诗人，是晚唐体诗人的代表。少孤力学，好古，通经史百家。及长，漫游江淮。40余岁后隐居杭州西湖，结庐孤山。常驾小舟遍游西湖诸寺庙，与高僧诗友相往还，以布衣终，宋仁宗赐谥“和靖先生”。因其终身不仕不娶，无子，唯喜植梅养鹤，自谓“以梅为妻，以鹤为子”，人称“梅妻鹤子”。今存词3首，诗300余首，后人辑有《林和靖先生诗集》4卷。

林逋的诗主要是写湖山胜景和抒发隐居不仕的闲适恬淡情怀，如《秋日西湖闲泛》：

水气并山景，苍茫已作秋。林深喜见寺，岸静惜移舟。疏苇先寒折，残红带夕收。吾庐在何处？归兴起渔讴。

风物紧扣季节特征，自在活泼而有情趣。这恰是九僧他们所缺乏的。林逋的代表作还有《梅花》等。

寇准（961—1023），字平仲，华州下邽（今陕西渭南）人。是晚唐体诗人中比较特殊的一位，官至宰相，功业彪炳，后被人诬陷，贬逐荒远。今传《寇忠愍公诗集》3卷。虽然他是晚唐体的盟主，但创作并不仅限于晚唐体。如代表作之一的《春日登楼怀归》：

高楼聊引望，杳杳一川平。野水无人渡，孤舟尽日横。荒村生断霭，古寺语流莺。旧业遥清渭，沉思忽自惊。

写贬谪后羁旅行役之情，感慨颇深，诗风接近林逋。清四库馆臣称寇准“以风节著于时，其诗乃含思凄婉，绰有晚唐之致”（《四库全书总目》卷一百五十二）。春愁江南，有南唐二主风致。

九僧，指的是活跃在北宋初期的一个诗僧群体，包括淮南惠崇、剑南希昼、金华保暹、南越文兆、天台行肇、沃州简长、青城惟凤、江东宇昭、峨眉怀古等九人。他们行游往来，互相唱和，并曾组成过“吟社”，因有合集《九僧诗》而闻名于世。他们直接继承了中、晚唐的僧诗的清雅，同时又受到了晚唐姚合、贾岛的影响，并与林逋、魏野、潘阆、寇准等人交往唱酬。九僧的诗风相近，被称为“九僧体”，诗多写山林情趣，以清丽之辞，发清苦之思，景幽境僻，精致小巧，被认为是北宋学晚唐体最为逼真的一群。他们作诗特别注重反复推敲的苦吟精神，形式上重视五律，对所描绘的对象细致体察，语言表现新颖巧妙。不过他们的诗作全篇意境往往不够完整，内容单调乏味。

三　西昆体

西昆体以杨亿编《西昆酬唱集》一书而得名。“西昆”取昆仑之西有群玉之山，是为帝王藏书之府的传说，言下不无标榜之意。这本诗集包括17家（杨亿、刘筠、钱惟演、刁衎、陈越、李维、李宗谔、丁谓、任随、张咏、钱惟济、舒雅、晁迥、崔遵度、薛映、刘秉、刘骘）五、七言近体诗248首，内容主要是歌唱内廷侍臣优游的生活，讲究典丽精工，开了以才学为诗的风气，一定程度上反映了宋初的升平气象。其主要代表诗人为杨亿（75首）、刘筠（73首）、钱惟演（54首），三人诗作约占全集五分之四。西昆体以华丽典雅的作风，弥补了白体中俚俗滑易之弊，也冲淡了晚唐体多细碎小巧之误，“自《西昆集》出，时人争效之，诗体一变”（欧阳修《六一诗话》），但因其模仿痕迹和匠气太重，为人所讥。

相比白体、晚唐体两个松散的诗人群体，西昆体在宋初诗声最盛，并主盟一时。西昆体在宋初首变诗格，能风行一时的主要原因有三。首先是杨亿、刘筠在文坛上的特殊地位和人格力量的感召。杨亿（974—1020），字大年，建州浦城（今福建省浦城）人。《宋史》载杨亿“天生颖悟”，“文格雄健，才思敏捷”，“重交游，性耿介，尚名节”，“当时文士，咸赖其品题”。刘筠（971—1031），字子仪，大名（今属河北）人。《宋史》说刘筠自“景德以来，居文翰之选，其文辞善对偶，尤工为诗”，“凡三入禁林，又三典贡部，以策论升降天下士，自筠始”。钱惟演（977—1034），字希圣，钱塘（今浙江杭州）人，北宋大臣，也是西昆体的骨干诗人。欧阳修曾谓“先朝杨、刘风采，耸动天下，至今使人倾想”（《四库全书总目》）。其次，杨亿等人在《西昆酬唱集》之外，还有很多创作，比如杨亿擅长骈文，增加了西昆体的影响。今存《武夷新集》20卷。杨、刘在创作上形成了自己的特点，内容上也有一些反映现实、同情民生疾苦之作，如杨亿的《狱多重囚》《民牛多疫死》等都是内容充实、指斥时弊之作。第三，西昆体诗人宗法李商隐和唐彦谦，因此形成了对仗工稳、用事深密、雕润巧丽、音调铿锵的艺术特征。这些对于某些白体诗人过于追求平易，以致走上芜鄙简陋的诗风，以及某些晚唐体诗人过于追求小巧破碎的诗风，都给予一定的冲击和影响。“此昆体诗一变，亦足以革当时风花雪月、小巧呻吟之病，非才高学博未易到此。”（方回《瀛奎律髓》）

西昆体诗人是效法李商隐兼重唐彦谦诗风的一群诗人，他们多是馆阁重臣。杨亿在《西昆酬唱集》的序言中说：“紫微钱君希圣、秘阁刘君子仪，并负懿文，尤精雅道，雕章丽句，脍炙人口……因以历览遗篇，研味前作，挹其芳润，发于希慕，更迭唱和，互相切劘。”这段话说明了他们的写作目的以及方法。在这种观点的指导下写出来的诗作，题材范围必然狭隘，缺乏内容。他们的诗作主要有三类题材：一是借古喻今的怀古咏史诗，如《始皇》《宜曲》《汉武》《南朝》《明皇》等皆属此类；二是描摹物态的咏物诗，如《鹤》《梨》《柳絮》《萤》《泪》等；三是描写流连光景的闲适诗，如《直夜》《夜宴》《别墅》等。当然，西昆体诗人的作品也并不完全是内容空泛之作。如刘筠的《汉武》：

汉武天台切绛河，半涵非雾郁嵯峨。桑田欲看他年变，瓠子先成此日歌。

夏鼎几迁空象物，秦桥未就已沉波。相如作赋徒能讽，却助飘飘逸气多。

这首诗针对真宗妄信符瑞，东封泰山之事，以汉武故事借古讽今。典故切实，境界恢宏，寄托遥深，语言典丽，显示了很高的艺术水平。

西昆体诗人学习李商隐，写作了许多《无题》和《阙题》诗，在雕饰上比李商隐更甚，却缺乏李商隐诗里那些可贵的深思和挚情，更多的是追求形式美。

西昆体迅速衰落的真正原因，一是诗歌题材范围狭窄，缺乏时代气息；二是诗歌艺术立足于模仿，缺乏自立精神。但是西昆体在宋初文坛的因革变化中，它的积极作用也是不容抹杀的。一方面重视知识积累和文化素养，符合宋代文化的内转趋势，另一方面使白诗和晚唐诗的讽喻精神在馆阁唱和这一特定创作机遇中得到了传承。杨亿咏史诗的规讽之意，以及他的咏物、咏怀诗中的个人感怀，可称盛世哀音。因此，杨亿为首的西昆体不仅仅是对晚唐诗风的“简单复归”，为真正的“宋调”的成立也做出了一定的贡献。西昆体虽然没有能在唐诗之外开辟新的境界，但是相对平直浅陋的五代诗风而言，整饬、典丽、深密的诗风意味着艺术上的进步。在宋初诗坛弥漫着白体和晚唐体崇尚白描、少用典故的诗风背景下，西昆体的出现无疑令人耳目一新。但也存在争议，如石介就在《怪说》一文中抨击西昆体“缀风月，弄花草”，“蠹伤圣人之道”。

总之，在宋代诗坛不断发展变化中，可以看出宋初“三体”持久的影响力。白体追求平淡美，王禹偁的诗中已然初见宋诗议论化、散文化的端倪。晚唐体对后来宋诗在语言上追求新奇的倾向产生了一定的影响；而西昆体对后来宋诗过于重学问根底的风气也产生了有力的影响。

第三节　梅尧臣、苏舜钦、欧阳修和盛宋诗歌的开拓

宋仁宗时期，在复兴儒学的背景下，以欧阳修、梅尧臣、苏舜钦为代表，掀起了诗歌的复古革新运动，强调诗歌要“言志”“贯道”，应“因事”“泽物”“济时”“有用”，以恢复诗歌反映社会政治现实的“风骚”传统，表现出儒家政教诗学的浓厚色调和正统观念，宋诗也同时完成了强化政治性和散文化、议论化、理性化的特征建构，呈现出风貌与“唐音”迥异的“宋调”。

一　梅尧臣

在宋诗风格形成的过程中，梅尧臣率先发声，苏舜钦与之呼应，他们反对意义空乏、语言晦涩的西昆体，发扬诗骚传统，成为宋诗史上最重要的两位作家。他们主要以诗歌创作名世，诗风互有异同，在文学史上人称“苏梅”。

梅尧臣（1002—1060），字圣俞，宣城（今属安徽）人，当过尚书都官员外郎，

后人因此称其为“梅都官”，宣城古名宛陵，又称之为“梅宛陵”。史称梅尧臣“为河南主簿，钱惟演留守西京，特嗟赏之，为忘年交。引与酬倡，一府尽倾。欧阳修与为诗友，自以为不及”（《宋史》卷四百四十三）。嘉祐二年（1057）正月，欧阳修与韩绛、王珪等学士同知礼部贡举，共荐梅尧臣为参详官。作为主考官，欧阳修希望通过贡举考试扭转浮艳文风，梅尧臣积极配合，曾向欧阳修推荐苏轼的文章，推动了宋代文风的变革。嘉祐五年（1060），梅尧臣病逝于汴京。

梅尧臣的诗歌创作，初受西昆诗派影响，后诗学观念发生了变化。在《答韩三子华、韩五持国、韩六玉汝见赠述诗》中，他说：

圣人于诗言，曾不专其中。因事有所激，因物兴以通。自下而磨上，是之谓国风。雅章及颂篇，刺美亦道同。不独识鸟兽，而为文字工。屈原作离骚，自哀其志穷。愤世嫉邪意，寄在草木虫。迩来道颇丧，有作皆言空。

本诗在理论上强调《诗经》《离骚》的传统，反对浮艳空泛、玩弄辞藻的诗歌风气，主张美刺精神。在艺术上，梅尧臣认为“诗家虽率意，而造语亦难。若意新语工，得前人所未道者，斯为善也。必能状难写之景，如在目前，含不尽之意，见于言外，然后为至矣”（欧阳修《六一诗话》）。他比较注重诗歌的形象性，感叹“文章制作比善塑”（《依韵酬永叔再示》）。

梅尧臣的诗歌富于现实内容，题材广泛。他了解农村生活，早期就写了一批关怀农民命运的作品，如《田家四时》《伤桑》《观理稼》《新茧》等。以后，他又写了《田家语》，描写沉重的赋税、徭役给农民带来的灾难和痛苦。又如《陶者》：

陶尽门前土，屋上无片瓦。十指不沾泥，鳞鳞居大厦。

这首诗揭示了专制社会中劳者无所获的古老社会问题，直接反映了贫富阶级的尖锐对立，道出了人世间的不公平，表达了对弱者的同情，风格古朴平淡。从《陶者》可看出，梅尧臣不断观察、聚焦日常生活的种种细节，在生活场景和人生经历中开拓、寻找前人未曾注意的题材，或在前人写过的题材上翻新，开宋诗好为新奇、力避陈熟的风气。《小村》一诗更形象地写出了洪灾后农村的荒凉景象和农民的贫苦生活，具有强烈的民本思想：

淮阔州多忽有村，棘篱疏败漫为门。寒鸡得食自呼伴，老叟无衣犹抱孙。野艇鸟翘唯断缆，枯桑水啮只危根。嗟哉生计一如此，谬入王民版籍论。

诗写王民孤寂无依，期待着王道的回归，情深义重。梅尧臣也有一些写景之作，表达内心的焦虑与疲惫，如《东溪》等，以平淡为特色。古朴平淡的风格，体现了宋调的特征：语新而意工，平而弥远，淡而弥深。这种写景诗既继承了汉魏乐府和王维、孟浩然的优秀传统，同时也有作者自己的特色，实践了作者的创作理论。由于他受韩、孟影响较大，所以有些诗作艺术上过于生硬，过分散文化，有议论化的倾向。如《余居御桥南夜闻妖鸟鸣效昌黎体》，从九头妖鸟的传说写到鬼车夜游的景象，显得幽暗恐怖。

总之，梅尧臣古朴平淡、状物鲜明、含意深远的创作理论及实践，纠正了西昆派形态上错彩镂金、内容浅薄乏味的做派，在多维度上开启了宋诗的新道路，南宋刘克庄说："本朝诗，惟宛陵为开山祖师。"（刘克庄《后村诗话》）

二 苏舜钦

苏舜钦（1008—1048），字子美，梓州铜山（今四川中江）人，后迁居开封。《宋史》本传说他"少慷慨有大志"。曾任县令、大理评事、集贤殿校理、监进奏院等职，"位虽卑，数上疏论朝廷大事，敢道人之所难言"。进奏院祠神，苏以售废纸得公钱办宴会。又因支持范仲淹的庆历革新，为守旧派弹劾，罢职闲居苏州，过着寄情山水的生活，但如梅尧臣所言，"其人虽憔悴，其志独昂昂"，"何人同国耻，余愤落樽前"。复起为湖州长史，不久病故，享年41岁。有《苏学士文集》。

苏舜钦的文学创作，以进奏院祠神事件为界，分为前后两期。前期其文学活动与政治活动紧密联系，诗歌的突出特点是具有政论性和战斗性，往往就当时的政治事件和现实问题直抒己见。在后期，隐居生活局限了他的视野，反映重大政治事件和社会问题的作品减少，寄情山水的作品增加，不过他并没有真正忘怀于世事。

苏舜钦和梅尧臣齐名，他们对诗歌的政治作用的认识也一致，认为"诗之于时，盖亦大物"。因此，他批评"以藻丽为胜"的文学风气，而大力赞扬穆修等人"任以古道"，推崇石曼卿的诗能"警时鼓众"。创作风格上，他也曾以"会将趋古淡"自勉，但以雄放著称。梅尧臣比较平和含蓄，而苏舜钦更大胆，更直接。这当然跟他的个性及仕途遭遇有很大关系。如《城南感怀呈永叔》刻画了饿殍遍野的悲惨景象，斥责统治阶级的空谈误国行为；《猎狐篇》则表现了他铲除这些城狐社鼠的美好愿望。又如《吴越大旱》控诉了统治阶级不顾"炎暑发厉气，死者道路积"的悲惨状况，残酷压榨贫苦老百姓的罪恶。

《庆州败》是苏舜钦关切时政、渴望有所作为的代表作之一。记叙了宋王朝对西夏作战失败，边塞将士丧师辱国的惨景："我军免胄乞死所，承制面缚交涕洟。逡巡下令艺者全，争献小技歌且吹。其余劓首放之去，东走矢液皆淋漓。"诗人对北宋王朝统治者麻痹于承平，在边防措施上的松懈和将帅的怯懦无能，都给予痛心疾首的批评与不留余地的揭露。在《吾闻》中，诗人更是慷慨激昂地表述了自己保家卫国的雄心壮志，抒发了强烈的爱国主义情感。他悲愤地说："予生虽儒家，气欲吞逆羯。斯时不见用，感叹肠胃热。昼卧书册中，梦过玉关阙。"宋代诗人中，写这种表示杀敌立功的雄心壮志的诗篇，以苏舜钦为最早。

有时因为愤慨于统治者的昏昧失策，自己的怀才不遇、壮志难伸，他更是把个人的不满直接宣泄出来，如《对酒》《城南归值大风雪》《哭师鲁》《蜀士》等。

苏舜钦的许多写景抒情诗，意境开阔，和梅尧臣的以再现自然美为主的作品不同，他的作品更带有作者自己的主观感情色彩，显得颇有生气。如其名作之一《淮中晚泊犊头》，“妙处不减唐人”（赵执信、翁方纲《谈龙录·石洲诗话》）。苏舜钦这种具有雄豪风格的写景抒情诗，想象奇特，意境高远阔大，在其长篇古诗中，体现得更为明显。试看他的名篇《中秋夜吴江亭上对月怀前宰张子野及寄君谟蔡大》：

> 独坐对月心悠悠，故人不见使我愁。古今共传惜今夕，况在松江亭上头。可怜节物会人意，十月阴雨此夜收。不惟人间重此月，天亦有意于中秋。长空无瑕露表里，拂拂渐上寒光流。江平万顷正碧色，上下清澈双璧浮。自视直欲见筋脉，无所逃遁鱼龙忧。不疑身世在地上，只恐槎去触斗牛。景清境胜反不足，叹息此际无交游。心魂冷烈晓不寝，勉为笔此传中州。

这首诗写吴江中秋月色，表现了诗人对一种光明莹澈的理想境界的追求。月光穿透事物的想象生动奇特，加上诗中把写景抒怀、议论巧妙地糅合，都显示出苏舜钦避熟就生、推陈出新的艺术追求。

苏舜钦是位慷慨、豪迈，积极要求改变现实的诗人，他的诗歌也热情奔放，有别于梅尧臣诗的委婉古淡、含蓄深远。正如欧阳修在《六一诗话》中所评：“圣俞、子美齐名于一时，而二家诗体特异。子美笔力豪隽，以超迈横绝为奇；圣俞覃思精微，以深远闲淡为意。各极其长，虽善论者不能优劣也。”由于苏舜钦性格豪放，作诗往往是落笔疾书，有些作品构思比较平庸，语言粗糙率直，意蕴发露无余，失之于粗豪，有不够含蓄、不够精练的缺点。但他以雄豪的风格、阔大的意境，在梅尧臣之外，为宋诗开辟了另一条路径，对后来的诗人的创作有很大的影响。

三　欧阳修

欧阳修（1007—1072），字永叔，号醉翁，晚年又号六一居士，庐陵（今属江西）人。出身于一个小官吏家庭，父早亡，幼时家境贫困，母亲用荻秆画地教他识字。宋仁宗天圣八年（1030）进士，初仕洛阳，任西京留守推官，和梅尧臣、尹洙等声气相通，师友唱和，共同提倡文学改革，逐渐成为北宋著名的文章家和文坛领袖。又喜奖掖后进，苏轼、苏辙、苏洵及曾巩、王安石皆出其门下。因参与范仲淹庆历改革，两度被贬。熙宁四年（1071）以太子少师致仕。卒，谥文忠，世称欧阳文忠公。与韩愈、柳宗元、王安石、苏洵、苏轼、苏辙、曾巩合称“唐宋八大家”。其诗深受李白、韩愈、白居易的影响，而以韩愈影响为深。欧阳修一生著述繁富，成绩斐然，有《欧阳文忠公集》等。

欧阳修是北宋诗文革新运动的领袖。他的诗文革新的理论与韩愈一脉相承，提出了一系列诗歌革新的理论主张。他在《诗本义·本末论》中说：“诗之作也，触事感物，文之以言，善者美之，恶者刺之。”要求诗歌传达人的情感，发挥讽喻劝诫作用。他特别强调诗歌要有真情实感，反对无病呻吟、闭门造车，并提出诗“穷而后工”的著名论点，认为困顿失意的人有满腔激愤之情要发泄，所以能写出好诗文。他主张诗歌的语言要平易自然，反对生硬怪僻。他很重视诗歌的艺术感染力，称赞韩愈的诗能“资谈笑，助谐谑，叙人情，状物态，一寓于诗，而曲尽其妙”（《六一诗话》），又颂扬梅尧臣的诗能“本人情，状风物，英华雅正，变态百出。哆兮其似春，凄兮其似秋；使人读之，可以喜，可以悲，陶畅酣透，不知手足之将鼓舞也”（《书梅圣俞稿后》）。在这些诗歌理论指导下，他的诗歌既能与现实紧密结合，反映民生疾苦，揭露社会矛盾；又能多方面深刻地抒写个人生活经历和内心感受。相对于西昆体诗人“历览遗编，研味前作”的主张，欧阳修的诗论无疑含有重视生活内容的精神。欧、梅等人的诗歌创作正是以扭转西昆体脱离现实的不良倾向为指导思想的，体现了宋代诗人矫正晚唐五代以来诗风的最初自觉。

欧阳修的诗中有一些是以社会现实为题材的作品，反映人民疾苦，揭露社会的黑暗，具有一定的社会意义。如《答杨子静祈雨长句》描写了“军国赋敛急星火”“然而民室常虚空”的社会现实。再如《食糟民》：

> 田家种糯官酿酒，榷利秋毫升与斗。酒沽得钱糟弃物，大屋经年堆欲朽。酒醅瀺灂如沸汤，东风来吹酒瓮香。累累罂与瓶，惟恐不得尝。官沽味醲村酒薄，日饮官酒诚可乐。不见甲中种糯人，釜无糜粥度冬春。还来就官买糟食，官吏散糟以为德。嗟彼官吏者，其职称长民。衣食不蚕耕，所学义与仁。仁当养人义适宜，言可闻达力可施。上不能宽国之利，下不能饱尔之饥。我饮酒，尔食糟。尔虽不我责，我责何由逃。

这首诗揭露了官吏“日饮官酒诚可乐”，而百姓“釜无糜粥度冬春”的不合理现象，谴责了官吏生活的腐败，对广大人民群众给予深刻同情。同时也表达了自己的内疚之情，现实意义比较强。不过，他写这些诗的目的很明白：“因吟君赠广其说，为我持之告采诗”，为的是规劝统治阶级修明政治，维护专制秩序。表达了“诗言志”的用世主张，同时也表达了对分配制度不公的担忧，体现了优化社会发展的诗性正义。

此外，他还在有些诗作里议论时事，抨击腐败政治。他的《奉答子华学士安抚江南见寄之作》，痛心“百姓病已久，一言难遽陈”“良医将治之，必究病所因”，试图寻找治世良策。“猛宽相济理，古语六经存。蠹弊革侥幸，滥官绝贪昏”指出法律制度的设计不合理，王道经典的虽存如废，官吏阶层的贪腐是其病根。他和杜甫一样，希望“圣君尧舜心，闵闵极忧勤”，把希望寄托在统治者身上。但是，统治者的昏庸，才是现实背离王道的根本原因，他未必完全不明白，所以诗中始终蕴含着一种无奈和忧伤。

类似这样的诗歌还有《答杨辟喜雨长句》《送张洞推官赴永兴经略司》《边户》等，都具有充实的思想内容。他如《和王介甫明妃曲二首》《再和明妃曲》，借王昭君的传说故事，同情妇女的不幸命运，谴责了昏庸误国的统治者。

欧阳修诗中较多的是书写个人生活情趣、对历史题材的吟咏以及亲朋间题赠应和的作品，似乎更能体现其多样化的艺术特色。这类诗篇或清新秀丽，或平淡有味，多抒发诗人的生活感受，含有很深的人生感慨，与西昆体的同类诗作有本质的区别。又如《戏答元珍》：

> 春风疑不到天涯，二月山城未见花。残雪压枝犹有橘，冻雷惊笋欲抽芽。夜闻归雁生乡思，病入新年感物华。曾是洛阳花下客，野芳虽晚不须嗟！

这是欧阳修诗歌的代表作之一，也是“宋调”成型的重要标志。此诗为北宋景祐四年（1037），欧阳修被贬为夷陵县令时所作。诗以荒远山城的凄凉春景衬托诗人内心的落寞情怀，篇末以“曾是洛阳花下客，野芳虽晚不须嗟”自我安慰，宽解前述的精神紧张，认为自己熟见花开花落，在此僻远的山区等待野花晚一些时候开放，实在不是件值得嗟叹的事情，委婉地倾吐了内心的感触，真切动人。“春风”与“虽晚”，“牡丹”与“野芳”等等方面的对比描写，突出了作者自身理想与现实环境的反差，在黍离之悲中期待春意的到来。另外，像《画眉鸟》“百啭千声随意移，山花红紫树高低。始知锁向金笼听，不及林间自在啼”，写出了对大自然和自由自在生活的向往之情。他如《黄溪夜泊》中的“万树苍烟三峡暗，满川明月一猿哀”，《春日西湖寄谢法曹歌》中的“雪消门外千山绿，花发江边二月晴”等，都写得清新自然，平易流畅。他还有一些山水记游诗，如《游龙门分题十五首》《伊川独游》《嵩山十二首》《巩县初见黄河》等，风格多种多样。

欧阳修还有一部分诗作风格接近杜甫，写得沉郁顿挫、酣畅淋漓，将叙事、议论、抒情结为一体，如《重读〈徂徕集〉》《送杜岐公致仕》等作品，令人回味；另有一部分作品写得雄奇多变，气势豪迈，却更近于李白，如《庐山高赠同年刘中允归南康》等。综上所述，欧阳修不仅在理论上提倡诗歌革新，他的诗歌创作更具有典型开拓的意义。

在诗歌语言艺术方面，他主要受到韩愈影响，像《凌溪大石》《石篆》《紫石屏歌》等作品就是模仿韩愈想象奇特的诗风而创作的；但多数作品秉承传统诗学精神，学习韩愈“以文为诗”的笔法，写得自然流畅，又避免了韩愈的险怪艰涩之弊，不过仍有一些诗说理过多，缺乏生动的形象。宋诗议论化、散文化的特点明白可见。

作为诗文革新运动的领袖人物，欧阳修不仅会写诗，而且还善于论诗。他的《六一诗话》是中国文学史上第一部诗话，以随和亲切的漫谈方式评叙诗歌，开创了论诗的一种新形式。

欧阳修的诗歌创作成就不及散文，但在中国文学史上也有很重要的地位。他大力倡导诗文革新运动，改革了唐末到宋初的形式主义文风和诗风，取得了显著成绩。他荐拔和指导了王安石、曾巩、苏洵、苏轼、苏辙等大家，对他们的诗文创作产生过重大的影响，也影响到宋以后的其他朝代的诗文创作。

第四节　王安石、苏轼、黄庭坚和典范宋诗的形成

宋神宗元丰（1078—1085）到哲宗元祐（1086—1094）时期，是宋诗发展的鼎盛时期，也是典范宋诗形成的时期，出现了王安石、苏轼、黄庭坚三大宗匠。苏轼继欧阳修之后，成为一代文坛之主，在诗、文、词方面都达到了时代的最高峰；王安石、黄庭坚诗歌成就虽不如苏轼，但也自成一格，在宋代均可称为大家。王安石的诗歌更多地表现出对唐音的继承发展，黄庭坚则更多地表现出对宋调的开拓创新。

一　王安石

王安石（1021—1086），字介甫，晚号半山，临川（今属江西）人。官至宰相，晚年封荆国公，世称王荆公。王安石出生于小官吏家庭，庆历二年（1042）进士。神宗熙宁二年（1069），主持了著名的“熙宁变法”。其目的在于富国强兵，借以扭转北宋积贫积弱的局势，巩固北宋政权的统治。为人刚正不阿，“议论高奇，能以辩博济其说；果于自用，慨然有矫世变俗之志”（《宋史》卷三百二十七），但遭到守旧派的反对，屡次罢相，又屡次起用，晚年退居江宁。在新法被司马光等人全面废除后不久，忧愤而死，年 66 岁，追谥号“文”，世人又称其为王文公，有《临川集》。

王安石是北宋杰出的政治家、思想家和文学家，主张文道合一，为现实服务，反对西昆派杨亿、刘筠等人空泛靡弱的文风。在《上人书》中说：“且所谓文者，务为有补于世而已矣。所谓辞者，犹器之有刻镂绘画也。诚使巧且华，不必适用；诚使适用，亦不必巧且华。要之以适用为本。”正因为王安石将“务为有补于世”的适用观点视为文学创作的根本，因此他的诗文多揭露时弊、反映社会矛盾，具有较浓厚的政治色彩。

王安石是唐宋八大家之一，但是他在诗歌上的成就超过了文章。他的诗歌内容充实，风格多样，生动感人。贺裳《载酒园诗话》“推为宋诗中第一”。王安石的诗歌，大致以罢相（1076）划界而分为前、后期，在内容和风格上有较明显的区别。“荆公少以意气自许，故诗语惟其所向，不复更为涵蓄……后为群牧羊官，从宋次道尽假唐人诗集，博观而约取，晚年始尽深婉不迫之趣”（叶梦得《石林诗话》）。前期以创作表现民生疾苦、揭露社会弊端、议论改革措施、抒写理想抱负的政治诗为主，长于说理。他反映现实的作品，题材广泛，触及许多重大的社会问题。如

《河北民》：

河北民，生近二边长苦辛。家家养子学耕织，输与官家事夷狄。今年大旱千里赤，州县仍催给河役。老小相携来就南，南人丰年自无食。悲愁白日天地昏，路旁过者无颜色。汝生不及贞观中，斗粟数钱无兵戎。

这首诗是王安石早期的作品，描写统治者搜刮人民的财富输送敌国，边界地区人民在灾年过着非常悲惨的生活，表达了对下层人民的深切同情。叹造化弄人，将批判的对象直指时代政治。以议论入诗，直陈其事，质朴无华。类似的诗歌还有《兼并》《收盐》《感事》《发廪》《省兵》等。

另外，王安石还有一些诗篇对北宋统治者面对外侮麻痹苟安的政策，深感不满，如《白沟行》《同昌叔赋雁奴》《阴山画虎图》等，表现了对国家前途的担忧。除此之外，王安石也写了许多抒情诗，其中颇有思亲怀友的名作。如《示长安君》：

少年离别意非轻，老去相逢亦怆情。草草杯盘供笑语，昏昏灯火话平生。自怜湖海三年隔，又作尘沙万里行。欲问后期何日是？寄书应见雁南征。

北宋仁宗嘉祐五年（1060），王安石出使辽国，临行时与妹妹话别，作此诗。写岁月流逝、兄妹离别之情，语淡情深，感人至深，表现出这位严肃、刚强的政治家内心柔和的一面。另外，写于嘉祐四年（1059）的《思王逢原三首》悼念才华出众却英年早逝的好友王令，感情真挚，哀婉凄楚。

王安石还写有不少咏史怀古之作，或借题发挥，或借古喻今，表达他的政治观念、人生理想。如《明妃曲二首》其一：

明妃初出汉宫时，泪湿春风鬓脚垂。低徊顾影无颜色，尚得君王不自持。归来却怪丹青手，入眼平生未曾有。意态由来画不成，当时枉杀毛延寿。一去心知更不归，可怜着尽汉宫衣。寄声欲问塞南事，只有年年鸿雁飞。家人万里传消息，好在毡城莫相忆。君不见咫尺长门闭阿娇，人生失意无南北。

这首诗一扫历代诗人写王昭君留恋君恩、怨而不怒的传统，显示出独创性。诗人从侧面落笔，勾画了一位绝代佳人的形象，以及她独去异域、怀念故国的凄苦无奈的心情，具有代言性质。刻画细致，感情真挚，凄恻动人。诗人不但突出地表现了王昭君的不幸，也讽刺了皇帝的昏庸，而且托古喻今，抒发了他自己在政治上的怀才不遇心境。欧阳修、梅尧臣等一时皆有和诗。王安石的咏史诗尤喜作翻案文章，以议论见长，思想深刻，见解新颖。如《商鞅》和《叠题乌江亭》：

自古驱民在信诚，一言为重百金轻。今人未可非商鞅，商鞅能令政必行。

百战疲劳壮士哀，中原一败势难回。江东子弟今虽在，肯与君王卷土来。

诗歌反映了他决心改革的心路历程。他早年做地方官和作为宋朝使臣送辽使去北方时写了一些吟咏大自然的诗，不乏佳作。如《泊船瓜洲》和《登飞来峰》：

京口瓜洲一水间，钟山只隔数重山。春风又绿江南岸，明月何时照我还？

飞来山上千寻塔，闻说鸡鸣见日升。不畏浮云遮望眼，自缘身在最高层。

第一首诗作于熙宁元年（1068）初，作者自江宁府赴京之时。诗中主要抒写他希望此次入京能如东风化雨一般，开创变法新局面的期待心情。句中的“绿”字，形容词作动词用，点染、挥洒出一派生机勃勃、青翠喜人的江南春色，使形象、色彩、感情、意境全出，是点睛传神之笔。第二首诗写登飞来峰的感受，表达出一种高瞻远瞩的精神，后面两句反用李白“总为浮云能蔽日，长安不见使人愁”（《登金陵凤凰台》）句意。诗中蕴含豪迈自信的情怀和激励人心的哲理。从这两首诗看出，他擅长写山水绝句，能使情、景、理在诗中水乳交融。

王安石平生很爱游览山水，多次在诗里表达对山水的喜爱，如“胜践肯论山在险，冥搜欲与海争深”（《平甫游金山同大觉见寄相见后次韵二首》）。他晚年罢相闲居之后，由于生活与心境的变化，诗风也发生了变化，多抒写自然山水之作，表达一种闲恬的情趣。艺术表现上也臻于圆熟，人称“王荆公体”。其中又以山水绝句写得最多也最好。如五绝《题齐安壁》：

日净山如染，风暄草欲薰。梅残数点雪，麦涨一溪云。

前两句分别以“净”“染”“暄”“薰”四字来描写阳光、山色、东风、春草，非常精警；后两句写梅上残雪数点正在消融，溪畔麦浪起伏，状景真切，画面生动，尤其是用“涨”字、“云”字来形容麦苗在溪水中倒影的轻舒浮动，想象新奇，造句精美，抒发了一种新生的活力。

在王安石的山水绝句中，七绝更出色，名篇佳作，层见叠出。如《书湖阴先生壁二首》其一：

茅檐长扫静无苔，花木成畦手自栽。一水护田将绿绕，两山排闼送青来。

前一联写清幽洁净的田园景色，衬托出躬耕隐居的邻里友人的高雅人品和生活情趣。后一联以拟人手法写山水动态，想象新奇又有气势，使山水都有了生命和性灵，象征着隐士情趣的内质律动。层次生动，对仗精工，用典妥帖。据钱钟书《宋诗选注》的注释，“护田”“排闼”皆语出《汉书》，典故用校尉“卫护营田”（《汉书·西域传序》）与樊哙“排闼直入”（《汉书·樊哙传》）这两人的动作来形容山水的英雄气概，真是神来之笔！缪钺《论宋诗》以王安石《南浦》《北山》诗作为宋诗艺术的典范来论析，符合实际情况。

总的来说，王安石的山水绝句，广泛地学习借鉴了唐人李白、杜甫、王维、孟郊、杜牧等人以及宋人欧阳修等人的诗歌艺术，又经过自己的熔炼创新，创造出意与韵兼胜、唐音与宋调兼收的新型绝句诗。具体说，就是既新奇精巧，又含蓄深婉，既深析透辟，又蕴藉空灵。这些清奇深婉、精工华妙的绝句诗出现在诗坛上，立即博得人们的喜爱与重视，令当时以及后来的诗人、诗评家们赞赏不已。

二　苏　轼

苏轼（1037—1101），字子瞻，又字和仲，号东坡居士，眉州眉山（今属四川）人。《宋史》卷三百三十八本传记载："生十年，父洵游学四方。母程氏亲授以书，闻古今成败，辄能语其要。"嘉祐二年（1057）进士。熙宁二年（1069），苏轼在朝任职，正值神宗用王安石变法。苏轼的改革思想与王安石的变法思想有许多不同。如王安石主张"大明法度"，多方理财，并迅速向全国推行新法；而苏轼则强调择吏任人，反对"以立法更制为事"（《策略》第三）。苏轼连续上《上神宗论新法》等书反对变法，但意见未被神宗采纳。苏轼自感难以见容于当时势力正盛的新派，随即请求外调。在神宗熙宁年间，他先后被派往杭州、密州、徐州、湖州等地任地方官。苏轼本来就不满意新法，因此当他看到新法推行过程中出现的种种弊端时，就不愿默视，时时缘诗人之义，托事以讽。王安石罢相之后，何正臣、舒亶、李定等新进官僚，又故意从苏轼的诗文中罗织罪状，弹劾苏轼"指斥乘舆""包藏祸心"。神宗元丰二年（1079），苏轼被捕于湖州任上，几个月后贬谪黄州。神宗元丰八年（1085），神宗病死，哲宗年幼，高太后临政。次年改元元祐（1086），启用反对熙宁变法的旧官，旧党司马光执政。苏轼受到太后特别的器重，累官中书舍人、翰林学士、礼部尚书。但苏轼又不赞成司马光尽废新法，因政见不合，就主动请求出知杭州、颍州等地。苏轼因为曾经讥刺熙宁、元丰时期的王安石变法，因此被加以"讥刺先朝"的罪名，贬知英州（今广东英德），接着一月之内三次降官，最后贬谪惠州（今属广东）。哲宗绍圣四年（1097），苏轼再次被贬谪到海南的儋州（今海南儋州市）。哲宗元符三年（1100），徽宗即位，宽赦元祐旧臣，苏轼奉诏内迁，第二年（1101）七月病逝于常州。与其父苏洵、弟苏辙并称"三苏"。苏轼在诗、词、散文以及书法方面都取得了很高的成就。在诗歌方面，与黄庭坚并称"苏黄"。

苏轼是一位既能广泛汲取前人之长，又能在多方面开拓新路的诗人。他的诗题材广泛，几乎无所不包；各体兼备，尤擅七言古体和律、绝，风格多变。其诗总体特色是气象宏阔、铺叙宛转、意境恣肆、笔力雄健，与其文有相通之处。"如苏轼之诗，其境界皆开辟古今之所未有。天地万物、嬉笑怒骂、无不鼓舞于笔端，而适如其意之所欲出。此韩愈后之一大变也，而盛极矣。"（叶燮《原诗》卷一）

苏轼认为，诗文创作要像山川的云兴雾起，草木的开花结果，是由内容充实郁勃而自然表现出来，不单是靠文章技巧来表现（《〈江行唱和集〉叙》）。后来又反复强调“辞达”，倡导“文理自然，姿态横生”（《答谢民师书》）。作品如《题西林壁》：

横看成岭侧成峰，远近高低各不同。不识庐山真面目，只缘身在此山中。

苏轼十分重视文学的社会作用，“论事以讽，庶几有补于国”（《东坡先生墓志铭》），写了一些反映民生疾苦的诗作。如《除夜大雪留潍州元日早晴遂雪复作》和《送黄师是赴两浙宪》，分别写旱灾和水灾之后农村的凋敝及老百姓的苦难生活：

三年东方旱，逃户连欹栋。老农释耒叹，泪入饥肠痛。（《除夜大雪留潍州元日早晴遂雪复作》）

哀哉吴越人，久为江湖吞。官自倒帑廪，饱不及黎元。（《送黄师是赴两浙宪》）

此外，他还写有针对王安石变法流弊的诗，如《吴中田妇叹》：

今年粳稻熟苦迟，庶见霜风来几时。霜风来时雨如泻，杷头出菌镰生衣。眼枯泪尽雨不尽，忍见黄穗卧青泥！茅苫一月垅上宿，天晴获稻随车归。汗流肩赪载入市，价贱乞与如糠粞。卖牛纳税拆屋炊，虑浅不及明年饥。官今要钱不要米，西北万里招羌儿。龚黄满朝人更苦，不如却作河伯妇。

这首诗描写了王安石变法造成的“官今要钱不要米”的悲惨状况：农民被迫将粮食贱卖，甚至卖牛拆屋，生计维艰。他如《鱼蛮子》一诗写渔民为了逃避繁重的租税，宁愿长期漂泊在水上，过着三分像人七分像鬼的生活：“人间行路难，踏地出赋租!”这样的诗作还有很多，表现了一位正直知识分子的强烈责任感和内心的痛苦。不过由于这类诗谲讽现实，也曾给诗人带来过政治上的麻烦。

他对专制社会的陋习和官僚的腐败，也做出了深刻的批判。如谪居惠州所作《荔枝叹》，借唐诫宋，从唐代的进贡荔枝写到宋代的贡茶献花，对官吏的媚上取宠、宫廷的穷奢极欲予以尖锐的讥刺。

在军事上，苏轼主张充实兵力，巩固国防，抵抗辽和西夏的侵扰。他的一些诗篇正是这种为国破敌的雄心的表现，如《和子由苦寒见寄》，表现了对边患的忧虑，也表达了诗人抗敌御侮的昂扬激情：“何时逐汝去，与虏试周旋。”正是诗人内心自我形象的写照。

苏轼一生宦海浮沉，奔走四方，生活阅历极为丰富，热爱生活，钟爱自然山水，自称“子瞻性好山水”（《再跋醉道士图》）。每到一处，他总是以艺术家的眼光去发现、审视、表现山水胜景，为后人留下了许多绚丽诗章。在苏诗里数量最多，对后人影响也最大的是那些抒发个人情感和歌咏自然景物的诗篇。如《游金山寺》：

我家江水初发源，宦游直送江入海。闻道潮头一丈高，天寒尚有沙痕在。

中泠南畔石盘陀，古来出没随涛波。试登绝顶望乡国，江南江北青山多。羁愁畏晚寻归楫，山僧苦留看落日。微风万顷靴文细，断霞半空鱼尾赤。是时江月初生魄，二更月落天深黑。江心似有炬火明，飞焰照山栖乌惊。怅然归卧心莫识，非鬼非人竟何物？江山如此不归山，江神见怪惊我顽。我谢江神岂得已，有田不归如江水！

此诗是苏轼因反对新法出任杭州通判，路过镇江金山时游览之作，也是他七言古体诗的代表。通过描绘神奇莫测的江上景物，抒发了诗人羁旅行役之愁和怀乡归隐之情。全诗给人一种深沉而豪迈的感觉。

苏轼的咏物诗也大都倾注了诗人的生活情趣，其中山水诗更注重自然美的体现：

黑云翻墨未遮山，白雨跳珠乱入船。卷地风来忽吹散，望湖楼下水如天。（《六月二十七日望湖楼醉书五绝》其一）

水光潋滟晴方好，山色空濛雨亦奇。欲把西湖比西子，淡妆浓抹总相宜。（《饮湖上，初晴后雨二首》其二）

这两首诗写杭州西湖的风云变幻：前者由云成雨，忽又转晴；后者由晴转雨。诗人迅速地捕捉了一时所见，而又似乎不太经意地就点染出新鲜的形象。再如：

竹外桃花三两枝，春江水暖鸭先知。蒌蒿满地芦芽短，正是河豚欲上时。（《惠崇春江晚景二首》其一）

荷尽已无擎雨盖，菊残犹有傲霜枝。一年好景君须记，最是橙黄橘绿时。（《赠刘景文》）

一写冬去春来，一写秋冬之交，都十分贴切地抓住自然景物因季节转换而出现的新的特征，充满了生意盎然的情趣。

苏轼也善于从人生遭遇中总结经验，对人生忧患进行了品味探求：

人生到处知何似？应似飞鸿踏雪泥。泥上偶然留指爪，鸿飞那复计东西？老僧已死成新塔，坏壁无由见旧题。往日崎岖还记否？路长人困蹇驴嘶。（《和子由渑池怀旧》）

诗写对故人的怀念，充满了历史沧桑感和哲理，生命的相禅没有留下什么痕迹，只有到处相似的情致。以庄禅超时空的观照理解人生，形成了他哲理诗的独特之处，表现出宋诗富有理趣的特点。

除此之外，苏诗还有一部分鉴赏、评论文艺作品及题画的诗。如《王维吴道子画》《孙莘老求墨妙亭诗》《读孟郊诗》《书王主簿所画折枝》等，提出了诗画一律，注重写意的主张，表现了他以学问为诗、以议论为诗的特殊作风。

苏轼晚年偏爱陶渊明，写了许多和陶诗，除《和陶饮酒》写于扬州外，其余都写于晚年遭贬惠州、儋州时期。苏轼的和陶诗，创造性地采用穿越时空的方式，和陶渊明对话竞技，体现了他对历史的深切感悟，心灵上和陶渊明精神的共振，对现实无奈的感慨，以及悯农爱生的真情。

苏轼以其天然自得的才力风神，快意放笔，意趣洋溢，富有创见，开拓了诗的写作领域与境界，卓然成为宋代第一大文学家。

三　黄庭坚与江西诗派

黄庭坚（1045—1105），字鲁直，自号山谷道人，晚号涪翁，又称豫章黄先生，洪州分宁（今江西修水）人。《宋史》卷四百四十四本传记载："幼警悟，读书数过，辄成诵。舅李常过其家，取架上书问之，无不通，常惊，以为一日千里。"黄庭坚祖籍婺州金华（今浙江金华），六世祖黄赡于唐末以著作佐郎知洪州分宁县，始家于修水。祖父黄湜兄弟十人俱成进士，世称"十龙"。父亲黄庶，仁宗庆历二年（1042）进士，"平生刻意于诗"，有《伐檀集》传世，人谓其诗文"雄奇峭拔""意境一新"（胡镌德《伐檀集跋》）。黄庭坚不仅有良好的家学渊源，自身又受知于苏轼，与张耒、晁补之、秦观并称"苏门四学士"。黄庭坚 23 岁进士及第后，调汝州叶县（今属河南）尉、除授秘书省校书郎。哲宗亲政，绍述神宗之政，起用新党，蔡京、章惇等人以"诬毁"先朝罪名，将黄庭坚贬谪到涪州、黔州（今四川彭水）等地。黄庭坚贬谪期间，讲学不倦，蜀士慕从之游。徽宗崇宁二年（1103），新党朝臣对元祐旧党的迫害变本加厉，黄庭坚被列入元祐党籍，因此又被除名羁管宜州（今广西宜山），徽宗崇宁四年（1105）九月，61 岁的黄庭坚病逝于戍楼，有《豫章黄先生集》。

黄庭坚在诗歌创作上提出了一些重要主张。他在《答洪驹父书》中说："古之能为文章者，真能陶冶万物，虽取古人之陈言入于翰墨，如灵丹一粒，点铁成金也。"这是江西诗派最重要的纲领。他还说"诗词高胜，要从学问中来"（胡仔《苕溪渔隐丛话前集》），提出了著名的"点铁成金""夺胎换骨""以故为新"的创作方法。又说"文章最忌随人后"（《赠谢敞王博喻》），力主创新。黄庭坚的上述主张和实践，进一步推进了宋诗的偏重知性、"以才学为诗"的倾向。黄庭坚与苏轼彼此推崇，相知甚深，但在文学观上，苏轼豪放纵恣的表现，他却不是很赞同，常常宣扬"温柔敦厚"的儒家诗学观念。

黄庭坚的诗歌内容并不是很丰富，题材上没有显著特点。他流传下来的 1900 多首诗，约有三分之二是思亲怀友、感时抒怀、描摹山水、题咏书画的诗。这种题材趋向与王安石、苏轼基本相同，不仅展现了黄庭坚高度的文化素养，而且从一个侧面反映了他的节操和情趣。他的思亲怀友之作《寄黄几复》说：

我居北海君南海，寄雁传书谢不能。桃李春风一杯酒，江湖夜雨十年灯。持家但有四立壁，治病不蕲三折肱。想得读书头已白，隔溪猿哭瘴溪藤。

这首诗抒写了诗人对远方友人的思念之情。首句“我居北海君南海”化用《左传》中楚子对齐桓公所说的“君处北海，寡人处南海”，彼此风马牛不相及故实，表明王道期待；次句用衡山回雁峰雁来不再南飞说明局势变化，彼此音讯全无。“桃李春风一杯酒，江湖夜雨十年灯”，以“一杯酒”与“十年灯”比喻聚散苦乐，接着以立壁、折肱、白头、猿哭动态的意象勾画出凄凉的生存时空，内心的消沉和情感的渴望交织，生动感人。

再看其咏物诗，代表作之一是《和答钱穆父咏猩猩毛笔》，王士祯评价说：“‘平生几两屐，身后五车书’句超脱而精切，一字不可移易。”（《分甘余话》）这首诗融进了诗人对个人文墨生涯的深切感慨，虽用典稍多，却也不失为咏物诗中的优秀之作。

黄庭坚诗作中写得最好的，要数那些抒写诗人内在情怀的作品了。其代表作如《登快阁》：

痴儿了却公家事，快阁东西倚晚晴。落木千山天远大，澄江一道月分明。朱弦已为佳人绝，青眼聊因美酒横。万里归船弄长笛，此心吾与白鸥盟。

这首诗是黄庭坚于元丰五年（1082）知吉州太和县（今江西泰和）时所作。为官之余，感叹国家两分，自己不能得到“佳人”青睐，因此寂寞思乡，有浮云白鸥之思。诗中分别用了屈原、阮籍、谢朓、杜甫、赵嘏等诗歌中的意象，表达了“快阁”登难的心酸。又如《雨中登岳阳楼望君山二首》，是崇宁元年（1068）作者贬谪四川近六年后遇大赦，在回故乡途中，经过岳阳，冒雨登楼而作，“满川风雨独凭栏”“未到江南先一笑，岳阳楼上对君山”，将遇赦后的喜悦心情抒写得淋漓尽致，自然而工整。

另外，黄庭坚题咏书画、题壁的诗作不仅数量多，而且很有特点。如《题王居士所藏王友画桃杏花二首》其一：“凌云一笑见桃花，三十年来始到家。从此春风春雨后，乱随流水到天涯。”借凌云寺勤禅师见桃花而悟禅旨的禅偈（《景德传灯录》卷十一），写下自己对人生的感受。浅易的词句中包蕴着丰富的理趣，显然是受了禅宗的影响。再如《题子瞻画竹石》：“风枝雨叶瘠土竹，龙蹲虎踞苍藓石。东坡老人翰林公，醉时吐出胸中墨。”审画论世，才情别出。另有《题归去来图二首》《戏咏子舟画两竹两鹳鸲》《题燕邸洋川公养浩堂画二首》《题阳关图二首》《题落星寺四首》《题醒心轩》等，在后世也颇有影响。这些个性化的写作，被当时人称为“黄庭坚体”或“山谷体”，最明显的特色就是句法奇矫，音节拗健，想象奇特不凡，有一股兀傲之气。黄庭坚特别注意对篇章、字句、韵律的锤炼和谋划，喜欢押险韵、用僻典，善于点化前人的诗句，广征博引，成为“以才学为诗”的典范。但有奇险、生硬的痕迹，显得不够自然。由于追随和效法他的人很多，终成宋诗一大派，即江西诗派。

陈师道（1053—1102），字履常，一字无己，号后山居士，彭城（今江苏徐州）人，一生中除了做过几年州学教授，一直是位布衣。他在创作上受黄庭坚影响最深。陈师道在《后山诗话》中提出“诗文宁拙毋巧，宁朴毋华，宁粗毋弱，宁僻毋俗”的主张，显然和黄庭坚的理论主张一脉相通。他曾得曾巩、苏轼赏识，为“苏门六君子”之一。一生安贫乐道，闭门苦吟，有“闭门觅句陈无己”之称。他才力、学力俱不如黄，学杜模仿痕迹较重，自称作诗是“拆东补西裳作带”。他曾自叹：“苦嗟所历小，不尽千里目。”（《和魏衍三日二首》其一）其创作的题材内容不是很丰富。有《后山先生集》等。《别三子》说：

> 夫妇死同穴，父子贫贱离。天下宁有此？昔闻今见之！母前三子后，熟视不得追。嗟乎胡不仁，使我至于斯！有女初束发，已知生离悲。枕我不肯起，畏我从此辞。大儿学语言，拜揖未胜衣。唤“爷我欲去”，此语那可思？小儿襁褓间，抱负有母慈。汝哭犹在耳，我怀人得知。

借身家处境写出内心的凄苦，与唐代杜甫的乱离家悲诗异曲同工，因此皆富有批判精神。歌咏自然，寄托幽思，是陈师道诗歌的又一内容。如其名作《春怀示邻里》：

> 断墙着雨蜗成字，老屋无僧燕作家。剩欲出门追语笑，却嫌归鬓著尘沙。风翻蛛网开三面，雷动蜂窠趁两衙。屡失南邻春事约，只今容有未开花。

此诗的首二句写贫居的孤寂荒凉，中间四句写春色春事的热烈喧妍，结尾二句写静极思动的情思。全诗传达出诗人贫困衰老的意绪与渴望寻春的矛盾心情。情景交融，状物叙事中体现人生情怀。陈师道力推诗歌“惟其穷愈甚，故其得愈多”（《王平甫文集后序》），主张独创。这也是他的诗歌之所以深具感染力的重要因素，而锤炼字句和“以俗为雅”，则是陈师道诗歌语言的突出特点。

思考题

1. 什么是西昆体？
2. 什么是江西诗派？
3. 什么是典范宋诗？

【参考书目】

1. 程杰：《北宋诗文革新研究》，内蒙古教育出版社，2000 年版。
2. 莫砺锋：《江西诗派研究》，齐鲁书社，1986 年版。
3. 厉鹗《宋诗纪事》，上海古籍出版社，2008 年版。

第四章
金南宋吐蕃大理诗歌

北宋靖康元年（1126），金人南下，次年（1127）汴京陷落，宋室南渡，诗歌也随之称为南宋诗，作诗风气则一改闭门觅句的习惯，直面社会人生。南宋 152 年的诗歌和北宋脉息相连，但自有特色。尤其孝宗时期出现昌明之政，一时诗词皆盛，名家竟出。吐蕃、大理虽于时序有异，诗风亦不相同，但口头创作《格萨尔王传》至今仍然流传，受到好评。

第一节　金代诗歌

金代文学以《西厢记诸宫调》最为后人称道，但从历史的实际情形来看，诗歌才是金代文人用力最多、成就最高的文学样式。金代诗歌现存约 12000 余首，作者约 530 余人，其中不乏一批卓有成就的诗人，尤其是元好问，在中国文学史上堪称一流大诗人，为金代文学增添了不少光彩。

一　借才异代的金初诗坛

由辽入金的文人诗歌创作数量和水平都很有限，影响不是太大，又主要在早期。入金宋人的诗歌创作数量较多，水平也较高，对金初文学的影响较大。入金宋人大体有两种情况，一是抗节不仕的，如朱弁、洪皓、司马朴、滕茂实、姚孝锡等人；一是出仕金朝的，如宇文虚中、蔡松年、吴激、高士谈、张斛等人。他们在宋朝时已有较高的文名，有成熟的艺术技巧，入金之后，创作出许多内容充实、感情深挚、艺术圆熟的诗作，对金初文坛影响巨大。

朱弁（1085—1144），于建炎元年（1127）出使金国，被羁留云中（今山西大同）17 年。他的诗表现出守志不移的民族气节和思念故国的深厚情感，如《上巳》：

常令汉节在，莫作楚囚悲。早晚鸾旗发，吾归敢恨迟。

朱弁的诗歌学习杜甫，在金初诗坛独树一帜，开启了金代中后期宗杜学杜之先声。

姚孝锡（1099—1181），入金后曾出任五台主簿，不久便辞官，“放浪山水间，诗酒自娱”（元好问《醉轩姚先生孝锡》，见《中州集》卷十）。他在诗中也表达了故园之思，但更多的是萧散自适之情，如《睡起》：

睡起日侵牖，开轩遥见山。晓风吹腊尽，芳草惹春还。烟暖莺迁谷，云低雁渡关。衰年人事减，遇酒得开颜。

这些诗歌比较接近杜诗的萧散自然和白诗的闲适自慰，直接开启了金代大定年间的闲适诗风。姚孝锡去世后，“名士大夫，为诗以吊者数十人”（同上），可见他在金代中期是很有影响力的。

宇文虚中天会七年（1129）被羁押云中，初未曾屈服，直到天会十二年（1134）才去上京接受金人官职。此前作品仍然表现出对宋朝的忠贞情怀，如《己酉岁书怀》：

去国匆匆遂隔年，公私无益两茫然。当时议论不能固，今日穷愁何足怜。生死已从前世定，是非留与后人传。孤臣不为沉湘恨，怅望三韩别有天。

首联说使金羁留，未能祈请二帝回宋，没有成就功名。颔联由国事写到自身遭遇，当年的宋金和议并不牢固，导致今天自己困守北方的不幸。颈联是说自己已将生死是非置之度外，不在乎世人的议论。尾联解释自己没有以身殉国的原因，还期待着完成祈请二帝回宋的使命。

此外，金初诗坛还有女真等少数民族文人，其中尤以皇室贵族成就突出，如海陵王完颜亮。他虽然为人贪残暴虐，但其诗歌创作却极具特色。如《书壁述怀》：

蛟龙潜匿隐沧波，且与虾蟆作混和。等待一朝头角就，撼摇霹雳震山河。

直抒胸臆，浅显直白，表现出强悍、张扬、狠鸷的个性。完颜亮是金初女真族文人的杰出代表，标志着女真族文人运用汉语文学创作的成熟。

二　国朝诗人崛起的金代中期诗坛

金世宗和金章宗统治时期是金代社会的鼎盛时期，社会稳定，国力富强，“群臣守职，上下相安，家给人足，仓廪有余”“治平日久，宇内小康”（《金史》卷八），以至于金末元好问有《甲午除夜》诗云：“神功圣德三千牍，大定明昌五十年。”有了这样的政治和经济环境，再加上统治者又非常重视科举和教育，形成了适合文学创作的文化环境，王室先发其声，一批一批金王朝的文人登上了诗坛，创作出了具有独特风格和成就的金朝诗歌。

（一）蔡珪、刘迎、王寂等国朝诗人

蔡珪（约1131—1174），是国朝诗人的先行者，出身于书香世家，祖父为北宋

大学士蔡靖，父亲为由宋仕金的丞相蔡松年，他本人自幼聪颖过人，七岁赋诗，遍观奇书，学问渊博，著述众多，今已百不存二。其诗现存49首，较多地继承了家学传统，因而更多地体现出北宋诗歌特色。如《雪拟坡公韵》：

门外黄昏噪晚鸦，瑶尘细逐九云车。丰年待作三登兆，暮景重开六出花。浊酒无人同此兴，扁舟有客访谁家。明朝试望东林树，百尺寒梢倚玉叉。

这是一首拟作的咏雪诗，不仅沿用了苏轼的"尖叉体"，还多处化用苏轼原作《雪后书北台壁二首》中的词语及诗意，模拟痕迹明显，独出机杼的很少。值得称道的是，蔡珪还创作了一些金初少见的七言歌行，如《撞冰行》《医巫闾》《保德军中秋》等，颇能代表其诗的水平。蔡珪还有一首杂言诗《野鹰来》，最能体现其诗的特色：

南山有奇鹰，置穴千仞山。网罗虽欲施，藤石不可攀。鹰朝飞，耸肩下视平芜低，健狐跃兔藏何迟。鹰暮来，腹肉一饱精神开，招呼不上刘表台。锦衣少年莫留意，饥饱不能随尔辈。

全诗歌颂了野鹰特立独行、勇猛劲健、俯瞰世俗、不受拘束的品行，体现了诗人的刚强个性、高洁品格和不凡抱负。诗中的用韵或用交韵，或一韵到底，不拘形式，流露出一种超凡脱俗的气度。

刘迎（约1131—1182），字无党，东莱（今山东莱州）人。大定十三年（1173）进士，历任唐州幕官、豳王府记室、太子司经。刘迎曾长期在底层生活，因此他的诗歌能够传承汉乐府和杜诗的写实精神，触及一些社会民生的重要问题，如《修城行》。另外，《出八达岭》《沙漫漫》等诗中还体现出仁义精神。就诗歌形式来看，刘迎各体皆擅，尤以七言古诗和歌行体数量既多，成就亦高。就其诗歌风格而言，有类似南朝齐梁和中晚唐绮艳诗风的，如《楼前曲》叙写爱情，缠绵古艳；有极力模仿苏轼的，如《连日雪恶用聚星堂雪诗韵》《郭熙秋山平远用东坡韵》，纵横出奇，而又自具面目；还有的近于韩诗面目，如《鳆鱼》，近承蔡珪《医巫闾》，下启金代中后期的李纯甫、麻九畴等人，形成纵贯金代诗史的一条明线。

王寂（1128—1194），字元老，河北玉田人。他完整地经历了大定、明昌的金源盛世，是国朝诗人的典型代表。如果说在蔡珪《撞冰行》诗中表现了"贞元使者"的自豪感，在刘迎《修城行》诗中则表现了保家卫国的"国朝意识"。王寂还有两类诗歌比较突出，一是题画诗，现存30多首；一是纪行诗，以晚年巡视辽东期间所写的80多首组诗为代表。这组诗详细地记载了途中的见闻和感受，诸如鸡儿花、耐冻青、水碓等物产，药师院、明秀亭、寺庙以及金世宗母亲的故居等名胜，绘画、戏曲、民族语言等文化现象，飓风、暴风雪等天气，还有山川、村寨等地理，可以算得上辽东的风俗画卷。

王寂的诗歌体裁广泛，除了五七言古体、律绝之外，还有五七言排律、六言律绝；风格多样，或刚健雄迈，或平易闲淡，或尖新奇险。他在诗歌艺术上的积极探索，在金代中期具有承前启后的重要作用。

（二）章宗诗坛的宿将：党怀英、王庭筠、周昂

党怀英（1134—1211），字世杰，号竹溪居士，冯翊（今陕西大荔）人。自其父党纯睦始移居泰安奉符（今山东泰安）。党怀英早年曾与辛弃疾一起师从亳州诗人刘瞻，后来辛弃疾投奔南宋，成为著名的爱国词人；而党怀英则留在了金国，成为“国朝文派”的中坚人物。在各体诗歌中，党怀英最擅长五言古诗，如他晚年所作《雪中四首》其一：

> 诗人固多贫，深居隐茅蓬。一夕忽富贵，独卧琼瑶宫。梦破窗明虚，开门雪迷空。萧然视四壁，还与向也同。闭门捻须坐，愈觉生理穷。天公巧相幻，要我齐穷通。冲寒起沽酒，一洗芥蒂胸。

写诗人雪夜梦入琼瑶宫，享尽富贵，梦醒后穷困依旧，由此而感悟穷通皆如梦幻，遂借酒驱寒，自得其乐，风格冲淡自然，富有象征意味。赵秉文称其“晚年五言古诗，兴寄高妙，有陶谢之风”（《竹溪先生文集引》，见《闲闲老人滏水文集》）。从这组诗来看，确乎如此。稍后的诗人赵元、元好问都依这四首诗作有次韵诗，说明这四首诗广为流传，颇受时人的关注和好评。

党怀英其他各体诗歌也都有所成就。七言律诗，轻婉明丽，如《龙池春兴》；七言古诗风格多变，如《村斋遣事》用“柏梁体”格式，《赵飞燕写真》有初唐歌行余风，《金山》则类似苏轼诗风；七言绝句情韵悠然，如《昫山道中三首》，等等。这些都体现了党怀英诗歌风格的多样性，可称得上是一位大诗人。

王庭筠（1156—1202），字子端，自号黄华山主，盖州熊岳（今辽宁盖州市）人。出身辽东望族，少时即聪颖过人，多才多艺，精通诗文、书法、绘画。王庭筠身为贵介子弟，诗中常常表现出一种自在闲逸和富贵风流，如：

> 云自知归鸟自还，一堂足了一生闲。门前剥啄定佳客，檐外孱颜皆好山。（《野堂二首》其二）

山野闲居，云鸟往还，佳客来访，山水更为宜人。王庭筠还喜欢用七言绝句的形式，描画自然界的小幅山水，如《韩陵道中》《夏日》等。

周昂（约1162—1211），字德卿，河北真定（今河北正定）人。他的诗歌很好地体现了金王朝从中期承平至后期动乱的变化。早期的诗中充满了承平时代的富贵气象，如《即事二首》：

> 南苑霓旌动缭墙，天街莲烛照修廊。斗南绛气风吹尽，小雨蒙蒙湿建

章。（其一）

杨花颠倒入帘栊，睡鸭香残碧雾空。尽日寻诗寻不得，鹈鴂声在梦魂中。（其二）

第一首描写户外景色，南苑彩旗飘扬，天街烛灯光辉，一阵风雨过后，复归于平静安详。第二首写室内景致，杨花飞入帘栊，香雾缭绕书房，一声鹈鴂鸣叫，惊醒了梦中的诗思。晚期的诗歌，又以边塞、田园为题材，表达内心的郁闷和对生活深沉的体验。

三　群峰并立的南渡诗坛

"贞祐南渡"后，金王朝迅速走向衰败，但此期的诗歌创作反而迎来了一个高潮。刘祁《归潜志》说："南渡后，文风一变，文多学奇古，诗多学风雅，由赵闲闲、李屏山倡之。"南渡诗坛主要有两大派别：一是以赵秉文为首的平实派，成员有杨云翼、王若虚、元好问等人；一是以李纯甫为首的奇创派，成员有雷渊、麻九畴、李经等人。他们共同致力于改革金代中期以来尖新浮艳的不良诗风，引导金末文学朝着健康的方向发展，由此造就了南渡诗坛的繁荣局面。

（一）赵秉文、杨云翼等平实派诗人

赵秉文（1159—1232），字周臣，号闲闲老人，磁州滏阳（今河北磁县）人。仕五朝，官六卿，是公认的金代中后期文坛领袖。现存《闲闲老人滏水文集》20卷，存诗643首。

赵秉文论诗主张转益多师，在创作实践中也是如此。他的七言古诗模仿李白、苏轼，五言古诗模仿陶渊明、阮籍和王维，七言绝句学习杨万里。在各体诗歌创作中他都有所成就，但也或多或少留有效仿的痕迹，有时过多地化用前人诗句，却未能融为己有，正如李纯甫所说，"不免有失支堕节处，盖学东坡而不成者"，诗中"往往有李太白、白乐天语"（刘祁《归潜志》卷八）。师古有余、创新不足是他的缺陷。如七绝《春游四首》其二：

无数飞花送小舟，蜻蜓款立钓丝头。一溪春水关何事，皱作风前万叠愁。

诗歌从细节入笔，浪花、小舟、蜻蜓构成动态的美丽画面。其中的"蜻蜓款立钓丝头"与杨万里《小池》"小荷才露尖尖角，早有蜻蜓立上头"异曲同工。而春水随风化作春愁，似信笔点染，而境界沉远。这些诗篇显然受到"诚斋体"的影响。

杨云翼（1170—1228），字之美，山西乐平人。他为学广博，三教九流，无不通晓，上至天文历法，下至医药算术，都入名家，当时被公认为通才。他的诗歌现存24首，题材上以写山水与寺庙居多，形式上以五七言近体为主，继承王孟韦柳的山水诗传统，又似韦、柳诗风，如《阳春门堤上》：

薄薄晴云漏日高，雪消土脉润如膏。东风可是多才思，先送轻黄到柳梢。

写早春雪后天晴，万物清明，东风率先把柳梢染成黄色，一派生机盎然的景象，有盛唐气象。

（二）李纯甫、雷渊等奇创派诗人

李纯甫（1177—1223），字之纯，号屏山居士，弘州襄阴人。承安二年（1197）经义及第，早年极其自负，中年理想受挫之后，“度其道不行，益纵酒自放，无仕进意……居闲，与禅僧、士子游，惟以文酒为事”（《归潜志》卷一）。一生著述甚丰，晚年自编《屏山内稿》《屏山外稿》，现存《鸣道集说》5卷，存诗33首。李纯甫当时被公认为天下首屈一指的豪杰之士，写作提倡创新出奇，追求与众不同。如《怪松谣》《为蝉解嘲》《猫饮酒》等诗，在选材和写法上都很独特。即使是一些常见题材，李纯甫也写得怪怪奇奇，力求生新异样，如《雪后》《赤壁风月笛图》等诗。

雷渊（1184—1231），字希颜，别字季默。应州浑源（今山西浑源）人。元好问在《雷希颜墓铭》中有一段文字，全面概括其为人：

躯干雄伟，髯张口哆，颜渥丹，眼如望羊。遇不平，则疾恶之气见于颜间，或嚼齿大骂不休。虽痛自摧折，猝亦不能变也。食兼三四人，饮至数斗不乱，杯酒淋漓，谈谑间作。辞气纵横，如战国游士；歌谣慷慨，如关中豪杰……平生慕孔融、田畴、陈元龙之为人，而人亦以古人期之。故虽其文章号“一代不数人”，而在希颜，仍为余事耳。

雷渊这种豪雄个性，与李纯甫极为相似。他虽不以诗为专门之学，但仍然取得了很高的成就，最能代表其诗风的是《会善寺怪松》。

麻九畴（1183—1232），字知几，莫州（今河北任丘）人。以创作咏物诗知名，现存10多首咏物长篇，成名作《赋伯玉透光镜》堪称代表。

南渡诗坛是金代诗歌创作最活跃、数量最多、成就最高的时期。

四　元好问

经过百余年的发展，金王朝已经充分汉化，终于孕育出一位伟大的诗人——元好问。他以杰出的才华奏响了时代的最强音，也为金代文学画上了一个圆满的句号。

（一）生平简历

元好问（1190—1257），字裕之，号遗山，太原秀容（今山西忻州）人。本是北魏鲜卑族拓跋氏后裔，唐代诗人元结是其远祖。元好问幼时有“神童”之誉，11岁时遇到路铎，“赏其俊爽，教之以文”（郝经《遗山先生墓铭》，见《郝文忠公陵川文集》卷三十五），14岁至陵川，从当地名儒郝天挺问学，肆意经传，贯穿百家，6

年后学业大进。贞祐二年（1214），蒙古军攻陷忻州城，元好问举家南渡，逃至河南福昌县三乡镇避乱，创作了一些感时伤乱的诗歌。贞祐五年（1217），元好问 28 岁，写下了著名的《论诗三十首》。兴定五年（1221）中进士，正大八年（1231），元好问入京任左司都事。次年，蒙古兵围汴京，金哀宗放弃首都，仓皇逃往归德（今河南商丘）。天兴二年（1233）正月，汴京西面元帅崔立发动兵变，率皇族和文武百官至青城投降，蒙古兵入城。五月，元好问亦被押往山东聊城，经历了两年凄惶不堪的南冠生活。这期间元好问自觉承担"国亡史作"的使命，开始编撰《中州集》《南冠录》《壬辰杂编》等文史著作，以保存金源一代文化，寄托效忠故国的感情。蒙古太宗七年（1235），元好问移居山东冠氏，继续从事史书编纂工作，直到太宗十一年（1239）才回到家乡忻州。他在家乡修建"野史亭"，继续编纂国史，经常奔走于山西、河北、山东、河南等地，采摭资料，"杂录近世事至百余万言"（郝经《遗山先生墓铭》，见《郝文忠公陵川文集》卷三十五）；同时还参与诸多社会活动，其中有三件事尤为重要：一是给蒙古中书令耶律楚材上书，要求保护 54 位汉族儒士；二是与汉人世侯张德辉等人交往频繁；三是晋见忽必烈，请他做"儒教大宗师"。而这一切活动都是为了能使蒙古高层统治者减免儒生兵赋，优待文人，弘扬儒教，保护文化。蒙古宪宗七年（1257），元好问卒于获鹿，归葬家乡。

（二）诗歌创作

在元好问各体诗歌中，七律成就最高。元好问亲身经历了金国灭亡的时代巨变，写下了许多感人至深的纪乱诗，后人有"诗史"之称。赵翼认为"唐以来律诗之可歌可泣者，少陵十数联外，绝无嗣响，遗山则往往有之"（《瓯北诗话》卷八）。元好问诗风，慷慨悲怆，魄力沉雄。比如著名的《岐阳三首》其二：

> 百二关河草不横，十年戎马暗秦京。岐阳西望无来信，陇水东流闻哭声。野蔓有情萦战骨，残阳何意照空城！从谁细向苍苍问，争遣蚩尤作五兵？

此诗写正大八年（1231）凤翔失守之事，气象博大壮阔，感情悲怆而慷慨，是遗山诗歌中的佳作。清人潘德舆评曰："豪情胜概，壮色沉声，直欲跨苏黄，攀李杜矣。"（《养一斋诗话》卷七）再如另一组名作《壬辰十二月车驾东狩后即事五首》，其第二首：

> 惨澹龙蛇日斗争，干戈真欲尽生灵。高原水出山河改，战地风来草木腥。精卫有冤填瀚海，包胥无泪哭秦庭。并州豪杰知谁在？莫拟分军下井陉。

前两联突出表现战争的极端残酷，后两联在绝望中仍然幻想着申包胥、并州豪杰，尤其是尾联"沉挚烦冤，神气迸出"①。诗中饱含作者悲愤之情，可谓是句句血泪。

---

①高步瀛：《唐宋诗举要》，上海古籍出版社，1980 年版。

元好问的五古风格多样，有的高古淡远，有的含蓄雅正，正如翁方纲所说："遗山以五言为雅正，盖其体气较放翁淳静。然其郁勃之气，终不可掩。"（《石洲诗话》卷五）又如其成名作《箕山》：

幽林转阴崖，鸟道人迹绝。许君栖隐地，唯有太古雪。人间黄屋贵，物外只自洁。尚厌一瓢喧，重负宁所屑。降衷均义禀，汩利忘智决。得陇又望蜀，有齐安用薛？干戈几蛮触，宇宙日流血。鲁连蹈东海，夷齐采薇蕨。至今阳城山，衡华两丘垤。古人不可作，百念肝肺热。浩歌北风前，悠悠送孤月。

诗歌的前半部分写箕山古朴幽静的景致，赞美许由的高洁情操，后半部分则转写现实纷争与动荡，想到鲁仲连、伯夷、叔齐等英雄豪杰，感慨万端，情怀激烈，诗风也变得慷慨豪健。

元好问的七古和歌行也写得雄健豪宕，受到后人赞扬。

（三）历史地位

中国古代文学大体以西安、洛阳、开封一线，分为南北方文学。在元好问之前，北方文学总体成就低下，没有出现一流的大作家，无法与南方文学争辉。而元好问的出现，改变了这一现象。之后，经元明清三代，延至今天，中国文学的中心一直偏于北方。可以说，元好问是中国北方第一位大作家，也是那个时期中国最优秀的作家。

五　遗民诗人

金亡之后，大批民众与文人北渡黄河。北渡途中，众多文人死于非命，[①] 金末文学从巅峰上迅速滑落，除了元好问之外，主要是"河汾诸老"和杨宏道、李俊民等人。另外，全真教徒们也创作了为数不少的诗歌。他们的创作共同构成了金末高潮之后的尾声。

（一）河汾诸老

河汾诸老是金末元初生活在黄河和汾河流域的八位诗人，分别是麻革、张宇、陈赓、陈庾、房皞、段克己、段成己、曹之谦。他们本来是一个很松散的群体，生前没有结社活动，也没有一致的理论主张，只是因为元初房祺于大德五年（1301）将他们八人的诗作编成《河汾诸老诗集》，共收录诗歌201首，后人遂称之为"河汾诸老"。其中段氏兄弟另有《二妙集》传世。

河汾诸老写得最多的是纪乱诗，记录金亡后的种种动乱，倾泻他们的痛苦感受。如麻革《卢山兵后得房希白书知弟谦消息》：

---

① 赵琦：《金元之际的儒士与汉文化》，人民出版社，2004年版。

闻道王师阻渭津，卢山以后陷兵尘。军行万里速如鬼，风惨一川愁杀人。乱后仅知家弟在，书来疑与故人亲。梦中亦觉长安远，回首关河泪满巾。

前四句写战火蔓延，连偏远的卢氏山区都饱受摧残，后四句写得到弟弟平安的消息后，满怀欣喜和感慨。这类诗歌与杜甫的战乱诗、元好问的纪乱诗一脉相承，体现了悲天悯人的情怀。

河汾诸老的诗中也常常表现出不能忘怀的黍离之悲，如曹之谦的《秋风亭故基》；也有一些隐逸诗，描写平静的田园风光，借以抒发淡泊的心境，如麻革的《竹林院同张之纯赋二首》、张宇的《和李济夫韵》。

（二）李俊民和杨宏道

金末遗民诗人中，李俊民和杨宏道是两位值得注意的诗人。杨宏道被称为金末诗坛“北方之巨擘”（《四库全书总目》卷一百六十六），李俊民则被称为“元好问之亚”（同上），由此可见，他们的文学成就和地位颇高。

李俊民（1176—1260），字用章，号鹤鸣，谥庄靖，泽州晋城（今山西晋城）人。承安五年（1200）经义状元，授翰林应奉，一度辞官归乡。贞祐南渡后，避乱入山，又移居伊阳，游汴京。蒙古兵入河南，李俊民避之襄阳。金亡后，北归家乡，寓居怀州、泽州一带，教授学徒，“终日环书不出，四方学者不远千里而往，随问随答，曾无倦色”（杨奂《李状元事略》，见《还山遗稿》）。他的五言诗，感时伤乱，含蓄沉郁，寄怀深远。如《阳城怀旧呈阳敬之燕子和李文卿》：

路梗伤时事，春归感物华。风波千万丈，烟火两三家。树杪失巢燕，墙根无主花。当年人不见，何处是生涯。

此诗写于贞祐南渡隐居嵩山期间。首联写春天再次到来，诗人触景伤情；颔联写战火遍布，人烟寥落；颈联以失巢燕、无主花喻民不聊生、村庄荒芜；尾联怀念朋友，意味深长。更能体现李俊民诗歌特色的是其七言诗，如《即事》：

铁马长驱汗血流，眼前戈甲几时休？谁能宰似陈平社，那免悲如宋玉秋。漠漠微凉风里殿，萧萧残夜水边楼。千村万落荒荆棘，何止山东二百州？

蒙古军无休无止的入侵，导致千村万落凋敝不堪。除第三联外，其他三联都用疑问句或反问句，充满愤激不平之气。这类诗歌“幽忧激烈”“寄怀深远”，很像元好问的风格。

杨弘道（1187—1270），字叔能，号素庵，淄川（今山东淄博）人。一生坎坷，颠沛流离，晚年寓居济南。著有《小亨集》15卷。《空村谣》是他的成名作：

凄风羊角转，旷野埃尘腥。膏血夜为火，望际光青荧。颓垣俯积灰，破屋仰见星。蓬蒿塞前路，瓦砾堆中廷。杀戮余稚老，疲羸行欲倾。居空村问欲，何以供朝昏？气息仅相属，致词难遽言。往时百余家，今日数人存。倾筐长镵随日出，树木有皮草有根。春磨沃饥火，水土仍君恩。但恨诛求尽地底，官吏有时还到门。

诗歌真实地记录了贞祐二年（1214）蒙古兵入侵山东屠杀民众的惨状。这类诗直接继承了杜甫《无家别》等诗的写实传统，记录了战乱时人们战栗的心灵，催人泪下，亦堪称诗史。

在艺术上，杨弘道诗歌最明显的特点是学习唐诗，晚年诗风有所转变，大多写得平淡浅显，也有少数诗歌如《赠吕鹏翼》，写得意味深长。

第二节　吕本中、曾几、陈与义和南渡诗歌

一　南渡三家

南渡三家指吕本中、曾几、陈与义。吕本中（1084—1145），字居仁，寿州（今安徽寿县）人，因祖籍东莱，故后世人称东莱先生。早年以荫补入官。南渡后，流落桂林、柳州一带。绍兴六年（1136）起用，赐进士出身，后迁中书舍人兼侍讲。南宋初年，因属主战派，忤秦桧，被黜。今存《东莱先生诗集》20卷。

吕本中早年学诗，以黄庭坚诗为典范，少有诗名。20岁左右作《江西诗社宗派图》，江西诗派也因此成为中国文学史上第一个理论上的“诗派”。吕本中以黄、陈为师，在理论上提出“学诗当识活法。所谓活法者，规矩具备而能出于规矩之外，变化不测而亦不背于规矩也”（《夏均父集序》，见刘克庄《后村集》）。也就是说，在诗歌创作中，既要学习前人有效的创作方法，又不能为前人的方法所束缚，导致自己的诗没有自己的风格。后期诗歌体现出一种不同于黄、陈的流转圆美的新风格：

风雨潇潇似晚秋，鸦归门掩伴僧幽。云深不见千岩秀，水涨初闻万壑流。钟唤梦回空怅望，人传书至竟沉浮。面如田字非吾相，莫羡班超封列侯。（《柳州开元寺夏雨》）

方回在评此诗说：“居仁在江西派中，最为流动而不滞者，故其诗多活。”（《瀛奎律髓》卷十七）再如《春晚郊居》：

柳外楼高绿半遮，伤心春色在天涯。低迷帘幕家家雨，淡荡园林处处花。檐影已飞新社燕，水痕初没去年沙。地偏长者无车辙，扫地从教小径斜。

此诗语言清丽，音节和婉，与瘦硬诗风大异其趣。

此外，吕本中在靖康之难中创作了一些感时伤事和主张抗战的爱国诗篇，颇受

杜甫的影响，如《兵乱寓小巷中作》表达了对战争中饱经摧残的百姓的深切同情：

城北杀人声彻天，城南放火夜烧船。江湖梦断不得往，问君此住何因缘？窜身穷巷米如玉，翁寻湿薪媪炊粥。明日开门雪到檐，隔墙更听邻家哭。

《兵乱后自嬉杂诗》29首更是表达了对入侵者的愤怒，痛斥了祸国殃民的投降派。吕本中在创作中以“悟入”和“活法”手法矫正江西诗派瘦硬艰涩风格的同时，也在一定程度上矫正了由这种风格而导致的作品脱离现实的弊病。他提倡的“活法”，在杨万里那里得到了进一步的发扬，并形成了著名的“诚斋体”。他的“活法”等理论，通过曾几影响到了陆游，对南宋中兴诗坛影响颇大。

曾几（1084—1166），字吉甫，赣州（今江西赣县）人，徙居河南府（今河南洛阳）。南宋初，任江西、浙西提刑，绍兴八年（1138），因反对秦桧议和被罢官。寓上饶茶山寺，自号茶山居士。秦桧死后，召为秘书少监，权礼部侍郎，提举玉隆观，致仕，谥文清，有《茶山集》。

曾几在南宋初期的诗坛上，是一位承前启后、影响较大的诗人。他推崇杜甫、黄庭坚、陈师道，师承广泛，但大致不出江西之范围。如《雨》：

秋冬久不雨，气浊喜云生。麦垄崇朝润，茆檐彻夜声。初来断幽径，渐密杂疏更。赖有墙阴荠，离离已可烹。

全诗写雨，但字面不及雨，而是通过想象的意象连接衬托而出，构意生新，体貌瘦硬，体现了黄庭坚一路的诗风。如方回《瀛奎律髓》评曰：“茶山诗学山谷，往往逼真。”

曾几在规摹黄、陈的同时，又有所突破。绍兴元年（1131），曾几避难到了柳州，此时，吕本中恰好在桂林。在《〈东莱先生诗集〉后序》中，他回忆说：“是时年皆未五十，公（吕本中）之诗固已独步海内，几亦妄意学作诗。公一日寄近诗来，几次其韵，因作书请问句律。公察我至诚，教我甚至。”曾几在吕本中“流转圆美如弹丸”的活法基础上，逐步形成了自己清新活泼的诗风：

一夕骄阳转作霖，梦回凉冷润衣襟。不愁屋漏床床湿，且喜溪流岸岸深。千里稻花应秀色，五更桐叶最佳音。无田似我犹欣舞，何况田间望岁心！（《苏秀道中自七月二十五日夜大雨三日，秋苗以苏，喜而有作》）

这首诗文字明快，风韵流美，清而能腴，圆而不滑。赵庚夫说曾几的此类诗是“新于月出初三夜，淡比汤煎第一泉”（元韦居安《梅磵诗话》卷中）。

曾几和吕本中都是江西诗派诗风转变的关键人物，尽管吕本中最早提出活法，但曾几在艺术上取得了更高的成就，加上曾几高寿，中兴四大家中就有两家（陆游、杨万里）直接受到曾几的影响，所以，曾几对南宋诗坛的影响较吕本中大。

陈与义（1090—1138），字去非，号简斋，洛阳（今河南洛阳）人，政和三年（1113）进士。宋室南渡后避乱襄汉，转湖湘，踰岭峤，久之，召为兵部员外郎，迁中书舍人，拜吏部侍郎，寻以徽猷阁直学士知湖州，绍兴六年（1136）拜翰林学士、知制诰。《宋史》卷四百四十五称："尤长于诗，体物寓兴，清邃纡余，高举横厉，上下陶、谢、韦、柳之间。尝赋《墨梅》，徽宗嘉赏之，以是受知于上云。"陈与义早年深受江西诗学影响。如《襄邑道中》：

飞花两岸照船红，百里榆堤半日风。卧看满天云不动，不知云与我俱东。

受靖康之难的影响，陈与义的近体诗从黄、陈的风格过渡到了杜甫的风格。楼钥《〈简斋诗笺〉序》说："参政简斋陈公，少在洛下，已称诗俊。南渡以后，身履百罹，而诗益高，遂以名天下。"国破家亡的现实，迫使他从书斋中走了出来，在广阔的社会生活中，丰富了经历，扩大了视野，艺术上突破了江西诗派于故纸堆中觅诗句的局限，拉近了诗歌与现实的距离。有些还可以称得上是宋诗中的光辉篇章。如《伤春》：

庙堂无策可平戎，坐使甘泉照夕烽。初怪上都闻战马，岂知穷海看飞龙！孤臣霜发三千丈，每岁烟花一万重。稍喜长沙向延阁，疲兵敢犯犬羊锋。

此诗首联以无奈叹息起，次联写动荡，三联叹烟花之无知，尾联又赞疲兵之英勇。抑扬顿挫，亦忧亦喜，章法变化，艺术上有明显的学杜痕迹。

饱经离乱之后，陈与义的诗歌创作出现了明显的变化。如《牡丹》一诗：

一自胡尘入汉关，十年伊洛路漫漫。青墩溪畔龙钟客，独立东风看牡丹。

此诗因赏花而想到时局的变迁，伤于身世之感跃然纸上。葛胜仲说陈与义"晚年赋咏尤工，搢绅士庶争传诵，而旗亭传舍摘句，题写殆遍，号称'新体'"（《陈去非诗集序》，见《丹阳集》卷八）。严羽也说他"亦江西之派而小异"。这里所谓的"新体"和小异，指的就是能突破黄、陈的影响而又能有所创新，自出机杼。

陈与义还有一些以山水田园和闲适生活为题材的诗，这些作品受陶渊明、韦应物、柳宗元的影响，体现出一种平淡闲远的风格，如《山斋二首》等。

总之，陈与义继承了黄庭坚、陈师道的诗风，又在此基础上有所发展，《四库全书总目》卷一百五十六《简斋集提要》称："其诗虽源出豫章，而天分绝高，工于变化，风格遒上，思力沉挚，能卓然自辟蹊径。"陈与义也因此成为南渡初期的重要诗人。

二　南宋四名臣

南宋四名臣之称，始见于晚清王鹏运辑刻《四印斋所刻词·南宋四名臣词集》。

指经历靖康之难，在南宋初年反对和议，力主抗金的李纲、李光、赵鼎、胡铨四位大臣。

李纲（1083—1140），字伯纪，邵武（今属福建）人。政和二年（1112）进士，五年（1115）任监察御史兼权殿中侍御史，不久即因议论朝政过失被罢官。赵桓（宋钦宗）即位后，李纲负责都城开封的防御。他亲自登城督战，击退金兵。北宋亡后，高宗即位，以李纲为相，不久又罢相，贬鄂州，后改贬澧州，再贬儋州团练副使。建炎三年（1129）冬，李纲抵达琼州，不久遇赦。此后，除了两次短暂的出仕以外，直到病逝，共奉祠闲居8年左右，有《梁溪集》。

李光（1078—1159），字泰发，一作泰定，号转物老人，越州上虞（今浙江上虞东南）人。崇宁五年（1106）进士，知开化县，移知常熟县。入为符宝郎，以言事贬监汀州酒税。因与秦桧不合，出知绍兴府，改提举洞霄宫。秦桧死，内迁郴州。二十八年，复左朝奉大夫。二十九年，致仕，行至江州卒，年82。孝宗即位，赐谥庄简。有前后集30卷，已佚。《两宋名贤小集》卷一百五十八存《椒亭小集》1卷，清四库馆臣据《永乐大典》辑有《庄简集》18卷。

赵鼎（1085—1147），字元镇，自号得全居士，解州闻喜（今属山西）人。早孤，由母樊氏教之。崇宁五年（1106）进士，累官河南洛阳令。高宗即位，除权户部员外郎。建炎三年（1129），拜御史中丞。四年，签书枢密院事，旋出知建州、洪州。绍兴初入相，与秦桧不合，罢相，出知泉州。寻谪居兴化军，移漳州、潮州安置，再移吉阳军。知秦桧必欲杀己，自书铭旌曰："身骑箕尾归天上，气作山河壮本朝。"不食而卒，年63。孝宗朝，谥忠简。

胡铨（1102—1180），字邦衡，号澹庵，吉州庐陵（今江西省吉安市）人。建炎二年（1128）进士及第，授抚州军事判官。绍兴五年（1135），升任枢密院编修官。绍兴八年（1138）八月，秦桧派王伦为计议使出使金国乞求和议，屈辱称臣，胡铨写下著名的《上高宗封事》，声明"义不与桧等共戴天"！乞斩秦桧、王伦、孙近三人，触怒高宗、秦桧，谪广州监管盐仓。绍兴十二年（1142），发配新州（在今广东）编管。孝宗时，历知饶州，除秘书少监、起居郎、侍讲、国史院编修、工部侍郎、兵部侍郎等，以资政殿学士致仕，谥忠简。

南渡四名臣的诗歌内容，与他们的仕宦、贬谪经历相关。他们坚决主张抗战，反对苟和，忠义激愤，疾恶如仇，直言无畏，正义凛然，表现出强烈的爱国主义精神和民族忧患意识。同时，四名臣继承了欧阳修"明王道、排夷狄"的春秋学"尊王攘夷"的思想。如李纲《西风行》说："翠华果何从？大计宜早决。缅怀沙漠寒，矫首望汉月。杳无鸿雁来，宁不野鼠掘。何时金凤辇，复返苍龙阙。群生有安堵，国耻稍一雪。努力肉食谋，旁观已心折。"李纲对无能的朝廷表示了不满，希望统治者能振奋精神，收复失地，一雪国耻。又如胡铨《乾道三年九月宴罢》："万古云霄一凤鸾，归来蓬岛月光团。久将忠义私心许，要使奸雄怯胆寒。"诗中表达了坚如磐石的忠义之心和爱国信念，表现出坚强的意志和不屈的决心。

四名臣一生以宋朝的家国天下为重，诗歌中自然会有关心民间疾苦、揭露腐败的作品，如赵鼎《泊白鹭洲时辛道宗兵溃犯金陵境上金陵守不得入》：

> 脱迹干戈幸再生，时时心折梦围城。南来客枕能安否，更作江湖盗贼惊。
> 城头传令插军麾，城外行人泪满衣。处处悲风吹战角，沙洲白鹭莫惊飞。
> 月满沧江风水清，沉沉冰鉴照孤城。何人心绪犹无事，醉卧船舷一笛横。

诗中山河破碎的情形、民不聊生的惨象，使人感觉悲凉无比。

四名臣仕宦道路相近，都曾被贬至海南等偏远之地，在仕途不得意的时候，创作侧重于吟咏风物，表现自己高洁的品格。如李光诗："白色莲花也自奇，亭亭水面半开时。恰如西子新妆了，未把胭脂污玉肌。"（《白莲》）"玉体生来清自韵，冰魄别后梦难成。故应天遣娱春晚，一洗人间紫与赪。"（《赋长庆寺白桃花》）借莲花、桃花寓高洁之意，表现自己独立不群的个性。再如赵鼎的《定海路中观梅》："姑射山头若冰雪，谢家林下绝尘埃。"通过咏梅，抒写自己品性的高洁，而胡铨《和林和靖先生梅韵》等诗以物喻人，孤高之情跃然纸上。

在诗歌艺术上，南宋四名臣诗呈现出多样化的风格。《四库全书总目》卷一百五十六《梁溪集提要》称李纲"以其诗文而言，亦雄深雅健，磊落光明，非寻常文士所及"；《庄简集提要》称李光，"其诗乃志谐音雅，婉丽多姿，大抵多托兴深长"；《忠正德文集提要》称赵鼎，"鼎南渡名臣，屹然重望，气节学术彪炳史书，本不以词藻争短长，而出其绪余，无忝作者，盖有物之言，有不待雕章绘句而工者"。可见，南宋四名臣诗风或雄深雅健，或婉丽多姿，或语出天然，不一而足，在南宋初期诗坛同放异彩。

第三节　陆游、杨万里和中兴诗歌

一　中兴四大家

陆游（1125—1210），字务观，号放翁，越州山阴（今浙江绍兴）人。陆游出生在一个政治和学术背景都很有渊源的家庭，祖父陆佃是王安石的学生，父亲陆宰是一位学者和藏书家。幼逢乱世，从小就立下了"上马击狂胡，下马草军书"（《观〈大散关图〉有感》）的雄心壮志。绍兴二十三年（1153），29岁的陆游到临安应进士试，因名列秦桧孙秦埙之前，又"喜论恢复"，触怒秦桧，遭黜落。直到秦桧死后三年（1158）才得到起用，出任福州宁德县（今宁德市）主簿。孝宗继位，主战派稍受重视，陆游也被召见，赐进士出身。他乘机提出许多政治、军事方面的措施，积极支持张浚北伐。后来北伐失利，主战派失势，陆游也被罢官，回乡闲居四年多时间。

乾道六年（1170），陆游46岁，入蜀任夔州通判。一路上，他饱览了雄丽的山川景色，凭吊了屈原、李白、杜甫等伟大诗人的遗迹。乾道八年（1172）二月，四川宣抚使王炎请他办公事，陆游从夔州到达抗战前线南郑，置身忠勇的爱国官兵中间，广泛接触了爱国民众。火热的战斗生活，更激发了他的爱国热情，拓展了他的诗歌表现领域，形成了宏丽悲壮的风格。这个阶段是陆游诗歌的成熟期。后来，为了纪念这段时光，他把诗集定名为《剑南诗稿》。不到一年，王炎被调离川陕，陆游也被调任成都安抚使参议官。淳熙二年（1175），范成大任成都路安抚使兼四川制置使，请陆游担任参议官。范、陆二人原是文字之交，这次成都之聚，主宾酬唱，甚为欢快。因陆游不拘礼法，同僚讥之为狂放，索性以“放翁”为号。淳熙五年（1178），陆游56岁时奉诏回朝，出川东归。先后在福建、江西、浙江等地担任地方官。但因一贯坚持抗金主张并着力表现在诗歌创作中，终被罢官。绍熙元年（1190）起，66岁的陆游在故乡度过了人生最后的20年。在这期间，他广泛接触了普通民众，写出了大量反映农民生活和表现农村风光的诗篇。嘉定二年（1210）十二月，陆游带着遗憾，留下一首千古名篇《示儿》：“死去元知万事空，但悲不见九州同。王师北定中原日，家祭无忘告乃翁。”遂与世长辞。

陆游是我国文学史上继屈原、杜甫之后最伟大的爱国诗人，也是现存作品最多的诗人。在他的诗歌创作中，戮力王室、恢复神州的爱国、抗战思想是表达主流。绍兴三十一年（1161）十二月初九日，均州知府武钜收复西京洛阳，消息传来，37岁的陆游写下了与杜甫《闻官军收河南河北》齐名的《闻武均州报已复西京》：

白发将军亦壮哉，西京昨夜捷书来。胡儿敢作千年计，天意宁知一日回。列圣仁恩深雨露，中兴赦令疾风雷。悬知寒食朝陵使，驿路梨花处处开。

这首诗不仅歌颂了当前的胜利，而且对今后取得更大胜利充满了信心。尾联想象朝陵使者在次年寒食节梨花盛开的大好春光中回到洛阳的盛景。在现实描绘的基础上，用丰富而生动的想象使得诗歌充满浪漫色彩和豪迈情怀。这正是陆游爱国诗的特征之一。

随着时间的推移，南宋在与金的对峙中渐处下风，诗人能看到的胜利越来越少，对恢复大业的渴望与现实局势的每况愈下十分纠结，早年壮志化成了低沉的声音：

早岁那知世事艰？中原北望气如山。楼船夜雪瓜洲渡，铁马秋风大散关。塞上长城空自许，镜中衰鬓已先斑。出师一表真名世，千载谁堪伯仲间？（《书愤》）

这种壮志未酬的愤懑，带有沉郁苍凉的色彩。

陆游知道报国无门的原因是朝中投降派当权，故而在《关山月》中，他严厉谴责那些只管自己富贵，不管山河破碎的统治者：

和戎诏下十五年，将军不战空临边。朱门沉沉按歌舞，厩马肥死弓断弦。戍楼刁斗催落月，三十从军今白发。笛里谁知壮士心？沙头空照征人骨。中原干戈古亦闻，岂有逆胡传子孙！遗民忍死望恢复，几处今宵垂泪痕！

在这样的情形下，诗人只能把自己的理想寄托在梦中：

僵卧孤村不自哀，尚思为国戍轮台。夜阑卧听风吹雨，铁马冰河入梦来。（《十一月四日风雨大作二首》其二）

梦中写关山万里、铁马冰河，是陆游爱国精神的深刻体现，也是他爱国诗篇的一个重要特色。

陆游在宣泄自己有志不能申的悲愤的时候，仕宦游历的生活也使得他关注到了民间老百姓的心声：

三万里河东入海，五千仞岳上摩天。遗民泪尽胡尘里，南望王师又一年！（《秋夜将晓出篱门迎凉有感二首》其二）

忆昨王师戍陇回，遗民日夜望行台。不论夹道壶浆满，洛笋河鲂次第来。（《追忆征西幕中旧事》）

这些诗歌，非常真实地写出了沦陷区人民对“王师”克复神州的渴望。

陆游人生最后20年，是在故乡度过的。在继续创作爱国诗篇的同时，他体验了农村生活，并创作出了不少佳作，《游山西村》是这类诗歌的代表：

莫笑农家腊酒浑，丰年留客足鸡豚。山重水复疑无路，柳暗花明又一村。箫鼓追随春社近，衣冠简朴古风存。从今若许闲乘月，拄杖无时夜叩门。

爱情诗不是陆游诗歌的主题，但他的爱情诗中有中国文学史上千古传颂的名篇，如《沈园二首》：

城上斜阳画角哀，沈园非复旧池台。伤心桥下春波绿，曾是惊鸿照影来。（其一）

梦断香销四十年，沈园柳老不吹绵。此身行作稽山土，犹吊遗踪一泫然！（其二）

这是庆元五年（1199），陆游75岁时游沈园，怀念前妻唐氏而写下的。绍兴二十五年（1155）春天，陆游与唐氏在沈园相遇，写下了哀伤之词《钗头凤》。近人陈衍在《宋诗精华录》中评论《沈园》说：“无此绝等伤心之事，亦无此绝等伤心之诗。就百年论，谁愿有此事；就千秋论，不可无此诗。”

陆诗的艺术成就是多方面的。首先是体裁完备，篇章最多、最有成就的是七古和七律，其次是五古和五律。古体诗容量较大，也较适合抒发陆游那磅礴的故国之恋的激情，如《长歌行》《关山月》等。陆游的七律尤为后人称道，清代沈德潜在《说诗晬语》卷下就说："放翁七言律，对仗工整，使事熨帖，当时无与比埒。"

陆游诗歌的另一个特色是在创作方法上兼具写实和想象，也就是能将现实主义和浪漫主义的写作手法相结合，并服务于他爱国主义精神的抒发。如前所举的那首《闻武均州报已复西京》就是典型的例子。

第三，取材广泛，立意新颖。广阔的社会生活和丰富的阅历，使陆游的诗歌有了丰富的题材，如清代赵翼《瓯北诗话》中说："凡一草、一木、一鱼、一鸟，无不剪裁入诗。"

陆游的诗在当时和后代都产生了很大的影响。当时与陆游交往并在诗法上有渊源关系的有上饶二泉（赵蕃、韩淲），"用陆之法度"的永嘉四灵（魏庆之《诗人玉屑》卷十九）。江湖诗派中苏泂、刘克庄、戴复古更是直接师承陆游。宋末林景熙等人也继承了陆游的爱国主义精神。陆诗的爱国主题，对后代影响最大。清末，民族危亡，梁启超就曾经歌颂过陆游："诗界千年靡靡风，兵魂销尽国魂空。集中十九从军乐，亘古男儿一放翁。"（《读陆放翁集》）说明陆游的爱国精神在历史上的影响深远。

杨万里（1127—1206），字廷秀，号诚斋，吉州吉水（今江西吉水）人。高宗绍兴二十四年（1154）进士。孝宗朝召为国子博士，迁太常博士，转将作少监，提举广东常平茶盐，除太子侍读、枢密院检详、右司郎中、左司郎中、秘书少监等。光宗即位，召为秘书监。宁宗嗣位，升焕章阁待制，提举兴国宫，进宝文阁待制致仕。立朝多大节，韩侂胄尝召之，因不满韩侂胄弄权误国，不起。开禧间闻韩侂胄启兵北伐，忧愤不食而卒，谥文节。有《诚斋集》133卷。与尤袤、范成大、陆游等并称南宋中兴四大诗人。杨万里事迹，载《宋史》卷四百三十三本传。

杨万里少习理学，关心国事，因处在南宋朝廷偏安东南一隅的时代，其忧国、忧时之念便时常流露在诗歌创作之中。如《初入淮河四绝句》：

船离洪泽岸头沙，人到淮河意不佳。何必桑乾方是远，中流以北即天涯！（其一）

刘岳张韩宣国威，赵张二相筑皇基。长淮咫尺分南北，泪湿秋风欲怨谁？（其二）

两岸舟船各背驰，波浪交涉亦难为。只余鸥鹭无拘管，北去南来自在飞。（其三）

中原父老莫空谈，逢着王人诉不堪。却是归鸿不能语，一年一度到江南。（其四）

1190年，诗人奉命在国境线上迎接金国的贺正旦使。宋金的边境以淮河为界，诗人在淮河边上，思绪万千，写出了广大人民对收复中原的迫切愿望和对王朝无恢复之心的绝望，情调低沉。

由于杨万里少习理学，所以，他时时对生活及其本质投以关注的目光，百姓生活自然也进入了他的诗歌，如：

稻云不雨不多黄，荞麦空花早着霜。已分忍饥度残岁，更堪岁里闰添长。（《悯农》）

吴侬一队好儿郎，只要船行不要忙。著力大家齐一拽，前头管取到丹阳。（《竹枝歌》）

《悯农》写出了百姓生活的艰辛和苦难。《竹枝歌》是拟民歌，《南海集》自序言尤袤曾称赞："以为有刘梦得之味。"

杨万里诗歌为后世称道的是"诚斋体"。诚斋体的特点，一是善于选择日常生活中一些富有诗意的，且又常常被人们忽略的细节，以风趣而又通俗流畅的语言表达出来。如：

莫言下岭便无难，赚得行人错喜欢。正入万山圈子里，一山放出一山拦。（《过松源，晨炊漆公店六首》其五）

雨来细细复疏疏，纵不能多不肯无。似妒诗人山入眼，千峰故隔一帘珠。（《小雨》）

这种风格与江西派生涩隐晦的风格大相异趣，也是对江西末流之弊的一种矫正。

诚斋体的另一个特点是富于幽默感。如：

雨里船中不自由，无愁稚子亦成愁。看渠坐睡何曾醒，及至教眠却掉头。（《嘲稚子》）

才近中秋月已清，鸦青幕挂一团冰。忽然觉得今宵月，元不粘天独自行。（《八月十二日夜诚斋望月》）

他极力从生活小事中寻找诗料，并表现它，而对生活极为广泛的兴趣使得几乎无事不可人诗，又往往能涉笔成趣，使人读之兴趣盎然，感到特别亲切。

构思新巧、想象奇妙是诚斋体的又一个特点。由于杨万里对生活的广泛关注，大自然中的各种物态都能通过他的诗表现出来，这些诗往往构思奇妙，想象丰富，层次曲折，意态生动，如《夏夜玩月》：

仰头月在天，照我影在地。我行影亦行，我止影亦止。不知我与影，为一定为二？月能写我影，自写却何似？偶然步溪旁，月却在溪里。上下两轮月，若个是真底？唯复水是天，唯复天是水。

此诗语言通俗流畅，明白如话，也是诚斋体的一大特点。

杨万里从口语中提炼出明快活泼、雅俗共赏的语言入诗，使诗歌的表现力得到很大提升，如：

篱落疏疏一径深，树头新绿未成阴。儿童急走追黄蝶，飞入菜花无处寻。（《宿新市徐公店》）

梅子留酸软齿牙，芭蕉分绿与窗纱。日长睡起无情思，闲看儿童捉柳花。（《闲居初夏午睡起二绝句》其一）

以上几点交织在一起，构成了杨万里“诚斋体”的独特面貌。永嘉四灵、江湖诗派、清代袁枚等都受诚斋体的影响。

范成大（1126—1193），字致能，吴郡人，号石湖居士。高宗绍兴二十四年（1154）进士，除徽州司户参军。孝宗朝历官著作佐郎、吏部郎官、礼部员外郎、崇政殿说书、起居郎、资政殿大学士、中书舍人，拜参知政事。光宗朝加资政殿大学士知太平州，寻卒。有《石湖大全集》136卷，已佚。今传《石湖诗集》34卷，另有《揽辔录》《吴郡志》《桂海虞衡志》《吴船录》等著述多种。范成大素有文名，尤工于诗，与尤袤、杨万里、陆游并称南宋中兴四大诗人。

范成大一生在朝廷和地方都做过官，因而有关行旅、风土、名胜、农民生活等方面就成了他诗中的主要内容。在任地方官期间，他的一系列受杜甫及元（稹）、白（居易）、张（籍）、王（建）影响的诗歌，真实地反映了农民的生活。如《姑恶》谴责恶婆，《咏河市歌者》为伶优鸣不平，《荆渚堤上》反映战乱后人民的苦难生活，《后催租行》写出了百姓的处境凄惨等。

范成大诗歌的重要成就是其使金纪行诗和田园诗。使金纪行诗写于乾道六年（1170）六月，当时范成大出使金国，途经金人统治下的原宋人国土，看到了靖康之难后长期被金人统治的北方山河风土，并有机会接触虽身在金人统治之下，却仍心念故国的人民，创作出了以爱国主义为基调的一组七言绝句诗——《使金纪行诗》。他在《雷万春墓》《蔺相如墓》等诗中，借颂扬忠臣义士来表达对恢复故土的渴望；写《出塞路》《会同馆》等诗表达报国决心；写《宜春苑》《市街》等诗，记录了金人统治下国土的荒凉残破。在《州桥》和《翠楼》中，诗人这样写道：

州桥南北是天街，父老年年等驾回。忍泪失声询使者，几时真有六军来？（《州桥》）

连衽成帷迓汉官，翠楼沽酒满城欢。白头翁媪相扶拜，垂老从今几度看！（《翠楼》）

诗歌写出了原宋民渴望故国军队胜利到来的心声，他们甚至仅仅因为看到了南宋派来的使者就欢欣鼓舞、热泪盈眶，足见对故国的向往和怀念，也借此表达了诗人的爱国情怀。

范成大的晚年，过着隐居田园的生活，写了不少以田园风光和乡村生活为内容的诗篇。较为著名的就是60首《四时田园杂兴》。这组诗作于淳熙十三年（1186），分为春日、晚春、夏日、秋日、冬日五组，每组12首七言绝句。组诗中有农村生活的恬淡：

柳花深巷午鸡声，桑叶尖新绿未成。坐睡觉来无一事，满窗晴日看蚕生。（《春日田园杂兴十二绝》其一）

有对农忙时节生活的刻画：

新筑场泥镜面平，家家打稻趁霜晴。笑歌声里轻雷动，一夜连枷响到明。（《秋日田园杂兴十二绝》其五）

有写农民生活的艰辛：

采菱辛苦废犁锄，血指流丹鬼质枯。无力买田聊种水，近来湖面亦收租。（《夏日田园杂兴十二绝》其十一）

这组诗将农民的整个劳动过程、日常生活及其喜怒哀乐，进行了比较全面的刻画，题材新颖，风格安详和雅，将自己融入农村的生活之中，代言农民，与其他写田园生活的诗人写法不同。

尤袤（1127—1194），字延之，号遂初居士，无锡人。高宗绍兴十八年（1148）进士，与朱熹、张镃父张宗元等为同年。有《遂初小稿》60卷、《内外制》30卷、《遂初堂书目》1卷。前两种书久佚。与杨万里、范成大、陆游等并称南宋中兴四大诗人。

尤袤早年师从汪应辰，而汪师事吕本中，因此与江西诗派颇有渊源。但其诗又突破了江西诗风，风格细润圆转，饶有风致。如《青山寺》：

峥嵘楼阁插天开，门外湖山翠作堆。荡漾烟波迷泽国，空蒙云气认蓬莱。香销龙象辉金碧，雨过麒麟剥翠苔。二十九年三到此，一生知有几回来。

青山寺在无锡惠山茅峰南坡，居高可见太湖波光，临下则为绿树成荫的青山湾，此诗所写青山寺风光，历历如画。

尤袤还有些关心民瘼的诗篇，这些作品，上承杜甫写实风格和白居易新乐府传统，与北宋梅尧臣《田家语》等篇相近，细节鲜明，语言朴素。

二　朱熹等道学诗人

朱熹（1130—1200），号晦庵、晦翁、考亭先生等。徽州婺源人，寓建州。高宗绍兴十八年（1148）进士，主泉州同安簿。孝宗朝，以荐召为秘书郎，知南康军，提举江西常平茶盐公事，提点江西刑狱公事，秘阁修撰。光宗即位，除知漳州，主管南京鸿庆宫。宁宗即位，除焕章阁待制、侍讲，庆元二年（1196）为御史所劾，落职罢祠。理宗宝庆三年（1227）赠太师，追封信国公，改徽国。朱熹少有求道之志，穷理以致其知，反躬以践其实，终成南宋理学大宗。有《晦安集》100卷；又有《诗集传》《大学中庸章句》《孟子集注》《楚辞集注》《宋名臣言行录》《近思录》《河南程氏遗书》《伊洛渊源录》等著述多种行于世。

朱熹作为宋代道学集大成者，主要贡献在思想文化方面，但朱熹的文学创作不像别的道学家那样把文学仅仅当作是宣扬“义理”的工具。在江西诗风余弊仍然影响着的南宋中兴诗坛，朱熹主张以古为新，盛推体近《文选》、乐府的气韵高古而音节华畅的诗作，强调学诗当以古人体制入手而循序渐进。这是对江西诗学的超越。

就创作而言，朱熹是道学家中最有成就的诗人。他的诗，虽然大多脱离不了说理的范畴，但也有不少作品清新明快、形象鲜明，能在对现实的描绘中巧妙地体现出道理和旨趣，摆脱了邵雍《击壤集》那种说教习气。如《观书有感》二首：

> 半亩方塘一鉴开，天光云影共徘徊。问渠那得清如许？为有源头活水来。

> 昨夜江边春水生，艨艟巨舰一毛轻。向来枉费推移力，此日中流自在行。

这两首诗都是从日常生活中取材，前一首形象地说明了时逢盛世，应该不断学习、不断探究的道理。后一首，用春水涨、巨舰浮说明只有积累足够的学养，行进中才能自由自在的道理。

在南宋中兴时期，除了朱熹之外，还有韩元吉、吕祖谦、张栻、陆九渊等著名道学家，他们的诗歌创作也值得关注。

三　中兴后劲

张镃（1153—1235），字时可，后改字功父（又作功甫），号约斋，家本成纪（今甘肃天水），寓居临安（今杭州），宋南渡名将张俊曾孙、刘光世外孙。尝历直秘阁、婺州通判、临安通判、司农寺丞、太府寺丞等职，在宁宗朝声援北伐，复与史弥远等谋诛伐金失败的韩侂胄，后忤史弥远而被贬死象台。著述今存《南湖集》10卷、《仕学规范》40卷等。

在南宋中兴诗坛上，张镃是与友人杨万里、陆游等人一起推动新的诗学思潮发展演进的重要成员之一。

一方面，张镃主张转益多师，广学古人；另一方面，追求活法悟诗，独造平淡。在实际创作中，张镃的诗风较为多样。在律诗盛行的南宋诗坛，古诗创作成就较突出。他常以长篇古体，极力铺陈夸饰，表现其富贵和闲逸，襟怀豪宕放纵，具有一种酣恣淋漓的风格。张镃《南湖集》10卷中，存词1卷，古诗、律诗和绝句共

9卷，其中五、七言、古诗3卷，数量甚多，亦不乏长篇，如《千叶黄梅歌呈王梦得张以道》。在这首长达250余字的七古中，张镃用大量篇幅铺叙其南湖的满园奇葩和秀丽春光，描述京都的喧嚣繁华，在表现其富贵悠游生活的同时，也抒发了报效君王的豪情；之后转而写岁月消磨、壮士空老的无奈和苦闷；最后，仍以纵饮和浪游作结。全诗跌宕起伏，一唱三叹，具有一种豪纵之风。又如《呈尤侍郎陆礼部》：

今朝好春风，歌鸟如管弦。花香舒锦机，次第铺我园。柳柔曳金绳，高下拂我船。伸臂揽六龙，莫过桑榆边。披猖车尾霞，丹碧如旗旃。幻作万石酒，烂醉三千年。世间生死俱扫空，况复戏弄冕与轩。（《南湖集》卷三）

诗写得大开大合，襟怀夸张，意气纵横。

张镃不务工丽的豪夸放纵，与尤袤之平淡婉雅、萧德藻之高古工致、杨万里之飞动奇妙、范成大之温润清新、陆游之敷腴俊逸相比，可谓别具特色，自成一家。

姜夔（约1155—1209），字尧章，饶州鄱阳（今江西鄱阳）人。父知汉阳县，夔幼随宦，往来沔、鄂几二十年。淳熙间，客湖南，萧德藻爱其词，妻以兄子，因寓湖州，自号白石道人，以布衣终。工诗词、精音乐、善书法，对词的造诣尤深。有诗词、诗论、乐书、字书、杂录等多种著作，诗集有《白石道人诗集》。

姜夔在文学史上以词名，他的诗作数量不多，最擅长的诗歌体裁是七绝。如《除夜自石湖归苕溪十首》：

细草穿沙雪半销，吴宫烟冷水迢迢。梅花竹里无人见，一夜吹香过石桥。（其一）

沙尾风回一棹寒，椒花今夕不登盘。百年草草都寒夜，自琢春词剪烛看。（其六）

笠泽茫茫雁影微，玉峰重叠护云衣。长桥寂寞春寒放，只有诗人一舸归。（其七）

这些诗作，体现了他气格清奇、意境隽澹、韵致深美、独饶风韵的风格。姜夔诗名为词名所掩，但其诗在南宋中兴后期确实独树一帜，作为江湖诗人的前驱，他独立的人格与不群的诗风，在当时的诗坛上影响很大，以至于杨万里把他和张镃并列为能继中兴诗人而起，引领诗坛的代表人物。

第四节　刘克庄、文天祥和晚宋诗歌

一　晚宋三家与江湖诗派

江湖诗派得名于《江湖集》，方回《瀛奎律髓》卷二十云：“宝庆初，史弥远废立之际，钱塘书肆陈起宗之能诗，凡江湖诗人俱与之善，宗之刊《江湖集》以售。”因为诗集中所收的刘克庄、曾几、敖陶孙等人的诗表达了对时局的不满，遭到权相史弥远的忌恨，将名列诗集中的诗人逐一贬谪，《江湖集》也被劈版禁毁。史弥远死后，陈起重操旧业，又刻了《江湖集》，但这已经不是当初的诗集了，据后人推测，陈起前后共刻了三次，初刻的《江湖集》成为前集，诗禁解除后刻的称为后集，第三次刻的称为续集。《江湖集》所收诗人总数不下120家，有江湖诗人的前驱者姜夔、刘过、周文璞等人，也有刘克庄、曾几、敖陶孙等因诗得祸的诗人，以及诗祸之后登上诗坛的武衍、乐雷发等人，大多生活在社会底层。江湖诗人擅长写景之作。例如：

应怜屐齿印苍苔，小扣柴扉久不开。春色满园关不住，一枝红杏出墙来。（叶绍翁《游园不值》）

今早神清觉步轻，杖藜聊复到前庭。市声亦有关情处，买得秋花插小瓶。（陈起《买花》）

天阔雁飞飞，淞江鲈正肥。柳风欺客帽，松露湿僧衣。塔影随潮没，钟声隔岸策。不堪回首处，何日可东归。（陈允平《青龙渡头》）

这些诗，或是个人情怀的抒发，或是对自然景色的描绘，从中可以看出“四灵”和晚唐诗风的影响。

在南宋后期江湖诗人中，成就较为突出的有刘克庄、戴复古、方岳等。

刘克庄（1187—1269），初名灼，字潜夫，号后村居士，莆田（今福建莆田）人。以门荫入仕，宋理宗淳祐六年（1246）赐同进士出身，官至工部尚书兼侍读，卒谥文定。著有《后村先生大全集》196卷，存诗4500余首。

刘克庄早期诗风受“四灵”的影响，叶适认为是“四灵”之后的诗坛主帅。刘克庄师承广泛，学诗视野较宽：初由放翁入，后喜诚斋，又兼取东都、南渡、江西诸老，上及于唐人。虽被列为江湖派，但能矫“四灵”和江湖之弊，取长补短，转益多师，开拓了自己的创作道路，成就突出。

刘克庄诗歌中较有成就的是受“四灵”影响的写日常生活和受陆游影响写抨击时弊的作品，如《北山作》：

骨法枯闲甚，惟堪作隐君。山行忘路脉，野坐认天文。字瘦偏题石，诗寒半说云。近来仍喜聩，闲事不曾闻。

这首诗与“四灵”诗风相近，但“思新句工，语淡情浓”[①]，已经跳出了“四灵”幽峭逼仄的诗风。再如《军中乐》：

---

①程千帆、吴新雷：《两宋文学史》，见《程千帆全集》卷十三，河北教育出版社，2001年版。

行营面面设刁斗，帐门深深万人守。将军贵重不据鞍，夜夜发兵防隘口。自言虏畏不敢犯，射麋捕鹿来行酒。更阑酒醒山月落，彩缣百段支女乐。谁知营中血战人，无钱得合金疮药！

这是一首乐府诗，深刻揭露了南宋末年政治、军事的腐败和黑暗，描写生动，笔墨细致，是对唐代新乐府诗和陆游爱国精神的继承和发扬。

刘克庄诗歌的缺点是，有些诗摇笔即来，不假思索，流于浮浅粗滥。这也是江湖诗人的通病。

戴复古（1167—?），字式之，号石屏，天台黄岩（在今浙江）人，平生不事科举，唯好漫游，以布衣终身。诗歌风格较为多样，题材内容也比较广泛。著有《石屏诗集》6卷。

戴复古早年曾师从陆游学诗，后来受“四灵”影响，如《题张签判园林》：

园圃屋东西，从君一杖藜。雨寒花蕊瘦，春重柳丝低。亭馆常留客，轩窗总傍溪。摩挲雪色壁，安得好诗题。

诗以清丽寒瘦的意象、流畅浅淡的语言，写出了雨后园林的景致特征，有四灵之风。

戴复古还有一些揭露南宋末年民贫国弱的现实、感时伤事的作品，如《江阴浮远堂》《频酌淮河水》等。另有一些抒写个人心灵的诗作，在江湖诗人中比较少见，如《梦中亦役役》。

方岳（1199—1262），字巨山，号秋崖，徽州祁门（今属安徽）人。理宗绍定五年（1232）进士，曾为文学掌教，后任袁州太守，官至吏部侍郎。因忤权要史嵩之、丁大全、贾似道诸人，终生仕途失意。诗作多描写农村生活与田园风光，质朴自然。著有《秋崖集》40卷，词集有《秋崖词》。

方岳经历类似刘克庄，与其他江湖诗人处于下层不同，一生大多数时间都在仕宦中度过，只是仕途并不顺利。方岳的一生，屡遭挫折。虽然总想有用于世，但现实总是一次次把他抛入低谷。这使得他的诗歌在表现现实的时候，总是有所顾忌，内涵不够丰富，表现不够深刻。

既然无用于世，方岳就转而把诗情投入到山水田园之中。在他的诗集中，写田园风光的作品占了很大比重，也有不少佳作，如：

桃溪喷火柳拖烟，如豆青梅已半酸。燕子怯春归未得，一帘风雨杏花寒。（《春暮》）

净扫山房不以贫，旋炊野饭唤作邻。子规啼处一村雨，芍药开时三径春。丘壑自成安乐国，渔樵尚有老成人。茅檐相对坐终日，只说桑麻语自真。（《春日杂兴》其十五）

这些诗，风格或清新或古朴，皆体物工细，情真意切。方岳文集没有被陈起刊入《江湖集》，但仍不失为南宋后期江湖诗派的重要代表。

二　魏了翁等道学诗人

魏了翁（1178—1237），字华父，号鹤山，谥文靖，四川蒲江（今四川蒲江县）人，庆元五年（1199）进士，历官资政殿学士、福建安抚使，卒赠太师，谥文靖。有《鹤山集》109卷。《宋史》卷四百三十七有传。

魏了翁的文学观，受朱熹影响较深。魏了翁原本雅好辞章，但后来转而信服朱熹的文学观。魏了翁对文学的贡献主要体现在理论方面，而他的文学创作也履践了他的文学理论。主要有以下几个方面：

第一，道是文的根本。魏了翁的文道观与朱熹的文道观相近，但范畴并不完全相同。他认为，“道”是“文”的根本，只有心怀义理本心，发之文学，才能写出好的作品。“但当护根本，岁晚搴幽香”（《鹤山集》卷一《题蔡氏丛桂堂》）。他在一首诗中说“我被词华几陷溺，相期努力践朝晖”（《鹤山集》卷十一《再用韵》其三），体现了理学家对文学性认识的局限。由于轻视文章，因此诗的文学性不是很强，如《北郊劳农归路五十六言》等，说理的意味大于文学的意味。

第二，主张才学合一。魏了翁对道的学习和参悟在一生中占有比较重的地位。他认为，文学家终其一生都必须坚持不断学习，才能不至才力枯竭，保持创作的动力。

第三，魏了翁肯定平和冲淡的文学风格，重视文学的政教功用，继承了诗教的文学功用思想。“君臣大分虽有止，终不能忘乃天理。世无我知将自知，不待雷风问诸史。投沙屈贾占所归，九州博大归何之。虽云忠愤语伤激，律以洙泗犹津迷。”（《鹤山集》卷五《次韵永平令江叔文鹤山书院落成诗》）在魏了翁看来，屈原和贾谊的作品不符合洙泗之学温柔敦厚的文学标准，因为他们的言辞过于激烈，对君主的指刺没有做到含蓄温婉。

魏了翁也有一些情、景、理交融的佳作。如《重阳前一日，约寓公饮于新开湖之西港，有歌词者，其乱曰会。与州人饮，公遗爱一江醇酎，遂以此分韵赋诗，某得一字》：

> 吾州远景楼，为天下第一。下有千尺湖，长虹倚斜日。烟云纷蔽亏，草树互蒙密。人既位通显，湖犹困遗逸。一段云锦机，割截不成收。我来划见之，慨然为拈出。凹者豁以舒，凸者疏而溢。乃取半山句，以榜湖阴室。晨舟乱平渺，日晏未云毕。客喜以问余，幻成子何术。余非袭而致，彼有是良质。牛山木尝美，茅径人自室。一笑各会心，凉风送萧瑟。（《鹤山集》卷二）

张文利评此诗：“前半部分描写登高远望的壮丽景色，场景阔大，不乏生动鲜明的意象，语言平易而畅达。自‘客喜以问余’以下，借助眼前景致，通过主客问答的形式，说明大自然的美是客观存在”，“整首诗委婉含蓄，融理于景，景理交融”。[①]由此可见魏了翁作为当时负有诗名的道学家的文学造诣。

三 宋亡国之际的爱国诗人

文天祥（1236—1283），字履善，又字宋瑞，号文山，又号浮休道人，吉州庐陵（今江西吉安县）人。有《文山全集》传世。

文天祥早年的诗歌近于江湖派的风格，主要表现的内容是宦海沉浮的心境，如写于隐居时期的《山中感兴三首》其二：

> 山中有流水，霜降石自出。骤雨东南来，消长不终日。故人书问至，为言北风急。山深人不知，塞马谁得失。挑灯看古史，感泪纵横发。幸生圣明时，渔樵以自适。

诗是文天祥和贾似道斗争受排挤之后，隐居文山时的作品。从中可以看出，虽然他在隐居，却对时局很是关注，但最后的两句，以渔樵自适，透露出内心的苦闷情绪。

文天祥诗歌的变化始于德祐元年（1275）。这一年，元兵南下，过了长江，赵宋政权危机，文天祥“尽以家赀以为军费”（《宋史》卷四百一十八），招募了一万多士兵保卫临安。德祐二年（1276），元军兵临临安城外的皋亭山，宰相陈宜中逃跑，文天祥被任命为右丞相兼枢密使，在与元军统帅伯颜谈判过程中，被扣押。在押解往燕京的途中，于镇江逃脱，历尽艰辛，到福州追随新登基的端宗赵昰，继续与元军作战，于祥兴元年（1278）十二月被俘，囚于战船之中。祥兴二年（1279）正月，元军船队经过零丁洋（在珠江口外），文天祥写下了千古名篇《过零丁洋》：

> 辛苦遭逢起一经，干戈寥落四周星。山河破碎风飘絮，身世浮沉雨打萍。惶恐滩头说惶恐，零丁洋里叹零丁。人生自古谁无死，留取丹心照汗青！（《文山先生全集》卷十四）

在这首诗里，诗人将自身的命运与国家政权的崩溃联系起来，写出了自己为了民族大义而坚贞不屈，为了反抗侵略而至死不渝的精神。

在押解往燕京的途中，文天祥写了一系列的诗篇，如《过平原作》《白沟河》《怀孔明》《刘琨》《祖逖》《颜杲卿》《许远》等。这些诗篇，或以地名为诗名，或歌颂历史上对国家统一有贡献的名臣，表现了自己对国家的忠贞和热爱，表达了誓死抗元的决心。另一名篇是写于燕京狱中的《正气歌》。这首诗作于元至元十八年

① 张文利：《魏了翁文学研究》，中华书局，2008年版。

（1281）五月，此时，元朝统治者正在想尽一切办法让文天祥归顺、投降，诗人便写出了这篇正气浩然，名垂千古的名作，以表明自己的心迹，表明至死不降的决心。

文天祥有《集杜诗》一卷，收五言绝句 200 首，是文天祥在燕京狱中所作。集句诗这种形式一般被视为文字游戏，但文天祥的集句诗有自己独特的价值。如《至福安第六十二》和《思故乡第一百五十六》等，虽是集句，但诗句之间的衔接和整首诗的感情抒发并不生涩，无雕琢之病，情真意切，如出己手。文天祥的《集杜诗》是杜甫诗歌传统对宋末诗坛影响的一个缩影。

汪元量（约 1245—1331），字大有，号水云，钱塘（今浙江杭州）人。有《水云集》《湖山类稿》。他是一位供奉宫廷的琴师，宋亡后，被掳至燕京。他目睹并经历了国破家亡的整个过程，对南宋的覆亡有着痛切的感受，这些感受反映在诗歌中，就是《醉歌十首》《湖州歌九十八首》《越州歌二十首》。如《醉歌十首》其五：

乱点连声杀六更，荧荧庭燎待天明。侍臣已写归降表，臣妾佥名谢道清。

这首诗写的是德祐二年（1276）春季，元兵由伯颜统帅，直逼临安，时端宗尚幼，太皇太后谢氏和皇太后全氏听政，派使者向伯颜投降。此诗直陈其事，仅仅抓住事件的几个断面，并无明显的感情宣泄，但悲愤之情溢于字里行间。再如《湖州歌九十八首》其一：

丙子正月十有三，挞鞸伐鼓下江南。皋亭山上青烟起，宰执相看似醉酣。

诗写宋政权向伯颜投降的过程。宋室君臣弱智误国丑态，金兵的趾高气扬都表现得淋漓尽致。又其四十二：

丞相催人急放舟，舟中儿女泪交流。淮南渐远波声小，犹见扬州望火楼。

用纪实的手法，把诗人所经历的南宋覆亡、六宫北迁的情形逼真地描绘出来，十分心酸沉痛。

汪元量在宋亡后随谢太后北迁，在大都生活十年，后出家为道士，不知所终。

第五节 《格萨尔王传》和吐蕃大理诗歌

吐蕃是公元 7—9 世纪古代藏族建立的政权，也是西藏历史上创立的第一个政权，由松赞干布到达磨延续两百多年。古代青藏高原上居住着雅隆、孙波、羊同、党项、白兰、吐谷浑、象雄、达布、工布、娘布等众多部落，彼此分散独立，互不统属。公元 6 世纪时，兴起于今西藏山南地区泽当、穷结一带的藏族先民雅隆部，已由部落联盟发展成为奴隶制政权。领袖人物达布聂赛、囊日论赞父子，逐渐将势力扩展到拉萨河流域。7 世纪初，囊日论赞之子松赞干布以武力降服古代羌人孙波

(今西藏北部及青海西南部)、羊同(今西藏北部)诸部,将首邑迁至逻些(今拉萨),正式建立吐蕃王朝。

一　吐蕃的神话传说

吐蕃时期的传说极为丰富,大致可以分为三类。一是史事传说,如止贡赞普被杀的传说、迎娶文成公主的传说、修建大昭寺的传说、金城公主的传说等。这些传说记录了西藏地区早期部落之间的争斗与统一,表现了藏族人民十分珍视的藏汉兄弟民族团结友爱的感情,体现了时代的要求,传达出人民的心声。二是人物传说,主要有松赞干布的传说、文成公主的传说、噶尔·东赞宇松的传说、莲花生的传说等。此类传说中,松赞干布作为一个英雄化的智慧典型被广为传颂,文成公主作为藏汉友谊的使者受到藏族人民的无比爱戴。三是吐蕃风物传说,主要有昌珠寺的传说、牦牛河的传说、鹏城的传说等。[①] 需要说明的是,史事、人物、风物传说三者之间交叉的情况很多,而且以人物传说为中心,联系着史事传说和风物传说,很难截然分开。吐蕃传说具有显著的地区性、历史性和民族性特征。从中可以看到藏族历史的发展演变,了解吐蕃某些历史人物的丰功伟绩,领略雪域高原的景物风光、民风民俗,感受藏族人民的思想感情。吐蕃传说都紧紧围绕人的生存这一话题,熔铸着浓烈的情感,塑造了鲜明的人物形象,表现出浓郁的神话色彩和传奇性。

二　吐蕃的诗歌

吐蕃很少有专门的诗歌。吐蕃的韵文有近 40 条谚语,保存在敦煌文献的藏文卷子中,人们称之为《松巴谚语》。内容主要是为劝世诫世篇,且多宗教说教,但因富含哲理智慧,而且富含诗意文采,如"生了贤良的子孙,可眼见家业兴旺;娶了贤淑的妻子,可说是福泽到手",千百年来被藏族人民广为传诵。其次是卜辞。敦煌文献的古藏文卷本中,存有 7 至 9 世纪的吐蕃"卜辞"30 余片。卜辞的第一部分是诗歌体的卜辞正文,可谓吐蕃的民歌;第二部分则是关于卜辞应验部分的散文体解说。吐蕃卜辞中以青藏高原上独特的自然风光、物产风俗为表现对象,在中国文学中具有独特的情韵。第三,赞普传略中的诗歌。敦煌藏文历史写卷中保存有多部赞普传略,它们是《止贡赞普传略》《达布聂赛传略》《纳日伦赞传略》《松赞干布传略》《赤都松与赤德祖赞传略》《赤松德赞传略》等。这些"赞普传略"中的诗歌,记述了青藏高原从分散、独立的部落邦国融合统一的过程,赞颂了在统一过程中建立功绩的英雄人物,也反映了吐蕃统治阶级内部的激烈斗争以及部落邦国之间的友好往来。在某种程度上具有诗史性质,是认识吐蕃社会历史的一面镜子。

吐蕃诗歌虽然留存不多,但一般都有较为整齐的格律,每一句都是六个音节,

---

①马学良主编:《藏族文学史(修订版)》,四川民族出版社,1989 年版。

其中第三个音节是一个衬字“呢”，其音节停顿以双、单为基调，如“去年呢前年前，玛旁呢湖岸边，野鸭呢野鹅逃，逃跑呢到当高”，读来和谐流畅。其次，吐蕃诗歌多运用比喻、象征、夸张手法，描绘出牧民的质朴生活和牧野的美丽风光，意境古朴清新，令人神往。[①]

三　吐蕃的散文

吐蕃的散文也同样取得了较高的艺术成就，但散文数量较少。

在敦煌文献古藏文写卷中，有6部“赞普传略”，此外还有《松赞干布与大臣会盟》《松赞干布与大臣庆功唱和》《赤都松与大臣唱和》以及《论·钦陵与唐将论战记》等。它们主要记述了从6世纪到9世纪的数百年间，雪域高原上当初独立、分散居住着的众多部落和邦国，通过长期的交往和不断的征战，逐步达到统一而建立起强盛的奴隶制吐蕃政权的过程；同时还记述了那些在统一过程中起过一定推动作用的统治阶级代表人物的事迹。赞普传略不但是可贵的历史文献，而且是优秀的文学作品。

在吐蕃的古藏文文献中，有一批盟誓碑文和铸钟铭文，大都是和约盟誓、祝颂祈祷一类的记叙性文字。按其内容大致可分为记述汉藏友谊、歌颂赞普德政功勋、记录臣属公绩、盟誓信佛崇法、颁赏王族特权等几类。值得关注的首推《唐蕃会盟碑》，[②] 公元821年，吐蕃与唐朝互派使节，先在唐京师长安盟誓；次年又在吐蕃逻些（今拉萨市）重盟，用汉藏两种文字对照，将盟文刻石立碑。碑文强调结盟目的是“和叶社稷如一统”，它反映了汉、藏人民的共同愿望，成为汉藏人民团结、友好的历史见证。此外，在吐蕃碑文中，还有记录表彰名臣将相功绩的，如《俺拉木·达扎鲁恭记功碑》《谐拉康碑》等。这些碑文的文字简朴，语言通畅，叙事明晰，也是吐蕃时期具有鲜明代表性的散文作品。

《巴协》[③] 是藏族重要的历史文献，作者据传是巴·赛囊。[④] 巴·赛囊为赤松德赞赞普时的名臣，是8世纪中晚期人，乃藏族历史上最初出家的七试人（或译作七觉士）之一。据说《巴协》在编写时，即分详、中、略三种。目前，西藏档案局藏有手抄本五种，民族文化宫藏有抄本一种。《巴协》的主要内容是藏汉团结、唐蕃一家、佛苯二教的斗争、佛教顿渐二派辩论。

吐蕃王朝的前期和中期，社会政治、经济与文化取得了长足进步。在与邻国的

①马学良主编:《藏族文学史(修订版)》,四川民族出版社,1989年版。

②《唐蕃会盟碑》,又称《甥舅和盟碑》,位于拉萨大昭寺门前。

③北京民族文化宫收藏的手写本,其全称是《巴协》,巴·塞囊著,1980年民族出版社出版的版本即以此定名。

④《巴协》的作者据传是巴·赛囊。一说为枯敦·尊珠雍钟(1011—1075),是藏族佛教“后弘期”的重要人物,曾拜阿底峡为师。或说枯敦·尊珠雍钟只写了《巴协》增广本中的增广部分。

交往中吐蕃积极吸收了外来的先进文化，开阔了视野，丰富了艺术表现手法，这典型地表现在吐蕃散文的写作中。吐蕃散文一般文情并茂，亦史亦文。如赞普传略围绕吐蕃王朝的征战与统一的历史进程来选择历史人物、历史事件进行描述，可谓吐蕃王朝形成、壮大的历史。吐蕃散文还具有文笔生动、亦诗亦文的特征，《巴协》往往围绕重大历史事件，重点突出地加以渲染、描绘，在散文的叙事中插入诗歌的对话，使行文生动活泼，它是藏民族韵散结合的文学形式在书面创作中的完美呈现。

四 吐蕃的翻译文学

吐蕃政权建立后，松赞干布广泛吸纳外来文化，先后与唐、尼婆罗、象雄、木雅等邻国联姻，派人赴天竺学习文字，遣使入唐学习先进文化。松赞干布先后组织了内地和尚摩诃提伐才，印度高僧阿诃黎鸠萨罗、婆罗门香噶，克什米尔人达奴，尼泊尔人希罗曼殊及吐蕃僧人吞米·桑布扎等，共同翻译了《宝云经》《宝箧经》《十万颂般若经》等经书，标志着吐蕃翻译事业的兴起。除了翻译大量佛经以外，吐蕃王朝还翻译了不少文学、医学、天文、历算等著作。

在敦煌古藏文写卷中，发现有《尚书》《春秋后语》《仲尼师项囊》的藏译文，虽然它只是藏译文的一些片段，但译文准确、通达流畅。代表吐蕃翻译文学成就的，当推对印度文学《罗摩衍那》的翻译。《罗摩衍那》是印度两大史诗之一，也是印度古代长篇叙事文学的典范，被称为“最初的诗”。它通过对罗摩王子与妃子悉达悲欢离合的描述，多方面地反映了古代印度的社会生活与审美观念，具有不朽的艺术魅力。敦煌石窟中发现的《罗摩衍那》[1] 古藏译文，生动形象，有着很高的艺术成就。我们看古藏文译本中描写人们将悉达献给罗摩为妻的一段：

> 天竺的农民从水渠中把女孩抱出来，因为是从水渠中得来的，便取名叫“渠获女”。渠获女长大后，出落得比世界上所有的人都漂亮、圣洁。农夫们想：“这样一个美丽聪慧的姑娘，只有英武、健美、高尚的罗摩王子才可和她相配。”于是，众人便将姑娘打扮起来，领到罗摩跟前，禀述道：
>
> 她的秀发乌黑双眼如睡莲，皮肤洁白声音似梵天，
> 齐腰的项链美丽惹人怜，生于吉祥的莲花中肢体完满，
> 全身像刚擦净的美玉宝石一般。步行婀娜如迷人的天仙，
> 口里散发着幽香如同青莲，嫣然一笑如音乐般的调美音甜。

这里描写悉达的体貌，丰神秀貌、窈窕曼妙；写悉达的行止，奇异轻盈、足具仙风；写悉达的情感，深切纯洁、幽眇情深，充满着浪漫色彩和浓郁的抒情气氛，将

---

①见敦煌古藏文写卷。

悉达的美丽和人们对她的爱戴、赞美之情淋漓尽致地表现出来，从中可以看到吐蕃翻译文学所达到的艺术高度。

五 《格萨尔王传》

《格萨尔王传》又称《格萨尔》，是在藏族古代神话、传说、诗歌和谚语等民间文学的丰厚基础上产生和发展起来的英雄史诗，代表着古代藏族文化的最高成就。它通过对主人公格萨尔一生不畏强暴、降伏妖魔、抑强扶弱、造福人民等英雄事迹的描绘，热情讴歌了正义战胜邪恶、光明战胜黑暗的伟大斗争。整部史诗以恢宏的气势、高度的艺术技巧，反映了藏民族发展的重大历史阶段及其社会的基本结构形态，描述了藏民族逐步走向统一的过程，是一部形象化的古代藏族历史，被誉为“东方的荷马史诗”[①]。

《格萨尔王传》的产生年代，至今尚无定论，有产生于8至11世纪、11世纪、15世纪三说。规模如此宏伟的史诗，不可能是在一个较短时期、少数几个人的创作就能完成的，应该经历了一个漫长的历史阶段。《格萨尔王传》结构宏伟、卷帙浩繁，从目前搜集整理的情况看，共有120多部，达2000多万字，是世界上最长的一部史诗。其数量比世界上最著名的五大史诗（古代巴比伦史诗《吉尔伽美什》，希腊史诗《伊利亚特》《奥德修记》，印度史诗《罗摩衍那》《摩诃婆罗多》）的总和还要多。《格萨尔王传》流传的本子颇多，加之说唱文学的特点，民间艺人的演唱亦不尽相同。凡此种种，造成《格萨尔王传》内容、情节的复杂性。各种流传较广的《格萨尔王传》分部本的主要故事梗概大略如下：

第一，降生。很久很久以前，天灾人祸遍及藏区，妖魔横行，生灵涂炭。大慈大悲的观世音菩萨为了普度众生，与天神聚集商议，决定派天神之子推巴噶下凡降魔。为了给神子寻找生身之母，莲花生大师设计将龙王邹纳仁钦的小女儿梅朵娜泽讨来，经过种种波折，生下格萨尔。格萨尔降临人间后，在贫困和屈辱中成长，5岁时，格萨尔与母亲被迫移居黄河之畔，8岁时，岭部落也迁移至此。

第二，征战。格萨尔从诞生之日起，就开始抑强扶弱，造福百姓，逐渐成长为具有特殊的品格和非凡的才能，集神、龙、念（藏族原始宗教里的一种厉神）三者合一的半人半神的英雄。12岁时，格萨尔在部落的赛马大会上取得胜利，并获得王位，同时娶森姜珠牡为妃。格萨尔施展天威，降伏了入侵岭国的北方妖魔，战胜了霍尔国的白帐王、姜国的萨丹王、门域的辛赤王、大食的诺尔王、卡切松耳石的赤丹王、祝古的托桂王等，先后降伏了几十个“宗”（藏族古代的部落和小邦国家）。

第三，尾声。在降伏了人间妖魔之后，格萨尔功德圆满，与母亲郭姆、王妃森姜珠牡等一同返回天界，规模宏伟的史诗《格萨尔王传》到此结束。

---

①马学良主编:《藏族文学史(修订版)》,四川民族出版社,1989年版。

三部分中，以第二部分“征战”内容最为丰富，篇幅也最为宏大，著名的四大降魔史——《北方降魔》《霍岭大战》《保卫盐海》《门岭大战》等，每个重要故事均构成一部相对独立的史诗。

在《格萨尔王传》的传播过程中，民间说唱艺人们起着巨大的作用。同其他民族的民间艺人不同，《格萨尔王传》的说唱艺人不承认师徒相承、父子相传。他们认为说唱史诗的本领是无法传授的，也是学不了的，全靠神灵的启迪，是“诗神”的附体，一代又一代的说唱艺人的出现，其实是与格萨尔王有关系的某个人物的转世。这种观念与藏文化中“灵魂转世”观是一致的。西藏著名说唱艺人扎巴将自己的毕生精力献给了《格萨尔王传》，生前共说唱《格萨尔王传》25 部，近 60 万诗行、600 多万字，相当于 25 部荷马史诗、5 部《红楼梦》的字数，从这一惊人的数字中，可窥见《格萨尔王传》的演唱情况。《格萨尔王传》是一部反映古代藏族社会生活、民风民俗、意识形态的百科全书。关于《格萨尔王传》的形成、思想艺术价值、传播的研究，已经形成专门的“格萨尔学”。

六　大理文学

大理是以白族为主体的多民族集合体的专制国家。唐天复二年（902），南诏政权崩溃后，白族中的贵族郑买嗣、赵善政、杨干贞、段思平先后争夺政权。郑买嗣继南诏之后建立长和国（902—928）；赵善政推翻郑氏政权，建立天兴国（928—929）；杨干贞取赵善政自代，建立义宁国（929—937）。后晋天福二年（937），段思平联合滇东三十七部，灭义宁国，建立大理国。蒙古蒙哥汗三年（宋宝祐元年，1253），蒙古兵南下，攻入大理城，大理国亡。[①]

大理国以纵贯南北的横断山脉及其水系把滇西与青藏高原连为一体；金沙江及其支流则沟通了古代南诏、大理与四川盆地的联系；怒江——萨尔温江、澜沧江——湄公河和红河把大理与南亚、东南亚的文化连接起来，从而使大理成为三大文化地带的交汇点：汉文化的西南边缘，青藏文化的东南边缘和东南亚小乘佛教文化的北部边缘。大理文化具有明显的“边缘交叉文化”特征。在漫长的历史长河中，白族人民创造了独具特色的本土文化，并通过不断吸纳众多的外来文化、异域文化，形成与其自然地理环境垂直分布相适应的多种文化类型，打下了深深的地域性烙印。它既是中华文学的重要组成部分，又具有鲜明的地域特征。

大理国民间文学炽胜繁烈，历史故事《火烧松明楼》，爱情传说《望夫云》《辘角庄》《美人石》《百羽衣》等向来脍炙人口。大理还流传着许多关于“龙”的故事，诸如《苍山九十九条龙》《赵宝龙降服母猪龙》《小河山的传说》等。“本主”崇拜是白族人民的本土宗教，白族流传着大量有关“本主”的传说。同时，大理国

---

①陈连开主编：《中国民族史纲要》，中国财政经济出版社，1999 年版。

也流传着许多佛教传说，仅观音菩萨的故事即有观音菩萨开辟神话、降服妖魔、为民除害、治水降龙等等，大多以口头形式流传。[①]

白族是一个能歌善舞的民族，民歌内容极为繁复，但受地域、语言的限制，“现在能看到大理国时期的诗作，有当时白族商人李观音的诗：‘言音未会意向和，远隔江山万里多。’”[②] 一个白族商人能写出如此诗作，可以推想历史上的大理国文坛并不寂寞，也不乏辉煌之处。

道南和尚（一作道安）有《玉案山房》诗二首：

> 松鸣天籁玉珊珊，万象常应护此山。一局仙棋苍石烂，数声长啸白云间。乾坤不蔽西南境，金碧平分左右斑。万古难磨真迹在，峰头鸾鹤几时还。（其一）
>
> 美人高隐乐从容，宅近滇南第一峰。喧枕泉声常似雨，傍檐云气或如龙。长镵破雪寻黄菊，曲几看山荫碧松。此趣料应知者寡，抱琴何日逐游踪。（其二）

玉案山在昆明西北郊，群峰逶迤连绵。元张道宗《纪古滇说集》将道安前一首诗误作元诗，查明万历《云南通志》正为唐道安和尚诗，并记载：“道安，蒙氏时河东赕人，至罗筌寺，有毒龙频覆舟，道安创寺于其所，害遂息。”由此观之，此二诗当作于南诏大理时期。

1235 年，元灭大理国，又重用段氏为“大理总管”，世代相传，直到明洪武十五年（1382）平定大理为止。这一时期的白族文学家，见诸记载的有大理国遗民段福等。段福字仁表，太和（今云南大理）人，大理国末代皇帝段兴智叔父，后降元，封武威公。段福为有文集记载的唯一一位大理国诗人，有《春日白崖道中》《世祖陟玩春山纪兴》诗二首。景泰《云南图经志书》载蒙氏大理土长骠信《陟灵峰纪兴》一首，灵峰指苍山。从内容看，此诗应为大理国时作品，作者可能为末代国王（骠信）段兴智。[③]

大理国的散文作品，因为战乱、人为毁坏等原因存者无多，散见于各种碑刻中，著名者有《护法明功德运碑赞》《兴宝寺德化铭》《嵇肃灵峰明帝记碑》《渊公塔之碑铭》和《大理国故高姬墓铭》等。今存于姚安县文化馆的《兴宝寺德化铭》和《□肃灵峰明帝记碑》，为元亨二年（即宋淳熙十三年，1186）大理崇圣寺“释儒”杨才照所撰，寓散于骈，结构严谨，气势恢宏，舒卷自如。如《兴宝寺德化铭碑赞》云：

> 穷山水之幽致，溢烟霞之佳趣。西则松风夕发，惊闻苦空之音；南则江月残朝，忽认灵台之境；东临雾阙，近接应供之贤；北枕平波，远嫌钓鳌之客——美丽，事事新奇。盛矣哉！信华州之佳境也。

---

①张文勋主编：《白族文学史（修订版）》，云南人民出版社，1983 年版。

②杜成辉主编：《大理国诗歌拾遗》，《大理文化》2007 年第 3 期。

③张文勋主编：《白族文学史（修订版）》，云南人民出版社，1983 年版。

该碑文采用诗赋写法，用典恰当，情文并茂，极富文学性。《大理国故高姬墓铭》是为大理国贵族高妙音护之女高金仙贵所立。碑文用骈文写成，引经据典，音韵铿锵。如碑文称颂高金仙贵曰：

> 姿过合浦，少溢照车之光；质蕴蓝田，长发联城之莹。厘降宅室，心规帝乙归妹之文；□延台□，志□齐姜济晋之术。

借用齐姜助晋公子重耳去齐而终成霸业的故事，足见高姬夫妇在高妙音护争夺相位中起的作用。文中句句用典，极富文学性，显示出大理国对汉文化的高度熟稔。

在汉文化的影响下，南诏大理时期产生了白（僰）文。白文是用汉字书写白语，读白音的。南诏时白文已经用于写作，但广泛使用则是在大理时期。这时产生了用白文写作的《白史》《国史》等历史著作和诗歌、曲本、传说等众多文学或者戏剧作品。

思考题

1. 简述中兴诗歌及其影响。
2. 简述朱熹及道学诗人的诗。
3. 简述元好问的诗歌特点。
4. 简述《格萨尔王传》的内容及流传情况。

【参考书目】

1. 杨晓霭：《南宋声诗研究》，中华书局，2008 年版。
2. 束景南：《朱熹研究》，人民出版社，2008 年版。
3. 索穷：《格萨尔王传及其说唱艺人》，西藏人民出版社，2003 年版。

第五章 元代诗歌

元代诗歌一般分为前、中、后三期。但事实上，远在1215年蒙古军破金中都后，文学活动已起步并发展。耶律楚材的诗歌，就是这一时期的代表。1234年蒙古灭金，以此为起点，进入元诗发展的前期。1279年元灭宋，南北统一，南方的文学活动也归入元代文学，元代诗史更加丰富。1294年，忽必烈去世，元成宗即位，元代的学术和诗歌创作都进入中期。1333年，元朝最后一个皇帝元顺帝即位，元诗随之进入后期。1368年，明军攻下大都，元室北迁，中国的历史进入了明代，元代诗歌的历史也就终结了。

第一节 耶律楚材和元代前期诗歌

元代前期诗坛既丰富多彩，又富有成就。前期最具代表性的诗人有耶律楚材、郝经、刘因、赵孟頫、戴表元等。

一 耶律楚材

耶律楚材（1190—1244），字晋卿，法号湛然居士。契丹族，辽宗室之后，曾从万松行秀学佛，法号从源。仕金为燕京行尚书省左右司员外郎。1215年，燕京破，成吉思汗将其招至帐下，后随成吉思汗西征。窝阔台汗时任中书令，议定君臣礼仪，奏立十路征收课税所，置编修所于燕京、经籍所于平阳，又曾至燕京搜求经籍，请用儒术取士等。文宗至顺中追封广宁王，谥文正。蒙古初，耶律楚材独当文化救亡之任，后人认为有造于中国，功德塞天地。有《湛然居士文集》14卷，今存诗600多首。

耶律楚材文学思想承金而来，对金代文坛宗苏与宗黄两派之争，他采取宗苏而不抑黄的态度，尚平易，尚古雅，又尚清新雄奇，追求潇洒飘逸、波澜壮阔之气势。其作品有超拔、雄豪、绚烂、温纯多种风格。王邻序其文集，称其诗“其温雅平淡，文以润金石；其飘逸雄掞，又义薄云天”（耶律楚材《湛然居士文集》）。孟攀鳞序则称其“词锋挫万物，笔下无点俗，挥洒如龙蛇之肆，波澜若江海之放，其力雄豪足以排山岳，其辉绚烂足以灿星斗”（同上）。清人顾嗣立《元诗选》小传评其“驰驱绝域，宜若无暇于文。而雄篇秀句，散落人间，为一代词臣倡始”。耶律楚材诗为人称道者较多，如《过阴山和人韵》其三：

八月阴山雪满沙，清光凝目眩生花。插天绝壁喷晴月，擎海层峦吸翠霞。松桧丛中疏畎亩，藤萝深处有人家。横空千里雄西域，江左名山不足夸。

此为“飘逸雄掞，又义薄云天”者，为生活在西域时写的诗，自然流畅而风骨奇崛，可以说是“温雅平淡，文以润金石”者。又如《西域河中十咏》其六：

寂寞河中府，西流绿水倾。冲风磨旧麦，悬碓杵新粳。春月花浑谢，冬天草再生。优游聊卒岁，更不望归程。

用淡淡的语言写出河中四时景观，读来韵味悠长。虽不着意学陶，自有陶诗的味道。

以诗作成就而论，耶律楚材不及与他同时期的元好问，但“其诗语，皆本色，惟意所知，不以研炼为工”（《四库全书总目》），在蒙古初期诗坛是很有特色的一位诗人。

二　郝　经

郝经（1223—1275），字伯常，卒谥文忠，泽州陵川（今属山西）人。世业儒，祖父郝天挺为元好问师，郝经曾从元好问学。蒙哥汗六年（1256），受召北见忽必烈，条上数十事，留忽必烈幕府。世祖中统元年（1260），以翰林侍读学士充国信使使宋，被扣15年而未曾屈服，时人比之苏武。郝经一生著述宏富，有《陵川集》39卷。《元史》本传称“诗多奇崛”。这一时期的北方诗歌，是逐渐摆脱“粗豪”“风沙气”而向平易过渡的时代。受时代变迁和环境、处境的变化影响，郝经前后期诗歌风格发生了明显的变化。

郝经诗歌成就主要在律诗和歌诗两方面，歌诗多写于前期，律诗多写于后期。

郝经的歌诗有李贺的奇崛和盛唐边塞歌行的气势，其代表作如《白沟行》《贤台行》《听角行》《怀素青帘斗将二帖歌》《入燕行》《北岭行》《化城行》《青城行》《汝南行》《李丰亭》等，从中可以感受到他所说的沉郁顿挫之志、清新警策之神、震撼纵恣之力、喷薄雄猛之气。如《青城行》：

坏山压城杀气黑，一夜京城忽流血。弓刀合沓满掖庭，妃主喧呼总狼藉。驱出宫门不敢哭，血泪满面无人色。戴楼门外是青城，匍匐赴死谁敢停！百年涵育尽涂地，死雾不散昏青冥……男哥女妹自夫妇，觍面相看冤更酷。一旦开门见天日，推入行间便诛戮。当时筑城为郊祀，却与皇家作东市。天兴初年靖康末，国破家亡酷相似。君取他人既如此，今朝亦是寻常事。君不见二百万家族尽赤，八十里城皆瓦砾。白骨更比青城多，遗民独向王孙泣。

这首诗写亡金之痛。从汴京城破，大祸降临，金朝内廷一片末日来临的恐怖写起，而后写到皇家亲族被驱赶到汴京城南的青城，蒙古人要在这里杀死他们……诗人提醒金人，要他们从自己国破家亡的哀痛和蒙古人的残忍，念想他们当年灭北宋时，宋人的哀痛和金人的残忍。诗人又进一步要他们想到，苦难最为深重的还是广大的民众。诗写得冷艳凄绝，风格凄冷，近乎李贺。另一首《李丰亭》，以奇写悲，悲壮激昂，如李贺之《雁门太守行》，如屈原之《国殇》。这种诗风，与他"嗜奇讨幽"的性格有关。郝经歌行体诗的风格多样，有《绿珠词》的飘逸，有《望京府赏红梅》的清丽。后期多年过着"半囚半客"的生活，给他带来了太多的愤激和感伤，写的一些歌行体诗，总是触景触物忆旧的感怀，表现出十分郁闷之情，风格反而变得平易畅达。其中写得好的如《阳春怨二首》等。

郝经诗中，成就最高的是律诗，而律诗中的大部分写于后期使宋羁留期间。这部分诗着意学杜甫，只是学杜甫的沉郁顿挫而成含蓄苍凉，学杜甫的精密工致而实入于晚唐的工巧。试举两首：

啼落深江月，催残故国春。不堪多恨鸟，偏聒未归人。血尽肠应断，哀余声更频。关心尤入耳，一枕愁更新。（《新馆夜闻杜鹃二首》其一）

春来浑不见花枝，春去萧条总不知。有酒四时难有兴，无情三月竟无诗。归鸿恨别排云远，双燕嫌孤入户迟。江渴风高还欲断，鱼龙宛转亦堪悲。（《己巳三月二十六日二首》其一）

前一首如杜甫长安陷贼时期的作品，后一首如杜甫西南漂泊时期的作品，只是与杜诗相比，少了些沉郁，多了些悲凉。就技巧说，他显然是在效法杜甫，但由于缺乏杜甫那样深厚的功力，做不到杜甫的工密。

郝经绝句中的优秀之作，是那些充满意趣情趣的作品，如《赠渔者二首》其二："短短芦芽小小蒲，临流举网得嘉鱼。船头拨刺犹然活，试问前村有酒无。"将渔民生活写得生动传神，如画铺陈，可与唐人清明牧童诗比肩。

三　刘　因

刘因（1249—1293），字梦吉，号静修，保定容城（今河北徐水）人。是元代具有代表性的理学家和诗人。性不苟合，不妄交接，因爱诸葛亮"静以修身"之语，表所居曰"静修"。世祖以承德郎、右赞善大夫征，刘因暂出随归，又以集贤学士嘉议大夫征，以疾固辞，卒谥文靖，今存《静修集》30 卷。元李谦序其集，称其诗："闲婉冲澹，清壮顿挫，理融而旨远，备作者之体。"明张纶《林泉随笔》说：

“刘梦吉之诗，古《选》不减陶、柳，其歌行、律诗，直溯盛唐，无一字作今人语。”（《四库全书总目》）

刘因诗与元好问诗相同之处，是富有河朔清刚之气。其诗云：“试听阴山敕勒歌，朔风悲壮动山河。”（《宋理宗南楼风月横披二首》其一）所言几乎与元好问同一声口，但他的诗也极富个性。

思涵古今，多寄托深慨和思考的怀古诗，往往给人以启示，如《白沟》《遂城道中》等。有时他的情绪深沉、复杂得似无可名状，但这些诗篇能给人以很深的情绪感染，让读者和他一样陷入莫名的惆怅之中，如《易台》：

> 望中孤鸟入消沉，云带离愁结暮阴。万国山河有赵燕，百年风气尚辽金。物华暗与秋容老，杯酒不随人意深。无限霜松动岩壑，天教摇落助清吟。

我们甚至不知道他是在感时还是怀古，他眼前的山河，和这山河所经历的历史，在某一时刻，一齐袭上心头，使他产生了无以名状的愁绪与失落。

刘因是一位哲学家，但不乏生活情趣，所以他的诗往往表现出情趣与理趣的融合，如他的绝句《读史评》《仙人图三首》等。他是一位慷慨有大志的人，诗中常表现出这种非凡的想象力，如《城楼待雨》等。刘因一生，总是与北国的人民一同感受着生活的苦难，所以杜甫诗的沉郁顿挫气息也时时体现在刘因诗中，如《渡白沟》等。

刘因又是具有清介之质的孤高绝俗的高士，热爱生活，因此，诗风冲澹闲婉，真率自然，清新活泼，充满生机。在他的诗中，我们感受到的多是生意与真趣。即使表现其穷困潦倒生活的诗，也不枯瘠，不空寂。如《山寺早起》云：

> 松窗一夜远潮生，断送幽人睡失明。梦觉不知春已去，半帘红雨落无声。

刘因作为元代最具代表性的诗人之一，诗作各体皆备，风格复杂而多样。

四　赵孟頫

赵孟頫（1254—1322），字子昂，号松雪道人，湖州（今属浙江）人。宋太祖赵匡胤十一世孙，秦王德芳之后。14岁，以父荫入仕，宋亡家居。入元，程钜夫荐于朝，授兵部郎中，迁集贤直学士，累迁至翰林学士承旨。卒谥文敏，追封魏国公。赵孟頫以宋宗室仕元，深受元帝赏识，杨载撰《赵公行状》概括其一生荣遇，称其“被遇五朝，官居一品，名满天下”。赵孟頫为元代著名诗文作家，更以书画著称，故杨载《赵公行状》云：“公之才名颇为书画所掩。”有《松雪斋集》10卷。

赵孟頫创作活动跨元代前期和中期，尤以中期诗作为多。北上之初，已影响文坛，在南北诗文风气的交汇融合中起着重要作用。赵孟頫诗，在元称大家，为“元诗四大家”之先导，胡应麟说他“首创元音”。他以故宋宗室子孙仕元，心头有太多难以言说的隐痛、屈辱、悔恨，在朝遭受排挤打击，在社会上遭人白眼等等都借诗以倾诉表白。其《罪出》诗“在山为远志，出山为小草。古语已云然，见事苦不早”，诉说着无限的悔恨。优秀诗作比较多，如《罪出》《岳鄂王墓》《和姚子敬秋怀五首》《溪上》《钱塘怀古》等。《钱塘怀古》表现一位故宋宗室的离黍麦秀之感：

东南都会帝王州，三月烟花非旧游。故国金人泣辞汉，当年玉马去朝周。湖山靡靡今犹在，江水悠悠只自流。千古兴亡尽如此，春风麦秀使人愁。

我们感受到的是诗人面对历史兴亡的无奈和心底的凄凉。

赵孟頫的创作，使元代前中期的诗风为之一变。这首诗可作为元诗主导性风格的代表，也可作为元诗水平的代表。放在中国史诗上看，也无疑是优秀之作。

赵孟頫以真情体物、即景会心的诗歌创作，既无粗豪率意之习，也没有晚唐体的饾饤雕缋之偏，以雍容温厚、鸿朗高华，为元代诗风的形成起到了导夫先路的作用。

五　戴表元

戴表元（1244—1310），字帅初，一字曾伯，号剡源先生，又自号质野翁、充安老人，庆元奉化（今属浙江）人。宋咸淳进士，曾为建康府学教授。宋亡，隐居教授，悉心学问文章。成宗大德中，为信州教授。今存《剡源集》30卷。清人顾嗣立《元诗选》评其诗“类多伤时闵乱、悲忧感愤之辞”，“诗律雅秀，力变宋季余习”。

戴表元是宗唐诗风的有力倡导者。他的诗也富有唐诗风味，其中优秀之作，具有唐诗意境，陶诗之味。戴表元的五律与七古整体较好，五古时有佳作，而最优秀的代表作则在七律与绝句中。五古有晋宋意味，但未能完全摆脱宋诗影响。其中写得好的，是明显受唐诗影响的作品，如《宿福海寺》等。

第二节　虞集和元代中期诗歌

元代中期，是元代历史发展的隆盛时期，也是元诗发展的繁盛时期。从仁宗延祐到文宗天历时期，复科举，兴学校，立奎章阁，征召南北文士，聚于京师。特别是延祐时期，大批文人聚于大都，更唱迭和，诗业繁荣，遂为一代之盛。虞集、杨载、范梈、揭傒斯，时人称为元诗“四大家”，为一代盛世的文坛领袖和代表。清人顾嗣立在《元诗选》虞集小传中说：“先生（即虞集）诗与浦城杨仲弘（杨载）、清江范德机（范梈）、富州揭曼硕（揭傒斯）先后齐名，人称‘虞杨范揭’，为有元一代之极盛。”他们都是元盛世诗风的代表。他们的出现将元诗推向了极盛。其诗歌从内容到风格都有共同点，即“赫然鸣其治平之盛”，“一以唐为宗，而趋于雅”，元代代表性的诗风也由此形成。元中期形成的元代代表性诗风是“清和”。当时文坛宗主虞集亦在《天心水面亭记》中以水言诗，表达了其“至清至和”的诗学追求。元中期的诗人，最具代表性的是虞集、揭傒斯、黄溍、马祖常等。

一 虞 集

虞集是“四大家”之首，是元中期诗风最突出的代表。

虞集（1274—1348），字伯生，世称邵庵先生，临川崇仁（今属江西）人。学于吴澄。成宗时至大都，为大都路儒学教授、国子助教。仁宗时为集贤修撰，升翰林直学士兼国子祭酒。文宗时任奎章阁侍书学士，受命与中书平章赵世延等修《经世大典》。他是元代诗文大家，也是元代诗风最典型的代表诗人和一代文坛盟主。

虞集诗风清和、雍容、儒雅、圆熟，各体诗都有佳作。五言古诗学汉魏晋，在汉魏诗的古朴中融入了儒雅，七言古诗主要受唐诗影响，总体儒雅风流，具体风格以清朗、疏放、飘逸、轻扬为主，时露奇气，可以感受到李白之逸气。如收入《道园遗稿》卷二的《送人游庐山》：

> 我爱江上之庐山，山止不动江不还。紫云冠岭危石古，白鸥冲雨春波间。浩然始见浔阳浦，太白欲托云松间。河岳萧条二子死，神灵恍惚千年悭。昔我寻春入幽竹，有人抱瓮开深关。遂从鸟道陟高险，一窥虎迹听潺湲。似闻馀磬开石壁，恐是入化非人寰……

在李白诗的飘逸中加进了儒雅。虞集诗写隐居生活、田园景色、山野之趣者多佳，诗人向往一种安闲萧散、无追求、无目的、无争斗的生活状态。其中的人，似乎都是避世隐居的大贤，表现的是静谧、淡远的风格。如《题渔村图》：“黄叶江南何处村，渔翁三两坐槐根。隔溪相就一烟棹，老妪具炊双瓦盆。”（《道园学古录》卷二十八）这类诗都有真趣。非唐非宋，自是元诗气象。七言古诗清丽可爱的有《吴中女子花鸟歌》等。

虞集律诗成就主要在七律，代表作如《挽文丞相》《送袁伯长扈从上京》等。李东阳《怀麓堂诗话》引虞集《画竹》《画马》《成都》等诗句，以为“真得少陵家法”。虞集学杜，当然不仅学其法度，也学其精神。杨士奇《杜律虞注序》说：“伯生学广而才高，味杜之言，究杜之心，盖得之深矣。”虞集经常被人推崇的几篇代表作，都深寄感慨，体现了杜诗精神，《遣兴》等就属此类作品：

> 千梳白发度清斋，有客柴门始一开。书为目昏空对简，酒因囊涩久停杯。北窗风雨长孤坐，南海音书遂不来。垅上辍耕童稚辈，强来问学慰衰颜。

有些诗，可以看出受王维、程颢影响，如《为熊曼初赋静观》。虞集是在广泛学习了以盛唐杜甫诗为主的唐宋律诗的基础上，形成自己七言律诗风格的，既带有前人的痕迹，又不同于前人风格，所以才能影响一代诗风。胡应麟《诗薮·外编》

卷六说“宋五言律胜元，元七言律胜宋”，此话未必确当，但从某一侧面反映了元代七言律诗的成就。这是对元代七言律诗的肯定，也是对虞集七言律诗的肯定。

二　揭傒斯

揭傒斯（1274—1344），字曼硕，龙兴富州（今江西丰城）人。少贫，读书刻苦，程钜夫、卢挚咸器重之，钜夫因妻以从妹。历官国史院编修官，应奉翰林文字，奎章阁供奉学士，改翰林直学士，升侍讲学士同知经筵事。与修《经世大典》，总修辽、金、宋三史。卒于官，追封豫章郡公，谥文安。有《揭文安公全集》14卷，诗补遗1卷。

揭傒斯是元诗“四大家”之一，又是文章名家，名列“儒林四杰”。他对现实批判之尖锐，对社会弊端揭露之大胆，他的仁民爱物的情怀和作为士君子的担当精神，在中国历代诗人中并不多见。《秋雁》诗云：“寒向江南暖，饥向江南饱。莫道江南恶，须道江南好。”抨击蒙古关于色目人的民族政策，很有影响。揭傒斯长于五言诗，有“五字长城”之誉。五古、五律写得很好。五言绝句也颇出色，如《寒夜作》：“疏星冻霜空，流月湿林薄。虚馆人不眠，时闻一叶落。”截取生活中的一个横切面，从极广阔空际写到极细微的一片落叶的声响，将空阔与静寂都写到了极端。他的七言诗也写得不错，如七律《梦武昌》《过南康夜泊闻庐阜钟声》《出三洪峡》等。

三　黄　溍

黄溍（1277—1357），字晋卿，婺州义乌（今属浙江）人，曾从宋遗民方凤游，延祐开科，登进士。后以马祖常荐为应奉翰林文字，历官翰林直学士，知制诰，同修国史，同知经筵事，卒谥文献。黄溍为一代名儒与著名诗文作家，时人傅亨《请谥文移》称其“擅一代之文章，为诸儒之规范”。有《金华黄先生文集》43卷。

黄溍以文著称，前人对他的诗关注不多。五言古诗中给人印象深刻而且也最有特色的是《上京道中杂诗十二首》，写初涉异域的感受。五古《杂诗五首》也很有风味，确有淡远之致。五律也不乏佳作，其中《初至宁海二首》是很优秀的作品。七言律诗追求晚唐诗的细润，如《早起》：“春风入树无行迹，晓月窥帘欲近人。”又《即事》说：“受风燕子轻相逐，著雨杨花湿更飞。绿树无言春又尽，红尘如雾手频挥。”这些诗都体物入微，富有情趣。《夏日漫书》云：

> 枕上初残柏子香，鸟声帘外已斜阳。碧山过雨晴逾好，绿树无声晚自凉。芳岁背人成荏苒，好诗和梦落苍茫。羊求何不来三径，门掩残书满石床。

这样的诗意境狭窄，又出现两“残”字，在宋人看来可能都是大问题。但元中期以后人学晚唐，内容多关注一己的内心感受和体验。这样的作品，应该就是黄溍“诗生于心”“本于人情”诗歌理论的体现。

黄溍七言古诗《苕溪风雨中章德茂同泛》，是一首大气磅礴、想象奇特、造语奇壮、意象奇险而壮阔的好诗，以诗状画，形象生动。

四　马祖常

马祖常（1279—1338），字伯庸，号石田，先世乃西域雍古部，占籍光州（今属河南信阳）。延祐初行科举，乡贡会试皆中第一，廷试第二，授应奉翰林文字。历任国史院编修官、翰林待制、御史中丞、枢密副使等职，卒谥文贞。有《石田先生文集》15卷。祖常为元中期名臣，也是影响颇大的少数民族诗文作家。延祐初入翰林，先后与袁桷、王士熙、虞集、王结、许有壬、贡奎、欧阳玄等更倡迭和，主持风宪达20余年，蔚为元诗之盛世气象，被后人誉为一时巨擘。其诗崇质尚实，亦不薄文采，以为“华之大艳者必不实，器之过实者必不良”（《卧雪斋文集序》，见《石田文集》）。《四库全书总目》谓：“其诗才力富健，如《都门壮游》诸作，鸿篇巨制，迴薄奔腾，具有不受羁靮之气。”但他于诗又推崇李商隐，效法李贺。

马祖常在元代诗史上有很重要的地位。他与元诗“四大家”不仅时代相近，成就也在伯仲间。马祖常足迹遍及大半中国，了解各地风土民情，对民生疾苦有深切体会，故其描写各地风情的诗、反映民生疾苦的诗给人的印象极为深刻。《河湟书事二首》《丁卯上京四绝》《河西歌效长吉体》《缫丝行》《踏水车行》《室妇叹》堪称代表。《河湟书事二首》，表现了元代盛世气象，带有诗史色彩。

第三节　杨维祯、萨都剌和元代后期诗歌

从元顺帝即位到元室北迁的30多年是元后期，最具代表性的诗人有杨维祯、萨都剌、张翥、戴良。入明的宋濂和高启，诗歌成就主要是在元代取得的，他们的创作，无疑可以代表元后期的诗歌水平。

一　杨维祯

杨维祯（1296—1370），字廉夫，号铁崖，又号铁笛道人，晚号东维子。山阴（今浙江绍兴）人。历任天台县尹、杭州四务提举、建德路总管府推官等。入明，洪武初召诸儒考礼乐，书成，辞不受职。所作诗，结集为《铁崖古乐府》《复古诗集》《铁崖集》《东维子集》等。其中以《铁崖古乐府》影响最大。杨维祯论诗排斥律诗而倡导古乐府，说：“诗至律，诗家之一厄也。”其诗上法汉魏，出入杜甫、李白、李贺间，当时与李孝光、张羽、倪瓒、顾瑛为诗文友，又好汲引人物，影响一时风气。顾嗣立《元诗选》杨维祯小传论元后期诗坛，“人材辈出，标新领异，则廉夫为之雄”。其诗号铁崖体，从学者众，称“铁门”，尝曰：“吾铁门能诗者南北

凡百余人。”（杨维祯《可传集序》）

杨维祯古乐府追求构思之奇特，造语之突兀，而思维跳跃性大，给人以瑰奇惝恍的感受。最能代表杨维祯此类诗的特点的是《鸿门会》：

> 天迷关，地迷户，东龙白日西龙雨。撞钟饮酒愁海翻，碧火吹巢双于猰貐。照天万古无二乌，残星破月开天余。座中有客天子气，左股七十二子连明珠。军声十万振屋瓦，拔剑当人面如赭。将军下马力排山，气卷黄河酒中泻。剑光上天寒彗残，明朝画地分河山。将军呼龙将客走，石破青天撞玉斗。

这首诗可作为他学李贺“贵袭势不袭其词”主张的代表作。与古乐府相比，他的竹枝词更受人们的喜爱，历来评价也较高。而清人翁方纲认为维桢七言《西湖竹枝》诸篇为绝唱：“刘梦得以后，罕有伦比。”（《石洲诗话》卷五）《西湖竹枝歌九首》其四、其五、其七如下：

> 劝郎莫上南高峰，劝郎莫上北高峰。南高峰云北高雨，云雨相催愁杀侬。
>
> 湖口楼船湖日阴，湖中断桥湖水深。楼船无柁是郎意，断桥有柱是侬心。
>
> 小小渡船如缺瓜，船中少妇竹枝歌。歌声唱入箜篌调，不遣狂夫横渡河。

这些诗继承了南朝乐府和刘禹锡“竹枝”的传统，具有浓郁的民歌风情，同时也揉进了诗人自己的特点，情感深挚，不同于刘禹锡“竹枝”的含蓄清丽。

二　萨都剌

萨都剌（1307—约 1359），字天锡，号直斋，出自西域答失蛮氏生于雁门。泰定四年（1327）进士，授镇江录事司达鲁花赤，秩满，入翰林国史院。出为南御史台掾史，历河南江北道廉访司经历、燕南河北道廉访照磨、福建闽海道廉访司知事等。晚年致仕，寓居杭州，以战乱避走绍兴、安庆等地，不知所终。其诗文现存《雁门集》14 卷。萨都剌在元代，不仅是成就最高的少数民族诗人，而且是元代最具代表性的诗人之一。前人以为，有元一代可与之并肩者，不过虞集、杨维祯等数人而已。虞集曰“进士萨天锡者，最长于情，流丽清婉，作者皆爱之”（《清江集序》），于文传在《雁门集序》中评其诗：“其豪放若天风海涛，鱼龙出没；险劲如泰华云开，苍翠孤耸；其刚健清丽，则如淮阴出师，百战不折，而洛神凌波，春花霁月之婵也。”

在元诗中，萨都剌以宫词得名，风格以秾艳著称，但并不一味秾艳。很多作品表现出清轻俊爽的风格，内容广泛而深刻，用宫词批判社会，讽刺邪恶，颇有新意。如《秋词》：

> 清夜宫车出建章，紫衣小队两三行。石阑干畔银镫过，照见芙蓉叶上霜。

此为萨都剌诗歌代表作品之一。诗歌突破了历来宫词写宫女哀怨的主题，截取平淡的生活片断，铸成韵味悠远的意境，用清夜、紫衣、银灯、绿荷以及白霜等意象，在神秘而朦胧的宫中夜景中，描绘出一幅清幽、淡雅而有动感的水墨画，能让人过目不忘。事实上他的丽情乐府更为可爱，如《芙蓉曲》《游西湖》《燕姬曲》《吴姬曲》等。萨都剌并不一味艳，还是一位敢于直面现实的诗人。《鬻女谣》《黄河即事》等诗，对社会问题揭露之大胆，为同时代诗人所不及。

三 张 翥

张翥学诗法于仇远，以诗文知名于时。其论诗主张发乎性情，出于自然，不事雕琢；对于前人诗作，主张学而有变，兼收并蓄。其诗宗唐，多忧时伤乱之作，其词则婉丽风流，寓意高远。明清以来，评者以为在元代诗界与词坛，张翥均可称大家。清王士禛《居易录》卷四称："蜕庵元末大家，古今诗皆有法度。无论子昂、伯庸辈，即范德机、揭曼硕，未知伯仲何如耳。"《四库全书总目》评其诗曰："清圆稳贴，格调颇高，近体、长短句极为当时所推，然其古体亦伉爽可诵，词多讽谕，往往得元、白、张、王之遗，亦非苟作。"如《郡城晚望览临武台故基》：

> 全晋山川气象开，满城烟树拥楼台。土风旧有尧时俗，人物今无楚国材。千嶂晚云原上合，两河秋色雁边来。昔贤胜赏空陈迹，落日登临画角哀。

胡应麟以为其诗"雄浑悲壮，老杜遗风，有出四家上者"。今天读来，确实感到情志沉郁而境界宏阔。

四 戴 良

戴良（1317—1383），字叔能，号九灵山人，又号云林。浦江（今属浙江）人。受学于柳贯、黄溍，学诗于余阙。曾为月泉书院山长。入明，朱元璋欲官之，以老疾固辞，忤旨，次年自杀，有《九灵山房集》30卷，按不同时期，分作《山居稿》《吴游稿》《鄞游稿》《越游稿》。戴良着意为诗文，很受时人推重。明杨士奇《跋戴九灵和陶诗》称其诗"醇粹博雅，有六一风致，亦一时巨擘也"（《东里集》卷十）。

《山居稿》中值得称道的是反映离乱生活的诗，如五律《寄宁之鹏南兄弟二首》其一：

> 携家非得计，世乱且求安。有季俱行役，谁人救急难。月从愁里没，雪向望中寒。昨夜乡书到，知君不忍看。

诗歌沉郁悲凉，颇具唐诗风味。《吴游稿》中有一部分写于渡海北上投奔元军途中，诗中充满深沉悲慨之气。如《除夜客中二首》其一、《渡海两首》等。诗多叹老嗟贫，真实地反映了生活的凄凉、孤独与穷困潦倒，表现了人生的追求及追求破灭的痛苦。如《自述二首》其一写文人的悲哀：

> 事业此生休，遑遑今白头。一年看又尽，数口转多忧。醉忆山公骑，寒悲季子裘。妻儿重相见，说着也堪羞。

诗中表达的年命之叹，诚挚感人，唯五六句用典与全诗的自然古朴不够协调，可谓白璧微瑕。

思考题

1. 简述耶律楚材诗歌的艺术成就和地位。
2. 简述元诗四大家之首虞集所代表的元中期诗风特色。
3. 简述杨维祯铁崖体的艺术特色。

【参考书目】

1. 张景星：《元诗别裁集》，上海古籍出版社，1979 年版。
2. 耶律楚材著，谢方点校：《湛然居士文集》，中华书局，1986 年版。
3. 虞集：《道园学古录》，《四部丛刊影明景泰翻元小字本》。
4. 萨都剌：《萨天锡诗集》，《海王邨古籍丛刊之元人十种诗本》，中国书店出版社，1990 年版。
5. 查洪德：《理学背景下的元代文论与诗文》，中华书局，2005 年版。

第六章 辽宋夏金元文的发展历程

辽宋夏金元时代的散文成就以宋代最为突出，在中国散文史上也可圈可点，在为文之道、用文规则，以及作文风格方面皆有新的探索，但风云气少，以竞技为文学生态的夸夸其谈之风未曾消停。辽夏金元之文皆一定程度上受益于宋文，但不改其质朴、粗犷传统。虽然说散文和政体不存在价值成就同构，但彼此的共识、交汇影响必然存在，因此丰富、成就了各自散文的主流气质。

第一节 辽夏散文的发展历程

辽代的散文，《全辽文》编为13卷，末有3附录，分别为类目索引、作者索引及事迹考、图版（出土的辽代契丹语志石、哀册、记等18则）。类目索引分为诗、谣谚、诏谕、敕制、哀册、册、官告、表奏疏、碑铭、颂、偈、记、塔记、幢记、题记、祭文、墓志、杂著等27类。

契丹人在建元之前，是八部松散的部落联盟，但历来重视贵族的教育，部落酋长即八部大王都有很好的文化素养。辽代的开国君主耶律阿保机开始就对契丹施行不文之策，自己精通汉语，但绝不对外人道。除了少数的外交文书和诏谕亲自写作外，都采取借才异代的方式，开始花钱找人代写，后来干脆连人一起留下，所用的官方语言是汉语，因此早期的辽代文都用汉语书写。辽太祖打败渤海以后，制作了契丹文字三千余言（叶隆礼《契丹国志》卷一），然后组织推广，之后契丹的文章用两种语言文字来写，又都是官方语言，因此辽代的文章主要由契丹字和汉字两种写成。

辽文从辽圣宗开始为界，分为两期，后期数量多、质量好，主要集中在司法文书、外交文书和宗教文书三个方面，没有专门的写景、抒情的散文，因此实用是其基本特点。辽道宗是辽代文坛的一代盟主，嗜学好文，卓有成就。《辽史》卷九十六《耶律良传》说："清宁中，上幸鸭子河，作《捕鱼赋》……奏请编御制诗文，目曰《清宁集》，上命良诗为《庆会集》，亲制其序。”风气所及上行下效，礼文之气甚浓，文学也不再是一般意义的实务文字，文章的描写和抒情性增加，但也局限于碑铭主人形象、事迹，铺叙友情等。

辽代后期，辽道宗和天祚皇帝实行文治，发挥科举功能，重用儒生，推崇儒家经典，学习汉文写作规范，并承认宋代进士考试的有效性，也吸引了不少文人北上。天祚时人耶律劭《兴中府安德州创建灵岩寺碑铭》亦称：“我国家右文敷治，偃革济时。”因此臣僚在表达其思想主张时亦不再是传统的奏对，而是写文示意。咸雍时耶律常哥即写有《述时政文》，谈强国之道，治教之本。臣僚士子不免以文相夸，以示显荣。《王泽墓志铭》说：“或政事忝宾筵之画，或辞笔尘翰苑之荣。”一时因为得官者不乏其人，如《辽史》卷七十六《张砺传》云“后太宗见砺刚直，有文彩，擢翰林学士”，认为唐彀收贤，当选儒宗，故付文柄。世家子弟，官僚家庭皆注重子女等家庭成员为文之修养，有的几岁就能写出一手好文章，如虞仲文。

辽代后期的文章基本脱离了质野的性格特点，“早扬去兽之谣，复著还珠之美”，具有美感，“乃质乃文”，主张“陈三代之嘉名，垂千年之人范”（《全辽文》卷五《王邻墓志铭》）。文质彬彬是辽代贯以始终的作文原则。

西夏建元前的作品皆用汉语写作，数量不多但蕴含丰富，与之后的西夏诗文一脉相传。西夏建元前的文章主要是与宋朝往来的表记奏誓等外交文书，文章的语言、结构、体式、文风等与宋文比似乎看不出有多大差异，但西夏文依经立意，平和而凌厉，灵巧而讲究逻辑，没有宋文的卑弱气息。

西夏早期作为唐朝的州道性质的地方政权，采取的是唐朝的政治体制。明道元年（1032）李德明去世，明道二年（1033）五月，元昊开始建立新的官制体系，礼乐制度等沿袭传统，但增设文武官职，开科举一途，衙门的职掌大致与宋朝相同。李元昊采取的是番汉合一、因俗而治的策略，但整体上还是借用中原地区的行政体制传统。西夏文献的文体分类，如果按照传统分法应该是经史子集四部，文字类型以汉文和西夏文为主，按照内容又可分为政治、经济、文化、军事，或自然科学与社会科学。大体上又可以分为韵文和散文两种。其基本类型主要有工具书、本土文献、外来文献三种。西夏文完整的篇章主要是外交文书和行政文书、社会文书，特别是契约文书数量最多，但多残破。

第二节 宋代散文的发展历程

唐宋散文在继承先秦两汉散文艺术传统和吸收六朝骈文艺术经验的基础上，形成了自具文学个性和美学意蕴的文体特征。比起唐代散文，宋代散文又有新的进展。宋代士人的忧患意识更为浓烈，参政热情更为高涨，文多政论、兵论，时代特色鲜明，爱国主义精神突出；宋代学术氛围浓厚，学术繁荣，士人文化素养更高，其文多讲学、明道，人文化倾向也更为明显。以欧、苏为核心的新古文运动，充分接受了唐代古文运动的艺术成就，又克服了它一意求新求奇所带来的流弊，从而奠定了平易自然的文风，带来了古典散文的全面繁荣，影响直至元、明、清各代。宋代作品之繁富，名家之众多，体式之完备，流派之纷呈，都达到了散文史上前所未有的高度。实用性、通俗性和艺术性都得到了极大的提高，成为影响最大、用途最广的文体；以古文为主、骈文为辅的文体格局从此确立，散体、骈体、语体并茂。宋代散文的成熟，体现了宋代文学的高度繁荣与杰出成就。

宋代散文的繁荣，首先表现为文集繁富，名家竞起，佳作如林。宋代的散文创作极为普遍，上至帝王公卿，下到平民布衣，无不能文，所谓“大而朝廷，微而草野，其所制作、讲说、记述、赋咏，动成卷帙，累而数之，有非前代之所及也”（《宋史·艺文志》），作品的数量颇为惊人。清人严可均曾辑有《全上古三代秦汉三国六朝文》，鸿裁巨制，片言只语，无不收录，仅收录作家 3497 人，作品 746 卷，字数 500 万；董诰所辑《全唐文》，与陆心源所辑《唐文拾遗》《唐文续拾》及陕西省方志办公室以及陈尚君所辑补编，全部作品也不过 2 万余篇；而四川大学编纂的《全宋文》8345 卷，作者达 9178 人，作品近 18 万篇，字数有 11000 万之多。宋文作品多，名篇多，名家亦多。“唐虽无名之人，其诗可诵；宋虽无名之人，其文可观。”[①] 唐宋八大家，宋居其六。此外，王禹偁、范仲淹、苏舜钦、周敦颐、司马光、李格非、陈东、胡铨、李清照、陆游、朱熹、陈亮等也多有脍炙人口的名篇佳作。

宋代散文的繁荣，还表现为众制齐全，文体渐备，旧有的文学样式日益成熟，新兴的文体不断涌现。宋代骈赋仍为大宗，骚赋、律赋也较为兴盛，时有佳作，而文赋破茧而出，新人耳目，尤其值得关注。其中，欧阳修《秋声赋》、苏轼前后《赤壁赋》实为里程碑式的作品。宋人例能四六，“四六骈俪，于文章家为至浅，然上自朝廷命令、诏册，下而缙绅之间笺书、祝疏，无所不用”（洪迈《容斋随笔》），即使古文家，也无一不精通四六。他们往往以古文之气，运骈文之辞，使宋四六独辟蹊径，终至独树一帜。记体散文至宋代进入全面繁荣时期，把散文的艺术性发挥得淋漓尽致，从此成为散文重镇。记“虽愈及宗元，犹未能擅所长也。至欧、曾、王、苏，始尽变其态”（叶适《习学记言序目》），亭台楼记、山水游记、书画记、学记等争奇斗妍，令人目不暇接。题跋文字的趣味性、灵活性在宋代文人手中得到充分展示，或谈道，或衡文，或记事，或抒情，信笔点染，兴味盎然。此外，诗话、随笔、日记等新体散文日益受到文人的喜爱与重视，由附庸变为蔚为大国，大大开拓了散文的表现领域。

流派纷呈，风格多样，是宋代散文繁荣的又一重要特征。宋代散文的发展，总

---

① 藤斋正谦：《拙斋文话》，见王水照编《历代文话》，复旦大学出版社，2007 年版。

是处于流派的对峙与融会中。鼎革之初，以徐铉为核心的硕学鸿儒，追求典雅雄赡，五代声色之风甚嚣尘上；柳开、王禹偁等人宗经尊韩，力涤偶俪，使复古之风日渐浓厚；西昆派贵骈尚丽，辞采飞扬，韵律铿锵，以语言的心态美、色彩美、声韵美烘托盛世风采；穆修、苏舜钦等古文派贵实尚散，强调文章经世致用，救时补弊，语言平易。“自欧阳子出，天下争自濯磨，以通经学古为高，以救时行道为贤，以犯颜纳说为忠”（苏轼《六一居士集叙》），宋文进入鼎盛时期，流派益趋繁杂。欧、苏、曾、王，各自名家，“荆公以经术，东坡以议论，程氏以性理，三者要各立门户，不相蹈袭”（陈善《扪虱新话》）。经术派力求适用，笔锋犀利；议论派新警绝人，豁达通脱；性理派传道明心，文质义精。南宋中期，学派林立。学派之间对文的不同看法，也明显影响到了他们的文章创作，从而促进文派的形成。这一时期的闽学学派、象山学派、永康学派、永嘉学派、婺学学派在学理方面的论争以及由此带来的学术活动，大大促进了散文创作的繁荣。

唐宋散文到北宋才真正进入极盛时期，一方面是因为文学自身所具有的巨大惯性。韩、柳所引导的古文运动，在当时影响毕竟有限，不足以从根本上扭转古文的弱势地位。“自东汉至隋，文人秀士，大抵义不孤行，辞多俪语，即议大政，考大礼，亦每缀以排比之句，间以婀娜之盛，历唐代而不改，虽韩、李锐志复古，而不能革举世骈体之风”（曾国藩《湖南文征序》）。另一方面，则是由于韩、柳在复兴古文中本身所具有的局限，故如姜宸英所言：“古文自韩、柳始变而未尽，其徒从之者亦寡。历五代之乱，几没不传。宋初柳、穆阐明之于前，尹、欧诸人继之于后，然后其学大兴。”（《湛园未定稿·唐贤三昧集序》）

宋朝散文的繁荣兴盛，原因颇为复杂。大致而言，首先在于创作环境有了极大改善。有宋一代偃武修文，文士待遇优厚，文章往往成为晋身之阶。“盖宋朝束缚天下英俊，使归于一途。非工时文，无以发身而行志，虽有明籍之材，雄杰之士，亦必折抑而局于此。不为此不名为士，不得齿荐绅大夫。是以皇皇焉竭蹶以趋。”（刘埙《水云村稿·答友人论时文书》）宋代诸帝高调提倡，文士趋之若鹜，一批英杰之士因势利导，使散文始终保持着繁荣昌盛的发展态势。欧、苏等人乐于并善于培育人才，也是宋朝散文持续兴盛的重要原因。欧阳修利用主持贡举的机会，排抑用语乖僻、奇涩的“太学体”，录取为文质朴的苏轼等人，使文风翕然一变。苏轼曾主持馆策考试，选取了黄庭坚、张耒等人，从而形成彬彬之盛的局面。

其次，宋人合理划分了骈、散疆域，正确处理了骈、散关系，使宋文得以全面兴盛。唐人求奇，颇有与偶俪之文争锋之意，而宋代古文家不再以四六文为竞争对象。欧阳修《论尹师鲁墓志》明确表示“偶俪之文苟合于理，未必为非”，甚至也投入相当精力去改造偶俪之文。“往时作四六者多用古人语，及广引故事，以炫博学，而不思述事不畅。近时文章变体，如苏氏父子以四六述叙，委曲精尽，不减古人。”因此，北宋的古文大家，往往也为四六高手。吴子良曾经说过：“本朝四六以欧公为第一，苏王次之。然欧公本工时文，早年所为四六，见《别集》，皆排比而绮靡。自为古文后，方一洗去，遂与初作迥然不同。他日见二苏四六，亦谓其不减古文，盖四六与古文同一关键也。然二苏四六尚议论，有气焰；而荆公则以辞趣典雅为主；能兼之者，欧公耳。水心于欧公四六，暗诵如流，而所作亦甚似之。顾其简淡朴素，无一毫妩媚之态，行于自然，无用事用句之癖，尤世俗所难识也。”（《荆溪林下偶谈·四六与古文同一关键》）

最后，宋代文章家及时总结经验教训，不断修正文、道关系，变韩愈奇崛文风为平易，使宋文走上了健康发展的道路。南宋谢枋得曾对欧阳修之文颇有微词：“欧阳公文章为一代宗师，然藏锋敛锷，韬光沉馨，不如韩文公之奇奇怪怪，可喜可愕。学韩不成亦不庸腐，学欧不成必无精彩。”（《文章轨范评文·上范司谏书》）清代刘大櫆也总结指出：“唐人之体，校之汉人，微露圭角，少浑噩之象；然陆离璀璨，犹似夏、商鼎彝。宋人文虽佳，而奇怪惶惑处少矣。”（《论文偶记》）欧阳修之文乃至北宋一代文章似乎都不太光彩夺目，不如唐文那样使人心动神移。不过，北宋文章之所以蔚为大观，卓立不朽，正在于它们殊乏“奇怪惶惑处”，在于它们摆脱了“奇奇怪怪，可喜可愕”的创作宗旨。“藏锋敛锷，韬光沉馨”，正是北宋古文的特色所在。“欧公文，非特事事合体，且是和平深厚，得文章正气。盖读他人好文章如吃饭，八珍虽美而易厌，至于饭，一日不可无，一生吃不厌。盖八珍乃奇味，饭乃正味也”（罗大经《鹤林玉露·文章有体》）。和平深厚、平易畅达，不仅是欧阳修一人的文章特征，也是宋文的主导风格。总之，就文法、体制和基本的审美特征而言，唐宋散文一脉相传，密不可分，但也有不同。唐文实，宋文虚；唐文尚奇、尚高，宋文尚平易、尚自然；唐文主气，多慨叹语，宋文主理，多议论语；唐文古质典重，宋文平淡轻灵；唐文如崇山峻岭，宋文如河谷平原。宋文之虚，表现为多议论而不免流于空疏与迂阔；宋文尚平易，也不乏冗长、粗率之弊。不过，宋文的平淡轻灵，使它较之于唐文，更便于议论、叙事与抒情，形式更为灵活，手段更为丰富，领域更为宽阔，对后世的影响也更为显著。

第三节　金代散文的发展历程

金代散文的创作与诗歌同步，大体分为四个阶段，尤以中后期及金亡国之后的创作更丰富，成就更高。

一　金代初期散文

金代初期的散文创作还处于起步阶段，作者主要是辽、宋入金的文人。此期的散文创作中纯文学性的留存较少，现在所能见到的主要是诏令典章等应用性作品，且大多没有署名，但据理推测，草拟者应以这些入金的异代文人为主。其中由辽入金的文人有韩昉、虞仲文、左企弓等人，由宋入金的文人以宇文虚中、高士谈、蔡松年、施宜生等人最为著名。他们入金后颇受重用，地位较为显赫，协助金王朝建立各种典章制度，对金朝的文教事业贡献颇多。相对而言，由辽入金的文士得到朝廷更加充分的信任和重用，在政治制度方面颇有建树，其作品多为应用文字；而由宋入金的文士虽也草拟诏令，参与政治建设，但他们本身的文学成就很高，于金初文坛的贡献自然要大些。

此期还有一些文人情况比较特殊，如朱弁本为宋使臣，入金被扣，拒不仕金朝，对金朝政权的建设自然不会有多少贡献，但由于他的文学水平较高，在金初的文学创作促进了当地的文化发展水平。其侄朱熹曾说："虏中名王贵人，亦多遣其子弟就学。公以此又得时因文字往来说以和好之利，而碑版篇咏流行北方者亦甚众，得之者相夸以为荣焉。"（《奉使直秘阁朱公行状》，见《朱文公文集》卷九十八）。使金被扣的宋朝文人还有洪皓、张邵、司马朴、滕茂实等人，他们同样对金初文学的发展做出了一定的贡献。

二　金代中期散文

金世宗和章宗两朝是金代散文发展的第二个阶段。这一时期由于宋金讲和，形成基本稳定的对峙局面，金王朝的文教事业进一步发展，一批文学之士成长起来，后人称之为"国朝文派"。尽管在家学渊源与师友传承等方面他们与前代文士之间还有着千丝万缕的联系，但是他们的文章中明显体现出对金王朝的高度认同，风格上也表现出由实用向审美的演变趋势。"国朝文派"的代表作家主要有蔡珪、王寂、党怀英、王庭筠等人。

蔡珪学问渊博，在金石、史学等方面造诣颇高，是一个学者型的文士。他的著述甚多，惜今多不传于世。金人萧贡、元好问称之为"国朝文宗"，但因其文现已百不存一，无法具体考察他在文学史上的贡献。

王寂有《拙轩集》行世，现存本是四库馆臣从《永乐大典》中辑出来的，《四库全书总目》云："各体具存，可以得其什七矣。"可见此书大体可以代表其文学创作成就。另外，他还有《北迁录》《辽东部行志》和《鸭绿江行志》等纪行体杂著。其中《北迁录》久佚，另外两部尚存。对其散文成就，《四库全书总目》有很高的评价："文章体格亦足与《滹南》《滏水》相为抗行。""古文博大疏畅，在大定、明昌间卓然不愧为作者。"认为他们与金代后期的王若虚、赵秉文等人成就相当，为金代中期文坛大家。

党怀英是蔡珪之后的文坛盟主，"当明昌间，以高文大册，主盟一世"（赵秉文《竹溪先生文集引》，见《闲闲老人滏水文集》卷十五），尤擅长制诰文，百年以来，"亦当为中朝第一"（元好问《承旨党公》，见《中州集》卷三）。他的文章现存仅10余篇，是庙碑墓表一类应用性文章，文学性相对较弱。对其文学成就，赵秉文评曰："公之文似欧公，不为尖新奇险之语。"（《中大夫翰林学士承旨党公神道碑》，见《闲闲老人滏水文集》卷十一）。元人郝经又有诗赞曰："浑然更比坡仙纯，突兀又一文章公。自此始为金国文，昆仑发源大河东。"（《读党承旨集》，见《陵川集》）把党怀英比作宋之欧阳修和苏轼，充分说明了党怀英在金代文坛的成就和地位。

王庭筠是在党怀英之后、赵秉文之前文坛的执牛耳者。他才识过人，"文采风流，照映一时"（元好问《黄华王先生庭筠》，见《中州集》卷三），又喜提携后学，时人以能知人称许他。赵秉文和李纯甫这两位金代后期的文坛盟主就曾得到他的推荐和提携。王庭筠有《丛辨》10卷、《文集》40卷，惜在金末时即已不传，现存《黄华集》今人金毓黻搜集，其中散文仅存6篇。

三　金代后期散文

从宣宗贞祐二年（1214）金室南迁至汴京到金朝灭亡，是金代散文发展的第三个时期。这一时期的散文从观念到创作来看，大体可分为两大派别，一派以赵秉文、杨云翼、王若虚等人为代表，推崇平实雅正；另一派以李纯甫、雷渊等人为代表，力主奇古创新。两派文人因观念不同，常常相互指责，刘祁《归潜志》中就有很多记载：

> 南渡后，文风一变，文多学奇古，诗多学风雅，由赵闲闲、李屏山倡之……李屏山教后学为文，欲自成一家，每曰："当别转一路，勿随人脚跟。"故多喜奇怪，然其文亦不出庄、左、柳、苏，……赵闲闲教后进为诗文则曰："文章不可执一体，有时奇古，有时平淡，何拘？"李尝与余论赵文曰："才甚高，气象甚雄，然不免有失支堕节处，盖学东坡而不成者。"赵亦语余曰："之纯文字止一体，诗只一向去也。"

又如王若虚与雷渊在翰林院、国史馆共事多年，二人曾为史书文体发生过激烈争执：

> 二公由文体不同，多纷争，盖王平日好平淡纪实，雷尚奇峭造语也。王则曰："实录止文其当时事，贵不失真。若是作史，则又异也。"雷则曰："作文字无句法，委靡不振，不足观。"故雷所作，王多改革，雷大愤不平，语人曰："请将吾二人所作令天下文士定其是非。"王亦不屑。王尝曰："希颜作文，好用恶硬字，何以为奇？"雷亦曰："从之持论甚高，文章亦难止以经义科举法绳之也。"（刘祁《归潜志》）

这种争论已经演变为势不两立的相互攻击。雷渊地位稍低，也没有别集传世，论辩时处于下风。王若虚除了日常口舌之争外，还撰写《文辨》等论著，用大量篇幅严词批驳《新唐书》等书的措辞不当。其用意不仅仅是一般的学术辩论，还在于还击雷渊等人。

赵秉文四入翰苑，历仕五朝，官至六卿，执掌文柄几近30年，是一位翰苑宿儒，也是一位诗文书画兼擅的通才。他一生著作众多，他的散文众体皆擅，兼宗欧、苏，文风平淡流畅，代表了金代中后期的散文成就。

李纯甫是金代后期的杰出作家，著述甚丰，有许多学术性著作，涉及对儒佛道三家思想的评论，诸如《金刚经别解》《楞严外解》《老子别解》《庄子别解》《中庸集解》《鸣道集说》等。刘祁说他“晚自类其文，凡论性理及关佛老二家者，号《内稿》，其余应物文字如碑志、诗赋，号《外稿》，盖拟《庄子》内外篇”（《归潜志》）。他的散文创作数量多，成就也高，但现今完整存留的仅有9篇，已无法论说他在金代文坛的成就和影响。

王若虚以文学批评著称于世，有丰富而精当的散文理论，涉及文体论、文法论、语言修辞等诸多方面，不为经典和前人成说所惑，多中肯之论，间有一二过激之语，亦无伤其于文学批评史上的大家地位。除了批评性的论说文章外，王若虚还有赋、碑、记、序等各体杂文40余篇存于世。金末刘祁说他“贵议论文字有体致，不喜出奇，下字止欲如家人语言，尤以助辞为尚”（《同上》）。元好问《内翰王公墓表》亦云其：“文以欧、苏为正脉。”可见他为文崇尚欧、苏，平易自然。

杨云翼也是南渡后的文坛大家，元好问说他“南渡后二十年，与礼部闲闲公代掌文柄，时人号‘杨、赵’”。其文多议论朝政问题，“高文大册，多出其手”（元好问《内相文献杨公神道碑铭》）。遗憾的是，由于杨云翼的文集不传于世，文仅存3篇。其《谏南伐疏》论到精切，颇能服人，可惜未能奏效，最终导致南伐失利。《言简卒理财疏》条分缕析，切于实用，忠言直谏，令人感动。

四 金亡后的遗民文学

金亡之后，文学创作不衰反兴，甚至于到达金代百年文学发展的最高峰，成为文学发展史上的一个特例。而这种创作成就是靠一批遗民文人取得的，以元好问、李俊民、刘祁、杨宏道、麻革、段成己等人为代表。

元好问是金代成就最高、影响最大的作家。他主要以诗和文学批评著称于世。他的散文现存近260篇，众体皆备，而以碑铭记序为多，[①] 师法欧、苏，文风委婉自然，平易畅达，亦不失为名家。

李俊民有《庄靖集》传世，文3卷，约110余篇，绝大多数为应用性文体，只有18篇记体作品文学性较强。《四库全书总目》说他：“文格冲淡和平，具有高致，亦复似其为人，虽博大不及元好问，抑亦其亚矣。”

刘祁（1203—1250），字京叔，号神川遁士，云中浑源（今山西浑源）人。他出

---

①据《元好问全集》统计，有碑铭墓表99篇，记50篇，序引31篇，以上共计180篇，约占总数的70%。

身于文章世家，高祖刘㧑为金初辞赋状元，以下几代亦有文名，有金一代，刘氏家族共有8人中进士，文坛盟主赵秉文有“丛桂蟾窟”之誉。刘祁有《归潜志》一书留传至今，其中多记金末史实及南渡后的文坛掌故和诗文评论，对后人研究金代文学和历史颇有价值。

此外，杨宏道、麻革、段成己等人也有多篇散文流传至今，不乏可称道处。

第四节　元代散文的发展历程

元代的散文，沿着唐宋以来的方向继续发展，取得了可观的成就，在探索中形成了有别于唐宋的风貌。元人欧阳玄在《罗舜美诗序》中说：“我朝延祐以来，弥文日盛，京师诸名公，咸宗魏晋唐，一去宋金季世之弊，而趋于雅正。”而戴良《夷白斋稿序》以世运论文，认为“世道有升降，风气有盛衰，而文运随之”，与自周至宋的历朝相比，“我朝舆地之广，旷古未有。学士大夫乘其雄浑之气以为文者，固未易以一二数”，认为元代文章超迈往古。

明清时人对元文成就的估价，褒贬不一。明王世贞说“元无文”，清黄宗羲对元代散文推许姚燧、虞集两家，认为他们的文章胜过所有明文。其实，王、黄之说各有片面性。从整体上说，元代散文，纵向比较，其成就不及唐宋，横向比较，不及同时代的元曲。元代没有出现韩、柳、欧、苏那样的文章大家；整体成就与唐宋散文相比大为逊色。不过，元文立论驳杂，以传奇为传记，记、序、题跋类似小品等，这些都是散文发展史上前所未有的新气象。

元代散文数量可观，北京师范大学古籍所编《全元文》61册1880卷，收录元文作者3200余人，文章35000多篇，总字数约2800万。

一　元代散文的发展

元代的学术与诗文，北承金而南承宋。由于宋金长期南北隔绝，声教不通，加之士风之不同、地理之差异，于是南北之学之文，各自形成了鲜明的特色。在元代初期，北方学术与诗文占据主导地位。

清顾嗣立《元诗选》王恽小传说：“北方之学变于元初，自遗山以风雅开宗，苏门以理学探本。一时才俊之士，肆意文章，如初阳始升，春卉方茁，宜其风尚之日趋于盛也。”其中“遗山以风雅开宗，苏门以理学探本”两句，简明地概括了元初北方学术、文章的格局。

元好问“以风雅开宗”，具有鲜明的文学色彩。清代宋荦《漫堂说诗》云：“元初袭金源派，以好问为大宗。”元好问作为金元一代文宗，在蒙古灭金后的数十年中，抢救文献，培育人才，不仅使文明一脉不断，且能张大之，使得元初北方之学术与文章，均蔚然称盛。到忽必烈时期，在元好问的培养和影响下成长起来的一批文人，进入创作繁盛期。这时的北方文坛，郝经、刘因、卢挚、王恽等人，以他们的诗文创作，创造了中统、大德前后北方文坛的繁荣。

元人揭傒斯奉诏撰吴澄《神道碑》开篇说："皇元受命，天降真儒。北有许衡，南有吴澄。所以恢宏至道，润色鸿业，有以知斯文未丧，景运方兴也。"许衡被后世史学家称作元朝开国大儒。他在元代学术史上具有很高的地位和影响，文章具有温柔敦厚、雍容正大之儒者文风特色。这一派在许衡之后就发生变异，明薛瑄《读书录》卷二说："鲁斋学徒，在当时为名臣则有之，得其传者则未之闻也。"苏门理学没有传人。苏门学派第二代突出的代表是姚燧，他学承许衡，文承杨奂，并师法甚至模仿韩愈，但他没有继承苏门理学，而是成为一代文章宗匠，流为文章家了。许衡等开创的苏门学派，到他这里就演变成了一个文派。

南北统一后，虽政治上北方为强势，而学术与文学，则南方为强势。在诗文风气的融合中，南方居于主导位置。入元后的南方文坛，主要是仕元文人，以赵孟頫、邓文原以及戴表元和袁桷师徒为代表。戴表元在宋元之际，首开元代学术与文论融会各家之风，又是宗唐复古最有力的倡导者，袁桷则是理学文弊最猛烈的批判者，又被认为是元中期"四大家"诗文风气的先导。全国统一后，南北文风开始交汇融合，姚燧等一批北方文士南下做官，文风影响南方；同时一部分南方文士如袁桷等人朝北上，与在朝北方文人共事，其文风互相影响。

二　元代散文的繁荣

元之中期，是元代历史发展的隆盛时期，也是元代文章发展的繁盛时期。仁宗延祐时期，社会逐渐稳定，经济逐渐恢复。仁宗好文，采取了一系列恢复和发展文化的措施，如开科举，立奎章阁，开经筵。宋元易代给文人心中造成的创伤渐渐抚平，在一部分文人眼里，元代已逐渐步入盛世。元初那种因旧朝覆亡、社会动荡而形成的诗风文风，显然已经失去了现实的社会基础。虞集等人应时而出，倡导平易正大的盛世文风，以应社会之需。欧阳玄为虞集所作之《雍虞公文序》，对此有很好的论述，他说：

> 斯文与造化功用相弥纶，国家气象相表里，故文人生于世有数，文章用于世有时。斯言若夸，理实然也。皇元混一之初，金宋旧儒，布列馆阁。然其文气高者崛强，下者委靡，时见旧习。承平日久，四方俊彦，萃于京师。笙镛相宣，风雅迭倡。治世之音，日益以盛矣。于时雍虞公方回翔胄监容台间……至治、天历，公仕显融，文亦优裕。一时宗庙朝廷之典册，公卿大夫之碑版，咸出公手，粹然自成一家之言。

这段话，既有理论的前提，又将社会对"斯文"需要的变化和文风的随时变易的道理交代得十分清楚，虞集等人就是这样被推向文坛中心的。

延祐文坛之盛的主要创造者有“儒林四杰”，即文章四家虞集、黄溍、柳贯、揭傒斯等。《元史》卷一百八十一《黄溍传》附《柳贯传》云：“与溍及临川虞集、豫章揭傒斯齐名，人号为儒林四杰。”元末戴良论元世文章，也说：“我朝地域之广，旷古未有。学士大夫乘其雄浑之气以为文者，固未易以一二数。然自天历以来，擅名于海内，惟蜀郡虞公，豫章揭公，金华柳公、黄公而已。”

三　元代散文的分期

元代后期，人们已经对元文的盛衰提出了各自的看法。欧阳玄在《潜溪后集序》中说：“中统、至元之文庞以蔚，元贞、大德之文畅而腴，至大、延祐之文丽而贞，泰定、天历之文赡以雄。”认为元文发展有四个时期：中统、至元；元贞、大德；至大、延祐；泰定、天历。杨维祯在《王希赐文集序》中说：“我朝文章肇变为刘、杨，再变为姚、元，三变为虞、欧、杨、宋，而后文为全盛。以气运言，则全盛之时也，盛极则亦衰之始。自天历来，文章渐趋委靡。”同样分元文为四期。他的看法与欧阳玄大体相同，刘（因）、杨（弘道）为代表的时期，相对应于中统、至元时期；姚燧、元明善为代表的时期，相对应于元贞、大德时期；虞（集）、欧（欧阳玄）、杨（载）、宋（本）为代表的时期相对应于至大、延祐时期；杨维祯所谓的“自天历来”，与欧阳玄所说之“泰定、天历”前后交叉。以上两人的论述，对元代文风发展变化的把握，还是比较客观的，但缺陷也比较明显：其一过细，其二对元末文章发展关注不够。陈基把元文分为三期，他在《孟待制文集序》中说：

> 国朝之文凡三变：中统、至元以来，风气开辟，车书混同，名家作者，与时更始。其文如云行雨施，雰霈万物，充然有余也；延祐初，继禅之君，虚己右文。学士大夫，涵煦乎承平，歌舞乎雍熙，出其所长，与世驰骋，黼黻皇猷，铺张人文，号极古今之盛。然历金石以激和平之音，肆雕琢以泄忠厚之朴，而峭刻森严，殆未易以浅近窥也。天历之际，作者中兴。上探诗书礼乐之源，下泳秦汉唐宋之澜，摆落凡近，宪章往哲，缉熙典坟，照熠日月，登歌清庙，气凌骚雅，由是和平之音大振，忠厚之朴复还。

他将元代文章的发展，分为延祐以前、延祐至天历和天历以后三个时期。这一划分，简单明了，且关注了元代后期文章的发展，注重元代文风变化的主导方面，但对元末文风的描述不够客观，时段的划分太不均衡。蒙古灭金（1234）到他写作该文的至正十二年（1352）计118年间文章发展（若计算到元亡的1368年则有134年）的历史，分成79年、15年、24年三个时段，显然是不合适的。

综合欧阳玄、杨维祯、陈基的意见，参照元诗的分期，我们也把元代文章的发展分为前、中、后三期。忽必烈时期为前期，元顺帝时期为后期，中间诸帝在位时期为中期。中期又可分为两段：延祐以前，是以姚燧、元明善等代表的北方文风主导的时期；延祐及以后时期，是以虞集、黄溍等为代表的南方文风主导的时期。前期代表性作家有郝经、王恽、刘因等，中期代表性作家有姚燧、元明善、戴表元、吴澄、虞集、揭傒斯、黄溍、柳贯等，后期代表性作家有陈基、戴良、杨维祯等。

思考题

1. 简述辽代散文的分期。
2. 宋代散文繁荣的原因是什么？
3. 简述金代后期在散文观念方面发生争论的背景、内容及其意义。
4. 简述元文的成就。

【参考书目】

1. 王水照选注：《宋代散文选注》，上海古籍出版社，1978年版。
2. 周惠泉：《金代文学论》，东北师范大学出版社，1997年版。
3. 王永：《金代散文研究》，中国社会科学出版社，2011年版。
4. 狄宝心校注：《元好问文编年校注》，中华书局，2012年版。
5. 查洪德、李修生主编：《20世纪中国文学研究·辽金元文学研究》，北京出版社，2001年版。

第七章 辽夏北宋散文

辽夏是我国北方地区的区域政权，文化上夏更偏重于西部特征，散文整体上主要是实用性文体，以行政文书、宗教生活和民间纪事为主要特征，风格朴实直率，喜欢张扬个性，难见委婉含蓄和写景述怀之名作。

北宋散文的发展，以欧阳修为标志分为两个阶段。“宋初承唐习，文多偶俪，谓之昆体。至欧公出，以韩为宗，力振古学，曾南丰、王荆公从而和之，三苏父子又以古文振以西州，旧格遂变，风动景随，海内皆归焉”（刘埙《隐居通议·骈俪总论》）。前一个阶段，宋文未脱唐人窠臼，骈俪之风盛行，不能自成面目；后一个阶段，经过欧阳修、曾巩、王安石与三苏的努力，文章走向平易流畅、清新自然，宋文形成了自己的风貌：“其大者固已羽翼六经，藻饰治具，而小者犹足以吟咏情性，自名一家……此非唐之文也，非汉之文也，实我宋之文也，不其盛哉!”（周必大《宋文鉴序》）北宋文章进入极盛时期。

第一节　辽代散文

《全辽文》字数不足百万，但辽王朝纵横几千里，历时几百年，由多种文体组成的一代文学同样弥足珍贵。

辽文形式上经历了一个由简到繁的历程，内容主要是关于战争和宗教。辽太祖、太宗、穆宗三代留下的文章都是口语记录。如辽太祖《征渤海诏》云：“所谓两事，一事已毕，惟渤海世仇未雪，岂宜安驻。”所谓两事，据《辽史·耶律铎臻传》，指东征渤海，西讨西夏。西夏已被征服，所以说一事已毕；要征讨渤海，却声称世仇未雪。没有体式，随意为之，简约而率直。快语强势是辽文一贯的风格。太宗、穆宗时代亦大致如此。辽太宗《谕石敬瑭》说：“朕兴师远来，当即与卿破贼。”随着城市化进程以及经济的发展，辽人从尚武转向习文，接受了汉文体式的写法，显得文雅，但也同时出现狡智的一面。如1004年写作的《复宋誓书》：

> 维统和二十二年，岁次甲辰，十二月庚辰朔，十二日辛卯，大契丹皇帝谨致书于大宋皇帝阙下：共议戢兵，复论通好，兼承惠顾，特示誓书："以风土之宜，助军旅之费，每岁以绢二十万匹、银一十万两，更不差使臣专往北朝，只令三司差人搬送至雄州交割……苟渝此盟，神明是殛。事具咨述，不宣。"

文章不长，但时间、地点、人物、内容、过程、誓词排列井然有序。文体上，辽人能够准确地把握誓书复信写法；时间上，采用干支纪年法，改变了辽人传统的结绳记事的记录方式；誓言中，不仅涵盖萨满教崇拜的天地，也提到了神明；内容表述上，采用委婉机辩的深层语汇："以风土之宜，助军旅之费。"辽人军费采用自筹式的掠夺取得，名为"打草谷"，所以掠夺的原因除了生存受到威胁外，很多与军费有关。这种坐享岁输绢银，却能够用巧妙的言辞体现，也是为文的巧夺天工，显示了高超的表达技巧。圣宗以后，辽文日渐繁富，成为宋文之敌国。

文学离不开具体的生活。辽太祖八年《刑逆党叹语》云："此曹恣行不道，残害忠良，涂炭生民，剽掠财产，民间昔有万马，今皆徒步。"中原作家无数次地表达过乱世之悲：白骨、饥妇、猿啼、醉吟、悲歌，但还没有用无马代步来形容国家衰败的写法。又《慧峰寺供塔记》云："德不孤而邻者自孚，唱弥高而和之亦广。如风偃草，如蚁慕膻。""如风偃草，如蚁慕膻"，只是眼前景物，散发着浓烈的黑土地气息。又《祐唐寺创建讲堂碑》说："夫幽燕之分，列郡有四，蓟门为上，地方千里，籍冠百城。红稻青秔，实鱼盐之沃壤；襟河控岳，当旗戟之奥区。"用词色彩鲜艳，对句工整，气象萧森磅礴，是典型的辽海风貌。出于风俗习气等原因，辽文中常常杂入用汉字记音的辽语词汇。如《全辽文》卷十二《宫中语》云"孤稳压帕女古靴，菩萨唤作耨斡么"，就是辽汉语相杂。契丹人语汇的形成和使用，是辽文鲜明的个性特征。

质实丰赡，因时事造文是辽文写作的特点。现存的辽文诏谕、敕制、哀册、书状、碟、碑铭等皆是应用性文体。数量最多的墓志铭，写作时力求准确、真实。凡涉及世系，皆要考诸史书和家碟，不构荒词；引述经典，争取准确无误。对于一些无奈之事，虽不讳言，但亦不予虚构。《全辽文》卷四《刘继文墓志》说：

> 至乾祐三年，高祖崩逝。少帝承翰才立，祸发萧墙。逆臣郭威，僭行篡夺，徐州太子，册而又诛，可谓日月无光，乾坤失色。崇坐河东，为北平王，一闻之而大怒，攘臂恨以发盟，切齿为仇，誓当剪灭，乃集貔貅万队，士卒千群，振雷霆之威，吐风云之气，直欲生擒逆党，活捉奸讹。其奈天数未时，攻讨莫下。

志文写刘继文之父讨郭威吃了败仗，但能写出刘氏的英雄气概，可以说妙笔生花。辽文倡导乃质乃文、尽善尽美的同时，也注意文章的察时作用，卷六《张俭墓志铭》即称“洞象纬以察时，炳文章而华国”，把文学的位置放在察时华国的位置上，提升了文学的功能作用。

优美生动的意象描述是辽文一个突出的长处。如《耿延毅墓志铭》写耿延毅的相貌说：“姿貌魁梧，面紫黑，蚪髭，赫怒之时，鬓毛如猬，善骑射，聪敏绝伦，晓北方语。”寥寥30个字，不力自武，不怒而威，写出了契丹人勇武的形象。也有的风格淡雅素泊，如《王悦墓志铭》同时写两位女子，又各有千秋：

> 长女兰芳蕙茂，仪静体闲，将贞顺以成风，拟河洲而叶咏。
>
> 次女妲哥，玉肌珠胫，螓首蛾眉，以礼自持，其仪不忒。

写人抓住人物的秉性特征，对长女重在表现成熟之美、兰蕙之操、宛顺之性、后妃之德；而次女则重在表现仪态之美、丽质之貌、教养之好，传文雅家风，美潇湘风仪，可以说各具风韵。可见辽文在表现性情、刻画人物方面已经具有很高的艺术技巧。

辽文的写作也不乏警策哲思。乾统五年（1105）写作的不题撰人的《造长明灯记》是辽文中最出色的一篇。文章说：

> 大辽国幽燕之北，虎县之东，龙门乡兴寿里邑众杨守金等久弘善念，特建灯幢……奉施少灯，其明唯照道之一阶，或时速灭，所得果报福德之聚，唯佛能知，不可得说。噫！少须尚尔，况长明哉！夫天地之大，在昼则明，在夜则晦，日月之朗，在显则烛，在隐则遗。明天地未明之时，照日月未照之所，唯我长明灯乎？邑等倡此胜缘，齐之响附，财各乐施，福须默运，所建燃灯幢于佛前，置之有坚，确然不拔。且夫凿其龛，拟象于旸谷；刻其螭，取类于烛龙。膏油泉注，朝则盛，夕则愈盛也；兰炬火热，前则明，后则益明也。（《金辽文》卷八）

把长明灯说成是至高无上的能够主宰人类、控制自然的无上心灯：“明天地未明之时，照日月未照之所，唯我长明灯乎?”佛的精神形象可感。逻辑上，层层推衍，互相映照。表达上，运用明暗效果，采用时空交织的方式，虚实结合。审美上，调动审美主体的生活体验和精神需求，意象直观而飘逸，用日月衬托人类的文化创造：长明灯表现的是外物，寄托的是内在的心灵之光。意蕴笔长，犹如空谷传音，水中之月，蓄象外之象，含味外之味，达到一种无迹可寻的境界，达到现代心理学的理解层次，观念符号化、多元化，在形象中永无止境地发挥作用，又超然不易准确捉摸。

第二节　西夏散文

一　西夏建元前的散文

西夏王朝建立前，党项人虽未称国而已王其土，统领的夏州等地就已经具有自治王朝性质。《辽史》卷百十五《二国外记》说：

西夏，本魏拓跋氏后，其地则赫连国也。远祖思恭，唐季受赐姓曰李，涉五代至宋，世有其地。至李继迁始大，据夏、银、绥、宥、静五州，缘境七镇，共东西二十五驿，南北十余驿。子德明，晓佛书，通法律，尝观《太一金鉴诀》《野战歌》，制番书十二卷，又制字若符篆。

根据《辽史》，西夏开国君主李元昊精通佛教与汉学，还写出长达12卷的番书，他是西夏建国的元首，也应是西夏国的第一位作家。西夏《圣佛母般若波罗蜜多心经发愿文》说："于神妣皇太后周忌之辰，开版印造番汉共二万卷，散施臣民。"西夏的印刷业发达，有力地推动了西夏文学的发展。史金波引宋人《东都事略》卷一百二十七《西夏传》指出，夏州党项政权给中原王朝所上的表章，都用汉文，其文体多仿效中原王朝对仗工整的骈体文。比如李继迁在宋至道元年（995）为向宋朝索要夏州而写的表章，就是一篇层次清楚、以情动人的文章，其中有这样的语句：

怀携柔远，王者之洪规；裕后光前，子臣之私愿。臣先世自唐初向化，永任边陲；迨僖庙勤王，再忝国姓；历五代而恩荣勿替，入本朝而封爵有加。德并戴天，情深拱极。兹以家庭多难，骨肉相仇，遂致帐属流离，箕裘陨越。庭坚之宗，忽焉不祀；若敖之鬼，嗟其馁而。臣虽拓跋小宗，身是荩臣后裔。十世之宥，义在褒忠；三代之仁，典昭继绝。聿维夏州荒土，羌户零星，在大宋为偏隅，于渺躬为世守。祖先灵爽，应恋首丘；明发私怀，敢忘宗土？恭惟皇帝陛下，垂天心之慈爱，舍兹弹丸；矜蓬梗之飘零，俾以主器。诚知小人无厌，难免僭越之求。伏祈圣主宽仁，远降哀全之诏，曲成靡既，再造莫酬，臣不胜惶悚恐惧。

表章又见清人吴广成《西夏书事》卷五。党项李氏比夏宋关系如殷商臣服西周的诸侯，要求关怀小宗西夏。认可宋朝的封赏，承认与宋朝的宗法关系，以国姓小宗自居，寻求宋朝承认其独立地位，体现了西夏务实的风气。检《辽史》卷百十五《二国外记》说："初，西夏臣宋有年，赐姓曰赵；迨辽圣宗统和四年，继迁叛宋，始来附辽，授特进、检校太师、都督夏州诸军事，遂复姓李。十月，遣使来贡。六年，入贡。七年，来贡，以王子帐耶律襄之女封义成公主，下嫁继迁。"根据《辽史》，辽代统和九年（991）李继迁被契丹册封，宋朝亦封，赐李继迁名赵保吉，弟继冲名赵保宁。李继迁巧妙地利用赵宋王朝的册封姓氏，提出领土要求，构思巧妙，内涵逻辑旋律，由赞美宋朝和叙述党项统治西夏的实际，运用传统的仁义道德思想为立论根据。思路清晰，理据充分，书写成熟圆润。

二　西夏文的数量、类型和文体

西夏没有文集流传下来。王仁俊的《西夏文缀》收录了西夏诗歌6首，文2

篇，有1904年的铅印线装本；另有《西夏艺文志》，随二十五史补编付印。罗福颐的《西夏文存》在20篇基础上增补了18篇，有1935年印本。这两册书虽然分量不大，但对西夏的文的编辑，具有重要意义。冯蒸、郝绍光《西夏文献目录》，对19世纪以来西夏的研究文献进行了广泛的收录，为研究西夏提供了很大的方便。聂鸿音在《西夏文学史料说略》一文中按年代顺序选列了1999年以前发现的重要西夏汉文遗文、西夏文遗文目录，并注明出处，颇有文献价值。聂鸿音《西夏遗文录》，将西夏文和汉文并收，并且指出罗福颐的《西夏文存》将元代八思巴文的“国字”也误认为是西夏文字了，因此出自《西夏书事》中的西夏文应该删除。胡玉冰《传统典籍中汉文西夏文献研究》，将检索西夏文献扩展到清代典籍，并采集石刻等文字，以更广阔的视野钩稽考索西夏文献，有不少新的发现。如明代发现的《韩范经略西夏始末纪》等4种亡佚文献。该书还对西夏文献作者的生平、著述、主要内容、成书年代、版本源流、史料来源、史料价值及文献学特点等展开论述，细心比对史籍存在的脱、讹、衍、倒等现象。另外，韩荫晟编制了《党项与西夏资料汇编》6册，资料相当完备。张琰玲等《60年来港台地区西夏学研究》、李胜刚《百年西夏学国内外著作概述》、聂鸿音《西夏文概述》则对西夏文献的研究情况及时跟进，对于学术信息的沟通和研究的发展起到了有力的推动作用。

西夏文献的基本类型主要有工具书、本土文献、外来文献三种。

西夏的工具书主要是语言文字方面的字典和辞书。如《文海》又名《文海杂类》或《文海宝韵》，为西夏文形、音、义字典，存有刻本、写本残件。《音同》《五音切韵》《番汉合时掌中珠》，成书于仁宗乾祐二十一年（1190），相当于双语词典，另外还有《杂字》《三才杂字》《义同》《要集》《纂要》《解释歌义》等。其中《解歌释义》也可以看成是诗学理论著作。《圣立义海》是西夏文类书。

本土文献以立法、司法和执法文书为主，如著名的西夏法律《天盛改旧定新律令》，是西夏的刑律，因颁布在天盛年间（1149—1169），因此叫《天盛律令》。又《贞观玉镜》，主要是政令、赏功、罚罪、进胜等133条，为西夏军事法，《亥年新法》为西夏律令。此外，还有法律档案《瓜州审判档案》，另如契约文书、税收文书等，内容非常丰富，如契约有婚姻、土地房屋买卖、物资交易等等。其次是社会类文献，行政文书的各种往来章表告示，以及相书西夏文《相面图》等。第三是文学作品，如《新集锦合词》《西夏诗集》《宫廷诗集》等。也有佛教劝世的韵文集《贤智集》。

外来文献主要是佛教文献和汉文文献，汉文文献有翻译和未翻译两种。佛教文献卷帙最大的是西夏文《大藏经》820部，3579卷。《大般若波罗蜜多经》译自汉文。还有十三经如《毛诗》《左传》《论语》《孟子》等，另有一些关于政治、道德等著作，如《孝经传》《贞观政要》《新集孝慈传》《德行集》《类林》《经史杂抄》《孙子》《六韬》《十二国》（春秋诸侯国史书节本）皆为汉文文献。作品的来源渠道很多，有黑水城文献，也有墓碑和石刻、寺庙经幢、壁画题记、印鉴钱币和符牌等，书写方式有刻写、绘制、书写等多种。

西夏文有韵文和散文，韵文主要有歌，如《劝世歌》；诗，如《月月乐诗》；词，如《虞美人》；颂，如《七言四韵颂》《颂师典》；谚，如《西夏谚语》，又名《新集锦合辞》；文，如《新集金碎掌直文》。散文文体主要有诏、书、法令等，如《天盛改旧定新律令》，另有露布、榜文、碣铭、序表、题记、奏章、牒帖、名状、制札、敕疏、假条等。

三　西夏的行政机构与文书写作

西夏的文基本上都属于官方文书，文章基本上都是官方制作，包括契约文书、宗教以及功德题记，没有写景抒情的创作，也罕见论理明道的学术著作。就是诗谚歌辞也多与教化、仪式之用有关。因此，西夏的诗文都不是严格意义的文学自觉，所以主体应该属于应用文范畴。西夏的行政体系，不是像辽金那样由一个个原始松散的部族组成的联盟，早期作为唐朝的州道性质的地方政权，采取的是唐朝的政治体制。明道元年（1032）李德明去世，明道二年（1033）五月，元昊开始建立新的官制体系，礼乐制度等沿袭传统，但增设文武官职，衙门的职掌大致与宋朝相同，车马、服饰、旗帜等只比宋朝皇帝低一等，在文字上自搞一套。

宗教，特别是佛教的传播和兴盛，对西夏文化的普及起到了非常重要的作用，佛教的很多题记中有的还是御制，有地位的佛教徒同时也在政府中兼职，因此，文书具有官学色彩。文志勇指出，西夏官员中上品有两个官号，右边是“大国王”，另一边是“受俱足”。下书“文武法竞孝诸巧恭敬东南族官上天柱”，“受俱足”封号只授给西夏佛教地位崇高的像帝师一级的僧人。[①] 帝师不仅是皇帝在宗教和精神上的师尊，同时还多兼任功德司正的职务，总理全国宗教事务。北京房山云居寺收藏的藏汉合璧《圣胜慧到彼岸功德宝集偈》经题记与此正可相互印证。又夏乾祐十五年（1184）《佛说圣大乘三归依经发愿文》说：“朕适逢本命之年，特发利生之愿。恳命国师、法师、禅师暨副判、提点、承旨、僧录、座主、众僧等，遂乃烧施结坛，摄瓶诵咒，作广大供养，放千种施食。读诵大藏等尊经，讲演上乘等妙法。”国师、法师同桌办公，政教一体。

四　西夏文的成就与价值

西夏文是西夏治国理政的重要载体、内容和方式，整体风格是文简义丰、理幽辞显。西夏的汉文或者翻译过来的西夏文文本，用语习惯与唐宋没有太大的区别，但也有一些自己的语汇与方式。如抄，随军杂使叫抄，等等。西夏文的成就和价值

① 文志勇：《〈西夏官阶封号表〉残卷新译及考释》，《宁夏社会科学》2009年第1期。

表现在以下几个方面。

(一) 西夏社会历史文化的真实记录

文简义丰、理幽辞显的西夏文即西夏史。西夏文就是西夏史，这是一个很无奈的说法，也是实情。这主要是因为，第一，西夏没有历史，宋辽金三史附录和《资治通鉴续编》中的片言只语不成规模；第二，西夏文缺少虚构的特质，无论诗、文都具有写实风格；第三，文简义丰是西夏人作文的本质要义。因此，西夏文具有丰富性，西夏文在某种意义上说就是西夏史。

以实用为导向的释道儒三教的表现是行政思维的体现。写实是西夏文的整体风格，实用是西夏文的目的。崔红芬指出："西夏是以党项人为主体在西北建立的民族政权，为了巩固统治，统治者采取了崇佛尊儒的国策，佛教和儒家文化在西夏都得到发展，尤以佛教最为突出。西夏时期佛教已不单强调出世离俗，而更多地表现为入世合俗，佛儒共容相济，与社会接触，去劝化世人，把出世离俗和入世合俗的思想紧密结合在一起。这种思想在文学作品中也得到充分体现。"[①] 唐太宗时代开始的三教论辩，初如江河相背，后如百川归海，统治者对宗教采取的是掌控实用的态度；汉武帝独尊儒术，儒家不语怪力乱神，但汉武帝大兴鬼神之道，神圣、神仙、鬼神合流。因此，三教的存在生态是历代行政思想的适用，而不是宗教信仰的结果。

(二) 对文学价值的深刻认识与把握

文以载道及其理论气势。大安九年 (1093),《续资治通鉴长编》卷三百三十一记载有《与卢秉书》。这是一篇希望休战的论文，写得情理并茂。西夏人在危急关头作文，避免城下之盟，体现了西夏人的为文自信。我国历史上不乏劝降、威逼等战场檄文，也有成功之作，但发生在不同语言的番汉民族之间并不多见。

诗文融合的写作方式。1182 年写作的《圣立义海》序用整齐的七言写成，而主体为散文。

(三) 利益至上的原则和刚柔兼用的行文风格

西夏文以实务表达为主流，因此利益关系成为文章的内在逻辑，很显然公文与法律文书 (包括契约) 等在西夏文章中占有很大的比例。其中，西夏与辽金和两宋的外交文书是保存最完好的部分。宋宝元二年 (1039)，遣使上表曰：

> 臣祖宗本出帝胄，当东晋之末运，创后魏之初基。远祖思恭，当唐季率兵拯难，受封赐姓。祖继迁，心知兵要，手握干符，大举义旗，悉降诸部。临河五郡，不旋踵而归；沿边七州，悉差肩而克。父德明，嗣奉世基，勉从朝命。真王之号，夙感于颁宣；尺土之封，显蒙于割裂。臣偶以狂斐，制小蕃文字，

① 崔红芬:《西夏文学作品中所见儒释相融思想》,《青海民族研究》2007 年第 4 期。

改大汉衣冠。衣冠既就，文字既行，礼乐既张，器用既备，吐蕃、塔塔、张掖、交河，莫不从伏。称王则不喜，朝帝则是从，辐凑屡期，山呼齐举，伏愿一垓之土地，建为万乘之邦家。于时再让靡遑，群集又迫，事不得已，显而行之。遂以十月十一日郊坛备礼，爲世祖始文本武兴法建礼仁孝皇帝，国称大夏，年号天授礼法延祚。伏望皇帝陛下，睿哲成人，宽慈及物，许以西郊之地，册爲南面之君。敢竭愚庸，常敦欢好。鱼来雁往，任传邻国之音；地久天长，永镇边方之患。至诚沥恳，仰俟帝俞。（《宋史》卷四百八十五）

这是一篇很幽默的文章，上书要求西夏独立建国，理由是文字、礼乐、实力都已经具备；还言称王则不喜，朝帝则是从，连年号都拟好了；并愿一垓之土地，建为万乘之邦家，十分滑稽。帝为天下最大，竟然用乞讨的方式，希望对方宽厚仁慈。用这种自相矛盾的文字来掩饰无理诉求，核心还是利益期待，柔弱的语气下支撑着强劲的国力和统治阶层上升的愿望。文章引起了宋朝的震惊和愤怒。第二年，天授礼法延祚二年（1039），西夏复遣《贺九言赍嫚书》，“纳旌节，及以所授敕告并所得敕牓，置神明匣，留归娘族而去”。《贺九言赍嫚书》，史书引用断断续续，难以看出全貌，以帝王后裔和众人所推以及契丹支持等为由说明未封自王的合法性。西夏处在宋辽之间，实力并没有过多的优势，因此既称帝，又谦恭讲理，以维护自己的利益，整体上是柔中有刚的写法。但是，三国争斗毕竟存在着彼此消长的情况。因此，当西夏强大时往往直白需求，有点强大的时候柔中带刚，国力比较弱的时候就显得谦卑了。

第三节 欧阳修与北宋前期散文

北宋散文的发展，大体可以以欧阳修为标志分为两个阶段。“宋初承唐习，文多偶俪，谓之昆体。至欧公出，以韩为宗，力振古学，曾南丰、王荆公从而和之，三苏父子又以古文振以西州，旧格遂变，风动景随，海内皆归焉。”（刘埙《隐居通议·骈俪总论》）前一个阶段，宋文未脱唐人窠臼，骈俪之风盛行，不能自成面目；后一个阶段，经过欧阳修、曾巩、王安石与三苏的努力，文章风格走向平易流畅、清新自然，宋文形成了自己的风貌，“其大者固已羽翼六经，藻饰治具，而小者犹足以吟咏情性，自名一家……此非唐之文也，非汉之文也，实我宋之文也，不其盛哉”，由此北宋文章进入极盛时期。

一 北宋前期散文

宋初，太祖广开言路，以安人心；高官厚禄，奖掖文士，故文先兴。苏轼《六一居士集叙》认为，北宋文章彬彬之盛的局面由欧阳修确立。欧阳修“主天下文章之盟者三十年”（毕仲游《欧阳叔弼传》），“以文章擅天下，世莫敢有抗衡者”（叶梦得《避暑录话》），对有宋一代文章的走向产生了深远影响。这是普遍一致的看法。但在欧阳修之前，也有一些作家革弊复古，大力倡导韩柳之文，反对文章创作中出现的种种不良倾向，为北宋古文运动的健康发展做出了重要的贡献。

（一）北宋前期四六文的演进

宋代鼎革之初，文人多南唐、后蜀遗老，以声色相夸，以隶事相尚，文风亦一仍其旧，不能自成面目，所谓“文体通行既久，染指遂多，自成习套。豪杰之士，亦难于其中自出新意”（王国维《人间词话》）。不仅制诏表启沿袭骈俪之风，奏议、书信、论说、杂记也以四六句式为常，故前人多慨叹“国朝接唐五代末流，文章专以声病对偶为工”。这批文学侍从之臣博学强记，根底深厚，又长期任职宫廷，对骈文尤为精通，故能将时文的华美气质充分展示出来，能够“率意而成，自造精极”。他们主张为文应该“丽而有气，富而体要，学深而不僻，调律而不浮”“词赡而理性”（徐铉《故兵部侍郎王公集序》）；他们的文章也以音韵调畅、华采词缛、典丽俊伟见长，“虽丝篁金石，无以均其雅，黼黻玄黄不足方其丽”。宋立国建元以后出现蒸蒸日上的气象，也给他们的文章增添了不少英伟之气。其中，徐铉写的吴王陇西公墓志铭等文尤为时人称颂。

徐铉（917—992）本为李煜旧臣，官至翰林学士、吏部尚书等，随李后主归宋，入翰林院分直视草，落笔洒墨，倚马可待，体格孤秀，雅正清丽。他奉诏为李煜撰写墓志，对其为人、为政、为文做出了公允的评价，称赞李煜“精究六经，旁综百氏……酷好文辞，多所述作。一游一豫，必颂宣尼；载笑载言，不忘经义”，感叹“当用武之世，孔明罕应变之略，不成近功；偃王躬仁义之行，终于亡国。道有所在，复何愧与”？颂扬宋太祖“至仁之举，大赉为怀；录勤王之前效，恢焚谤之广度。位以上将，爵为通侯，待遇如初，宠锡斯厚”（《大宋左千牛卫上将军追封吴王陇西公墓志铭并序》），各言其长，既保全了与旧主之谊，又不为新朝所猜忌，故后人称赞其文“婉微有体”（陈振孙《直斋书录解题》）。

宋太祖、太宗两朝，文士多崛起于灰烬之余，迷茫之中不明文之功用，而对四六文体情有独钟。由于普遍缺乏良好的素养，他们对于骈文这一艺术形式也不能熟练驾驭，往往呈现芜鄙之气，如和㠓“虽幼能属文，殊少警策。每草制，必精思讨索而后成，拘于引类偶对，颇失典诰之体”（《宋史・和㠓传》），赵邻几“为文浩博，慕徐、庾及王、杨、卢、骆之体，每构思，必敛衽危坐，成千余言始下笔。属对精切，致意缜密，时辈咸推服之。及掌诰命，颇繁富冗长，不达体要，无称职之誉”（《宋史・赵邻几传》）。这些文士极力追求偶对工稳，严守骈俪规则，往往一篇始末，皆以对偶成文，谐律协声，以便宣读，使听者易晓，但笔力不足，无法做到得心应手，自然浑成，往往从一部《文选》中寻词觅句，“国初尚《文选》，当时文人专意此书，故草必称王孙，梅必称驿使，月必称望舒，山水必称清晖”，陈腐可笑，令人生厌。

宋真宗、仁宗时期，文化事业得到迅速发展。景德二年（1005），真宗到国子监视察库书，问刻书的书版有多少，邢昺回答说："国初不及四千，今十余万，经、传、正义皆具。臣少从师业儒时，经具有疏者百无一二，盖力不能传写。今板本大备，士庶家皆有之，斯乃儒者逢辰之幸也。"（《宋史·邢昺传》）随着经济的发展，书籍大备，儒业复兴，士人的文学素养得到大幅度提高，骈文的质量也随之提升，风格由"芜鄙"转为典丽。其中，杨亿等人居功至伟。欧阳修《六一诗话》说："自刘、杨唱和，《西昆集》行，后进学者争效之，风雅一变。"当时后进之士所效仿的，不仅是包括杨、刘等人酬唱的诗篇，也包括赋颂章奏之作。风行天下的，是以杨、刘为代表的时文。"是时天下学者杨、刘之作，号为时文，能者取科第，擅名声，以夸荣当世，未尝有道韩文者"（欧阳修《记旧本韩文后》）。

杨亿（974—1020）少有文名，才思敏捷，性耿介而尚名节，久居馆阁，谙熟典章制度，身为侍从之臣，守翰林、制诰之职，际升平之日，"以斯文为己任，繇是东封西祀之仪，修史修书之局，皆归大手，为皇家之盛典"（范仲淹《杨文公写真赞》）。他所激赏的是"藻秀纷错，珠璧炫耀""奇彩彪炳，清词藻缛"之文，他自己的文章也是博雅典赡，瑰丽雄奇，如锦绣屏风，斑斓富丽。其长篇如《议灵州事宜状》等感慨激切，气势恢宏；其便笺短札如《贺刁秘阁启》抑扬爽朗，语势如注，而《驾幸河北起居表》尤为笔力千钧，典重庄严，为人称道：

> 臣闻涿鹿之野，轩皇所以亲征；单于之台，汉帝因之耀武。用歼夷于凶丑，遂底定于边陲。五材并陈，盖去兵之未可；六龙时迈，固犯顺以必诛。矧朔漠余妖，腥膻杂类，敢因胶折之候，辄为鸟举之谋。固已命将出师，擒俘献馘。虽夺名王之帐，未焚老上之庭；是用亲御戎车，躬行天讨，劳军细柳之壁，巡狩常山之阳。师人多寒，感恩而皆同挟纩；匈奴未灭，受命而孰不忘家。行当肃静塞垣，削平夷落，枭冒顿之首，收督亢之图；使辽阳八州之民，得闻声教；榆关千里之地，尽入提封。蛇豕之穴悉降，干戈之事永戢。然后登临瀚海，刻石以铭功；陟降云亭，泥金而典礼；远追八九之迹，永垂亿万之年。臣忝守方州，莫参法从，空励请缨之志，惭无扈跸之劳，唯聆三捷之音，远同百兽之舞。

骈文流畅唯美，大量运用典实，雅致典丽，显示出很深的学术素养，但个性并不鲜明。尽管如此，对于文章学的发展还是有一定的积极意义。晁公武曾言："自唐大中后，文气衰滥，国朝稍革其弊，至亿乃振起风采，与古之作者方驾矣"（《郡斋读书志》）。杨亿时文的风行天下，使文风走向华赡典丽，逐渐摆脱衰滥之习，但真正将唐末五代衰陋之气冲刷净尽，展示盛世气象的，还是夏竦、宋庠、宋祁等人。"本朝自杨、刘四六弥盛，然尚有五代衰陋气。至英公（夏竦）章表，始尽洗去。四六之深厚广大，无古无今，皆可施用者，英公一人而已，所谓四六集大成者”（王铚《四六话》）。

夏竦（985—1051）以文学起家，名重一时。他论文以气骨为主，曾指斥西昆派“不思经史之大义，但习雕虫之小技。深心尽草木，远志极风云。华者近于俳优，质者几于鄙俚。伤声律而忽规箴，重俪偶而忘训义”，反对为文一味歌咏风云草木，要求文章“抵于道”“益于世”，“但以义理为尚，不以声韵为限”。所为多朝廷典册，裁对稳妥，词藻赡逸，风骨高秀，尤以偶对精绝为人称道。《辞奉使启》为拒绝使辽而作，文中“顷岁先人，没于行陈；春初母氏，始弃孤遗。义不戴天，难下单于之拜；哀深《陟岵》，忽闻禁佅之音”广为传诵，王铚称其为生事对熟事的典范：“生事必对熟事，熟事必对生事。若两联皆生事，则伤于奥涩；若两联皆熟事，则无工，盖生事必用熟事对出也。如夏英公《辞奉使表》……此生事对熟事格也”。（《四六话》）南宋诸臣不少来自中原或者北方，他们心理上既恐惧又痛恨契丹人，但是这种黍离之痛主要体现在个人修为和气节上，缺少壮烈情怀和英雄气概，更没有上升到冷静的战略思维。

宋庠（996—1066）、宋祁（998—1061）出入馆阁，多庙堂之作，适逢太平，奏治世之音，文风温雅瑰丽，将盛世气象发露无遗。“至二宋兄弟，适以雄才奥学，一变山川草木人情物态，归于礼乐刑政典章文物，发为朝廷气象，其规模闳达深远矣”（《四六话》序）。相对而言，宋庠之文更为沉博雄浑，宋祁所作则较为新警峭拔。

宋四六真正摆脱前人藩篱，形成自己的风貌的，还是从欧阳修开始。“宋初诸公骈体，精敏工切，不失唐人矩镬。至欧公倡为古文，而骈体亦一变其格，始以排奡古雅，争胜古人”（孙梅《四六丛话》）。欧阳修的诏制奏议等庙堂之文，淳美雅正，平淡浅显，少用陈言、典故，不见浮靡清艳之词，纯以自己的语言叙事论理，文风朴素，给宋代时文带来了全新的气象。“宋朝一班讲古文的人，遇著作制诰笺表不能不用典的骈文，便又开辟一种新的文体来。这种新文体是不用典的骈文，是以古文作法来作的骈文。也可以说是白描的骈文，仿佛画家从金碧山水解放到水墨山水一样。大约这种风气从欧阳修创始，一时善为古文者亦无不能作这种骈文”（瞿兑之《中国骈文概论》）。

所谓“以古文作法来作的骈文”，即以古文自然凝练气势行文，多用成语而少用典故，句式灵活，行文流畅，虽还是双行文句，但大都自然成文，能自由地表达思想情感，无拘泥牵合之痕迹。欧阳修一方面继承陆贽的文章以散入骈、化骈为散的改革成果，使传统的骈文继续散文化，通过偶对字数的变化，使句式更加灵活多样，舒展自如；另一方面，他又保留了骈文的声韵之美和整齐之美，形成了新型四六。如《颍州谢上表》：

> 伏念臣材能浅薄，性识昏蒙。偶自弱龄，粗知学古，谓忠义可以事国，名

节可荣身。自蒙不次之恩，亦冀非常之效。然而进未有纤毫之益，已不容于怨仇；退未知补报之方，遽先罹于衰病。神与明而并耗，风乘气以交攻。睛瞳虽存，白黑才辨。盖积忧而自损，信处世之多危。伏蒙尊号皇帝陛下，造化陶钧，高明覆载。闵其孤拙，未即弃捐。付以善邦，俾从私便。所冀疗治有验，瞻视复完。则及物之仁，荷更生之大赐；使身不废，犹后效之可图。

作者娓娓道来，不疾不徐，不尚藻饰，不求精工精警，浅白晓畅，纯以情真意切让人动容。文朴而雅，句拙亦正，援散入骈，古文笔法，可见一斑。

欧阳修对四六文的重要改革，就是打破散文与骈文之间的藩篱，“以散行之气，运对偶之文，在骈体中另出机杼”（《四六丛话》）。他的成功，也建立在古文艺术精神的发扬上。欧阳修之后，苏轼继续以古文笔法改造骈文，增添活力，四六文体的散文化倾向更为突出。

（二）北宋前期古文的探索

北宋前期，整个文坛处于全面反思与探索过程中。其中，散文领域的斗争尤为激烈。这些斗争大体可以分为两个阶段，前期以柳开、王禹偁为代表，主要反对五代文弊所带来的绮丽柔靡之风；后期以穆修、石介、范仲淹为代表，主要反对西昆体盛行所带来的繁缛浮艳之风。他们大多以尊韩重道为旗帜，或指陈时弊，或尊经卫道，态度激烈，散文创作上也不免矫枉过正。王禹偁之外，其他作家的文章成就较为有限。相比于高锡等五代遗臣，柳开的探索很值得关注。

柳开（947—1000）“慕韩愈、柳宗元为文，因名肩愈，字绍先”（《宋史·柳开传》）。他很早就提倡古文，宣扬文道合一，以儒道治乱，文道明心，将恢复古文与恢复古道相提并论。他认为今之所尚之文，“轻淫侈靡，张皇虚诈”“华而不实，取其刻削为工，声律为能”，要求通过传达古文之道使时文风尚醇厚，境界得以提升。但他对传道的兴趣过于浓厚，自视过高，一心想“开圣道之途”，建立自己“宋之夫子”的崇高地位，故“止爱《尧典》《禹贡》《洪范》《斯》四篇”和“《诗》之大雅、《易》之爻象”，企图“能备六经之阙，辞训典正”“所著文章与韩（愈）渐异”（《东郊野夫传》）。虽然他明确意识到“古文者，非在词涩言苦，使人难读诵之；在于古其理，高其意，随言短长，应变作制，同古人之行事，是谓古文也”（《应责》）。理念上固然不错，但他能言而不能行，他的文章大多词涩言苦，成就不高，故《四库全书总目》说：“第就其文而论，则宋朝变偶俪为古文，实自（柳）开始。惟体近艰涩，是其所短耳。”

对北宋平易流畅风格产生重要影响的是王禹偁，苏颂曾认为他是宋初文风转变的关键人物：“窃谓文章末流，由唐季涉五代，气格摧弱，沦于鄙俚。国初屡有作者，留意变风，而习尚难易，未能复雅。至公（王禹偁）特起，力振斯文，根源于六经，枝派于百氏，斥浮言，去陈言，作而述之，一变于道。后之秉笔之士，学圣人之言由藩墙而践阃奥，繄公为之司南也”（《小畜外集序》）。王禹偁（954—1001）为人刚直，遇事敢言，为文著书，多指陈时弊，以“通古而达变”“利物而成务”。他主张为文当远师六经，近师韩愈，文章当“传道而明心”，做到“句之易道，义之易晓”。他一再强调“六经之文语艰而义奥者十二三，易道而晓者十七八。其艰奥者，非故为之语，当然矣”。他一些文章也确实体现出了这种务实的精神与平易的风格，被赞“简易醇厚，得古作者之体”（沈虞卿《宋王黄州小畜集原序》）。

王禹偁的散文多关注民生，反思政务，语义切实精当。其《待漏院记》以对比手法，箴劝宰相应该勤政公正，不能私心用事，谗君固位，也不能窃位苟禄，无所作为。文章庄严整肃，虽还带有五代余习，立意自是不凡。“非骈非散，似箴似铭，文格犹沿五代”“句句见待漏意。是时五代气习未除，未免稍俳，然词严气正，可以想见其人，亦自得体。”

《唐河店妪传》为一位姓氏全无的老妪立传，记述她在辽兵入侵之际，勇敢机智，趁其埋头饮水的机会，将这个辽兵推入井中，称颂边民“习战斗而不为懦”，谴责其时文武大臣在抗辽问题上的卑怯。文章写得平实畅达，很有时代气息。

《黄冈竹楼记》先记述了竹楼的修筑，后详细描绘竹楼周围的优美风景，渲染居住于其中的优雅情趣，并由竹楼的寿命引出作者飘零的身世，抒发他政治失意、谪居僻壤的感慨，文风简雅古淡，文笔流畅自然。王安石以为胜于欧阳修《醉翁亭记》，吴楚材等则认为可以与柳宗元山水游记相提并论，“冷淡萧疏，无意于安排措置，而自得之于景象之外，可以上追柳州得意诸记”（《古文观止》）。其中绘景抒情一段，最为隽绝：

> 子城西北隅，雉堞圮毁，蓁莽荒秽。因作小楼二间，与月波楼通。远吞山光，平挹江濑，幽阒辽夐，不可具状。夏宜急雨，有瀑布声；冬宜密雪，有碎玉声；宜鼓琴，琴调虚畅；宜咏诗，诗韵清绝；宜围棋，子声丁丁然；宜投壶，矢声铮铮然，皆竹楼之所助也。
>
> 公退之暇，披鹤氅，戴华阳巾，手执《周易》一卷，焚香默坐，清遣世虑。江山之外，第见风帆沙鸟、烟云竹树而已。待其酒力醒，茶烟歇，送夕阳，迎素月，亦谪居之胜概也。彼齐云、落星，高则高矣；井干、丽谯，华则华矣，止于贮妓女，藏歌舞，非骚人之事，吾所不取。

文章叙事简洁，绘声绘色，尤其能把幽静的环境与自己的旨趣融为一体，充满诗情画意。飘零迁谪、独立不偶之感，也颇能引起后世文人的共鸣。“此作妙在用‘消遣世虑’四字摆脱一切，纸上亦觉幽阒辽夐，不可具状也。确是楼，确是竹楼，确是默坐竹楼。令人读之如在画图。”① 文章虽一直为人津津乐道，但其孤独自傲气息

① 王符曾：《古文小品咀华》，书目文献出版社，1983年，242页。

透着寒冷虚幻，乱世之象十分清晰，此时焚香读《易》，有负生生为易的盛世哲理情怀。

在西昆体盛行之时，穆修、范仲淹、石介等人都能以扭转时风为己任，通过不同方式提倡韩、柳文与昆体抗衡。穆修（979—1032）《唐柳先生集后序》明确指出："世之学者，如不志于古则已，苟志于古，求践立言之域，舍二先生而不由，虽曰能之，非予所敢知也。"他曾借钱刻印韩柳文集，亲自到相国寺销售，并教诲尹洙兄弟、苏舜卿兄弟写作古文，与他们一道固守古文阵地，影响颇著。他的《法相院中记》等文，说理明白，简古自然，不用奇字涩语。林纾《春觉斋论文》以为："穆参军修为宋文开山鼻祖，一力崇昌昌黎、柳州，取径之正，信古之笃，用心之精，实在柳开之上。一传为尹师鲁，再传为欧阳修，可云盛矣。"

范仲淹（989—1052）觉得"国之文章应于风化，风化厚薄见乎文章"（《奏上时务书》），对"为学者不根乎经籍，从政者罕议乎教化，故文章柔靡，风俗巧伪"的状况深表忧虑，主张以行政手段矫正文风。他"以天下为己任，裁削幸滥，考核官吏，日夜谋虑，兴致太平"，所推行的庆历新政，从多方面促进了北宋古文的发展。所作古文，立论切合时务，语言晓畅、明朗。他的文集序和楼堂序也颇有文学色彩，其中最著名的是《岳阳楼记》。此文除具备崇高的人文精神外，无论行文之荡折、文情之纵逸，还是语词之精约、流丽、简括、响亮，在宋文中都是上乘之作。此外，《严先生祠堂记》标榜严光隐逸之贤，颂扬其耿介清高，言简意赅，也是难得的佳作。文章将严光与光武帝两两相对照，互相烘托，所言"盖先生之心，出乎日月之上；光武之量，包乎大地之外。微先生不能成光武之大，微光武岂能遂先生之高哉"，尤为巧妙。而"笔力之雄健而生动，结构之精严而自然，更觉直追秦汉"。

尹洙（1001—1047）在范仲淹被贬、朝廷戒百官为朋党之时，上书自称与范仲淹为朋党，愿意与之俱贬。其人刚正耿介，其文亦不同流俗，"是是非非，务穷尽道理乃已，不苟止而妄随"。他对当时兵备、刑政、教育、官吏选拔等领域存在的问题都进行了细致地探讨，所作《谏时政疏》《兵制》弘文，审时度势，切中肯綮，时人以为实救败之策，可与贾谊诸疏相上下。其论兵之文，内容充实，条理清晰，尤受人称道。"师鲁当天下无赖之时，独喜论兵，为《叙燕》《息戎》二篇行于世。自西兵起，凡五六岁，未尝不在其间，故其论议益精密，而于西事，尤习其详。其为兵制之说，述战守胜败之要，尽当今之利害。"（《尹师鲁墓志铭》）《襄州岘山亭记》等文，虽篇幅短小，但结构谨严，立意新警，议论透辟，简而有法。

石介（1005—1045）受真宗诏诰影响和社会改革思潮的激励，公开对昆体文风及其首倡者杨亿大加挞伐，说"杨亿穷妍极态，缀风月，弄花草，淫巧侈丽，浮华纂组，刓锼圣人之经，破碎圣人之言，离析圣人之意，蠹伤圣人之道"（《怪说中》）。他明确主张"使有宋之文赫然为盛，与大汉相视、巨唐同风"，具体说就是学韩、柳之文或谓“为唐之文”。石介为文，欧阳修说是“其遇事发愤，作为文章，极陈古今治乱成败，以指切当时，贤愚善恶，是是非非，无所讳忌”（《徂徕石先生墓志铭》）。石介自谓“一旦见圣人龙行雷动于六合之上，贤臣跃起云会，耳目如豁聋瞽，心意祛积滞，踊跃奋悚，不能制其喜，以笔墨写胸中事”。“介见天下之有未得其治，则愤闷发于内而言语形于外”（《上范中丞书》）。他的文章，以仁义为最高艺术精神，多方少圆，理达气充，倔强劲质，豪健伉爽，说理爱博引人事，反复申言，所以清人丁泳淇说：“详玩诸文，独能排斥淫靡，力追古调，远绍昌黎，近翼六一”（《徂徕石先生全集跋》）。石介征圣的主张在当时完全不具可行性，时人评价并不高，又由于他思维方式片面，态度过于偏激，好走极端而出语尖刻，难免给人留下持论怪异、迂阔、矫诞的印象。其实，石介之文因指切当世、无所讳忌而形成的刚健风格，和语言既不华靡又不拗涩而显示出的朴质、畅达，对北宋古文艺术的发展，是有独特贡献的。

苏舜钦出身豪门，以诗名世，但他年轻时就开始写作古文，“于举世不为之时，其始终自守，不牵世俗趋舍，可谓特立之士”（欧阳修《苏氏文集序》）。苏舜钦一心希望辅时济物，因此勇于言事，主张“言也者，必归于道义。道与义，泽于物而后已，至是则斯为不朽矣。故每为文，不敢雕琢以害正”。他的文章，论事言政，敢道人之不敢言，“文章雄健负奇气，如其为人”（宋荦《苏子美文集序》）。如《乞纳谏疏》反对戒越职言事，声称谏官御史秉承宰相旨意，长此以往，“欺罔成风，则不惟堂下远于千里，窃恐指鹿为马之事，复见于今朝也”，语气尖锐，可谓惊人之笔。

庆历四年（1044），苏舜钦被贬，流寓吴中，以四万钱购得孙氏园址，在北部土山傍水处筑亭，取名为“沧浪”，并作《沧浪亭记》。文章先叙述他遭贬后郁郁不乐的心绪，再倾诉他买地造亭的乐趣，最后抒发他仕途蹇顿的愤懑与自我开释的情怀。文中对作者啸傲江水之乐描写得尤为引人入胜：

> 前竹后水，水之阳又竹无穷极。澄川翠干，光影会合于轩户之间，尤与风月为相宜。予时榜小舟，幅巾以往，至则洒然忘其归。觞而浩歌，踞而仰啸，野老不至，鱼鸟共乐。形骸既适则神不烦，观听无邪则道以明。返思向之汩汩荣辱之场，日与锱铢利害相磨戛，隔此真趣，不亦鄙哉！

苏舜钦的这类文章，笔墨酣畅，慷慨淋漓，往往写得豪俊而富有情趣。

宋初诸子虽对华靡文风有摧陷廓清之功，但他们怪癖的文风也使古文复兴一度陷入危机，“其间独敢以古文语者，则与语怪者同也。众又排诟之，罪毁之，不目以为迂，则指以为惑”（穆修《答乔适书》）。他们的张扬引起时人对他们的举动的困惑，而后人也觉得他们的文章难以卒读。“国初之文，五代萎靡之气未除也，士君子思革其弊，穆修、柳开倡为古文，天下仿之，往往用意过当，聱牙僻涩，至不可读”（陈造《吴门芹宫策问》）。

欧阳修之前，虽然也有古文家主张将文章写得晓畅明了，但由于沿袭多于创新，创造能力不足，所以苏轼《六一居士集叙》指出，宋兴七十余年，“斯文终有愧于古，士亦因陋守旧，论卑气弱”。沈括《梦溪笔谈》中的一则笔记生动地记录了北宋古文探索的艰难：

> 往岁士人，多尚对偶为文。穆修、张景辈始为平文，当时谓之古文。穆、张尝同造朝，待旦于东华门外，方论文次，适见有奔马践死一犬，二人各记其事，以较工拙。穆修曰：“马逸，有黄犬遇蹄毙。”张景曰：“有犬死奔马之下。”时文体新变，二人之语皆拙涩。当时已谓之工，传之至今。

欧阳修主盟文坛之后，明确确立了北宋古文艺术风格的总体走向，以平淡、自然、简而有法为基本要求，鼓吹推广韩文。他还热心奖掖后进，并利用考官身份，鼓励宣扬平易质朴的文风，使场屋之习，从是遂变，直接推动了宋代古文体制、文风的明显改变。

二　欧阳修的散文

欧阳修（1007—1072）是北宋古文复兴的关键人物，他对古文运动的贡献，主要有三点。一是继承和发扬中唐古文运动的革新精神，丰富和发展了古文理论。他既主张以儒道为理论基础构建古文艺术精神，又强调古文的实用功能；既说“大抵道胜者文不难而自至”，又反对作者“弃百事不关于心”（《答吴充秀才书》）。同时在文道关系上认同孔子所说的“言之不文，行之不远”，十分重视古文表现艺术的重要性，还就生活与创作关系问题提出了“穷而后工”的观点。二是确立了北宋古文艺术风格的总体走向，以平淡、自然、简而有法为基本要求。在他之前，北宋古文家几乎都赞成把文章写得易道易晓。欧阳修继承了这一观念，学韩不取其怪怪奇奇的一面，不但引导弟子、规劝友人作平易之文，还利用主持贡举的机会，排抑用语乖僻、奇涩的“太学体”，录取为文质朴的苏轼等人，以引导天下文风，使宋代古文革新运动走上了健康发展的道路。三是他变退之的奇崛文风为平易，创作了大量平淡、自然的古文，形成了词简意达而又曲折婉转、情韵悠然的独特风格，为时人创作起了示范作用。

作为一代文宗，欧阳修的诗、词创作和学术论著都取得了杰出成就，而文章成就尤为突出。他的文章数量颇为惊人，仅《欧阳文忠公集》就达两千多篇。这些文章体裁多样，包括疏、状、表、启、论、记、序、跋、碑志、祭文、赋、颂、杂著等等，几乎众体兼备，而无论政论、书序、碑志以及杂记，均能变化开阖，因物命意，各极其工。叙事写景，自然流畅；析理言情，平易婉转。“论大道似韩愈，论事似陆贽，记事似司马迁”（苏轼《六一居士集叙》），在各方面都达到了时代的巅峰。

欧阳修的论说文，善于在纡徐舒缓的阐述中提出自己的见解，观点准确犀利，措辞平易而气势旺盛，态度从容而逻辑严密。他的政论文，多围绕国事民生作论，剖析时弊，奏陈方略，有很强的针对性和实用性。景祐三年（1036），作者撰写《原弊论》，对当时存在的“诱民”“兼并”“力役”等政弊进行剖析，要求务农、节用以富国强兵，“中多切当时情弊”。庆历二年（1042），欧阳修在《本论》中又详细分析了北宋王朝百年来的积弱积贫的根源，深入探讨了其时政治、经济、军事、人才选拔等方方面面存在的弊端，提出“均财而节兵，立法以制之，任贤以守法，尊名以厉贤，五者相互为用”。文章层层剖析，步步深入，反复辩驳，笔锋犀利，论者多认为可以与贾谊《治安策》、王安石《上神宗皇帝万言书》相提并论。

庆历三年（1043），范仲淹等人酝酿推行新政，欧阳修积极参与，而夏竦、王拱辰等人制造舆论诬陷范、欧等人为朋党，以阻止改革。欧阳修即撰写《朋党论》呈给仁宗，加以辩驳。作者认为，小人之朋是建立在利益的基础上，是暂时的，会随着利害关系的变化而改变，而君子之朋是建立在道义的信仰上，是始终如一的，由此得出“小人无朋，惟君子则有之”的结论。然后作者引证六件史实，证明人君进用君子之朋，国家就兴盛；坑害君子之党，国家就衰亡，提醒仁宗从历史中吸取教训，并用“夫兴亡治乱之迹，为人君者，可以鉴矣”，与开篇“惟幸人君辨其君子、小人而已”相呼应。文章理直气壮，措词却平实稳健，结构严谨周详，层层推进，逻辑严密，没有丝毫剑拔弩张的味道，所以金圣叹以之为“最明畅之文，却甚幽细；最条直之文，却甚郁勃；最平夷之文，却甚跳跃鼓舞”（《才子古文》）。欧阳修指出朋党这一现象是自古以来就存在的，没有必要否认，也不能完全消除，问题的关键在于人君要能区分君子之朋与小人之朋：

> 大凡君子与君子以同道为朋，小人与小人以同利为朋，此自然之理也。然臣谓小人无朋，惟君子则有之。其故何哉？小人所好者禄利也，所贪者财货也。当其同利之时，暂相党引以为朋者，伪也；及其见利而争先，或利尽而交疏，则反相贼害，虽其兄弟亲戚，不能自保。故臣谓小人无朋，其暂为朋者，伪也。君子则不然。所守者道义，所行者忠信，所惜者名节。以之修身，则同道而相益；以之事国，则同心而共济；终始如一，此君子之朋也。故为人君者，但当退小人之伪朋，用君子之真朋，则天下治矣。

但是，对朋党之事，历来的统治者都十分忌惮。庆历四年，杜衍、范仲淹、韩琦、富弼等终因朋党之名而被相继罢免，欧阳修“不避群邪切齿之祸，敢冒一人难犯之颜”，于第二年又写下了《论杜衍、范仲淹等罢政事状》，对朋党之说进一步进行了辨析，指出“自古小人谗害忠贤，其说不远，欲广陷忠良，则不过指为朋党；欲动摇大臣，则必须诬以专权”，以大量事实说明所谓朋党、专权向来只是小人攻击君子的手段，强调“正士在朝，群邪所忌，谋臣不用，敌国之福也”。文章情激而文婉，议论有针线，指陈有根据，使人神动。文章运用历史事实，通过辩证思维方式，从哲学的高度完善了他关于朋党的理论。

欧阳修的史论自有特色，常以慨叹的语气评论是非，总结教训，回环曲折，一唱三叹。他的《新五代史》，以纪传前后的序、论来褒奖忠义，批判奸佞，评论是非，为出色的总结性文字。如《五代史宦者传论》，通过对宦官之祸和女色之害的对比，论证“自古宦者乱人之国，其源深于女祸”。文字如水银泻地，百孔千窍无所不入，思维缜密，逻辑性强，论证无缝可寻，“首层言其惑主，二层言其擅权，三层言其固宠，四层言其弱主，五层言其蓄谋种毒，以上具就祸之未著者言。六层言其祸始著矣，七层言祸难去也，八层言人主实受其祸处，九层言祸已决而不可收”（朱宗洛《古文一隅评文》）。层层说来，笔势愈转愈紧，恰似一气呵成。言言痛切，字字透快。

《五代史·伶官传序》为其史论的名篇。《伶官传》记载后唐庄宗李存勖因宠幸伶人而身死国灭、贻笑天下的史实。这篇序论全文紧扣盛衰之理，阐明历代君王兴盛衰亡之故，无关天命，而在人事；且举后唐庄宗得天下又失天下的历史作论证，警诫了当朝为政者，勿耽于佚乐，勿怠慢职守；并由此总结出历史的经验：“忧劳可以兴国，逸豫可以亡身”“祸患常积于忽微，而智勇多困于所溺”。全文盛衰的对比给人强烈的冲击，“只看盛衰两节，断尽庄宗始终，又须推原其昔何为而盛，今何为而衰，其盛也以其有志，其衰也以其溺心。忧深思远，词严气劲，千万世之龟鉴，隐然言意之表”。而感叹句与反问句的运用，使其一唱三叹，颇具抑扬顿挫之美，所以清人张英感叹说：“叙唐庄宗处，倏而英俊倏而衰飒，凭吊欷歔，虽尺幅短章而有萦回无尽之意”（《古文渊鉴》）。

欧阳修的文论，总结创作经验，讨论文章得失，多有警醒之论，富有理趣。如《答吴充秀才书》阐述他对文和道关系的看法，虽然也是肯定“道胜者文不难而自至”，但所反对的却是“弃百事不关于心”，反对的是作者把功夫一味花在言词等表面功夫上，强调作家应把求道和关心现实结合起来。此文原是回信以解答对方的疑问，但作者却从一般学者的通病入手，颇能发人深省：

> 夫学者，未始不为道，而至者鲜焉。非道之于人远也，学者有所溺焉尔。盖文之为言，难工而可喜，易悦而自足。世之学者，往往溺之，一有工焉，则曰：吾学足矣。甚者，至弃百事不关于心，曰：吾文士也，职于文而已。此其所以至之鲜也。

许多学者都包有求道的初衷，但往往求道的过程中忽视了“道”和日常生活的紧密联系，为华丽的文字所吸引，偏离了初衷，最后越走越远，难以达到高的境界。古往今来，这一现象都是十分普遍的，欧阳修此文可谓“为文士猛下一鞭”。

欧阳修的论说文，还包括《为君难论》《正统论》《纵囚论》《春秋论》等，内容涉及国计民生、行政方略及经学、史学等方方面面。他的一些书简，紧扣时政，有感而发，实际上也相当于政论。如《上范司谏书》本是希望范仲淹能直言敢谏，却将谏官之尊荣、谏官之可惧一一形容，末了才托出为文宗旨，简重严正之中，自有奔腾超忽之状，可当作“谏官论”来读。《与高司谏书》则是对谏官中“非材且贤者”的激烈批判。书信从作者初闻高若讷的名字说起，讲到十四年中，他对高的为人有过三次怀疑，最后才断定他不是一个君子。这三次怀疑，实际上是对高的三次否定。先言其“无卓卓可道说者”，疑其“不知何如人也”；次言其“俯仰默默，无异众人”，疑其并非“正直有学问”的贤者，再言其表面“侃然正色”，论前世事，“褒贬是非，无一谬说”，疑其非“真君子”。最后肯定他确非君子。这段文字，说得委婉，却层层深入，已把高若讷置于难堪的境地。在这种情形下，作者才直接揭出高若讷诋诮范希文的言行，指出无论他认为范仲淹贤与不贤，作为谏官的他都应受到谴责。行文至此，作者愤激于中，引古说今，斥责他这种行径不过是“欲欺今人”。既然高若讷“在其位而不言”，就应离职，不要妨碍称职的人来做谏官。全文层层深入，义正词严，感情激愤，抨击斥责淋漓酣畅。

欧阳修的写景抒情文字往往摇曳多姿，韵味深长。他的亭台阁记，语言精练，绘景如画，往往三言两语就将周遭景致生动传神地展示出来。更为重要的是，作者“以史迁之烟波，行宋人之格调”，总能由于景物的铺叙引发出自己的感慨，将记叙、议论、抒情融为一体，写景之中通常饱含深情与哲理，而议论、抒情又提升了记叙的境界。如《丰乐亭记》先描述“其上丰山耸然而特立，下则幽谷窈然而深藏，中有清泉，滃然而仰出”的美景，然后宕开一笔，回溯五代时滁州本是用武之地，由此展开议论，指出今日百姓得以优游其间，就在于百年不见战火烽烟，由此希望人们珍惜今天的和平安乐，把“丰乐亭”寓意推进了一步。

《醉翁亭记》既写山水之美，更写山水之美引起的人心之乐，真可谓寓情于景，情境交融。写山水之美，先从大处着眼，曲折写来，从滁出山，从山出泉，从泉出亭，从亭出人，从人出名，一层一层复一层，层层渲染，“如又游幽泉邃石，入一层才见一层路，不穷兴，亦不穷读，已令人翛然长往矣”（茅坤《唐宋八大家文钞·醉翁亭记评文》）。以下写山间四时变化、朝暮不同的自然风光与众人游山之乐，文字尤为生动：

> 若夫日出而林霏开，云归而岩穴暝，晦明变化者，山间之朝暮也。野芳发而幽香，佳木秀而繁阴，风霜高洁，水落而石出者，山间之四时也。朝而往，暮而归，四时之景不同，而乐亦无穷也。
>
> 至于负者歌于途，行者休于树，前者呼，后者应，伛偻提携，往来而不绝者，滁人游也。临溪而渔，溪深而鱼肥；酿泉为酒，泉香而酒洌；山肴野蔌，

杂然而前陈者，太守宴也。宴酣之乐，非丝非竹，射者中，弈者胜，觥筹交错，起坐而喧哗者，众宾欢也。苍颜白发，颓然乎其间者，太守醉也。

文章写山水之美、人心之乐都能各尽其妙，难得的是二者结合得那样紧密自然。正因为如此，他写的虽然是寻常景物，却充满诗情画意；他说的是寻常道理，却具有感人的魅力。“风平浪静之中自具波澜潆洄之妙，笔歌墨舞，纯乎化境，洵是传记中绝品。至记亭所以名‘醉翁’及醉翁所以醉处，俱隐然有乐民之乐意在，而却未尝着迹”（余诚《古文释义》）。文中连用二十一个“也”字，使得文章情思流荡，韵味十足。而太守筵席的记录：宴酣之乐，非丝非竹，射者中，弈者胜，觥筹交错，起坐而喧哗者，众宾欢也。苍颜白发，颓然乎其间者，太守醉也。西周以来用作人才选拔的射弈传统，成为欢笑的游戏，而白发太守随之酣醉。在品味优美景色的同时，让人看到宋代的衰征，和汉唐散文的风云年气象不可同日而语。这也是宋代散文的通病，缺少乃相同德，以讫天诛的盛唐气象。

欧阳修的叙事抒情文字，纡余委曲，顿挫抑扬，字里行间情韵深挚而绵邈。欧阳修有碑志一百余篇，平易自然，婉曲有致，做到了“事信言文”“不虚美，不溢恶”，在朴实的叙述中饱含作者的深情。如为其挚友尹洙撰写墓志，称赞他“文学之长、议论之高、材能之美”“处穷达，临祸福，无愧于君子”，痛惜他“为仇人挟情论告以贬死”。同时对其在古文创作方面的贡献给予实事求是的评价：“若作古文自师鲁（尹洙）始，则前有穆修、郑条辈，及有大宋先达甚多，不敢断自师鲁也。偶俪之文，苟合于理，未必为非，故不是此而非彼也。”（欧阳修《论尹师鲁墓志》）为范仲淹所写墓志，仅一千四百字就将墓主的磊落之怀、不世之功充分展示出来，叙事能扼其大，措词不觉其繁，识轻重，善于剪裁，做到了他所说的“简而有法”。

《泷冈阡表》也是欧阳修的精心建构之作。作者写墓表的目的，主要是寄托他对父母的哀思，同时通过记述三代祖先所得的封号来显示先祖的荣耀，说明自己终于功业有成，“不辱其先”。在写法上，欧阳修有意打破了一般墓表列叙先人功德、极尽褒颂之意的格套，而是“举其要者一两事”来记述父母的盛德遗训。文中写其父亲的为人，全用其母的一番话来展现，通过记述郑氏的亲身见闻，包括她们夫妇间的对话和她的感受，生动地反映了欧阳观生前“为吏廉而好施与”及对母孝顺和治狱谨慎的特点。唯其出自妻子之口，故感情色彩浓；唯其出自母亲之口，故其真实性强。“不事藻饰，但就真意写出，而语语精绝，即闲语无不入妙，笔力浑劲，无痕迹可求”（孙琮《山晓阁选宋大家欧阳庐陵全集·泷冈阡表评语》）。文字平易淳朴，语气舒缓，更显得情感真挚，所谓“其语愈缓，其意愈切”。

欧阳修的祭文、辞赋与部分赠序、序跋、书简，更以抒情为主。他的祭文大多写得悲怆刺骨，令人潸然。祭梅尧臣，将自己与诗人关系情感夹杂写来，一处所，一物候，一日一夕，一觞一饭，都引出对昔日同年好友的哀思，无一句一字不自肺腑中流出。祭苏舜钦，前写其文章变幻，如蛟龙盘舞纸上，后写其文章传世，如日月昭垂，亘古不灭，文中无一凄凉憔悴语，但豪杰困顿，英雄毁伤，自然令人痛惜。《祭石曼卿文》写在石曼卿逝世三十六年之后：

> 呜呼曼卿！生而为英，死而为灵。其同乎万物生死，而复归于无物者，暂聚之形；不与万物共尽，而卓然其不朽者，后世之名。此自古圣贤，莫不皆然。而著在简册者，昭如日星。呜呼曼卿！吾不见子久矣，犹能仿佛子之平生。其轩昂磊落，突兀峥嵘，而埋藏于地下者，意其不化为朽壤，而为金玉之精。不然，生长松之千尺，产灵芝而九茎。奈何荒烟野蔓，荆棘纵横，风凄露下，走磷飞萤；但见牧童樵叟，歌吟而上下，与夫惊禽骇兽，悲鸣踯躅而咿嘤！今固如此，更千秋而万岁兮，安知其不穴藏狐貉与鼯鼪？此自古圣贤亦皆然兮，独不见夫累累乎旷野与荒城！呜呼曼卿！盛衰之理，吾固知其如此，而感念畴昔，悲凉凄怆，不觉临风而陨涕者，有愧乎太上之忘情。

作者在祭文中没有细写曼卿生前的事迹，也没有追忆二人交往的旧事，只是就墓地景象抒发感慨，借此寄托他对亡友的怀念之情。文中三呼曼卿，感慨一层比一层深。一呼曼卿，谈人虽同万物一样有生有死，但有名可传不朽，且“自古圣贤莫不皆然”，似不可大悲。二呼曼卿，哀叹他生前卓然不凡，本应死后化作金玉之精，或生千尺长松，或长九茎灵芝，而今却墓地荒凉。由此想到千万年后的景象，更加令人生悲。但作者又把文笔一转，说道“自古圣贤亦皆然兮”，如此，似又不必生悲。三呼曼卿，说盛衰之理虽是这样，本应不悲，但感念畴昔，却终不能忘情。全文抒情色彩极浓，作者言未出而悲呼曼卿，议论抒怀直如同友人谈心一样。情感真挚，出语自然。加上行文骈散兼施，一韵到底，读来抑扬顿挫，更加强了文章悲凉凄怆的气氛。在特定的时空中交替价值论、情感伦，情理两殇，表现力很强。

欧阳修的文集序，也往往贯穿着强烈的抒情气息，通常并不着眼于对主人公诗文的评述，而是借机发端，抒发生死盛衰、聚散离合的人生慨叹。为苏舜钦文集作序，伤其不遇，专以悲悯子美为世所摈死上立论；序江邻几文集，只于故旧凋零处感慨悲伤，为师友的离去而惋惜。“欧公作《子美（苏舜钦）文集序》，纯是十分痛惜；今作《邻几文集序》，又纯是十分感慨。作痛惜语，止就子美一人身上说出许多悲悯；作感慨语，只得从众人身上大概淡淡说出许多零落”（孙琮《山晓阁选宋大家欧阳庐陵全集·江邻几文集序评语》）。为梅尧臣诗集作序，则为其落拓不遇而鸣不平，低昂顿折，悲慨淋漓，风味婉曲处能使悲悯之旨畅然而雄迈，“不知是论，是记，是传，是序？随手所到，皆成低昂曲折”。为释秘演作序，先用英豪之士为陪衬，引出石曼卿；又以石曼卿为陪衬，来写释秘演的“遗外世俗”，并把自己也插入其中；最后写秘演欲到东南一游。文章通过记述释秘演的盛衰遭遇，表现了作者对当时许多人才不能为时所用、终致身名埋没的无穷感慨。“文字带有云烟气者古今有数，如此等是也。”

欧阳修的《秋声赋》，打破了骈赋、律赋的固定格式，或骈或散，参差错落，既保持了赋体辞采华美、音调铿锵的长处，又适当吸收了新兴古文通顺流畅如行云流水的特质，读来朗朗上口，抑扬顿挫，开辟了散文赋的新传统。文中状物写景极为细致生动：

> 初淅沥以萧飒，忽奔腾而砰湃；如波涛夜惊，风雨骤至。其触于物也，鏦鏦铮铮，金铁皆鸣；又如赴敌之兵，衔枚疾走，不闻号令，但闻人马之行声。予谓童子：“此何声也？汝出视之。”童子曰：“星月皎洁，明河在天，四无人声，声在树间。”

天地有大美，但天地无言，庄子比晨雾如野马奔腾，说明万物之关联；欧阳修听秋声如人马行，感受时序无情，叹惜人生，体现了文学家感物抒情，积极用世的人文情怀。欧阳修在散文创作方面取得了杰出成就，他在学习司马迁、韩愈等前代作家创作的基础上，大胆变革创新，充分发挥散文不受对偶声调束缚的灵活性，多用宕笔，多用疏笔，多吞吐夷犹，多抑扬顿挫，无论叙事、写景、抒情还是议论都能结构严谨而又舒展自如、言辞简练而又情韵悠然、明白晓畅而又曲折婉转、节奏舒缓而又气势旺盛，直如苏洵所说，欧文“纡余委备，往复百折，而条达舒畅，无所间断；气尽语极，急言竭论，而容与闲易，无艰难劳苦之态”（《上欧阳内翰第一书》）。这种委婉曲折、清音幽韵之美被后人成为“六一风神”，影响了一代又一代的作家。此外，他的散文创作还在多方面具有开创之功，他变革昆体，推动了新体四六的形成；他以散文手法写赋，使文赋脱颖而出；他的《归田录》，随手笔录，或述遗闻轶事，或叙典章名物，或抒人生感慨，吉光片羽，生动可爱，记人叙事，点染成趣，对宋代笔记文的形成亦有开创之功。

三　王安石与曾巩的散文

（一）王安石的散文

王安石（1021—1086）是北宋著名的政治改革家，也是著名的古文家。他的文章理论和创作风格，受孟轲、韩愈影响最深，所谓“学古之道，又善为古文”“能以孟、韩之心为心”（王安石《送孙正之序》）。他对于韩愈古文的学习，不同于欧阳修的变退之之奇崛为平易，而是有意学韩文的拗折、峻峭、廉悍、简洁。王安石论文，很注重文章体制，不过由于他好发议论，各种体裁的文章多显示出不同程度的议论化、学理化倾向。他最精彩的文章也就是议论、说理之文。好作议论、擅长说理，与他作为政治家、学者的独特修养分不开。他论文十分重视文章的社会功用，坚持通经自用，认为作文须“有补于世”“以适用为本”。其《上人书》说：

所谓文者，务为有补于世而已矣。所谓辞者，犹器之有刻镂绘画也。诚使巧且华，不必适用；诚使适用，亦不必巧且华。要之以适用为本，以刻镂绘画为之容而已。不适用，非所以为器也；不为之容，其亦若是乎？否也。然容亦未可已也，勿先之，其可也。

王安石将文比之为“器”，强调它的“适用”功能。在保证适用的前提下，他并不排斥讲究表现形式的美。不过即使讲究表现形式的美，也不允许追求文辞的“巧且华”，因为文辞的“巧且华”无助于用。这种强调文章现实功能的观念，既不同宋代其他古文家重道亦重文的主张，也不同于道学家重道而废文的主张，反映出一种切合实际、讲求功效的政治家的文学立场。他曾多次强调“文者，礼教治政云尔”“治教政令，圣人之所谓文也”（《上人书》），可见他提倡“适用”，实际上是把文章作为现实政治和社会教化的工具。一定程度上体现了他的儒家思想，但儒家并不将文章功能仅仅看成是补。他的许多文章，直接宣扬他的政治理论与改革主张，确实也起到了推动政治革新的功效。

嘉祐三年（1058），王安石写《上仁宗皇帝言事书》，陈述其改革方略。在这篇著名的万言书中，作者根据“天下之财力日以困穷而风俗日以衰坏”的现状，提出在“法先王”的旗帜下进行变革，积极培养人才，改革吏治。为此他提出了教育、培育、选拔和任用人才的一系列具体主张，从正反两方面反复论证。“荆公此书只是要改制变法，大肆更张耳，胸中有无数见解，无数话头，却寻出‘人才不足’四字统之，架堂立柱，将胸中所欲言者尽数纳入，随机大发，故议论愈多，头绪愈整，由其以一线贯千条也”（姚鼐编选《古文辞类纂评注》）。王安石日后的革新主张，尤其是在教育、科举和官制改革方面的看法，都有所阐述。

熙宁元年（1068），宋神宗召见王安石，询问本朝开国百年粗致太平的原因，了解他对时政的看法。王安石回去后又将自己的想法补充整理为《本朝百年无事札子》。指出宋朝百年无事，实乃天助，并非人力所致，而历代帝王因循守旧，不思改革，已经形成了吏治败坏、财物匮乏、武备松弛、徭役繁重的局面，太平景象背后实则危机四伏。此文痛揭时弊，文笔犀利，“其于宋室中叶之病，言言洞中膏肓矣”，为王安石变法的先声。但言百年太平皆归于天意，全面否定行政作为，就走入一个极端当中，为变法落下了病根。

王安石开始推行新法后，引起众人的反对，时任右谏议大夫的司马光态度最为激烈，不仅于熙宁三年二月上疏请罢“青苗法”，还接连给王安石写了三封信，对新法进行抨击。尤其是第一封信，长达三千三百多字，指斥王安石为政，“尽变更祖宗旧法，先者后之，上者下之，右者左之，成者毁之，弃者取之，矻矻焉穷日力继之以夜，而不得息。使上自朝廷，下及田野，内起京师，外周四海，士吏、兵、农、工、商、僧、道，无一人得袭故而守常者，纷纷扰扰，莫安其居”（《与王介甫书》)。王安石在接到第二封信后，写下了著名的《答司马谏议书》，对司马光的指责全面进行了驳斥：

盖儒者所争，尤在名实；名实已明，而天下之理得矣。今君实所以见教者，以为侵官、生事、征利、拒谏，以致天下怨谤也。某则以谓：受命于人主，议法度而修之于朝廷，以授之于有司，不为侵官；举先王之政，以兴利除弊，不为生事；为天下理财，不为征利；辟邪说，难壬人，不为拒谏。至于怨诽之多，则固前知其如此也。

他不与对方一一细辩，而将其数千言的责难概括为“侵官”等几大罪名，然后用简直、切峻的语言针锋相对地反驳，所说“受命于人主”“举先王之政”“为天下理财”“辟邪说，难壬人”，无不堂堂正正，理足气盛。在反驳时，他持论往往从高处远处大处着眼，出言则斩钉截铁，一语中的。故刘熙载说“半山文瘦硬通神”“半山文善用揭过法，只下一二语，便可扫却他人数大段，是何简贵”(《艺概·文概》)。王安石的文章借助儒家精神形成的大众文化思维来申述，因此显得冠冕堂皇，没有具体对应反驳，其实也多少有些转移话题的成分。王安石论政，往往从宏观角度着眼，善于对时空跨度极大的历史经验和纷繁复杂的社会现象，作综合分析，能敏锐地弄清问题的实质，提出自己独有的看法，立论既有高屋建瓴的气概，又能切中肯綮，收振聋发聩之效。如《上仁宗皇帝言事书》所言之事，即“流俗之所不讲”，为仁宗闻所未闻；《本朝百年无事札子》说“无事”实言有事，说百年积弊而实言时政之弊。其论学，也勇于创新，不拘成说。如《原性》说“性生乎情，有情然后善恶形焉，而性不可以善恶言也”，实于孟子性善说、荀子性恶说、扬雄性善恶混说、韩愈性三品说之外别创一说；其他如《子贡》言史书所记子贡救鲁之事不可信、《季子》言延陵季子葬子遂行不合于礼、《伯夷》言《史记》所记伯夷事为大不然，都是言古人所未言。其论人，往往是一针见血，入木三分。如《读〈孟尝君传〉》：

世皆称孟尝君能得士，士以故归之，而卒赖其力，以脱于虎豹之秦。嗟乎！孟尝君特鸡鸣狗盗之雄尔，岂足以言得士？不然，擅齐之强，得一士焉，宜可以南面而制秦，尚何取鸡鸣狗盗之力哉？夫鸡鸣狗盗之出其门，此士之所以不至也。

孟尝君历来以得士为人称颂，王安石仅用八十八字，就将传统评价彻底批驳，体现了王安石内心的原生道统思想，而不是具体情况具体分析的唯物论，因为鸡鸣狗盗之徒有士不能之能。

他写作的墓志铭，“独自出机轴，多巉画曲折之言，其尤长者，往往于叙事中一面点缀着色，隽永远出，令人览之如走骏马于千山万壑之中，而层峦叠嶂应接不暇，序事中之剑戟也”（茅坤《唐宋八大家文钞评文》）。其《祭欧阳文忠公文》，茅坤最为推崇，认为“欧阳公祭文，当以此为第一”，亦被储欣誉为“祭文人圣之笔”（《唐宋十大家全集录》）。除情感深挚、慨叹有声、一气浑成、语词简劲生动外，最大的原因是祭文对欧公其人其文、其立朝大节、其坎坷困顿，都有人所难言的评述，充分展示出他的胸襟与识见。

其文记事作论，也与众不同，别有生色。《度支副使厅壁题名记》，说度支副使人选重要，提出“理天下之财者法，守天下之财者吏也。吏不良则有法而莫守，法不善则有财而莫理”，识见高卓，“笔力豪悍，有崩山决泽之观”。其奇崛之气、精悍之思，把王安石为人本色展露无遗。《游褒禅山记》，由“入之愈深，其进愈难，而其见愈奇”的经历，说出“尽吾志也而不能至者，可以无悔矣，其孰能讥之乎”的人生体验。本是寻常的游览观光，却由于作者赋予了深刻的主旨，文章便显得峭拔有力，不同凡响，与普通的游记区别开来。《伤仲永》指出后天学习对人才成长的重要，谓“彼其受之天也，如此其贤也，不受之人，且为众人。今夫不受之天，固众人；又不受之人，得为众人而已邪”，可称为深思远识，意味深长，造语极危悚，又极精切。

不过，在骈文创作方面，相对于欧阳修等人的大胆突破，王安石可谓谨守法度，自成一派。“皇朝四六，荆公谨守法度，东坡雄深浩博，出于准绳之外，由是分为两派”（杨囦道《云庄四六余话》）。作为古文家，王安石的骈文在一定程度上也参用了古文笔法，多散行之句，多议论而少用典，如《除翰林学士谢表》：“学士职亲地要，而以讨论讽议为官。非夫远足以知先王，近足以见当世，忠厚笃实廉耻之操足以咨诹而不疑，草创润色文章之才足以付托而无负，则在此位为无以称”，可谓自由成文。但其主导风格却是典重雅丽，谨严有法，将汉魏以来骈文的固有特色发扬光大，四六句式更为明显，实用性更强，历来论者多认为他是杨亿、夏竦、宋祁等人的后劲，甚至不失为北宋四六的典范。“至我朝有宋，文有欧、苏，古律诗有黄豫章，四六有王金陵，长短句有晏、贺、秦、晁，于是宋之文掩迹乎汉、唐之文。”（王炎《松窗丑镜序》）

王安石谨守骈文法度，首先表现在严格遵从骈文特定格式与写作规范，如其《百寮贺复熙河路表》，句式全部为四四对或六六对、四六四六对或六四六四对，几乎一句一典，且多经语。在用典和偶对上，他也严格遵守“经对经，史对史，释氏事对释氏事，道家事对道家事”的惯例，精当贴切，不乱方寸，以取得“意婉而尽”“藻丽而富”“气畅而凝”的艺术效果。如《甘师颜传宣抚问并赐药谢表》：“肤使宠辞，载华原隰；宝奁珍剂，加贲丘园”，前人即称之“五事见四句中，言约意尽，众以为不及也”。《贺韩魏公启》曰：“周勃、霍光之于汉，能定策而终致疑；姚崇、宋璟之于唐，善理政而未尝遭变。”隶事精切，用古能化，剪裁严整，脍炙人口，历来广为传颂，典雅俪语之工，昔所未有。

王安石的文章内容充实，观点新颖，识见高卓，议论透辟，气势雄健，结构严谨，文字尤为简洁。他说理总是开门见山，径遂直陈，出语斩截果断，少有修饰，语气强硬，几无回旋余地，文风沉实、峻厉而峭拔、刻深。读其文，则其人可知。不过，有些文章过于简奥、瘦硬，少有委婉、平易之态，影响了人们对它的理解与接受。

（二）曾巩的散文

曾巩主张为文须有补于“世教”，“能讨论古今，润色太平之业”（《类要序》），强调立论“师经”“考古”，要求作家既要“尽心于经”，又要熟悉“前世当今之得失”。他认为伟大的作家应该是“畜道德而能文章”，具有“公与是”的写作态度。“畜道德”指按儒家道德观念治心修身，“能文章”指具备驾驭语言文字的高超水平，而理想的标准就是“工儒学，妙于语言”。他还主张叙事析理明白透彻，烦而不乱；用语自然简练，丽而不浮。为此，他赞赏子夏、左丘明、司马迁、韩愈的为“能叙事，使可行于远”，批评《南齐书》的“事迹暖昧”，赞扬李白的“大巧自然，人力何施”，推崇欧阳修的“绝去刀尺，浑然天质”。他提倡言词美，但要求“气质浑浑，不见刻画”。此外，他还主张言约意丰，认为作文章应如《尚书》，“其体至大，盖一言而尽”。

北宋不少人都说曾文有雄迈奔放的一面，王震即云：“其（指曾巩）文章之慓鸷奔放，雄浑瑰伟，若三军之朝气，猛兽之抉怒，江湖之波涛，烟云之姿状，一何奇也。”（王震《南丰先生文集序》）但曾巩文集中，此类古文不多，可能它们多为早年所作，未全保留下来。曾巩现存古文总的风貌是端整、厚实、平正、谨严，好征古引经、因事作论，好藏锋不露、婉曲达意，叙事周密、翔实，构思精心入微，文风雍容平和。

曾巩说理，往往态度从容和缓，婉曲道来，让读者于言外领悟。《战国策目录序》批驳刘向所谓“战国谋士度时君之所能行，不得不然”，认为刘向对战国游说之士的看法是“惑于流俗而不笃于自信”。但他却先肯定刘向对战国时代特点的分析，称赞“其说既美矣”，然后出其“谬论”，可是又不直接说刘向如何惑于流俗而不自信，而是从正面讲孔孟如何守先王之道、因时适变，用游士的“不知道之可信”，“偷为一切之计”与之对照，再用游士亡身灭国之例说明“其为世之大祸明矣”。按一般写法，这里该明点刘向之非了，曾巩却续一句“而俗犹莫之寤也”，这里借对俗莫之寤的感叹来驳刘向，言在彼而意在此，使读者在和缓的气氛中逐渐领悟深刻的道理。文章“节奏从容和缓，且有条理，又藏锋不露。初读若太羹元酒，当仔细味之。若他练字好，过换处不觉，其间又有深意存”（吕祖谦《古文关键》）。他的《送黎安二生序》，也采取了旁敲侧击的手法。

曾巩行文注意一层一层、一段一段说清楚，大段论述过后，总在段末用几句提纲挈领的话加以收束。他还习惯于用疑问句、感叹句婉曲达意。本是一种肯定的意见，却用不定语气或疑问语气说出来，有时则使用感叹语气，以慨叹情绪感染读者，显得情韵悠扬。庆历八年（1048）九月，曾巩钦慕王羲之的盛名，专程来临川凭吊墨池遗迹，应州学教授王盛之请，写下了著名的《墨池记》。文章劝勉学者不仅要在学习书法上下功夫，更要把道德修养放在重要地位，可谓曾文中以问句、叹句达意的代表作：

临川之城东，有地隐然而高，以临于溪，曰新城。新城之上，有池洼然而方以长，曰王羲之之墨池者，荀伯子《临川记》云也。羲之尝慕张芝，临池学书，池水尽黑，此为其故迹，岂信然邪？方羲之之不可强以仕，而尝极东方，出沧海，以娱其意于山水之间，岂有徜徉肆恣，而又尝自休于此邪？羲之之书晚乃善，则其所能，盖亦以精力自致者，非天成也。然后世未有能及者，岂其学不如彼邪？则学固岂可以少哉！况欲深造道德者邪？

文章连用疑问句与感叹句，用意都在肯定后天学习的重要，但语气不同。前两者似有商榷之意，后面则意在强调，不容人质疑，最后的疑问句则巧妙地点出主题。就其评价王羲之书法的科学性说，曾巩显然强调后天的努力，但强调中又隐约地让我们感觉到他并不反对天赋的作用，因此思深而笔长。

曾巩把修史书、特别是作典志的方法用到记叙文中，除讲究真实性外，尤其偏重于记述事物的发展变化过程，善于利用细节和数据一类材料，做到委曲纤细，无不具备。《越州赵公救灾记》就很像现在的调查报告。记述的是熙宁八年吴越大旱时，越州知州赵抃所采用的救灾措施，目的是给后来者提供治理荒政的经验。先记赵抃调查灾情的基本情况，再记具体救灾措施，然后写救灾效果。写调查情况，文章把赵抃“调查提纲”的内容几乎全写了出来；记救灾措施，具体写到有灾民若干、所得粮食若干、人平分粮若干、发粮处若干。还写到筹粮、让灾民筑城以得佣钱、对付传染病措施等等，可谓周密细致、翔实明白。这样的布局和作文，一是能贴近生活，亲切自然，二是讲实用，三是有惠泽后人的历史担当，体现了作者为文至善的价值指引。

曾巩作文于构思、章法、句法都很讲究，所谓“字字有法度，无遗恨矣”。在对材料的剪裁、安排，章节的勾连、照应等方面，曾巩可谓匠心独运。《寄欧阳舍人书》，是感谢欧阳修为其祖父撰写墓碑铭的。此文的成功，和作者对文章结构的精心布置很有关系。文章开篇即大谈铭志与史传意义相近的道理，继而说到后世铭志“不实”、传之益少，盖因“托之非人、书之非公与是故也”。因而碑志欲传，就须托之得人。这番议论实已从侧面落到欧阳修身上：

夫铭志之著于世，义近于史，而亦有与史异者。盖史之于善恶，无所不书，而铭者，盖古之人有功德、材行、志义之美者，惧后世之不知，则必铭而见之，或纳于庙，或荐于墓，一也。苟其人之恶，则于铭乎何有？此其所以与史异也。其辞之作，所以使死者无有所憾，生者得致其严。而善人喜于见传，则勇于自立；恶人无有所纪，则以愧而惧。至于通材达识、义烈节士、嘉言善状，皆见于篇，则足为后法。警劝之道，非近乎史，其将安近？

及世之衰，为人之子孙者，一欲褒扬其亲而不本乎理。故虽恶人，皆务勒铭以夸后世。立言者既莫之拒而不为，又以其子孙之所请也，书其恶焉，则人情之所不得，于是乎铭始不实。后之作铭者当观其人。苟托之非人，则书之非公与是，则不足以行世而传后。故千百年来，公卿大夫至于里巷之士莫不有铭，而传者盖少，其故非他，托之非人，书之非公与是故也。

什么样的人能“尽公与是”“非畜道德而能文章者无以为也”？这是作家素养论范畴；再谈到这样的人难遇难得，然后才提出欧阳修，盛赞他的道德文章“固所谓数百年而有者”，而其先祖“幸遇而得铭”，“其传世行后无疑”。文章由远而近，通过议论他事他理而使作者对欧公的颂扬之意、感激之情流溢而出。“矜贵庄严，而气自纡回不迫。读此等文，当细观其转折脱卸之法。”对碑铭歌功颂德做出了前提规范，又进入了文章法度视野的道德论。立论继往开来，具有实践价值。但铭自古便是称美之体，本无善恶之分，当然过度表现，则有造假之嫌了。

在做人、作文方面，曾巩都受到过欧阳修的影响。就文风论，欧文对曾文的最大影响，一是内容上的载道，二是风格上的深沉温厚。两家古文同是来得柔婉，却同中有异。欧文平易，曾文平易而内含古雅；欧文一唱三叹，有风神之美，曾文婉曲，显得敦厚凝重；欧文重言外意，偃仰曲折，耐人咀嚼，曾文反复致意，明白透彻，少有掩蔽；欧文骨朗神清，偏于虚，曾文旁征博引，近于实；欧文以情胜，故温润蕴藉，曾文以理胜，故严整竣洁。曾文的艺术美具备北宋古文的审美特性，合于实用，容易为大家所接受。但曾文过于讲究稽古、宗经以作议论，因而经学气重。个别篇章简直是经文的义疏，说理近乎迂，平正有余而生动不足。故前人说“曾子固木笃而欠玲珑”（王文禄《文脉》）“学子固易失之滞”（魏禧《日录》）。

第四节　苏轼与北宋中后期散文

一　苏轼的散文

在北宋古文运动中，苏轼是继欧阳修之后又一位卓越的领军人物。他在韩、欧所开辟的道路上继续前行，使古文理论更为精密，作品语言更为平易晓畅，结构更为灵活多变，从而为文学散文的发展开辟了广阔的天地。

苏轼从文章家的角度对“道”的涵义做出了自己的解释，使文学与生活的联系更为紧密，为散文创作提供了更为辽阔的发展空间，因此，议论就成了他散文共有的特色。他继承和发扬了欧阳修为文“必与道俱”的文学主张，赞成道“切于事实”“易知而可法”，强调“道可致而不可求”“学以致其道”，认为所谓“道”来自于日积月累的实践和学习，即主要来自个人亲身生活的体验，而并非仅仅源于书本上。由此他主张文学创作不应仅仅局限于对儒家经典的阐释，而应该结合自己的生活，“有为而作”，“言必中当世之过，凿凿乎如五谷必可以疗饥，断断乎如药石必可以伐病”。苏轼对道的理解更像体道和悟道，和韩愈的儒家之道有一定的区别，也不等同于柳宗元的原道思维，而具有道家实践道学的色彩。

从这样的立场出发，苏轼把文从道的束缚中解脱出来，赋予它独立的地位与价值。他强调“有道有艺，有道而不艺，则物虽形于心，不形于手”（《书李伯时山庄图后》），对道的体认与表达并不能混为一谈。他非常看重文章的文学价值，反复宣扬“文章如精金美玉”“文章如金玉珠贝”“文章如金玉”，反对对它的蔑视。和道存在于生活一样，文学的重要价值也在于它对生活的反映，需要在文字中把作者的真实感受传达出来。“余性不慎言语，与人无亲疏，辄输写腑脏，有所不尽，如茹物不下，必吐出而已”“能道意所欲言”（《与王庠书》），他认为这就是文章价值的最高体现。

在强调文章社会功用和表现作者真知真感的前提下，苏轼提出了他的古文“平淡自然说”。首先，他认为文贵“有意”，以“达意”为美。一方面，苏轼强调作家要形成的欲望：“山川之秀美，风俗之朴陋，贤人君子之遗迹，与凡耳目之所接者，杂然有触于中，而发于咏叹”（《南行前集叙》），类似古人的登高能赋，可以为大夫规则。由此他反对“多空文而少实用”的倾向，主张“文章以华采为末，而以体用为本”；另一方面，苏轼追求文章的流畅自然，能将“了然于心”之“道”“了然于手”。苏轼曾经对刘景文说过：“某平生无快意事，惟作文章，意之所到，则笔力曲折，无不尽意，自谓世间乐事无逾此者。”（何薳《春渚纪闻》）苏轼讲作文“有意”“达意”，实是通过意的表达实现文“必与道俱”。

其次，苏轼坚持文风平淡、自然，反对求深、务奇，强调为文要恰到好处。在《答谢民师书》中，他指出文章应该自由挥洒，舒卷自如：“大略如行云流水，初无定质，但常行于所当行，常止于不可不止，文理自然，姿态横生。”好的文章，是从心底不可遏制自然流出的：“昔之为文者，非能为之为工，乃不能不为之工也。山川之有云雾，草木之有华实，充满勃郁而见于外。夫虽欲无有，其可得耶！”对于“浮巧轻媚丛错采绣之文”以及“求深者或至于迂，务奇者怪癖而不可读”的倾向，他都加以批评。

最后，苏轼主张为文“自是一家”，厌恶好使人“同己”。他指出：“文字之衰，未有如今日者也，其源实出于王氏（安石）。王氏之文，未必不善，而患在于好使人同己……地之美者，同于生物，不同于所生，惟荒瘠斥卤之地，弥望皆黄茅白苇，此则王氏之同也”（《答张文潜县丞书》）。他提倡古文创作风格的个性化，既从转变士人学风入手（即帮助他们摆脱“俗学之患”），又从激励士人培养独立人格入手，以使其“学”真能“明其理”，其文真能“述其志”，其气真能“达其文”。他用这种观点培养青年士子，也用这种观点来指导自己的创作，终于成为一代文宗。

苏轼散文的艺术特征，杨士奇曾经有过生动地描述：“高山巨川，巉岩万状，浩漫千顷，可望而不可竞者，苏之大也；名园曲槛，绕翠环碧，十步一停，百步一止，而不欲去者，苏之细也；疏雨微云啜清茗，白雪浓淡总相宜者，苏之闲雅也；风涛烟树，晓夕百变，剡峦夷曲，转入转佳，令人惊顾错愕，而莫可控揣者，苏之奇怪也。”（杨慎《嘉乐斋三苏文范·苏氏谈薮》）苏轼的散文，确实多姿多彩，不拘一格，或绚烂，或平淡，或诙谐，或萧散；论记、书序、碑传、题跋等各种文体都随题生变，挥洒自如，直如他所言“如万斛泉涌，不择地皆可出，在平地滔滔汩汩，虽一日千里无难。及其与山石曲折，随物赋形，而不可知也”。

苏轼的政论文和史论文，多写于步入仕途之际。这些文章总结历史教训，分析社会形势，梳理治安之策，思路开阔，逻辑严密，饱含激情，文笔明快锋利。嘉祐二年（1057），苏轼应礼部试而作《刑赏忠厚之至论》，就崭露头角，使欧阳修声称“老夫当避此人，放出一头地”。文章先以吟叹起篇，感慨古代盛世刑赏忠厚之至，继而说到衰世而忠厚犹存。接着由“疑”字做文章，从尧的举动说出他的忠厚之意，然后点出刑赏忠厚之至的根本目的。全文借古人古事立论，每述一事便断以婉言警语，有时惟意说到，以无生有。故叶适《习学记言序目》感叹其“用一语，立一意，驾虚行危，纵横倏忽，数千百言，读者皆如其所欲出，推者莫知所自来，虽理有未精，而词之所至者或莫过焉，盖古今议论之杰也”。

元祐六年（1061），苏轼应制科考试，进《策论》25篇，影响很大。《策略》5篇总论天下形势与当前弊端，《策别》17篇分门别类提出应对措施，《策断》3篇分析内外之势与安边方略。说理透彻，结构严谨，文辞简练而平易晓畅。

北宋末，西夏、契丹对宋的威胁越来越严重，但宋朝统治者仍不修武备，只是岁输钱币以求得短暂的安宁。针对北宋的苟安积习，苏轼写下了《教战守策》，提出北宋和西夏、契丹之间的战争迟早会发生，朝廷就应在平日倡导武勇精神，对百姓进行军事训练，这样才能对付外患：

> 且夫天下固有意外之患也。愚者见四方之无事，则以为变故无自而有，此亦不然矣。今国家所以奉西北之虏者，岁以百万计。奉之者有限，而求之者无厌，此其势必至于战。战者，必然之势也。不先于我，则先于彼；不出于西，则出于北。所不可知者，有迟速远近，而要以不能免也。天下苟不免于用兵，而用之不以渐，使民于安乐无事之中，一旦出身而蹈死地，则其为患必有不测。故曰：天下之民，知安而不知危，能逸而不能劳，此臣所谓大患也。

苏轼的文章批判了士大夫所谓言兵乃是生事扰民的谬论，指出战争是不可避免的，而教民战、守正是安民的最好方法，颇有远见。后人以为，“坡翁此策，说破宋室膏肓之病，其后靖康之祸，如逆睹其事者，信乎有用之言也。至其文闳衍浩大，尤不可及”（杨慎《三苏文范·教战守策·唐元徵评语》）。其实，这里还有一个潜在的语义，就是对朝廷抑武重文国策的不满。

苏轼的史论文，立论新颖，纵横上下，议论风生，不落窠臼，总能给人耳目一新的感觉。他“独好观前世盛衰之迹，与其一时风俗之变，自三代以来，颇能著述”（苏轼《上韩太尉书》），写下了不少识见超卓的史论文章。他的二十五篇《进论》和后来所写的《志林》，或点评史实，或臧否人物，滔滔汩汩，翻新出奇，将其渊博的知识与杰出的才思展露无遗。如《范增论》《晁错论》《平王论》等，博采史实，往往写得变幻不羁而又条次整然。《留侯论》主要就张良得书于圯上老人一事进行评论。

苏轼的杂说说理生动形象，行文灵动活泼。《稼说》以种田为喻，说明治学应该厚积薄发，把深刻的道路阐述得浅显易懂。富人条件优越，土地可以轮番修养，所以收获颇丰；穷苦者把每一寸土地都利用到极致，庄稼种得像鱼鳞一样密集，土地养分都被耗尽了，收成反而不高。成才在乎能养，而养之实全在务学，求养而不务学，犹欲岁取十千而无壅田之本。文章以稼喻学，字字名言。《日喻》巧用譬喻，以盲人识日的荒唐行径，形象地说明了求道之难甚于识日，脱离实际而自以为是，就无异于“眇者猜日”，给人的印象尤其深刻：

> 生而眇者不识日，问之有目者。或告之曰：“日之状如铜盘。”扣盘而得其声；他日闻钟，以为日也。或告之曰：“日之光如烛。”扪烛而得其形；他日揣籥，以为日也。日之与钟、籥亦远矣，而眇者不知其异，以其未尝见而求之人也。道之难见也甚于日，而人之未达也，无以异于眇。达者告之，虽有巧譬善导，亦无以过于盘与烛也。自盘而之钟，自烛而之籥，转而相之，岂有既乎？故世之言道者，或即其所见而名之，或莫之见而意之，皆求道之过也。

苏轼论说文，深受《庄子》《孟子》和《战国策》的影响，往往“以无为有”“以曲为直”“横说竖说，惟意所到，俊辩痛快，无复滞碍”（罗大经《鹤林玉露》），但有时也有“妄说利害，搀说得失”之累。

苏轼的记叙文字，包括人物传记、亭台记、山水游记等，触处生趣，横放杰出，文态如天际白云，飘然从风，自成卷舒，历来为人称道。他的碑传文善于抓住最富有特征的素材来塑造人物个性，善于以日常生活细节显示传主的精神风貌。如《韩文公庙碑》，从大处落笔，肯定韩愈振兴儒学、端正文风的历史意义，赞颂他的“忠”“勇”精神，自然显得不同凡响，给人留下深刻印象。“此文庸手必铺叙昌黎在潮政迹，致潮人思慕立庙报功，此常调也。文扫去一片，见得昌黎生于道丧文弊之后，以匹夫挽回数百年气运，其关系于世道甚大，自应享千秋俎豆之报，命意甚高。”①

《方山子传》是作者在黄州为陈慥所写的传记，它通篇不叙传主的世系、生平，只挑选几件突出的事来写传主为人的特点。文章先概述方山子由任侠、折节读书到隐居的经历，再由他们的歧亭巧遇回溯往事，可谓借烟波声色，跌宕而有奇气：

> 余谪居于黄，过岐亭，适见焉。曰："呜呼！此吾故人陈慥季常也，何为而在此?"方山子亦矍然问余所以至此者。余告之故，俯而不答，仰而笑，呼余宿其家。环堵萧然，而妻子奴婢，皆有自得之意。余既耸然异之，独念方山子少时，使酒好剑，用财如粪土。前十有九年，余在岐下，见方山子从两骑，挟二矢，游西山，鹊起于前，使骑逐而射之，不获，方山子怒马独出，一发得之。因与余马上论用兵及古今成败，自谓一时豪士。今几日耳，精悍之色，犹见于眉间，而岂山中之人哉?

以“怒马独出”写出方山子当日豪纵之态，以“环堵萧然而妻子奴婢皆有自得之意”又展现出方山子今日隐遁之状，文中叙事虽少，却将方山子作为侠士、隐士的形象刻画得栩栩如生。结尾只是说“余闻光、黄间多异人，往往阳狂垢污，不可得而见，方山子傥见之欤”，可谓借烟波声色，跌宕而有奇气。

苏轼的亭台记，打破先叙事、次描写、后议论的常规格局，因事作论，即景抒慨，浑浩流转，不主故常，变化多端。《凌虚台记》与《超然台记》同是写台，风采各异。《凌虚台记》先叙事后议论，通过记述凌虚台修建的缘起和前后经过以及命名的由来，抒发作者有关“废兴成毁”的感慨；《超然台记》先议论后叙事，先明超然之理，继写超然之人，再写到台之超然之名，表现他超然的人生态度。两者一由事谈理，一因理论事，均飘旷轻逸，空灵新颖。《喜雨亭记》与《放鹤亭记》同是记亭，写法不尽相同。苏轼亭台记中的写景文字，以形传神，极富风神气韵。如《放鹤亭记》中描绘亭周围地景色，寥寥数笔，就将放鹤亭所在景色勾勒得韵味盎然。而《石钟山记》记述他夜探石钟山的经过，借题发挥，借景立论，以阐发哲理、发表议论来提升文章的境界。

苏轼的游记文，多于对自然景物的赏会中表现他对人生哲理的领悟，随笔点染，情境宛然，大大提高了游记散文的表现力。《记游定惠院》写作者与几位客人前往定惠院访海棠的一段生活经历，似乎是所经之事必录，却姿态横生，自然成理。其中描写山上老枳之态，“木性瘦韧，筋脉呈露，如老人项颈，花白而圆，如大珠累累，香色皆不凡”，信手写来，潇洒脱俗，尽写其形而尽传其神。《游白水书付过》中写游白水后暮归看山火和月夜泛舟的情景，“暮归倒行，观山烧壮甚。抚

①蔡铸:《古文评注补正》，三秦出版社，1998年，5709页。

养度数谷，至江月出，击汰中流，掬弄珠璧，”几笔点染，江月秀姿美态跃然纸上，宛然在目，情韵无限，“不用虚而韵足，不模写而景足，如画家萧萧数笔，含意无穷”（王纳谏《苏长公小品》）。《记承天寺夜游》描述了苏轼谪居生活中的一个片断，反映出他随缘自适而又感慨深微的特殊心境。文章虽短而写景宛然，情思遥遥，意到笔随，势如流水，平顺朴质，娓娓而谈，从容亲切。

苏轼的题跋，活泼隽永，朴素清新，篇幅短小而情思深长，既能穷尽物相，生发妙理，又能于笔墨之外另辟天地。明代袁中道说：“坡公之可爱者，多其小文小说”（袁中道《答蔡观察元履》）。《书吴道子画后》对吴道子画技的评价，形象鲜明而富有理趣：“道子画人物，如以灯取影，逆来顺往，旁见侧出，横斜平直，各相乘除，得自然之数，不差毫末，出新意于法度之中，寄妙理于豪放之外，所谓游刃余地，运斤成风，盖古今一人而已。”《书浦永昇画后》在强调绘画应该追求神似的同时，还以生动的描述把人物写得栩栩如生。苏轼的纪游文字，对山水风物的描述更是宛然生动，真可谓随物赋形，穷形尽相。如《石钟山记》记述他夜探石钟山的经过，其中一段描写谭上夜景的文字，惟妙惟肖：

> 至莫夜，月明，独与迈乘小舟，至绝壁下，大石侧立千尺，如猛兽奇鬼，森然欲搏人，而山上栖鹘，闻人声亦惊起，磔磔云霄间；又有若老人咳且笑于山谷中者，或曰：“此鹳鹤也。”余方心动欲还，而大声发于水上，噌吰如钟鼓不绝，舟人大恐。徐而察之，则山下皆石穴罅，不知其浅深，微波入焉，涵澹澎湃而为此也。舟回至两山间，将入港口，有大石当中流，可坐百人，空中而多窍，与风水相吞吐，有窾坎镗鞳之声，与向噌吰者相应，如乐作焉。因笑谓迈曰：“汝识之乎？噌吰者，周景王之无射也；窾坎镗鞳者，魏庄子之歌钟也。古之人不余欺也！”

苏轼的四六文，成就也十分突出，句式灵活，如行云流水，变化多端。如《谢丁连州朝奉启》有七字长联：“自疑本儋崖之人，难复见鲁卫之士。”“固以闻名而自惭，盖欲通书而未敢。”有九字长对：“过情之誉，虽无知其实而愧于中；起废之文，犹欲借此以华其老。”虚字在文中频频出现，使语句更为婉转，如“臣闻圣人之行法也，如雷霆之震草木，威怒虽甚，而归于欲其生；人主之罪人也，如父母之谴子孙，鞭挞虽严，而不忍致之死”（苏轼《乞常州居住表》）。完全打破了四六的常规，意到笔随，无所拘碍，大大增加了骈文的艺术表现力，也取得了摇曳多姿的艺术效果。前人甚至认为，他以长句入对，大量使用虚字，彻底颠覆了既定传统，打破了原有的桎梏，使骈文进入了一个全新的领域：“至苏东坡于四六，如曰：‘禹治兖州之野，十有三载乃同；汉筑宣房之宫，二十余年而定……方其决也，本吏失其防，而非天意；及其复也，盖天助有德，而非人功。’其力挽天河以涤之，偶俪甚恶之气，而四六之法则亡矣。”（邵博《邵氏闻见后录》）在典故的运用上，也有大胆的突破。苏轼的四六文，在运用前人语上浑然天成，妙合无垠，即使不知道语词的出处，也丝毫不影响读者对主题的理解。《除吕公著特授守司空同平章事加食邑实封余如故制》有“既得天下之大老，彼将安归？以至国人皆曰贤，夫然后用”，高步瀛以为“用经语如己出，而出以大方，非如南宋诸家专以成语偶对见长矣”（高步瀛《唐宋文举要》）；《到黄州谢表》：“天地能覆载之，而不能容之于度外；父母能生育之，而不能出之于死中”，用后汉《袁敞传》张俟语“天地父母能生臣俊，不能使臣俊当死复生”，更觉脍炙人口；《谢丁连州朝奉启》“七年远谪，不知骨肉之存亡；万里生还，自笑音容之改易”，檃栝汉人之语，信手拈来，殆如天成。

苏轼还是北宋中后期最重要的辞赋家。在欧阳修等人的影响下，他进一步融合了古文和赋的长处，以古文的笔法写赋，使文赋更为活泼自如。他的《前赤壁赋》抒写月夜泛舟赤壁的感受，表达他旷达的人生态度，文笔跌宕变化，熔写景、抒情、议论于一炉。景则水月流光，情则哀乐相生，理则物我相适。体物写志，妙在不离眼前景，而议论、见识又不囿于眼前景。情因景发，景以情显，两两相融，充满诗情画意。作者除采用赋体传统的主客问答形式外，句式长短不拘，用韵错落有致，语言晓畅明朗，其间有歌词，有对话，抒情、说理自由洒脱，这都是对赋体写作的一种发展。

总之，苏轼继承了韩愈的气盛言宜与欧阳修的纡余委备，又融入了更多自然清新的成分，形成了他姿态横生、圆转流畅的艺术风格，扩大了古文的运用范围，丰富了古文的表现手法，把古文的实用性、通俗性和艺术性都提到了一个新的高度，对后世散文发展产生了深远的影响。

二　苏洵与苏辙的散文

（一）苏洵的散文

苏洵论文，主张有为而作、自然而发，反对“慕远而忽近，贵华而贱实”“游谈以为高，枝词以为美”（苏轼《凫绎先生诗集序》）的不良倾向。在《仲兄字文甫说》一文中，他以风水相遭、自然成为作为比喻，强调在文学创作中，既要有丰富的生活积累和艺术修养，又须等待创作的兴会、灵感出现，二者不期而遇，方能产生最好的文章。

苏洵极为关注作家的个性，对文章艺术风格的品评尤为准确。他善于用简练的文字，概括出各家的特点。在《上欧阳内翰第一书》中，他对孟子、韩愈、欧阳修、李翱、陆贽之文的艺术特色有精准的评价，为后人反复称引：

> 孟子之文语约而意尽，不为巉刻斩绝之言，而其锋不可犯。韩子之文如长江大河，浑浩流转，鱼鼋蛟龙，万怪惶惑，而抑遏蔽掩，不使自露，而人自见其渊然之光，苍然之色，亦自畏避，不敢迫视。执事之文，纡余委备，往复百

折，而条达疏畅，无所间断，气尽语极，急言竭论，而容与闲易，无艰难劳苦之态。此三者皆断然自为一家之文也。惟李翱之文，其味黯然而长，其光油然而幽，俯仰揖让，有执事之态；陆贽之文，遗言措意，切近的当，有执事之实，而执事之才，又有过人者。盖执事之文，非孟子、韩子之文，而欧阳子之文也。

他对欧阳修文章的推崇，立足于欧文的自成一家。他所评判的标准，完全从艺术立场出发，无关乎道。

苏洵的散文，以论辩文最为出色，“议论精于物理而善识权变，文章不为空言而期于有用”（欧阳修《荐布衣苏洵状》）。苏洵深受《孟子》《战国策》等著作的影响，“好为策谋，务一出己见，不肯蹑故迹。颇喜言兵，慨然有志于功名者也”（邵博《邵氏闻见后录》）。他的文章，内容上“大抵兵谋、权利、机变之言”，多对政治、军事问题展开讨论，而尤以言兵为擅长，指陈古今形势，颇能切中时弊。《心术》论为将之道，由治心而养士，由养士而审势，由审势而出奇，由出奇而守备，段落分明，井然有序；《法制》论用兵作战方略，“非八阵五花、六韬三略烂熟胸中，不能道片语只字”（杨慎《嘉乐斋三苏文范·法制·罗汝芳评语》）；《强弱》主张以吾之强攻敌之弱，可为兵家佐一筹。《攻守》论出奇制胜，“证据详明，如画图之易晓”。而《六国论》分析六国灭亡的原因，探讨它们对付秦国应该采用的正确策略，希望借此告诫北宋统治者在对待西夏、契丹问题上不要重蹈六国赂秦而亡的覆辙，处处说六国，处处刺时事。苏洵的这类文章，格调高古，笔力雄健，逻辑严密，穷尽事理。

苏洵的书、记、序，多有佳作，大致婉转曲折，婀娜多姿，言近旨远，与他的论辩文风格不同。嘉祐元年（1056），作者重游京师，写了《上欧阳内翰第一书》，倾诉自己多年来对欧阳修等人的仰慕心情，介绍自己学习古文的经过，以求得对方的援引。苏洵没有开门见山表露本意，而是先从庆历新政中范仲淹等人的离合谈起，由六人的合说到六人的离，由六人的离说到四人将合，又由四人的现状说到独有欧阳修可以叫呼攀援，千回百转，才折到欧阳修身上。接着，苏洵没有直接介绍自己，而是通过对欧阳修文章的评价，表明他对欧阳修相知之深，以引出要求对方深知自己的心愿。最后，苏洵才介绍了他学习古文的经历和体会，使欧阳修得以进一步了解自己，由十年仰慕、十年求道的经历，顺势点出希望援引之意，婉转周折而章法谨严。

嘉祐元年（1056），石昌言作为使者前往辽朝，庆祝契丹国母生辰。苏洵作序为他送行，意在鼓励对方不要被敌国的威势所吓到，而要以“说大人，则藐之”的气概去完成使命。文章没有直言契丹不足惧，而是借往年彭任出使契丹的见闻来做发挥，说明契丹惯用吓人的手段震慑宋朝使者，只有不思之人才会因此惊慌失措。

又援引汉朝刘敬出使匈奴的故事进行推论，断言契丹今非昔比。这些言辞都是在为对方鼓气，但这层用意一直没有说破，直到文章最后才借孟子的话托出本意，波澜跌宕，极为老成，句调声响，中窾合节。

《名二子说》阐述他为苏轼、苏辙命名的用意，文章仅八十余字，却写得波澜动荡，笔意婉转，情思无限：

> 轮、辐、盖、轸，皆有职乎车，而轼独若无所为者。虽然，去轼，则吾未见其为完车也。轼乎，吾惧汝之不外饰也。天下之车，莫不由辙，而言车之功，辙不与焉。虽然，车仆马毙，而患亦不及辙，是辙者，善处乎祸福之间也。辙乎，吾知免矣。

轼是车上用作扶手的横木，暴露在外。苏轼一生锋芒毕露，“不外饰”而屡遭贬逐。辙是车子碾过的印迹，无车之功，也无车之祸。苏辙一生冲和淡泊，虽也屡遭贬逐，但终能脱祸，清闲地度过晚年。“字数不多，而婉转折旋，有无限思意，此文字之妙。观此，老泉之所以逆料终身，不差毫厘，可谓深知二子矣”（杨慎《嘉乐斋三苏文范》）。苏洵给儿子起名之初，当无谶言设计，杨慎议论未免有些先验论的成分。

（二）苏辙的散文

苏辙自幼在文学方面受到父兄的熏陶，论文主张和古文创作均受到他们影响。他的思想和苏轼一样通脱激越，只是他为人较苏轼谨重，为文自然沉稳，所以苏轼说他的文章“汪洋澹泊，有一唱三叹之声”，《宋史·苏辙传》也称“辙性沉静简洁，为文汪洋澹泊，似其为人，不愿人知之，而秀杰之气终不可掩，其高处殆与兄轼相迫”。不过，苏辙早期的文章议论风发，充满锐气，后来屡遭贬谪，久经磨炼，文风才趋于淡泊沉静。

嘉祐二年，苏辙为得到韩琦的接见，写下了著名的《上枢密韩太尉书》。文章开篇并不直言干谒之事，而是从自己“生好为文”说起，论述为文须养气，继而说到作家养气的途径，讲述他观山河、求奇闻、见名人、与贤士大夫游的感受，从而点出求见韩太尉的用意。以下又用高山大河、历史名人类比，颂扬韩太尉才略冠世，以申其仰慕之情。由于作者将其求见之意和写作养气的用心连在一起，这样既抬高了对方的名望，以文会友，又不失身份，不卑不亢，落落大方。开篇两段尤其写得雄迈特出，显示出他早年的勃发英姿：

> 辙生好为文，思之至深。以为文者气之所形，然文不可以学而能，气可以养而致。孟子曰：“吾善养吾浩然之气。”今观其文章，宽厚宏博，充乎天地之间，称其气之小大。太史公行天下，周览四海名山大川，与燕、赵间豪俊交游，故其文疏荡，颇有奇气。此二子者，岂尝执笔学为如此之文哉？其气充乎

其中，而溢乎其貌，动乎其言，而见乎其文，而不自知也。

> 辙生十有九年矣。其居家所与游者，不过其邻里乡党之人；所见不过数百里之间，无高山大野，可登览以自广。百氏之书，虽无所不读，然皆古人之陈迹，不足以激发其志气。恐遂汩没，故决然舍去，求天下奇闻壮观，以知天地之广大。过秦汉之故乡，恣观终南、嵩、华之高，北顾黄河之奔流，慨然想见古之豪杰。至京师，仰观天子宫阙之壮，与仓廪、府库、城池、苑囿之富且大也，而后知天下之巨丽。见翰林欧阳公，听其议论之宏辩，观其容貌之秀伟，与其门人贤士大夫游，而后知天下之文章聚乎此也。

最能体现苏辙汪洋淡泊、一唱三叹风格的，是他的记游之作，写景状物近于精妙，兴亡寄慨，境界高旷。元丰六年（1083），谪居黄州的张怀民筑快哉亭，苏轼为亭命名，贬在筠州监盐酒税的苏辙写下他的名篇《黄州快哉亭记》。文章围绕亭名“快哉”运笔，极写亭中所见景色之美和观景之乐，并引出楚襄王和宋玉的对话展开论述，表现了作者不以得失为意的旷达情怀。这种情绪，是作者与苏轼、张怀民所共有的，貌似乐观旷达，实质上是贬谪之人的相互慰藉。文章铺陈有序，雄放中有风趣，句式整齐中有变化。其中，写景文字尤为精彩：

> 江出西陵，始得平地，其流奔放肆大，南合沅、湘，北合汉、沔，其势益张，至于赤壁之下，波流浸灌，与海相若。清河张君梦得，谪居齐安，即其庐之西南为亭，以览观江流之胜，而余兄子瞻名之曰“快哉”。盖亭之所见，南北百里，东西一舍。涛澜汹涌，风云开阖。昼则舟楫出没于其前，夜则鱼龙悲啸于其下。变化倏忽，动心骇目，不可久视。今乃得玩之几席之上，举目而足。西望武昌诸山，冈陵起伏，草木行列，烟消日出，渔夫樵父之舍，皆可指数。此其所以为快哉者也。

文章铺叙临江眺望之快意，渲染凭眺古迹之快意，“有潇洒闲放之致”（张星集评《唐宋八大家文钞》）。写景处生动逼真，雄伟之气流溢而出；议论处淋漓风发，高旷之怀悠然可见。首尾神机一片，文势汪洋，委备条畅。

在此前一年，苏辙前去看望谪居黄州的苏轼，两人同游武昌西山，苏辙写下了《武昌九曲亭记》。苏轼谪居黄州，心中难免有些郁郁不乐。文章记武昌九曲亭，处处不离苏轼，时时不忘安慰。开篇说苏轼谪居黄州，常游西山，与山中之人优游相乐，不觉被贬时久，已含“适意为乐”之见；中间写九曲亭扩建过程，渲染出子瞻蓄意建亭的愿望和亭成之后的“最乐”心情；末段生发议论，言天下乐事多，适意方为至乐。作者紧紧扣住“乐”字以为兄长开释，以萧然绝俗之景，写游于物外之乐，纡徐曲折，笔墨翛然。

三苏皆倜傥之人，以读书作文入仕途经济，光大门楣，同列唐宋八大家，共为荣耀，亦为后人乐道。然和韩柳、欧阳修政论本色不同，他们的生活比较率性，政治理想、主张更多是笔写出来的，所以没有多大的用处。

三　北宋中后期其他散文

（一）苏门后学散文

秦观、黄庭坚、晁补之、张耒、陈师道、李廌被称为“苏门六君子”，他们的文学思想和文章风格，与苏轼有同有异。黄庭坚论文，着重作者的艺术修养，讲究文章的法度与气势，认为“凡作一文，皆须有宗有趣，终始关键，有开有阖，如四渎虽纳百川，或汇而为广泽，汪洋千里，要自发源注海耳”（黄庭坚《答洪驹父书》）。好作奇语自是文章一病，但当以理为主，理得而辞顺，文章自然出群拔萃。对苏轼文章的长处与短处，他也有自己的看法，曾经告诫外甥洪驹父说：“东坡文章妙天下，其短处在好骂，慎勿袭其轨也。”黄庭坚为文平和，与苏轼文风相近的，是题跋这一文体。

黄庭坚题跋历来与苏轼并称，钟惺曾指出“其一语可以为一篇，其一篇可以为一部，山谷此种最可诵法”。他还从黄庭坚的《书赠韩秀才》《书鲜洪范长江诗后》《跋浴室院画六祖师》等题跋中，可“知题跋非文章家小道也，其胸中全副本领、全副精神，借一人、一事、一物发之。落笔极深，极厚、极广，而于所题之一人、一事、一物，其意义未尝不合，所以为妙”（钟惺《摘黄山谷题跋语记》）。黄庭坚的题跋，或写读书观画心得，或记零星感受，意之所至，随机生发，萧散简远，充分展示出他的生活情趣和艺术底蕴，无意求妙而自然高妙，所以备受后人的喜爱。如其《题自书卷后》，反复为后人称道：

> 崇宁三年十一月，余谪处宜州半岁矣。官司谓余不当居关城中，乃以是月甲戌，抱被入宿于城南予所僦舍喧寂斋。虽上雨傍风，无有盖障，市声喧愦，人以为不堪其忧，余以为家本农耕，使不从进士，则田中庐舍如是，又可不堪其忧邪？既设卧榻，焚香而坐，与西邻屠牛之机相直。为资深书此卷，实用三钱买鸡毛笔书。

黄庭坚曾经说过：“士生于世，可以百为，惟不可俗，俗便不可医也”（《书嵇叔夜诗与侄榎》）。其诗生新瘦硬，自是不俗；其人身处困境而怡然自得，并不作凄楚哀怨模样，也非强颜欢笑，而能心气平和，亦是不俗。

秦观词风柔婉精微，文风与词风大为不同。他“少豪俊，慷慨溢于文辞”（《宋史·秦观传》），自认为“少时如杜牧之强志盛气，好大而见奇，读兵家书，乃与意会”（陈师道《秦少游字叙》），所作《进策》三十篇，神锋俊利、笔力豪健。如《国论》《治势》《法律》《财用》《主术》《任臣》《将帅》《边防》等，多为经世之文，内容广博，力求适用，颇知当世利病之所以然。他的《进论》二十篇，评骘人物，指点江山，不但有识见，而出语决绝，饱含愤然之气。又造句或长或短，好用排比，用字稳妥、平实。宋人对这些文章评价很高，黄庭坚称赞说："少游五十策，其言明且清。笔墨深关键，开阖见日星。"（《晚泊长沙示秦处度范元实用寄明略和父韵五首》）吕本中则褒扬这些"文章有本末首尾，无一言乱说"（张镃《仕学规范·作文·童蒙诗训》）。

秦观的题跋、记序之文也写得颇为细致生动。如《龙井题目记》写西湖夜景，"灯火隐显，草木深郁，流水上激悲鸣，殆非人间之境"，引人入胜，苏轼以为视觉效果表达十分到位，"闭目想之，了然可数"。《精骑集序》介绍了自己读书的经验与感悟，真切感人。

张耒论文，以为"古之文章，虽制作之体不一端，大抵不过记事辨理而已"（《答汪信民书》），与秦观所讲的"文以说理为上，序事为次，古人皆备而有之"（《通事说》）有相同之处；他又认为"学文之端，急于明理""如知文不务理，求文之工，世未尝有也"，反对"求奇""力为瑰奇险怪"，与黄庭坚的文学主张一致；至于他所说的"江河淮海之水，理达之文也，不求奇而奇至矣。激沟渎而求水之奇，此无见于理，而欲以言语句读为奇之文"（《答李推官书》），显然接受了苏轼的观点。张耒的文章多长篇大论，如《论法》《本论》以及众多史论等，无不明白条畅。《粥记赠邠志》等记事文，用语明白，通俗如口语。

晁补之"自少为文，即能追考左氏、《战国策》、太史公、班固、扬雄、刘向、屈原、宋玉、韩愈、柳宗元之作，促驾而力鞭之，务与之齐而后已。其凌丽奇卓出于天才，非酝酿而成者，自韩愈已还，盖不足道也"（张耒《晁无咎墓志铭》）。他曾作《七述》，述苏轼之言，叙钱塘风物之美，苏轼看后发出"吾可以阁笔"之叹。苏轼还称赞他"于文无所不能，博辩俊伟，绝人远甚"。《四库全书总目》卷一五四《鸡肋集》提要更盛赞晁氏之"古文波澜壮阔，与苏氏父子相驰骤"（《晁君成诗集引》）。晁补之与苏轼文风相近的，主要是他所写的《上皇帝安南罪言》《上皇帝论北事》等一类纵论军国大事的政论文。至于所作的史论、记、序，文字都较为平实。如他的名篇《新城游北山记》，走一路，记一路，移步换形，次第道来，虽然也能"漱涤万物，牢笼百态"，毕竟心平气和，文亦波澜不兴。如其写夜景一段：

> 且暮，皆宿，于时九月，天高露清，山空月明，仰视星斗皆光大，如适在人上。窗间竹数十竿，相摩戛声切切不已。竹间海棕森然，如鬼魅离立突鬓之状，二三子又相顾魄动而不得寐。迟明，皆去。

文章多用三、四字句，节奏急迫逼人，风格峭刻峻洁，语言凝练简朴。虽然写景状物略显刻露之形，但读之如置身其际，历历如见。

陈师道（1053—1102）以诗名世，自认为"少游之文，过仆数等"，又说他人"谓仆之文类两苏"（《答李端叔书》）为过分之誉。他的文章，长于论事，精于构思，行文严谨，所以黄庭坚称赞他“深知古人之关键，其论事救首救尾，如常山之蛇，时辈未见其比”（黄庭坚《答王子飞书》），而清代四库馆臣也认为“其古文简严密栗，亦不在李翱、孙樵之下。殆为欧、苏、曾、王盛名所掩，故不甚推。弃短取长，固不失为北宋巨手也”（《四库全书总目》）。《上曾枢密书》《上苏公书》等文，文风朴实，虽有平冗之弊，但朴淡之中含有至真之情，率性而谈，用语朴质自然，全从胸臆中来。

李廌（1059—1109）一生布衣，但为文“喜论古今治乱，条畅曲折，辩而中理”（《宋史·李廌传》）。他曾以文干谒苏轼，苏轼称赞他的文章“笔墨澜翻，有飞沙走石之势”。李廌的《慎兵论》《将材论》等谈兵之作，议论古今，纵横驰骋，颇有气势。他的论文之作，更引人注目。他曾经指出“凡文章之不可无者有四：一曰体，二曰意，三曰气，四曰韵”（李廌《济南集·答赵士舞德茂宣义论宏词书》），又从“文之气”“文之词”“文之理”“文之意”入手论文之美，可见他是将体、志、气、韵、理、词、法作为古文必备的文学质素的。这一观念，给后人颇多启迪。

（二）北宋理学家与史学家的散文

北宋理学家对古文没有给予足够的重视，但在准确及深刻地阐发义理心性方面，他们确实达到了相当成熟的境界。这些理学家如周敦颐、张载、二程是宋代的新儒学派，他们强调道的重要，因此又称道学家。如周敦颐（1017—1073）的《太极图说》，短短268字，就概括了他的宇宙生成论、万物化生论、人性论，构建了他的基本理论体系。论述严密，层次井然，语言明净，绝无古奥艰涩之弊。故朱熹高度评价说：“周子立象于前，为说于后，互相发明，平正洞达，绝无毫发可疑”（《答胡广仲》）。他著述的特色，首先在于其内容的丰富与表述的严密。即朱熹所言：“至论所以入德之方，经世之具，又皆亲切简要，不为空言。顾其宏纲大用既非秦、汉以来诸儒所及；而其条理之密，意味之深，又非今世学者所能骤而窥也。”（《周子通书后记》）其次则是其文风的简洁深远、平正淡雅，“简洁有制”。周敦颐虽明确提出了“文所以载道”，但其载道之文并非直白而毫无韵味，其文章也非一味正襟危坐而讲道论理。他的《爱莲说》就写得风姿绰约、情韵盎然。文章借对莲花的颂赞，表现作者洁身自好、不与世俗同流合污的志趣和理想，体物入微，咏物精工，不仅栩栩如生地表现出了莲花的外部特征，同时也传神地揭示了它的内在品质。句式骈散交错，读来铿锵悦耳，顿挫有致。

张载（1020—1077）少喜谈兵，“气质刚毅，德盛貌严”。张载认为“人又要得刚，太柔则入于不立”（《张伯行集解·近思录》），所以他的文章也颇有劲骨，灏气流转。《西铭》为其代表作，“规模宏大，而条理精密，有非片言之所能尽”。思想的深刻自不待言，“民吾同胞”的胸襟，更让人景仰。《西铭》说：

乾称父，坤称母；予兹藐焉，乃混然中处。故天地之塞，吾其体；天地之帅，吾其性。民，吾同胞；物，吾与也。大君者，吾父母宗子；其大臣，宗子之家相也。尊高年，所以长其长；慈孤弱，所以幼其幼；圣，其合德；贤，其秀也。凡天下疲癃、残疾、惸独、鳏寡，皆吾兄弟之颠连而无告者也。于时保之，子之翼也；乐且不忧，纯乎孝者也。违曰悖德，害仁曰贼，济恶者不才，其践形，惟肖者也。知化则善述其事，穷神则善继其志。不愧屋漏为无忝，存心养性为匪懈。恶旨酒，崇伯子之顾养；育英才，颖封人之锡类。不弛劳而底豫，舜其功也；无所逃而待烹，申生其恭也。体其受而归全者，参乎！勇于从而顺令者，伯奇也。富贵福泽，将厚吾之生也；贫贱忧戚，庸玉女于成也。存，吾顺事；没，吾宁也。

这篇文章是理学经典名作，涉及易学、儒学等方方面面，“规模宏大，而条理精密，有非片言之所能尽”（王朝饶鲁《饶双峰讲义》）。思想的深刻自不待言，“民吾同胞”的胸襟，更让人景仰。

程颐（1032—1085）、程颢（1033—1085）著作以语录居多，语录体之文也最能体现他们个性。这些语录随感随发，娓娓道来，雍容醇厚，亲切平和。后人曾赞颂“明道先生坐如泥塑人，接人则浑是一团和气”（朱熹《张伯行集解》）“视其（程颢）色，其接物也，如春阳之温；听其言，其入人也，如时雨之润”（朱熹《张伯行集解》）。所谓“和气”“春阳之温”“时雨之润”等特征，在他们的语录中得到了充分的展示。他们的论政之文，也多切实之言。如康熙曾评程颢《论君道》为“纯儒之学，实际之言”；《论十事》“十事皆切当时之务，儒者之效，优于经济乃尔”；《论新法》“据理驳论，不屑屑堪及厉害，所见独超”。程颢的《上仁宗皇帝书》《论经筵札子》等文，也受到了后世的关注。

司马光（1019—1086）不以文人自居，他声称自己厌恶科场时文，对古文虽有兴趣但缺乏刻苦钻研的毅力。在《上始平庞相公述不受知制诰书》中，他吐露了自己学作文章的经历：

> 又好史学，多编辑旧事，此其所长也。至于属文，则性分素薄，尤懒为之。当应举时，强作科场文字，虽仅能牵合，终不甚工。颇慕作古文，又不能刻意致力，窥前修之藩篱，徒使其言迂僻鄙俚，不益世用。

司马光散文成就主要体现在史学名著《资治通鉴》一书上。此书以事件为中心组织材料，体例谨严，结构完整，文字简洁，叙事尤为清晰流畅。其中的一些篇章，如“淝水之战”“李愬雪夜入蔡州”等，历来为人们所称道。他的书论、杂记，文风平实，一如其人。虽然与王安石在政治立场上有着巨大差异，但在《与王介甫书》等信中，他总是心平气和地与对方反复辨析，哪怕遭到王安石的严词批驳，态度依然诚恳平和。《训俭示康》是他写给儿子司马康，训诫他崇尚节俭的一篇家训。

文章先说他所持奉的崇尚节俭的准则，再批评当时社会上奢侈靡华的风气，并以大量事例，指出节俭不只是一种美德，而是关乎个人前途命运的举动。作者娓娓道来，语言亲切质朴。文中"由俭入奢易，由奢入俭难"，成为历来传诵的名言。

嘉祐六年（1061），司马光迁知谏院。两年后，他撰写了《谏院题名记》，只160余字，但言简意赅。至于"笔挟秋霜，尤令人起敬起畏"（余诚《古文释义》）：

> 古者谏无官，自公卿大夫，至于工商，无不得谏者。汉兴以来，始置官。夫以天下之政，四海之众，得失利病，萃于一官；使言之，其为任亦重矣。居是官者，当志其大，舍其细；先其急，后其缓；专利国家而不为身谋。彼汲汲于名者，犹汲汲于利也，其间相去何远哉？天禧初，真宗诏置谏官六员，责其职事。庆历中，钱君始书其名于版，光恐久而漫灭。嘉祐八年，刻于石。后之人将历指其名而议之曰："某也忠，某也诈，某也直，某也曲。"呜呼！可不惧哉！

文章扣住"谏"字，开篇由无谏官说到设置谏官，再谈谏官责任之重大，接着顺势强调谏官应当尽心尽责，最后说明谏院题名刻石的由来和目的，以为当事者戒。

思考题

1. 简述辽代散文的成就。
2. 简述西夏散文的成就与价值。
3. 评述宋代的古文运动。

【参考书目】

1. 黄震云：《辽代文史新探》，中国社会科学出版社，1999年版。
2. 孙昌武：《唐代古文运动通论》，百花文艺出版社，1984年版。
3. 祝尚书：《北宋古文运动发展史》，巴蜀书社，1995年版。
4. 马茂军：《宋代散文史论》，中华书局，2008年版。

第八章 金南宋散文

南宋承北宋古文发展高峰，创作更为繁荣，文体更为完备，文集更为繁富，尤其文论之勃兴与选本之迭出及文派之组成，都是散文史上前所未有的新气象，对后世散文的发展产生了深远的影响。金人散文作家最可称道者为元好问，不逊南宋诸家，形成了南北争辉的局面。

第一节　元好问和金代散文

金代的散文现存约有2500余篇，作家550余人。无论作品还是作家，数量虽不算少，但为人传颂、堪称大家的，大概只有元好问、赵秉文、李纯甫等数人而已。由此可见，金代散文的整体创作水平不高，既不如唐宋散文，也难比金诗。有关金代散文创作的发展历程，就几位成就较高、影响较大的散文家的创作情况叙述如下。

一　王　寂

王寂的文章现存20余篇，赋表碑记、书序赠序、题跋行状，各体兼备。《岩蔓聚奇赋》是一篇状物抒怀的骚体小赋，文虽不长，但最能代表作者的才情与特色。文章先列举岩藤枝端的广泛用途，再讲到其根部虽不才而幸有巧匠制成酒杯，但还是流落市井为俗人所厌弃，最后此杯得遇酒隐老人，才为其所重："陶陶乎释身世之羁缚，浩浩乎谢功名之机陷，然后神游八表兮，其将以蹑冥鸿之背而探骊龙之颔也!"从主旨来看，主要是表现不重外形而重自适的思想，抒发超凡脱俗、独标一格的志趣，没有什么新意，但是选材新颖，构思巧妙，语言奇崛，形象特立，体现出"戛戛独造"的特色。他的记体文在选材与构思上也很有特点，如《三友轩记》：

大定岁丙午冬仲月，予繇侍从出守汝南。既视事之明年，即州之北得败屋数楹，旁穿上漏，不庇风雨。乃命枝倾补罅，仍其旧而新之。公余吏既退，以为燕息之所。两檐之外，左有笋石，屹然而笔卓；右有仙榆，蔚然而盖偃。每佳夕胜日，予幅巾杖屦，徜徉乎其间。至于倚苍壁而送飞鸿，藉清阴而游梦蝶，方其自得于言意之表也。心如坚石，形如槁木，陶陶然不知何者为我，何者为物，其为乐可胜计耶？予自是与木石有忘年莫逆之欢，因榜其轩曰“三友”。

文章先简要交代“三友轩”命名的由来，之后，便假设有客来质问：

曩吾以子为达，今子之鄙至此乎？所谓笋石者，鳞皴枯燥，不任斤凿，此固无用之石也。所谓仙榆者，离奇卷曲，不中规矩，此亦不材之木也。人且贱而弃之，曾不一顾，子恶取而独友于是哉？

最后，作者引古人为例，做出解答：

嘻！若知其一，未知其二。向有牛寄章之嘉石，钱吴越之大树，则第以甲乙，衣以锦绣矣。予虽欲友之，其可得乎？今以予谬人，与夫顽石散木皆绝意于世，而世亦无所事焉，此其所以为友也。夫人情之嗜好，固不在乎尤物，而在乎适意而已。然必先得之于心，而后寓之于物，故物不可为乐。如谢康乐之山水，陶彭泽之琴酒，嵇康之锻，阮孚之屐，虽其所寓不同，亦各适其适也。

文章采用赋体主客问答的结构形式，语言流畅，用典贴切，寓意深刻，表达了“人情之嗜好，固不在乎尤物，而在乎适意”的人生观念，是一篇优美的小品文。其余碑志行状等文章也很讲究叙事技巧，如《先君行状》是为其父王础所写，文章先简要叙写了祖上迁徙辽地、振兴家门的过程，之后才历数其父为官的善政，而在叙述中仅于其父一生诸多经历中择出救水火、赈饥寒、破陋俗、败强贼、兴学校、废苛政等几件典型事例，很好地塑造了一个于乱世之中极力安邦保民的良吏形象。

二　赵秉文

赵秉文的散文现存有100余篇，举凡书表论记、题跋序引、墓碑祭文、箴铭颂赞、古赋杂体等，无所不有。其中文学性较强的主要是赋骚、论说和记体三类文章。他的论说文有16篇，议题广泛，见解深刻。其中有阐发仁义礼智、性命道德、中庸之道等儒家思想的，如《中说》《庸说》《诚说》《和说》等；也有表明作者独特的历史观的，如《西汉论》《东汉论》《魏晋正名论》《蜀汉正名论》等；还有表达政治见解的，如《迁都论》《侯守论》《知人论》等。元好问说其文“出于义理之学，故长于辨析，极所欲言而止，不以绳墨自拘”（《闲闲公墓铭》）。记体文有15篇。有的借题发挥，议论风生，如《适安堂记》，提倡一种无论富贵贫贱皆随遇而安的人生观，析理取喻，通畅尽情。一些写景之文，也常寓情于景，如《寓乐亭记》的开篇：

> 河朔之地，沃野千里，盘盘一都会。太行西来，大体如一身，苏门莫其首，隆虑据其脊，雷首披其胸，土门开其腹，恒山枕其足。注以横漳，堑以滹沱，钟以大陆。其山川风气，雄深郁律，故其人物魁杰秀异，有平原之遗风，廉、蔺之英骨。下逮宋广平、魏文贞，皆河朔人。传曰：三晋多奇士，其风土之然乎！

描写景物，气象阔大，笔力雄浑，由此又生出“人物魁杰秀异”之叹。其他如《涌云楼记》《磁州石桥记》等与之类似。

他还有赋16篇，其中《游西园赋》是一篇优秀的抒情小赋：

> 九日令辰皆醉，赵子独游西园，盖故苑同乐之地。于时天高气清，风物凄厉。草绿惨以断蔓，果红蔫而脱蒂。若乃藻扃黼阁，檐摧槛圮。曲池荒而飞萤，灌木老而雊雉。嗟物是而人非，何昔荣而今悴。既而登高台，俯清沘。天落镜中，水涵空际。物无倒影之心，水无涵空之意。心与境忘，境与神会。先生一笑而作，渺归鸿于天外。

赋文先写悲秋凄景，抒发怀旧之情；后写清秋胜景，转入恬静惬意。艺术上，景与情偕，意与境融，语言清秀，句法整齐，给人以酣畅淋漓的美感享受。

总之，赵秉文的文章众体兼备，题材多样，思想性与艺术性都很高，代表了金代文坛极盛时期的散文成就。

三　李纯甫

李纯甫为人好辩，作文刻意求新求奇。他倾心于佛老，故其论体文章对儒家思想亦多辩驳，如《程伊川异端害教论辩》，先提出程颢异端害教，随后表明自己的观点，“吾读《周易》知异端之不足怪，读《庄子》知异端之皆可喜，读《维摩经》知其非异端也，读《华严经》始知无异端也”。进而引经据典，逐次论列，步步推进，由异端之不足怪，到异端之可喜，再否定异端的存在，最后论述三教异同，认为程颢的学术本身即“出于佛书”，却反过来攻击佛教，乃是自欺欺人的愚狂之举。再如《栖霞县建庙学碑》中也有一段论述“儒者之言与方士之说”的文字：

> 儒者之言与方士之说，不两立久矣，请以近喻。诸君尝见夫海乎？汪洋澄渟，浩无涯涘。际空如碧，白波不兴。鱼龙鸿洞，不水其水。此儒者之所谓日用而不知者。隐然而风雷震，划然而蛟龙鸣，非不砰轰可喜，大抵索隐行怪，君子不为。彼方士之所慕，吾儒之所羞也。

同是以海水为喻，儒者之论平静深沉，而方士之言汹涌澎湃，形式虽异，而本质相同。作者表面上虽指出了儒和道的联系与区别，但实质上更倾向于道家思想。全文骈散相间，引喻作譬，颇有《庄子》汪洋恣肆的气势。

他的传体文也写得富有特色，如《屏山居士传》，传末有自赞云："躯干短小而芥视九州，形容寝陋而蚁虱公侯，言语蹇吃而连环可解，笔札讹痴而挽回万牛。宁为时所弃，不为名所囚！是何人也耶？吾所学者净名庄周。"短短几句，其雄豪善辩的个性便跃然纸上，令人难忘。

四　王若虚

王若虚是杰出的文学批评家，也是一位散文家。他为文崇尚欧苏，风格平易自然，现存赋、碑、记、序等各体文章36篇。《焚驴志》是一篇杂文，文章先写焚驴的缘由。某年河朔地区大旱，官长与百姓用尽各种办法求雨都不能如愿，正好一户人家生产了一头白驴，有人就说这头小白驴是造成旱灾的根由，因此，当地的长官要把白驴烧死以祈雨。后写白驴托梦于人为己鸣冤："冤哉焚也！天祸流行，民自罹之，吾何预焉！"并对人类这种极其荒谬愚蠢的行为进行了控诉："杀我而有利于人，吾何爱一死？如其未也，焉用为是以益恶？滥杀不仁，轻信不智。不仁不智，帅胡取焉？"最后简要交代结果。人们请求释放白驴以后，"未几而雨，则弥月不解，潦溢伤禾，岁卒以空，人无复议驴"。文章叙事简练，语言朴实，以寓言的写法，借动物之口对人类的残忍和荒谬进行了辛辣的讽刺。还有些记序类作品，也写得非常有情致，如《门山县吏隐堂记》一文。文章先交代自己任职门山县，居于公署之"三老堂"，而未知名所由来，因改之为"吏隐"，之后，便就此发表一番议论：

> "吏隐"之说始于谁乎？首阳为拙，柱下为工，小山林而大朝市。好奇之士，往往举为美谈；而尸位苟禄者，遂因以借口。盖古今恬不之怪。嗟乎！出处进退，君子之大致。吏则吏，隐则隐，二者判然其不可乱。吏而曰隐，此何理也？夫任人之事，则忧人之忧，抱关击柝之职，必思自效而求其称。岩穴之下，畎亩之中，医卜释道，何所不可隐，而顾隐于是乎？此奸人欺世之言，吾无取焉。

此处讽刺那些借隐而求取功名的假隐士，指出吏与隐是不可调和的两种选择，貌似否定吏隐之说，而后文却是一大转折：

> 然则名堂之意安在？曰：非是之谓也。谓其为吏，而犹隐耳。孤城斗大，眇乎在穷山之巅，烟火萧然，强名曰县。四际荒险，惨目而伤心。过客之所顾瞻而咨嗟，仕子之所鄙薄而弃置。非迫于不得已者不至也。始予得之，亲友失色，吊而不贺。予固戚然以忧，至则事简俗淳，便于疏懒，颇有以自慰乎其心……或时与客幽寻而旷望，荫长林，藉丰草，酒酣一笑，身世两忘，不知我之属乎官

也。此其与隐者果何以异？

这里进一步解释“吏隐”命名之所由，貌似旷达，实则抒发了自己被僻置陋地、不得重用的满腹牢骚。又如《恒山堂记》《高思诚咏白堂记》等篇章，叙身世，论兴亡，寄感慨，发牢骚，也都表达得委婉曲折，语言平易晓畅，体现出有类欧、苏的艺术旨趣和审美追求。他如《茅先生道院记》《送王士衡赴举序》等篇，则叙议结合，纵笔而谈，理尽辄止。元初王鹗在为其文集所作序中说他“为文不事雕琢，唯求当理，尤不喜四六”（《滹南遗老集》），可谓的论。

五　元好问

元好问的散文师法欧、苏，风格委婉自然，平易畅达。名篇佳作如《送秦中诸人引》。先写关中地区的风土人情、山川文物天下莫比，引人入胜，再叙自己与秦中友人相与游历，“道相合而意相得”，最后就世俗之人追求“美食、大官、高赀、华屋”，发表一番议论，表达自己不慕荣利、回归自然的人生理想和恬淡闲适、清高自守的生活情趣。文章语言平易流畅，叙述娓娓动人，议论精警深刻，是一篇优美的小品文。再如《市隐斋记》，文章采用对话的形式，先就隐士的本义与各种表现做出交代，再对前人所谓的大隐、小隐进行辨别，之后再揭露今人之隐的虚伪，从而对娄公之隐提出质疑，并借友人之语释疑：“鬻书以为食，取足而已，不害其为廉；以诗酒游诸公间，取和而已，不害其为高。夫廉与高，固古人所以隐也，子何疑焉？”还举古代韩伯休卖药不二价而为人所识，“弃药径去，终身不返”作对比，说明娄公仍是求显，而非真隐，最后以“予意大夫、士之爱公者，强为之名耳，非公意也”作结，为友人和娄公打一圆场。整篇文章可谓立意新颖，构思巧妙，表达委婉，语言明畅。其他的如《送高雄飞序》《雷希颜墓铭》《赵州学记》等，也写得纡徐委婉、古朴平易，且新意迭出，极有思致。元好问现存赋 4 篇，《秋望赋》代表了金代辞赋的最高成就：

> 步徘徊而徙倚，放吾目乎高明。极天宇之空旷，阅岁律之峥嵘。于时积雨收霖，景气肃清。秋风萧条，万籁俱鸣。菊鲜鲜而散花，雁杳杳而遗声。下木叶于庭皋，动砧杵于芜城。穹林早寒，阴崖昼冥。浓淡霏拂，绕白纡青。纷丛薄之相依，浩霜露之已盈。送苍苍之落日，山川郁其不平。瞻彼轩辕，西走汉京。虎踞龙蟠，王伯所凭。云烟惨其动色，草木起而为兵。望嵩少之霞景，渺浮丘之独征。汗漫之不可与期，竟老我而何成！挹清风于箕颍，高巢由之遗名。悟出处之有道，非一理之能并。繄南山之石田，维景略之所耕。老螭盘盘，空谷沦精。非云雷之一举，将草木之偕零。太行截天，大河东倾。邈神州于西北，恍风景于新亭。念世故之方殷，心寂寞而潜惊。激商声于寥廓，慨涕泗之绿缨。吁咄哉！事变于已穷，气生乎所激。豫州之土，复于慷慨击楫之

誓；西域之侯，起于穷悴佣书之笔。谅生世之有为，宁白首而坐食？且夫飞鸟而恋故乡，嫠妇而忧公室，岂有夷坟墓而翦桑梓，视若越肥而秦瘠？天人不可以偏废，日月不可以坐失。然则时之所感也，非无候虫之悲。至于整六翮而睨层霄，亦庶几乎鸷禽之一击。

该赋抒写了作者在蒙古军进逼之下引发的国地日蹙、国势日危的郁愤之情。秋景的萧瑟衬托出感情的悲凉，但又显得慷慨激昂，语言整饬密丽，用典妥帖稳当，笔力雄浑苍劲，造诣不凡。

六　李俊民

李俊民的散文以记体文较有特色，其文好以物议，又揆之人情，如《睡鹤记》云：

鹤也者，物之生于天而异者也。其性洁而介，其声亮而清。洁而介，则寡所合；亮而清，则寡所和。独以孤高自处，飞鸣于霄汉之上。岂求其异也哉？盖天之所赋者，异也。夫才高则无亲，势孤则失众，鹤奚恤焉？若或矫情自浼，下同于频频之党，变常而丧其真，非鹤之德也。

鹤本无所谓性，亦无所谓德，而作者以人情揆度之，赋予其人的品质。“人之情，有所甚好而不得，则必见似之者而喜。匪徒好之，盖感而有所得焉。”李俊民自号“鹤鸣道人”，见形如睡鹤的异石亦心喜，也是以人比鹤，以鹤况人，借以抒发自己孤高遗世的情怀。又如《刘济之忍斋记》，由友人为居室命名“忍斋”而引出一番议论：

凡有血气者，皆有争心，在人则尤甚焉。人情甚不美，小有不协，至于按剑相怒，没齿而恨不解，是何耶？血气之所役也。忍之之意，非敢望于人，盖将以自警耳。

异哉！未有无事而忍者。若子之言，所以自处者得之，恐非所以处人者。得之于己，失之于人，可乎？夫情深则怨匿，理到则心服。与其匿怨，孰若服心。我以情怒，彼以理屈，则门外负荆者踵接矣。莫不释然开、廓然通，无一毫芥蒂于胸臆。初以自警，卒能苦于人。过此以往，足之所履，皆君子之忍斋也。

本是为居室而写的一篇记，却通篇就“忍”来发表议论，以见作者对人情世故的态度和处世原则。还有的文章具有刺世意味，如《驯鹿赋》，不拘格套，信笔抒怀，间有讽喻，语短而意深。

七　刘　祁

刘祁出身于金源文学世家，文章现存 14 篇，皆长于叙事。如《录大梁事》记述汴京陷落始末，以军事斗争为主线，政令变迁为副线，真实地表现了蒙军的狡诈残暴、朝臣的自私苟且、哀宗的虚伪刚愎、百姓的饥荒叫号和文士的惊怖无奈等等，头绪纷乱而叙事井然有序。一些山水游记则是叙事与写景兼善，如《游林虑西山记》叙事井然，写景细致，语言精美，声韵铿锵，是山水游记中的名篇。还有的文章寓理于事，寓情于景，熔叙事、抒情、写景和议论于一炉。如《归潜堂记》是他的名篇，文章先简略介绍了自己的出身、读书、应举、游学的经过，再叙兵乱入汴、父亲去世、辗转北还故里，得乡人筑室以居，始转入正题，之后是对居所周围环境的描写：

所居盖其故宅之址，四面皆见山。若南山西岩，吾祖旧游。东为柏山，代北名刹。西则玉泉、龙山，山西胜处。故朝岚夕霭，千态万状。其云烟吞吐，变化窗户间。门外流水数支，每静夜微风，有声琅琅，使人神清不寐。

山水泉石、烟岚雾霭，其实本无多少特色，写来却是那么的优美诱人，自然引出作者的乐处。之后便是一段自白：

闲尝自念，幸生而为儒，忝学圣人之道。其平昔所志，修身治国平天下，穷理尽性至于命，进则以斯道济当时，退则以斯道觉后世。今当壮岁，遭此大变，更赖先人之灵，得返乡里。幸而有居以自容，将默卷静学，以休息其心力。况世路方艰，未可为进取谋，因榜其堂曰"归潜"，且以张横渠东西二铭书诸壁。

既标明自己平昔的远大志向，又表达乱世归隐的无奈，点出以"归潜"名室的用意。末以主客问答的方式，再次强化作者归隐的志向。类似的还有《游西山记》，在娓娓叙述一路行程的同时，对景物的描写亦颇为细致，最后标明归隐林泉之志。

第二节　南宋散文

南宋紧承北宋古文创作高峰，古文创作更为繁荣，文体更为完备，文集更为繁富，尤其是其文论之勃兴与选本之迭出及文派之形成，都是散文史上前所未有的新动向，他们都对后世散文的发展产生了深远的影响。但不乏哀怨悲切之声和迂腐气息，令人叹息。

一　南宋初期散文

从苏轼去世到李清照去世这段时间，被称为南渡前后。重文采的汪藻等文采派和重御金的宗泽等沉郁派闻名。靖康祸起，宋室南渡，风雨飘摇，几无宁日。民族正处危难之际，国家陷于泥泞之中，朝臣、文士、学者虽遭际不同，立场各异，但都以自己的笔触展示了那幅风云变幻、谲诡惨淡的历史画卷。尤其是胡寅等人，本以气节自负，身处昧暗之际，上疏言事亦辨析明快，无语录体散漫迂腐之习，无道学家迂阔骛远之见，写出明达体用之作。宗泽、李纲、胡铨、陈东等热血志士，风骨凛然，忠愤激烈，以抗金作为他们毕生奋斗的事业，平日忧愤郁积，进言论事即情随词出，大声呵斥如电发霆击，拳拳报国之心，力透纸背。

宗泽（1059—1128）幼有大志，磊落豪爽。元祐六年（1091）进士及第，廷对时极陈时弊，为考官置于末等。金兵南下，他率兵勤王，连战皆捷，后为东京留守，精修战备。他一心劝高宗回銮开封，却为权臣所沮，忧愤成疾，临终三呼“渡河”而亡。其言事论政，剀切恳挚，从建炎元年七月至二年五月，其“前后奏请为回銮而发者凡二十有四，其血诚赤心，因可想见，它文单言半字，无非从忠义中流出”（楼昉《宗忠简集序》）。又如《乞毋割地与金人疏》，指斥高宗逡巡避战，一味妥协，令国人灰心，使士子丧气，语气直露，毫无隐晦。为国效忠之心，为民请命之意，溢于墨楮。

李纲（1083—1159）“素有狂愎无上之心，复怀怏怏不平之气”（毕沅《续资治通鉴》），认为“文章以气为主，如山川之有烟云，草木之有英华，非渊源根柢所蓄深厚，岂易致邪？士之养气刚大，塞乎天壤，忘利害而外生死，胸中超然，则发为文章，自其胸襟流出，虽与日月争光可也”（李纲《道乡邹公文集序》）。他的文章以气运出，唯求意达理明，清清楚楚，出语尤为朴素、直截，不用典或少用典，也不太讲究修辞的巧妙，言从心出，直来直去。偶尔用一些反问句、排比句，也是气盛言宜，但觉语气决绝，事理当然，而无着意渲染、铺陈之感。用字则求平易，避深奥而忌藻丽，造句则唯求其短，不作空中盘旋。如论国是，则娓娓道来，条分缕析，将和、战、守之利弊一一剖析，全面深刻，正大明白：“臣窃以为和、战、守一理也。虽有高城深池，弗能守也，则何以战？虽有坚甲利兵，弗能战也，则何以和？以守则固，以战则胜，然后其和可保。不务战、守之计，唯信讲和之说，则国势益卑，制命于敌，无以自立矣”（《议国是》）；议攻战、守备、措置、绥怀之方，亦深中事机，曲折晓畅，气概凛然，成败利害灼然如在目前。其他如《绍兴五年上高宗疏》《上渊圣皇帝实封言事奏状》《备边御敌八事》《十议》等文，都是直截了当、要言不烦而光明磊落，所以朱熹以为“其言正大明白，而纤微曲折，穷极事情，绝去雕饰而变化，卓荦奇伟”（朱熹《宋丞相李忠定公奏议序》）。

胡铨（1102—1180）以松柏之高标劲质而自励，“见夫落落高标、陵轹霜雪有不可犯之色，则思所以上陈利病于当途要人，争可否而不折；见夫幽姿劲质、鸾鹤对峙，而不受鹖雀，则思所以击奸尚贤，使君子有所恃，而小人有所畏”（胡铨《二友堂记》）。他为人倔强不屈，有毅然不可夺之色，虽颠沛流离，半生放窜而矢志不移。文章剀切直陈，务求有裨国是，以痛斥奸佞而声振朝野，名动天下。杨万里称“其议论闳以远，其记序古以驯，其代言典而实，其书事约而悉”（《澹庵先生文集序》)，但真正光彩四溢、家传户诵而标榜青史者，是他的奏议封事类文书。绍兴八年，秦桧力主和议，王伦使金，与金使偕来，以诏谕江南为名。胡铨愤然而起，舍生忘死，指责高宗，痛斥秦桧、孙近、王伦诸人，与之不共戴天。虽秦桧以狂妄凶悖，鼓动劫持之名将胡铨编管昭州，但忠义之士前赴后继，如吴师古锓木传其文，陈刚中启事贺其贬，王庭珪歌诗壮其行，三人不惧流放，甚至客死他乡也无所怨悔，抗战不屈之议遂深入人心。

李光（1078—1159）为南渡重臣，亦因力主备战而移置琼州，与胡铨书信往来颇多，为人醇实和平，绝无幽忧牢落之意。他所上的奏议，如《论守御大计》《劝车驾亲征》《戒约烦苛》《裁减营缮》等，忠义激发，英伟逼人。陈东（1086—1127）身为太学生，国步阽危之际，挺身而出，率领诸生伏阙上书，慷慨论议，如大海之起涛澜，如泰山之腾云气，声势自是不凡。《上高宗第一书》等文辞旨鲠亮，疾恶如仇，自可想见其风采。费枢曾赞扬靖康死节之臣李若水（1093—1127）“生意凛然，足以激忠愤之气”，并大声指斥偷生避难者，以为他们将“羞死于地下，其何以免天下后世之公议”（徐梦莘《三朝北盟会编》卷八十二）。

汪藻、孙觌、叶梦得等一帮词臣，文采焕然，远在宗泽诸人之上，但国难之际萎缩懦弱，立场反复，畏敌如虎，鼓吹逃亡，阿附权奸，以迁都巡守为安全无事之福，以抗战备守为滋扰生事之举，公议所在，备受斥责，其文章也往往为人所轻忽。叶适言“其人未尝知义也，其学未尝知方也，其才未尝中器也，操纸援笔以为比偶之词”（《水心文集·宏词》)，颇为不屑。

孙觌（1081—1169）对古文的演进历程及意义有着清醒的认识。《送删定侄倅越序》说：

> 声律之学，盛于杨、刘，号西昆一体。时学者师慕骈四俪六，枝青妃白，捻须鬣，琢肺腑，镌磨锻炼，以求合均度，故有言浮于其意，意有不尽于言，如夏英公笺表皆是物也。逮庆历、嘉祐间，欧阳文忠公以古文倡，而王荆公、苏东坡、曾南丰起而和之，文章一变，醇深雅丽，追复古初。文直而事核，意尽而言止，譬之行云流水，遇物赋形，体质自然，不见刀尺。于是天下翕然以为宗师。

孙觌尤其擅长四六之文，“其章疏、制诏、表奏，往往如陆敬舆，明辨骏发，每一篇出，世争传诵”（《鸿庆居士集》)。如他的《贺登极选》《贺魏丞相启》等，用事准确，取材博赡，词采精拔，笔意清新，均是一时之选。《西徐上梁文》警奇兀傲，被高步瀛《唐宋文举要》评为《鸿庆集》压卷之作。但孙觌专附和议，曾为宋钦宗草表上金主，极意献媚，后肆意诋毁李纲诸人，周必大虽讳恶扬善，以“孔雀虽有毒，不能掩文章”为之辩护，但“立身一败，诟辱千秋，清词丽句，转有求其磨灭而不得者，亦足为文士之炯戒焉”（《四库全书总目·鸿庆居士集提要》)。

叶梦得曾赤膊上阵，引经据典，以唐玄宗、代宗、德宗等君主因暂时逃避而迎来转机，直接为高宗避敌逃跑之懦弱行为披上光彩绚丽的外衣："为今之计，必先深戒靖康机会之失，然后论起备御之策。所为靖康之失者何也？固守京师而不知避是也……靖康主谋之臣，不知论此，乃合迁都、巡守为一事，不料敌之弱强，不度我之胜负，徒袭宣和末议，以固守京师为得计，已大误也。"(《石林奏议·户部尚书奏应诏大询状》)另如《陈待敌之计札子》《论江防利害札子》等，引据史实，或备一说，虽不得全然视为书生之见，却难免承风希旨之嫌，立意已输一着。

汪藻（1079—1154）为"南渡后词臣冠冕"(《四库全书总目·浮溪集提要》)，一时诏令类多出其手。他论文既不满王安石的"偃然以经术自高"，视文章为一技，又对程颐所说的读书为妨道不以为然，认为文章对于社会、人生都是必不可少的："经术者，黍稷稻粱也；文章者，五味百羞也。用黍稷稻粱之甘，以充吾所受天地之冲和，固其本矣；若遂以五味百羞为无补于养生，皆废而不用，则加笾陪鼎、殽蒸折俎，不当设于先王燕飨之时也。"(汪藻《浮溪集·答吴知录书》)

汪藻以四六文著称于世，他一方面继承了苏轼的清新流丽，另一方面又发扬了王安石的谨严工整，一字不苟措，可谓集大成者。他虽为词臣，但时属天下多事，亦感激奋发，不无慷慨之气。如广为传颂的《隆祐太后手书》《建炎德音》均作于国家危亡之时，"当大典册，秉大史笔，为天子视草，始大发为文"(孙觌《浮溪集序》)。

汪藻《苏魏公集序》说："所贵于文者，以明当世之务，达群伦之情，使千载下读之者如出乎其时，如见其人也。"此文描述社稷艰险之状、国家危亡之情，陈述康王承继大统之必要与重要，皆明白洞达，气势激扬，达到了维系民心、鼓舞士气的效果。故罗大经誉之为"事词的切，读之感动，盖中兴之一助也"(罗大经《鹤林玉露·建炎登极》)。《隆祐太后手书》292字，将艰险复杂而又窘迫的时局解说得剀切明白：

> 比以敌国兴师，都城失守。祲缠宫阙，既二帝之蒙尘；诬及宗祊，谓三灵之改卜。众恐中原之无统，姑令旧弼以临朝。虽义形于色，而以死为辞；然事迫于危，而非权莫济。内以拯黔首将亡之命，外以抒邻国见逼之威。遂成九庙之安，坐免一城之酷。乃以衰癃之质，起于闲废之中。迎置宫闱，进加位号。举钦圣已行之典，成靖康欲复之心。永言运数之屯，坐视邦家之覆，抚躬独在，流涕何从？缅惟艺祖之开基，实自高穹之眷命。历年二百，人不知兵；传序九君，世无失德。虽举族有北辕之衅，而敷天同左袒之心。乃眷贤王，越居近服，已徇群情之请，俾膺神器之归。由康邸之旧藩，嗣我朝之大统。汉家之厄十世，宜光武之中兴；献公之子九人，惟重耳之尚在。兹为天意，夫岂人谋？尚期中外之协心，同定安危之至计。庶臻小愒，渐底丕平。用敷告于多方，其深明于吾志。

汪藻的奏议、记序也时有佳构，品质“深醇雅健，追配古人”（《四库全书总目·浮溪集提要》），自可名家。他捕风捉影弹劾李纲“乃倾家积，阴与贼通”，又揣摩上意，指责诸将骄悍无状，凭陵跋扈，为人不齿。其《奏论诸将无功状》写道：“陛下为宗社大计，惧敌人之侵，宵旰焦老，未尝顷刻少安……方国家危机之时，所恃者诸将，而诸将所为如此，不知何以立国，臣窃愤之。此事人皆知之，而无为陛下言者，岂以为不急之务哉!”（《浮溪集·奏论诸将无功状》）这种阿谀构陷之风，沦为词臣末流本色。

这一时期，讲学家往往勤敏力学，博究经史。他们的文章专尚理治，不为浮虚靡丽之词，论事议政，也大多能切中时机，条畅明白，意之所至，无所隐蔽，展露殆尽。其时杨时（1053—1135）的奏议，往往有为而发，切于世道，论及时势安危，援古证今，言之凿凿，并非空谈性命、不达世变之论。

刘子翚（1101—1147）隐居武夷山达十七年之久，专心讲学，终成大儒。其谈理之文，辨析明快，曲折尽意，无南宋人语录酸腐之习。对于时事，他亦未能忘怀，《荆襄》《吴蜀》等论事之文，洞悉时势，毫无迂阔之见。如《江北》提出国家大计无非战与守，因险为守而守易固，固守为战而战必胜，虽无新人耳目之见，但平正通达，言之成理。《招剑文送刘致中》等文，极力渲染宝剑凛凛之风，可见其人并非一味静穆。神州陆沉之际，书生也有把剑示君的豪情壮志。

王十朋（1112—1171）曾聚徒讲学于梅溪，后擢进士第一，上书论事，力倡恢复中原。对于唐宋古文地位，他有明确的认识：“不学文则已，学文而不韩、柳、欧、苏是观，诵读虽博，著述虽多，未有不陋者也。”（《读苏文》）对于唐宋古文大家的风格，他也有准确的分析：“唐宋之文，可法者四：法古于韩，法奇于柳，法纯粹于欧阳，法汗漫于东坡。余文可以博观，而无事取乎法也。”（《杂说》）这些论述，对于唐宋散文艺术传统的确立不无裨益。他认为“文以气为主，非天下之刚者莫能之，古今能文之士非不多，而能杰然自名于世者无几。非文不足也，无刚气以主之”（《蔡端明文集序》）。他的文章往往正气灌注，大义凛然，“论事取极己意，然其规抚宏阔，骨格开张，出入变化，俊伟神速，世之尽力于文字者，往往反不能及”（朱熹《宋梅溪王忠文公集序》）。

此外，还有一些作者并没有直接言事论政，就基本国策表达自己的立场，他们纷纷用自己的方式记录了时代巨变带来的深重灾难，表达他们的忠愤之情、恨世之意，使得南渡之初的纪实文字颇为兴盛。正如徐梦莘《三朝北盟会编》自序所言：“呜呼！靖康之祸，古未有也……缙绅草茅，伤时感事，忠愤所激，据所闻见，笔而为记录者，无虑数百家。”他通过对这些材料的诠次，揭橥“海上之盂”到“靖康之祸”的原委，完整再现这段惨淡的历史：“其辞则因原本之旧，其事则集诸家之说。不敢私为去取，不敢妄立褒贬。参考折衷，其实自见。使忠臣义士、乱臣贼子善恶之迹，万世之下不得而掩没也。”（徐梦莘《三朝北盟会编》）这些耳闻目见而纂集的纪实文字，不仅具有珍贵的史料价值，在艺术上也取得了成功。

李清照的《金石录后序》，不仅记录了《金石录》的编撰由来，更以金石书画的聚散为线索，表现了作者三十四年的悲欢离合，从侧面反映了那个时代的动荡不安。文章叙事中饱含情感。细腻处，娓娓而谈，如数家珍；沉痛处，淋漓曲折，凄然言外。作者夫妇早年共同生活的情趣，战乱中的惶恐，丧夫之痛及晚年的孤独无依都写得生动感人。毛晋以为“易安居士文妙，非止于雄于一代才媛，直洗南渡后诸儒腐气，上返魏晋矣”（毛晋《汲古阁书跋》）。李慈铭也盛称此文“叙致错综，笔墨疏秀，萧然出畦町之。予向爱之，谓宋以后闺阁之文，此为观止”（《越缦堂读书记·艺术》）。

二　南宋中期散文

学派林立是南宋中期文化的一个重要特征，而学派之间对文的不同看法，也明显影响到了他们的文章的创作，文派因此形成。这一时期的闽学学派、象山学派、永康学派、永嘉学派、婺学学派在学理方面的论争以及由此带来的学术活动，大大促进了散文创作的繁荣。其中最引人注目的当属理学家，为这一时期文章创作的主力军。理学家之外，文章颇有特色的还有饮誉后世的诗人与词人。这一时期的诗、词创作进入中兴时期，一时名家辈出，张孝祥、吕祖谦、陆九渊、陈亮、朱熹、陈傅良、杨万里、范成大、辛弃疾、陆游、叶适都各具风采。

陈亮力主复兴，重事功，讲实用，潜心史书，赞赏历史上的风云人物，因此被看成事功派的代表人物之一。论文学首先看重它的应用价值，曾说过“文将以载其道也。道不在我，则虽仕何为？虽有文，当与利口者争长耳”（《复吴叔异》）。他认为载道、行道都是为了经世济民，解决现实问题。这实际上就是把作文当作推行一定政治主张的手段，所以他说“古人重变法，而尤重于变文，则必有深意矣”（《变文法》）。因此，他在讲道、意、理时，往往把它们与政教、事功联系起来，往往把意理之胜作为散文审美价值的决定性因素。《书作论法后》一文对此有比较详细的阐述：

> 大凡论不必作好语言，意与理胜，则文字自然超众。故大手之文，不为诡异之体而自然宏富；不为险怪之辞而自然典丽；奇寓于纯粹之中，巧藏于和易之内。不善学文者，不求高于理与意而务求于文彩词句之间，则亦陋矣。故杜牧之云：“意全胜者，辞愈朴而文愈高；意不胜者，辞愈华而文愈鄙。”黄山谷云：“好作奇语，自是文章一病，但当以理为主，理得而辞顺，文章自然出群拔萃。”

乾道五年（1169），陈亮在礼部考试落第后，随即向孝宗进《中兴五论》，阐述抗金中兴的基本纲领。淳熙五年（1178），他在一月之内三次向孝宗上书，纵论恢复之道。淳熙十五年（1188），陈亮再次诣阙上书，以图说服孝宗，收拾河山。此外，陈亮还作有《廷对》《制举》《四弊》《国子》等策文。陈亮的这些文章，都意在根除时弊，整顿朝纲，激励民心，为南宋王朝收复中原、洗尽前耻而覃思极虑，出谋划策。隆兴和议之后，偏安之势既成，而朝野上下晏然，不思振作，偷生苟且，沉醉在一派和悦之中，置国恨家仇于度外，屡遭羞辱而泰然自若。但陈亮“复仇自是平生志”，面对文恬武嬉的局面，痛心疾首，试图唤起人们的斗志：“南师之不出，于今几年矣。河洛腥膻，而天地之正气抑郁而不得泄，岂以堂堂中国，而五十年之间无一豪杰之能自奋哉！其势必有时而发泄矣。”“臣以为拘挛龌龊之中，其势当有卓然自奋于草茅而开悟圣听者”。指斥秦桧之流“饰太平于一隅以为欺”，痛责“今世之儒士自以为得正心诚意之学者，皆风痹不知痛痒之人。举一世安于君父之仇，而方低头拱手以谈性命”（《上孝宗皇帝第一书》），对孝宗“驱委庸人，笼络小儒，以迁延大有为之岁月”亦颇有微词。陈亮不仅反复强调了抗战恢复的必要性，而且还提出了收复中原的可行性及具体策略。如迁都建康、经营荆襄、注重江淮一带的战备，着力人才培养等，都表现出了一个战略家的远见卓识。

陈亮志向宏远，眼界阔大，所论皆“国家立国之本末”“天下形势之消长”，故不屑斤斤于字句之间，立论如“堂堂之阵，正正之旗，风雨云雷交发而并至，龙蛇虎豹变见而出没”，具有一种震慑人心、不可阻遏的恢宏气势。陈亮的文章，立论虽然不尽精确，阐述也不免失之阔略，但气象之恢宏，文思之奔腾，情感之激越，往往使人心骇目夺。陈亮每有所感，慷慨作论，少有吞吐嗫嚅，言人之所不敢言，论人之所未敢论，斩钉截铁，不容置疑。其笔力之矫健，文章之瑰丽，气势之恢宏，如崇岩峭壁，万仞崛起，使时人雕章绘句、吟花弄月、呻吟哀叹之作顿为黯然失色。朱熹所说的陈亮“才太高、气太锐、论太险、迹太露”，从另一侧面阐述了陈亮文章所具有的阳刚之美。陈亮以帝王代言者的身份作文，但书生气还是多了一点。

朱熹既是道学的集大成者，又是一位颇有创作才能和鉴赏眼光的散文家。他年轻时即以兴起斯文为己任，终其身孜孜矻矻，人文物理无不探究，如他自己所说：“某旧时亦要无所不学，禅、道、文章、楚词、诗、兵法，事事要学”（《朱子语类》）。他不同意李汉“文者贯道之器”的说法，受庄子道无所不在思想的影响，认为文便是道，“先理会得道理了，方作文”，不可“把本为末，以末为本”（《朱子语类》）。不过，朱熹虽然重道轻文，观念远比周、程等人通达。他强调法度，也不反对自出新意、自铸伟辞，只是要求变而不失其正。他标举平淡，却反对淡而无味，望“枯淡中有意思”。他是两宋道学家中最出色的散文家。

朱熹的奏疏之文，虽然侈谈正心诚意之类，但平易自然、条理清晰，《文章精义》所说的“晦庵先生诸文字，如长江大河，滔滔汩汩”（李淦《文章精义》），就是指他的这类文字。朱熹最富于文学意味的，是他的序、记之作。他曾称赞巩仲至记文甚健，说尽事理。但又希望他更考欧曾遗法，料简刮摩，使其清明峻洁之中，自有雍容俯仰之态，则其传当愈远，而使人愈无遗憾矣。而后者，不仅是朱熹作文的理想境界，更是他自己文风最为生动与准确的形容。如他的《百丈山记》：

日薄西山，余光横照，紫翠重叠，不可殚数。旦起下视，白云满川，如海波起伏；而远近诸山出其中者，皆若飞浮往来，或涌或没，顷刻万变。台东径断，乡人凿石容磴以度，而作神祠于其东，水旱祷焉。畏险者或不敢度。然山之可观者，至是则亦穷矣。

朱熹写登石台所见之景，一反往常之素淡。瀑布的恢宏、石台的崔嵬、云海的奇幻等均以浓墨重彩绘出，鲜活明丽，历历如在眼前，将作者开阔之胸襟展露无遗。而此前写石磴之险要、石梁之幽深、涧水之清澈、石屋之小巧、石阁之清寂，又是淡笔勾勒，语简意闲，神定气和，充分传达出朱熹萧散超逸之情调韵致。作者着墨或浓或淡，文章色彩或秾或浅，无不随其所宜，如自然天成。真可谓“清明峻洁之中，自有雍容俯仰之态”。笔调纡徐，趣味隽永，实非平铺直叙、一览无遗之游记所堪比拟。

朱熹对闲淡高远之作赞不绝口，认为萧散的意象、幽洁的境界往往为作者“高风余韵”的外化。因此，他极力强调要“洗涤得尽肠胃间夙生荤血脂膏”“使方寸之中，无一字世俗言语意思”（《答巩仲至·四》），要胸无芥蒂、心畅气和，高明纯一、淡泊自守。只是朱熹强调虚静明澈，却不主张堕入虚空，如枯井空潭，了无生趣。故其文章，并非全为道学家正襟危坐笃实之作，其间不乏灵机妙趣，不乏幽情逸思，不乏嬉笑怒骂，情感自是浓烈。如其《送郭拱辰序》，云：

世之传神写照者，能稍得其形似，已得称为良工。今郭君拱辰叔瞻，乃能并与其精神意趣而尽得之，斯亦奇矣。予顷见友人林择之、游诚之，称其为人，而招之不至。今岁惠然来自昭武，里中士夫数人，欲观其能，或一写而肖，或稍稍损益，卒无不似，而风神气韵，妙得其天致，有可笑者。为予作大小二象，宛然麋鹿之姿，林野之性。持以示人，计虽相闻而不相识者，亦有以知其为予也。然予方将东游雁荡，窥龙湫，登玉霄以望蓬莱；西历麻源，经玉笥，据祝融之绝顶，以临洞庭风涛之壮；北出九江，上庐阜，入虎溪，访陶翁之遗迹，然后归而思自休焉。彼当有隐君子者，世人所不得见，而予幸将见之，欲图其形以归。而郭君以岁晚思亲，不能久从予游矣。予于是有遗恨焉。因其告行，书以为赠。

先写郭君画技高超，烘托出自己的“麋鹿之姿，林野之性”，后写他将出游，欲画隐君子之形以归，而以郭君不能从行为憾，隐约透露出国土日蹙、贤人在野之意。语短意隽，余韵无穷。故林云铭评论说：“从写真小技中发出如许大想头。盖彼时幅帧日蹙，其东北三面，可一览而尽。贤人遁迹，仕路一空。欲图其形，正以见其皆‘麋鹿之姿，林野之性’，与己相类也。语虽壮而实悲，要于言外得之。其笔法从《史记》中得来。”（《古文析义》）所谓《史记》笔法，实则是以情纬文，不为枯淡之语。其广为传诵的《记孙觌事》，也是深得其中旨趣，不露声色，却将孙觌谄媚金人、卖国求荣的嘴脸刻画得入木三分。

吕祖谦，出身名门，南宋理学三大家之一，曾对时文下过很大工夫，他门下的子弟也多有意于科场。这使他对文学功用的领悟非常深切。吕祖谦为人平和通达，以持平公允自负，论学向来主张名实先后具举不偏，“学富而醇，文敏而丽，通古不流，博古不泥”（《东莱吕太史别集·附录》），与同时代的理学家相比，少偏激之论而多真切之感，文学观念更为深刻丰富，在南宋理学家中有着鲜明特色。北宋以来，道学家与文章家势如水火，重道轻文、重理轻辞，反对以文为业，或以文为一艺，或以文为无用之赘言，甚者视其玩物丧志、贻误心性；文章之士则力求天下之至文，倡言学文与为文的本真意义。吕祖谦试图将两种倾向融会起来，主张义理与辞章并重。他出入讲学家与文章家之间，试图消除文与理的隔阂，既强调经史并重，致用求实，又标举章法结构，苦心经营布局命意，着力于修辞用事。

吕祖谦的文风“早葩而晚实”，存在着明显的演进轨迹。吴子良有过比较准确的评价：“东莱早年文章在词科中最号杰然者，然藻缋排比之态，要亦消磨未尽，中年方就平实。”（《荆溪林下偶谈·词科习气》）

吕祖谦的论策，明正平和。他的《东莱博议》，是供学子仿效的“下水作文”，为经生揣摩之本，深受当时及后世学者喜爱，流传甚广，直到五四运动倡导“平白如话”的白话文时，还把它和《文选》《古文观止》一起作为古文的代表进行批评。吕祖谦所编选的《古文关键》，对唐宋散文艺术传统的确认和点评理论的完善做出了主要贡献。吕祖谦记序之类的文章，清新雅丽，曲折明畅。他的《送张孟远序》，以己之拘谨木讷，映出张孟远之磊磊落落、意气纵横，文笔淋漓酣畅，快利无双。《秀州陆宣公祠堂记》《台州修城记》《泰州修桑子河堰記》等，大都叙事简捷，绘景生动，措词高古而精彩，光芒溢于毫楮。尤其《白鹿洞书院记》，叙述书院创建本末，阐释书院创建意义，一气旋转，圆畅温润，很能代表吕祖谦文章的特色。

陆九渊主张“知返本”“求简易”。“简易”与“返本”体现在文章上，就是要求文风劲健有力，简捷直致，直指本心。他虽立圣人之志，以文章为余事，却也不否认艺术技巧的重要性。陆九渊为学，大有“述而不作”之风，章句、集注之类在他看来都是“遗好事者藻绘以矜世取誉而已”。曾有学生问他何不著述，他明确地表示六经都是其注脚。由于他不复以言语文字为意，故其所著甚少，传存下来的多是一些与师友论学的书札、讲学的语录和讲义。陆九渊的语录，在某种程度上保留了他直指本心、明心见性、感发意志的特色，大似禅宗之机锋，多启发语、训诫语、点拨语、警醒语，但绝少长篇大论的阐述与严谨不苟的推理，甚至其观点前后也不尽相吻合，但却总能针对发问者的具体情况，以独特的譬喻和辩驳使对方顿悟。他的单篇散文，艺术上也有值得称道的特色。孔炜称其“推是学以为文，则辞达而不争乎雕镌缭绕，无意为文，而文尔自工”，并非全为溢美之词。

叶适为学讲实用，重事功，不拘成说，敢于创新，所以他的散文主张也有重实用、重个性的特点。他曾说“读书不知接统绪，虽多无益也；为文不能关教事，虽工无益也”（《文安谥议》），“文者言之衍也，古文约义理以言……其后小为科举，大为典册，虽刻秾损华，然往往在义理之外矣，岂所谓文也”（叶适《水心文集·周南仲文集后序》）。但他讲的理，并非道学家之理，因为他同时说道学“其本稍差，其末大弊”，“程氏兄弟发明道学，从者十八九，文字遂复沦坏”（叶适《学习记言序目》）。叶适论文也看重语词之美，他选北宋散文为《播芳集》，即以“意趣之高远，词藻之佳丽”为标准。叶适尤其强调反对模拟，曾说他为文不蹈袭前人，“譬之人家觞客，或虽金银器照座，然不免出于假借，自家罗列仅瓷缶瓦杯，然都是自家物色”，并批评时人“近宗欧曾，远揖秦汉，未脱模拟之习，徒为陵肆之资。所知不深，自好已甚，欲周目前之用固难矣，又安能及远乎”（《水心文集·题陈寿老文集后》）。

叶适行文以雄放为主要特色。他的奏议、庭对，论恢复，论更法，论慰民心，论裕民力，大都写得慷慨激昂、英姿勃发。如《上孝宗皇帝札子》论恢复之势，开篇就极鼓舞人心：“臣窃以为今日人臣之义所当为陛下建明者，一大事而已。二陵之仇未报，故疆之半未复，此一大事者，天下之公愤，臣子之深责也。”其后他又对种种妥协投降的言论，进行严厉驳斥。叶适的这类政论文，筹划对策，剖析时事，大多写得洋洋洒洒，才气纵横。他常常用一连串的质问来传达自己的忠义之心、愤激之气，步步进逼，密不透风，几乎让人喘不过气来。如他驳斥“誉虏”之风，连用六个反问句，将“偷安苟禄”者的种种遁辞一一击破，使之原形毕露。他善于运用顶针句法来强化自己的观点，一环紧扣一环，在气势上使对方折服，不给对方留下争辩的余地。其文虽多长句，但在紧要处、转折处、收束处多连用三字、四字的短语，使文章显得极为劲健。其文多铺陈，多运用整齐的句式以形成浩荡不可阻遏之势，其间又多穿插慨叹之语，使文章整齐之中富有变化，语势有抑扬，文气更疏宕。

南宋碑传，历来被讥为冗弱。叶适的作品，却笔力横肆，豪气四溢。如《陈同甫王道甫墓志铭》写二人之大义、大虑、大节；《巩仲至墓志铭》述其命途坎廪；《郑景元墓志铭》绘其豪气盖世；《张令夫人墓志铭》记其旷达，或大笔挥洒，或工笔描摹，无不使传主性情跃然纸上。作者或记其言，或述其事，方式各异，主旨不同，但贯穿其间的都是传主与作者共有的那分“奇气”。他的碑板之作，不仅数量多，几乎占去文集之半，而且艺术质量也值得称道，往往能写出传主的形神风貌。叶适的记序、题跋之作也多奔放绝出。《宗记序》之排佛，恣肆纵横；《吕子阳老子支离说》之诋老，见解突出。他如《烟霏亭记》《石洞书院记》虽绘景摇曳多姿，而卓荦之气未减。

陆游（1125—1210）论文，主张充实洋溢，而后发见于外。他认为“君子之有文也，如日月之明，金石之声，江海之涛澜，虎豹之炳蔚，必有是实，乃有是文。夫心之所养，发而为言，言之所发，比而成文”（《上辛给事书》）。陆游的散文作品，多言事论政之类的奏札，但最见情性的还是序记、题跋文字。《四库全书总目》曾说他“集中诸作，边幅颇狭。然元祐党家，世承文献，遣词命意，尚有北宋典型，故根柢不必其深厚，而修洁有余；波澜不必其壮阔，而尺寸不失”。这里的“边幅颇狭”之制，就是指陆游题跋、序记之类的作品。这些文字，或衡文论道，或考证述古，寥寥数语，意味无穷，篇幅确实短小，但都似信笔写来，直抒胸臆，正如他所言“锻炼之久，乃失本指；凿削之甚，反伤正气”（《何君墓表》）。即使纪昀等人，也不得不承认它们“较南渡末流以鄙俚为真切、以庸沓为详尽者，有云泥之别矣”（《渭南文集提要》）。如他的《跋李庄简公家书》：

> 李丈参政罢归乡里，时某年二十矣。时时来访先君，剧谈终日。每言秦氏，必曰“咸阳”，愤切慷慨，形于色辞。一日，平旦来，共饭。谓先君曰：“闻赵相过岭，悲忧出涕。仆不然，谪命下，青鞋布袜行矣，岂能作儿女态耶？”方言此时，目如炬，声如钟，其英伟刚毅之气，使人兴起。后四十年，偶读公家书，虽徙海表，气不少衰，丁咛训戒之语，皆足垂范后世，犹想见其道青鞋布袜时也。淳熙戊申五月己未，笠泽陆某题。

李光于绍兴八年为参知政事，曾面叱秦桧。“咸阳”，文中借以指代秦桧，“赵相”指赵鼎，后者因与秦桧不合，被贬岭南，绝食而死。全文不过150余字，却传神地写出了李光的浩然正气和凛然风骨。陆游的《姚平仲小传》也将一位少年豪杰写得活灵活现，极富传奇色彩。笔记如《入蜀记》《老学庵笔记》，笔调活泼，文字清新，更深受后人喜爱。《入蜀记》共6卷，记载作者于孝宗乾道六年（1170）阴历闰五月十八，由故乡山阴（今浙江绍兴）出发，至十月二十七日到达夔州（今重庆奉节），沿途的所见所闻。其文如：

> 八月一日，过烽火矶。南朝自武昌至京口，列置烽燧，此山当是其一也。自舟中望山，突兀而已，及抛江过其下，嵌岩窦穴，怪奇万状，色泽莹润，亦与它石迥异。又有一石，不附山，杰然特起，高百余尺，丹藤翠蔓，罗络其上，如宝装屏风。是日风静，舟行颇迟，又秋深潦缩，故得尽见老杜所谓“幸有舟楫迟，得尽所历妙”也。过澎浪矶、小孤山，二山东西相望。
>
> 小孤属舒州宿松县，有戍兵。凡江中独山，如金山、焦山、落星之类，皆名天下，然峭拔秀丽，皆不可与小孤比。自数十里外望之，碧峰巉然孤起，上

干云霄，已非他山可拟，愈近愈秀。冬夏晴雨，姿态万变，信造化之尤物也。但祠宇极于荒残，若稍饰以楼观亭榭，与江山相发挥，自当高出金山之上矣。庙在山之西麓，额曰惠济，神曰安济夫人。绍兴初张魏公自湖湘还，尝加营葺，有碑载其事。又有别祠在澎浪矶，属江州彭泽县，三面临江，倒影水中，亦占一山之胜。舟过矶，虽无风，亦浪涌，盖以此得名也。

昔人诗有“舟中估客莫漫狂，小姑前年嫁彭郎”之句，传者因谓小孤庙有彭郎像，澎浪庙有小姑像，实不然也。晚泊沙夹，距小孤一里。微雨，复以小艇游庙中，南望彭泽、都昌诸山，烟雨空蒙，鸥鹭灭没，极登临之胜。徙倚久之而归。方立庙门，有俊鹘搏水禽，掠江东南去，甚可壮也。庙祝云：山有栖鹘，甚多。

日记以行程为线索，先写烽火矶的奇异景色，次写小孤山的峭拔秀丽，继而写澎浪矶的无风浪涌，最后记大孤山的壮丽开阔。层次清晰，散而不乱。文中写景善于抓住景物特点，写烽火玑突出其“奇”，写小孤山突出其“秀”，写大孤山突出其“壮”，各具特色，各尽其妙。“随笔所到，如空中之雨，大小萧散，出于自然。”（萧士玮《春浮园别集·南归日录·序》）

陆游的四六文，一如其诗，有悲愤剀切、气势雄浑者，如《贺黄枢密启》：“然而方时多故，为计实难。夷狄鸱张，肆猖狂不逊之语；边障狼顾，怀震扰弗宁之心。东有淮、江之冲，西有楚、蜀之塞。降附踵至，人心虽归而强弱尚殊；踊跃请行，士气虽扬而胜负未决；”有淳朴圆熟、朗朗上口者，如《祭周益公文》：“某绍兴庚辰，始至行在，见公于途，欣然倾盖。得居连墙，日接嘉话，每一相从，脱帽褫带，从容笑语，输写肝肺。邻家借酒，小圃锄菜；”有高华郎畅、情韵悠长者，如《除删定官谢丞相启》：“在乡闾，则里胥亭长所叱诃。仕州县，则书佐铃下之所蹈藉。声名湮晦，衣食空无，方所向而辄穷，已分甘于永弃。侵寻末路，邂逅殊私，招之于众人鄙远之余，挈之于半世浮沉之后。”

范成大素有文名，杨万里称赞他众体兼备：“长于台阁之体者，或短于山林之味；谐于时世之嗜者，或漓于古雅之风。笺奏与记序异曲，五七与百千不同调。非文之难，兼之者难也。至于公（范成大）训诰具西汉之尔雅，赋篇有杜牧之刻深，骚辞得楚人之幽婉，序山水则柳子厚，传任侠则太史迁。”范成大奏疏之论事剀切、文辞晓畅，自不待言。难得的是其记体与骚赋，艺术成就之突出，引人注目。他的《馆娃宫赋》，文采斐然，直追杜牧之《阿房宫赋》。其《三高祠记》也被周密称之为“天下奇笔”（杨万里《石湖先生大资参政范公文集序》）。

淳熙四年（1177）六月十九至七月初二，从成都回朝的范成大，在离开四川前游历了峨眉山，在山中待了14天，下山后写下万言游记《峨眉山行纪》。作者按照他游览的线索，先写他登临时所见草木之奇，接着叙述峰顶气候之寒，然后着重描绘“佛光昼见，神灯夜来”的奇特景观。文章移步换景，随物赋形，层次井然，使人如身临其境。第二天游览，却跳过佛光，眺望峨眉西面诸峰的奇丽景色，在千回百转之中，突然进入神奇的佛光变幻的境界，“如烂银晃耀曙光中”，佛光“大现”“清现”“收岩”，种种瑰丽景象令人目眩神迷。描绘“佛光昼见，神灯夜来”的奇特景观：

> 复诣岩殿致祷，俄氛雾四起，混然一白。僧云：“银色世界也。”有顷，大雨倾注，氛雾辟易。僧云：“洗岩雨也，佛将大现。”兜罗绵云复布岩下，纷郁而上，将至岩数丈辄止。云平如玉地，时雨点有徐飞。俯视岩腹，有大圆光堰卧平云之上，外晕三重，每重有青、黄、红、绿之色。光之正中，虚明凝湛，观者各自见其形现于虚明之处，毫厘无隐，一如对镜，举手动足，影皆随形，而不见傍人。僧云：“摄身光也。”此光既没，前山风起云驰。风云之间，复出大圆相光，横亘数山，尽诸异色，合集成采，峰峦草木，皆鲜妍绚茜，不可正视。云雾既散，而此光独明，人谓之“清现”。凡佛光欲现，必先布云，所谓“兜罗绵世界”。光相依云而出，其不依云，则谓之“清现”，极难得。食顷，光渐移，过山而西。左顾雷洞山上，复出一光，如前而差小。须臾，亦飞行过山外，至平野间转徙，得得与岩正相值，色状俱变，遂为金桥，大略如吴江垂虹，而两圯各有紫云捧之。凡自午至未，云物净尽，谓之“收岩”，独金桥现至酉后始没。

宝光之“小现”，其状已是妙不可言；神灯夜景，更让人无限神往。将峨眉山自然气质描绘成佛教境界，尽显传统比兴写法真谛。

杨万里之文“辩博雄放，自其少时，已盛行于世。晚年所著，益复洪深”（《谥文节公告议》）。他自称“生好为文，而尤喜四六”，但其奏策、序记等古文诸体显然更为出色。他的论政言事之作，洋洋洒洒，多为鸿篇巨制，少则三四千字，长则达万言，纵横捭阖，引古证今，滔滔汩汩，气势沉雄。其中最有影响的，是他的《千虑策》30篇。这一系列文章全面论述了杨万里富国强兵、待机北伐的主张。其观点立场与陈亮《中兴五论》、辛弃疾《美芹十论》《九议》颇为接近。不过，由于他缺少具体的实践经验，对敌我态势的把握较为疏略，而其策论则更侧重于内固一方面，在论述中往往以史为鉴，行文层层递进，逻辑严密，体现出文人策论的特点。孝宗初，虞允文为相，见其所著《千虑策》，禁不住感叹道：“不意东南有此人物”（罗大经《鹤林玉露》）。

杨万里的碑志传记，也追求宏大气象，多以精细的叙述方式、典重的语言风格，展示人物的风貌，篇幅颇长。如为虞允文、张浚、胡铨等人所写的行状、传记、墓志铭、墓表、神道碑铭等，往往长达八九千字，充分渲染了他们的功业，宏阔有余而严谨不足。不过，也有部分作品打破常规写法，别出心裁，显示出他良好的艺术功底。如《新喻知县刘公墓表》，感情真挚，文辞简洁，多为人所称道。

杨万里的四六文虽不乏雄深浩博、慷慨激昂之作，但主要以精致灵巧取胜，显示出抒情与唯美的倾向，与其“诚斋体”风格一致。如《回吉水萧知县启》：“属者鹓行，得从大阮竹林之胜；暇而燕语，每传小谢春草之吟。”《除吏部郎官谢宰相启》：“搔白首以重来，问青绫之无恙。玄都之桃千树，花复荡然；金城之柳十围，木犹如此。”《除吏部郎官谢宰相启》：“某老当益嫩，病使早衰。落叶空山，尽拾狙公之橡栗；寒江钓雪，夜随瞽叟之笭箵。”无不是语新意奇，新人耳目。

张孝祥以词著称，他的文章也不可忽视，《宋史》就认为，“孝祥俊逸，文章过人”（《宋史·张孝祥传》）谢尧仁更是对他的文章推崇备至，谓“其文章如大海之起涛澜，泰山之腾云气，倏散倏聚，倏明倏暗，虽千变万化，未易诘其端而寻其所穷，然从其大者目之，是亦以天才胜者也”（《张于湖先生文集序》）。张孝祥以才气追摄苏轼，故论文主张不拘常套，强调“为文有活法，拘泥者窒之，则能今而不能古”。他的奏议之文也以纵横恣肆见长，如谢尧仁所言：“故观先生之文者，亦但当取其轇轕斡旋之大用。”他的游记诸作，文词清丽，飘逸灵动，如《观月记》。

乾道二年（1166），张孝祥在知静江府、广南西路经略安抚使上被免职，由桂林北上，过洞庭湖，停泊于金沙堆。时逢中秋，张孝祥独登赏月，作文以记之。文章写景如绘，意到笔随，略加渲染，意境全出，使人有飘飘欲仙之感，颇具东坡小品神韵，可以与作者名篇《念奴娇·过洞庭》对读。

辛弃疾的文章以上书进策献略为主，斗志高昂、豪气干云，对于恢复事业充满信心。乾道元年，他奏《美芹十论》，曾详述其上书动机：

> 臣闻事未至而预图，则处之常有于；事既至而后计，则应之常不足。虏人凭陵中夏，臣子思酬国耻，普天率土，此心未尝一日忘。臣之家世，受廛济南，代膺阃寄荷国厚恩。大父臣赞，以族众拙于脱身，被污虏官，留京师，历宿亳，涉沂海，非其志也。每退食，辄引臣辈登高望远，指画山河，思投衅而起，以纾君父所不共戴天之愤。常令臣两随计利抵燕山，谛观形势，谋未及遂，大父臣赞下世。粤辛巳岁，逆亮南寇，中原之民屯聚蜂起，臣常鸠众二千，逮耿京，为掌书记，与图恢复，共籍兵二十五万，纳款于朝。不幸变生肘腋，事乃大谬。负抱愚忠，填郁肠肺。

十篇中，前三篇《审势》《察情》《观衅》，后七篇《自治》《守淮》《屯田》《致勇》《放微》《久任》《详战》，剖析敌我形势，讨论利弊，筹划方略，无一不是精辟之论。乾道六年，又作《九议》上宰相虞允文，论用人之方，进强国之策。《十论》《九议》，规模恢弘，气势雄放，洋洋洒洒，实为论政论兵的巨制雄文。刘克庄所谓“笔势浩荡，智略辐辏，有《权书》《衡论》之风”（《辛稼轩集序》），即指此类文字而言。辛弃疾还写了一些奏议，“持论劲直，不为迎合”，也充分体现了他经纶天下的“英雄之才”和“刚大之气”“议论尤英伟磊落”。

辛弃疾的题跋祭文，凝练精警，多为人传诵。如《跋绍兴辛巳亲征诏草》：

> 使此诏出于绍兴之初，可以无事仇之大耻；使此诏行于隆兴之后，可以卒不世之大功。今此诏与此虏犹俱存，悲夫。

绍兴三十一年，金兵南侵，韩康伯劝高宗亲征，并为之草拟诏书。嘉泰四年(1204)，韩侂胄筹备北伐，辛弃疾得以起用，感慨万分，撰写此跋。寥寥数语，无限感触尽寓其中。

就南宋的散文看，主张北伐的作品一直受到人们的推崇，正气干云，一腔无声血，万缕慈母泪，但是相对言之，这类作品的写作只要逻辑清晰，难度并不大。墓志序文，又多善意释放，所以南宋前期的散文一定程度上带有激情色彩。山水游记，一方面南方山水多于北方，容易引起关注；另一方面寄情山水，主要还是士大夫情调。正因为如此，这些作品并没有像欧阳修、苏轼的文章那样引起更大的反响，反而显得有些孤独。

三　南宋后期散文

宋理宗宝庆元年（1225）以后，国势危殆，风雨飘摇，文风亦日见卑弱，时文泛滥，雕镂之风渐盛，各种题材鲜有佳构。学者之文转而说理，灵妙之气薄弱。真德秀、魏了翁、刘克庄、黄震、陈耆卿、吴子良等为其间名家。

真德秀是继朱熹之后的理学大师，“乾、淳诸老之后，百口交推，以为正学大宗者，莫如西山”（《题真西山集》）。真德秀自称于朱学“私淑而有得”，主张“德行天与”“穷理持敬”，认为文章当发挥义理，有补世教。为此他编选《文章正宗》20卷、《续集》20卷，自述其选录宗旨：“夫士之于学，所以穷理而致用也。文虽学之一事，要亦不外乎此。故今所辑，以明义理、切世用为主，其体本乎古、其指近乎经者，然后取焉。否则辞虽工亦不录。”这无疑走向了重道轻文的极端，所以纪昀等也委婉地批评他说：“四五百年以来，自讲学家以外，未有尊而用之者，岂非不近人情之事，终不能强行于天下欤。”（《四库全书总目》）

真德秀于时政多有建言，奏疏在当时影响甚大。据《宋史·儒林传》说，真德秀“立朝不满十年，奏疏无虑数十万言，皆切当世要务，直声震朝廷，四方人士诵其文，想见其风采”。王迈也更不无夸张地写道：“（真德秀）每上一谏疏，草一制诏，朝大夫与都人争相传写。”当然，真德秀之奏疏，也非浪得虚名。如《庚午六月十五日轮对奏札一》，虽套用汉儒以灾异刺时政的形式，但无汉儒之迂执，急言竭论，锋芒所至，无所避讳：

> 敌国更成，既难遽恃，弄兵之徒日益披猖，彼其啸聚之始，非有跳梁不可

制之执也。使陛下帅守得人，监司得人，扑其焰于未张，一巡尉力耳。奈何拥兵之帅，或萌玩寇之心；分土之臣，各启幸功之念，养成痈疽，驯致决溃，乃始草薙而禽狝之。世岂有毙千万人于干戈而天不为之变者？或者幸其纳降，曲意招诱，不知损威丧重，适启奸心。二者盖胥失矣。寇虐肆行，流毒甚惨，嗷嗷之众，吁辜于天，此又阴沴所为而作也。

他的《对越甲乙稿》中，确实有不少正心诚意等“高远之论”，不过一旦涉及时事，无论谈事变情伏，谈人心向背，谈疆埸安危，谈邻寇动静等，往往都能指出问题结症之所在，沉实稳健，论断确凿，颇具远见。所以魏了翁说：“大抵公前后论奏诚积而气和，辞平而理畅，其于是非邪正之辨，言人所难而闻者不敢怨。至于敌情之真伪、疆场之虚实，盖出于素讲夙定，非剽袭流闻之比，故自嘉定以来，凡所论建，至端平后炳知蓍蔡之先几，故一言之出，天下望而信之。”（《参知政事资政殿学士致仕真公神道碑》）

真德秀其他文体，也大多能“辞平而理畅”。但序记、书跋之类，辞平直则乏文采，理过多则文气弱。就选题而言，多为祠堂记、书院记、学田记、厅壁记之类，即使赠序，主旨也不离修养心性；就表述而言，其序、记之作，多叙述，多转引，无所顿挫，而说理亦无所新奇，故不足于激发人心。刘大櫆说：“文贵品藻，无品藻便不成文字。如曰浑，曰浩，曰雄，曰奇，曰顿挫，曰跌宕之类，不可胜数。”（《论文偶记》）真德秀之文，平直有余而无浑浩之气，无雄奇之势，无顿挫跌宕之美，故不为后人所赏识。比较而言，他的题跋文字，随手写来，不乏清新之作。如《东坡书归去来辞》云：

近岁有尝登大儒先生之门者。既而党论起，其人畏祸匿迹，过门不敢见。则以书谢曰：非不愿见也，惧为先生累耳。先生答曰：予比得一疾，奇甚，相见则能染人，不来甚善。闻者代为汗下。吁，之人也，盖以通经学古自名，而其行义顾出一浮屠下。昌黎墨名儒行之说，渠不信然。因戏书于后，以发千古一笑。

钟惺说：“题跋之文，今人但以游戏小语了之，不知古人文章所众寡小大，有精神本领则一。故其一语可以为一篇，其一篇可以为一部。”（《隐秀轩集》）钟惺所论，对黄庭坚而言不失为的论。但真德秀题跋可爱之处，却正在于他未全力为之，不无游戏心态，故将他通常写作一篇、一部的感受，寥寥数语引发，就戛然而止，言有尽而意无穷。这便与他奏疏中言必意尽而后止、不敢自放于绳墨规矩之外的行文风格迥异，效果也自然不同。

魏了翁也是理学大师，全祖望形容他与真德秀两人“如鸟之双翼，车之两轮，不独举也”。但魏了翁更有胆识，“两家学术虽同出于考亭，而鹤山（魏了翁）识力横绝，真所谓卓荦观群书者；西山（真德秀）则依傍目户，不敢自出一头地，盖墨守而已”（《宋元学案·西山真氏学案·黄百家案语》）。鹤山的文学思想相对更为通达，认为“辞虽末枝，然根于性，命于气，发于情，止于道，非无本者能”，与韩愈“气盛言宜”之说相通。他称赞韩愈“为文法度劲正，追近盘诰，宛然有王者之法”；颂扬陶渊明“有谢康乐之忠而勇退过之，有阮嗣宗之达而不至于放，有元次山之漫而不著其迹。此岂小小进退所能窥其际邪？先儒所谓经道之余，因闲观时，因静照物，因时起志，因物寓言，因志发咏，因言成诗，因咏成声，因诗成音者，陶公有焉”等，都可见出其基本的文学观念。事实上，这也是南宋后期开始出现的义理与辞章相融合的思潮的反映。吴渊认为魏了翁在创作中以“程、张之问学，而发以欧、苏之体法”（《鹤山集序》），确实把握到了魏了翁的艺术精神及其本质特征。

魏了翁以古文家章法传述道学家观念的作品，主要为序记、题跋之类的作品。这类作品承接欧、苏遗风，纡徐宽平，澜翻不穷，反复以致其意，无毫发之遗，明白晓畅。如《雅州振文堂记》述雅安兴学以得人文之正；《彭节斋记》叙彭君守节抗叛，誓死不渝；《眉州新开环湖记》赞临邛政通人和、景美人怡；《眉州戴英堂记》颂眉州群英流芳后世等，无不究悉物情，优柔平易，曲折畅达，或清新俊逸有余味，或纡徐含蓄可深思。此外，他的不少奏议陈风俗之弊，论救世之术，能写得明而不晦，达而不滞，醇厚雍容。四库馆臣所谓“自中年后，覃思经术，造诣益深，所作醇正有法，而纡徐宕折，出乎自然，绝不染江湖游士叫嚣狂诞之风，亦不染讲学诸儒空疎板腐之病”，即针对这些作品而言。

魏了翁散文的特色并不在止于醇正有法。吴渊曾经说过：“公文视西山，而理致同，醇丽有体同，而豪赡雅健则所自得。”（《鹤山集序》）魏了翁散文与真德秀等诸多道学家最显著的区别，就是它的慷慨豪迈之气。其序记、题跋之类，虽多平正，但亦有跌宕激昂者，如《跋张于湖念奴娇词真迹》：

> 张于湖有英姿奇气，著之湖湘间，未为不遇。洞庭所赋，在集中最为杰特。方其吸江酌斗、宰笼万象时，讵知世间有紫微青琐哉？余客唐安湖上，计孟甫袖以见访，是日八月既望，后此来盖四十有七年矣。抚卷太息，书而归之。

魏了翁不止是对张孝祥的“英姿奇气”特别仰慕。他对“杰特”之气本身有着特殊的兴趣，如对苏轼书法，他最为欣赏的就是“英姿杰气”。魏了翁其文亦往往为奇气所充实。李慈铭曾列举《鹤山集》题跋45篇，认为它们“皆足以考证宋事，深裨史学。其文亦多慷慨激昂，往往引《诗》以咏叹之，有周秦之遗风”。所谓“周秦遗风”，便是指行文有个性，有自家在内，而外溢为奇气。

魏了翁最有个性的文章，多是渗透了其豪迈慷慨之气的奏疏等。这些作品，雄肆博辩，奔放浩荡，气势纵横，不可羁勒。其早年对策，奇气有所发泄，即被有司视为狂妄。嗣后他“念国家权臣相继，内擅国柄，外变风俗，纲常沦斁，法度堕弛，贪浊在位，举事弊蠹，不可涤濯”，故上书建言，无所回避，直述事情，言人所难，溢气坌涌，又被劾为欺世盗名，朋邪谤国。他所遭受的种种打击，实是其文发辞偏宕、义气鼓荡所致。如其《论士大夫风俗》：

> 呜呼！龙断而望，可左可右；倚闾而语，可出可入，盖耆利亡耻之人、贪前虑后者之为耳。士大夫而若此，则其心岂复以国事为饥渴休戚者哉！踪迹诡秘，朋友有不及知；情态横生，父子有不相悉。使此习也，而日长月益，见利则逝，见便则夺，陛下亦何赖于此也？况自比岁，封章、奏疏、对策、上书，大率应故事徒。文具而无恻怛忠敬之实，而诿曰恶讦以近名也，忌激以败事也。其号为谠直，亦不过先为称赞之词，而后微致规切之意。如论治道，则曰大纲已举而节目小有未备；论疆事，则曰处置则宜而奉行稍若未至。前后相师如此类者，未易悉举。然犹日锻月炼，昼删夜改，而后上达。

针砭世态，淋漓尽致。至于论救国之术以讲学固本为重，或不失道学家之迂阔，行文也是先引故实，次陈时弊，动辄数千言，却能将穷经之旨发于遒劲之辞，故纪昀等人目其为文章大家。

陈耆卿是叶适晚年亲自选定的文学传人，文风与叶适最为相近。吴子良说：“叶公既没，篔窗之文，遂岿然为世宗，盖其统绪正而气脉厚也……逮至叶公，穷高极深，精妙卓特，备天地之奇变，而只字半简无虚设者。寿老一见，亦奋跃，策而追之，几及焉。”（《篔窗续集序》）。由此可见，陈耆卿对叶适文章之道的学习，主要从奇变与切实入手。叶适的文章，英姿勃发，雄赡奔逸；陈耆卿的作品，也是雄奇奔放，纵横驰骋。陈耆卿《朋党论》论“绝其私”，见识卓然不凡；《张耳陈余论》论信义利害之分，感喟处带出警悟；《韩信论》剖析高祖疑忌之心甚浓，不能“稍录旧恩，略锄新忿”，致使一代英豪无得善终，悲叹处饱含怜惜；《郦食其论》翻转处自有逸气。这些文章往往出入古今，刊落陈言，新见迭出，将文章立意之变发挥极致。不过其立论虽不与人苟同，但并非故作惊人之态，强赋新词，实是空穴来风，其来有自。他善于揣摩情势，善于把握人物内衷隐思，故其所言，每每出人意外，仔细思索，却又觉得合情合理，切于人情物理。所以叶适说他为文“驰骤群言，特立新意，险不入怪，巧不入浮”（《题陈寿老文集后》）。

叶适所谓“险不入怪，巧不入浮”，不仅就其立意而言，更当是即其表述方式而言。陈耆卿之文议论风发，变幻百出，有矫激之姿而无俗凡之态。其序记、书疏之作，或连篇累牍以铺排，或抑扬尽致以蓄势；或奇思隽语，使人摆落庸庸之想，或幽怪险仄，使人目夺神骇。《赠画墨竹叶汉卿序》记汉卿“奇态横发，瞥眼百尺，风披雨洒，如在潇湘”，意态淋漓；《论孟纪蒙序》开篇即云“天下不知凡几书也，而能尽天下之书者，则莫若论孟”，豪气干云；《送应太丞赴阙序》先规后祝，纯是出于诙谐之气，令人忍俊不禁：

观退之诸序，有祝体，有规体。今将为规乎？尚何规？盍亦不以规而以祝乎？秋浸疏梧，月酣新桂，祖帐溢衢，饯觞浮空。一祝曰：寒燠未齐，宜户牖泰和，寿斯文脉。再祝曰：上方礼罗鸿硕，九鼎宗社，诏尔父老。先生去是邦，非忘之也，起而渐泽八荒，则一州固在其中矣。三祝曰：牛马走尚伏泥涂望，先生今在，何许异时邂逅，毋相忘。一祝为先生也，再祝为父老也，三祝自为也。酒三行而祝辞备，古体也。

陈耆卿虽有纵横恣肆之势，却也不是荡而不返，行文能够做到“其奇也非怪，其丽也非靡，其密也不乱，其疏也不断”（吴子良《筼窗续集序》）。纪昀等人认为陈耆卿“虽当南渡后文体衰弱之余，未能尽除积习，然其纵横驰骤，而一归之于法度，实有灏气行乎其间，非啴缓之音所可比”（《四库全书总目·筼窗集提要》）。文章能以灏气贯注，自是陈耆卿成功的原因之一。而更重要的因素，则在于陈耆卿一如叶适能汲取众作之长，荟萃诸家精髓。叶适曾肯定他“为文绵涉既多，培蕴亦厚，幅制广而密，波游浩而平，错综应会，纬经匀等，膏润枯笔之后，安徐窘步之末”（《题陈寿老文集后》）。这正如是吴子良所言：“其周旋乎贾、马、韩、柳、欧、苏、曾之间，疆场甚宽而步武甚的也。”（《筼窗续集序》）陈耆卿赠序之作学韩愈的磊落多奇，史论之作学苏轼的洸洋恣肆，均做到了食古能化。如他的《上楼内翰书》形容文章诸态，分明受到欧阳修《秋声赋》影响，写得声色宛然。《祭先妣文》也如韩、欧之祭文，天性忱挚，字字血泪，不可以法绳之，而法度精密。

舒岳祥少时以文见吴子良，吴即称其异秉灵识如汉终、贾。永嘉学派自叶适以来的纵横驰骋之气，在舒岳祥那里得到了最后的发露。舒岳祥年轻时即以言语妙天下，瑰玮磊落，“负奇气，固伯仲诸葛孔明、王景略，其视龊龌琐碎，虽达官贵人若遗涕唾，不肯一回顾。少年已擢巍科，同时流辈往往涉足要津，已独凝立却行，不能以分寸为进”（胡长孺《阆风集序》）。晚处鼎革之际，更以气节自负，“涉坎险，历蹇难，萍流蓬转，有陶、杜所未尝。气益劲，思益深，胸中之书不烬方寸之广居，浩乎其独存，弄云月于嵁岩之下，友渔樵于寂寞之滨，固穷守道，皜皜乎白璧之全”（王应麟《阆风集序》）。一身豪气，无以发泄，行之于文，便多以盛衰变易做激楚之声。如《蝶轩稿序》：

予自丙子数罹忧患，于是悟古今一梦也，此身一蝶也。其有乐乎？蝶之乐也；其有忧乎？蝶之忧也；不足为有无轻重……明年春，予归省松楸，周视瓦砾场中，故物无一在者，惟篆畦花木尚可寻问，毁失者过半。三宿田家，复还借居，往来一蝶也，不知向之为乐而今之为忧也。

又《陈仪仲诗序》：

方宋承平无事时，士有不得志于科举，则收心于学问，放情于吟咏，自是天下乐事，君生没得其时矣。今予亲值乱亡，有先人之菜田在，沦为民伍，遂执里役，晨起开卷，未数行，悍吏操棍曳索，骤突灶奥，败思挠怀，呻吟执事，夜分犹未甘匕饭。城舆绛老，曷日免泥涂之辱耶！故读君之诗，恨不得寻君之乐趣也，是以不能已于言焉。

所谓一草一木，一景一境，无不引发故国之思。身为文人，更使他常常萌生无力救国之恨。

舒岳祥与叶适、陈耆卿等人所为文字，都以奔放纵横见称。但叶适、陈耆卿多以气运辞，大有国士高远之风；舒岳祥则多以情纬文，不无志士梗概之慨。舒氏虽屡遭变故，作文绝少粗豪之语，只是淡淡而述，娓娓而论，无顿挫，不擒纵，少峭厉，看似琐琐屑屑，极为细碎，而读之句句含情，语语生悲，令人嘘唏不已。王应麟说“其文如泉出山，达乎大川而放诸海”（《阆风集序》），纪昀等人说“其诗文类皆称臆而谈，不事雕绘”（《四库全书总目·阆风集提要》）。不过舒岳祥文章最大的特色，不在于王应麟所言的“如泉出山”之流动，也不在于胡长孺所论“凌张文潜、秦太虚而上”的豪放，而在纪昀所说的“称臆而谈”。苏轼、叶适等行文也可谓“称臆而谈”，只是苏轼之“臆”多源于自得与自信；叶适之“臆”，为慷慨与激昂；舒岳祥之“臆”，却是无奈与惨淡。这就使舒岳祥的文字多了一些宛转与低回，多了几分凄清与怅然。

刘克庄艺术素养深厚，诗、词、文无不精通。林希逸称其“诗虽会众作而自为一宗，文不主一家而兼备众体。摹写之笔工妙，援据之论精详，其错综也严，其兴寄也远。或春容而多态，或峭拔以为奇。融贯古今，自入炉鞴。有《谷梁》之洁，而寓《离骚》之幽；有相如之丽，而得退之之正。霜明玉莹，虎跃龙骧，闳肆瑰奇，超迈特立。千载而下，必与欧、梅六子并行，当为中兴一大家数也”（《后村集序》）。林希逸的描绘，应该说比较准确。刘克庄思想颇为通达，对各种艺术形式和各家各派都不贬抑。他说：“欧公谓昆体盛而古道衰，至水心诸公则谓洛学兴而文字坏。欧、叶皆大宗师，其论如此。余谓昆体若少理致，然东封、西祀，粉饰太平之典，恐非穆修、柳开辈所长；伊洛若欠华藻，然《通书》《西铭》，遂与六经并行，亦恐黄、秦、晁、张诸人所未尝讲。”（《平湖集序》）对昆体和道学家之文，他都给予了足够的重视，可见他确实擅长吸收各家各派的长处。刘克庄所作甚多，文体雅洁，较胜其诗。题跋诸篇，尤为独擅。

南宋末年，一批烈士、遗民胸怀忠愤之情、沉痛之感，发而为文，写出不少慷慨悲凉的佳篇。文天祥平生大节，照耀今古。其文章亦极为雄赡，如长江大河浩瀚无际。他的对策、奏议持论剀切，尤不愧肝胆如铁石之目。《指南录》前后两录，为作者亲自编定，收录了他出使元军、被押北行、中途脱险等过程中所作的诗篇，其中的序文概述了作者九死一生的遭遇，并说明了编辑《指南录》诗集的目的、体例，表现出他守义不屈、坚贞不渝、百折不挠的爱国精神和民族气节。文章叙事简明扼要，议论透彻深刻，而悲壮激越的情感始终贯注在文中。文中多用排比，气势磅礴。如其《后序》：

呜呼！予之生也幸，而幸生也何所为？求乎为臣，主辱臣死，有余僇；所求乎为子，以父母之遗体，行殆而死，有余责。将请罪于君，君不许；请罪于母，母不许；请罪于先人之墓，生无以救国难，死犹为厉鬼以击贼，义也。赖天之灵，宗庙之福，修我戈矛，从王于师，以为前驱，雪九庙之耻，复高祖之业。所谓“誓不与贼俱生”，所谓“鞠躬尽力，死而后已”，亦义也。嗟夫！若予者，将无往而不得死所矣。向也，使予委骨于草莽，予虽浩然无所愧怍，然微以自文于君亲，君亲其谓予何？诚不自意，返吾衣冠，重见日月，使旦夕得正丘首，复何憾哉！复何憾哉！

《正气歌序》写于作者遇害的前一年，采用欲扬先抑的手法，以邪气反衬正气，在正邪的相搏中，展示正气的强大。文章先写七种恶气的肆虐，把环境的险恶污浊写到极至；随即笔锋一转，描绘正气以一敌七，表现出作者的从容及崇高的民族气节与坚毅顽强的意志。文中多用短句，读来铿锵有力。其文云：

余囚北庭，坐一土室，室广八尺，深可四寻，单扉低小，白间短窄，污下而幽暗。当此夏日，诸气萃然：雨潦四集，浮动床几，时则为水气；涂泥半朝，蒸沤历澜，时则为土气；乍晴暴热，风道四塞，时则为日气；檐阴薪爨，助长炎虐，时则为火气；仓腐寄顿，陈陈逼人，时则为米气；骈肩杂遝，腥臊汗垢，时则为人气；或圊溷、或毁尸、或腐鼠，恶气杂出，时则为秽气。叠是数气，当之者鲜不为厉。而予以孱弱，俯仰其间，于兹二年矣，幸而无恙，是殆有养致然尔。然亦安知所养何哉？孟子曰：“吾善养吾浩然之气。”彼气有七，吾气有一，以一敌七，吾何患焉！况浩然者，乃天地之正气也，作《正气歌》一首。

文天祥的四六文也写得严峻剀切、慷慨淋漓。如《贺赵侍郎月山启》云：“悠悠四顾于山河，落落一麾于江海。啸吟水石，酬谪仙捉月之魂；上下风樯，访舍人麾军之迹。慨然有神州陆沉之叹，发而为中流击楫之歌。属传风景于岘山，忽骇波涛于天堑。长江为备不数处，可共险于万人；朝廷养兵三十年，当成功于儒者。”其人殚精竭虑，以图兴复，其文写志抒怀，饱含力挽狂澜、百折不回之意，悲壮感人，高步瀛称“气象峥嵘，字句新颖，沿用旧式，自铸雅词。南宋四六得此，可为后劲”（《唐宋文举要》）。

谢枋得对北宋古文艺术传统的认识十分清晰，论文自有主张。在《与杨石溪书》中，他给予欧、苏极高的评价："宋朝盛时，文章家非一人。欧、苏起遐方僻壤，以古道自任，发为辞华，经天纬地，学者皆知所宗。隐然挈宋治于两汉之上。"但对南宋以来文风，他颇为不满，认为"七十年来，文体卑陋极矣"，因此"颇有兴起斯文之意"。他所编选的《文章轨范》录汉、晋、唐、宋古文69篇，以韩、柳、欧、苏之文为主。此书虽为举业而编，"然凡所标举，动中窾会。要之，古文之法亦不外此矣"（《四库全书总目·文章轨范提要》）。他的文章高迈奇绝，自成一家。如《上程雪楼御史书》《上丞相留忠斋书》《与参政魏容斋书》等，莫不是披肝沥胆，义正词严。《上丞相留忠斋书》有云：

某，江南一愚儒耳。自景定甲子以虚言贾实祸，天下号为风汉，先生之所知也。昔岁程御史将旨招贤，亦在物色中，既披肝沥胆已谢之矣。朋友自大都来，乃谓先生以贱姓名荐，皇帝过听，遂烦旌诏。某乃丙辰礼闱一老门生也，先生误以"忠实"二字褒之。入仕二十一年，居官不满八月，断不敢枉道随人以辱大君子知人之明。今年六十三矣，学辟谷养气已二十载，所欠唯一死耳，岂复有他志？

谢枋得与文天祥为同榜进士，其时留梦炎为考官。留梦炎降元后，主动荐举谢枋得。谢枋得极为愤怒，故极尽嬉笑怒骂，正话反说，反话正说，表达了坚守气节、宁死不屈的决心。

谢翱（1249—1295）以气节自负，将家国之恨、身世之悲寓于文，故其文桀骜有奇气。他曾从文天祥起兵抗元，兵败之后，漫游两浙山水以终。这期间，他写了不少山水游记，"其游迹，非胜绝处不到。如雁山、鼎湖、蛟门、候涛、沃洲、天姥、野霞、碧鸡、四明、金华洞天，探幽发奇，所至即以游录述。所赋咏多昔贤文字所未及"（方凤《谢君皋羽行状》）。文中最有名的作品是《登西台恸哭记》。此文为作者登西台哭祭文天祥后所作，表达了作者对南宋王朝灭亡的无比惋惜和对文天祥的深切哀悼。文中运用曲笔晦笔，借助景色的描绘和场面的渲染，把作者郁积已久的一腔沉痛和哀思充分传达出来了。特别是哭祭时对江山云气的状写，同文章语气间的沉郁悲凉融为一体，无情有情，仿佛天地为之动容，千百年后，犹能使人想见其时情怀。其中记哭祭的一段说：

须臾雨止，登西台，设主于荒亭隅，再拜跪伏，祝毕，号而恸者三，复再拜，起。又念余弱冠时，往来必谒拜祠下，其始至也，侍先君焉。今余且老，江山人物，睠焉若失。复东望，泣拜不已。有云从南来，渰浥浡郁，气薄林木，若相助以悲者。乃以竹如意击石，作楚歌招之曰："魂朝往兮何极？莫归来兮关塞黑。化为朱鸟兮有咮焉食？"歌阕，竹石俱碎，于是相向感唶。

文辞简洁而情绪复杂，字里行间流淌着亡国之痛，可谓声泪俱下，字字泣血。江山残败、人事不堪。以竹击石，竹石俱碎。以歌招魂，悲恸欲绝。“郁郁不平之气，一宣于文，读之使人凄怆”。《四库全书总目》称“南宋之末，文体卑弱，独谢翱诗文桀骜有奇气，而气概亦卓然可观”。

邓牧（1247—1306）在宋亡之后，痛定思痛，有激而言，每每有震耳发聩之论。他自谓“罕读古人著述，谓文章当出胸臆，自成一家”（《谢皋父传》），自称其文“有若礼法士严毅端庄者，有若逸民恬淡闲旷者，有若健将忠状激烈者，有若仙人绰约靖深者，有若神人变化不可测者”。最为人称道的，是他的杂文。《君道》《吏道》等文，对历代治道进行全面总结分析，多振聋发聩之论，立论鲜明，气势充沛，颇具战国纵横家文章的色彩。如《君道》：

> 天生民而立之君，非为君也；奈何以四海之广，足一夫之用邪？故凡为饮食之侈、衣服之备、宫室之美者，非尧舜也，秦也；为分而严，为位而尊者，非尧舜也，亦秦也。后世为君者，歌颂功德，动称尧舜，而所以自为，乃不过如秦。何哉？《书》曰：“酣酒嗜音，峻宇雕墙，有一于此，未或不亡。”彼所谓君者，非有四目两喙鳞头而羽臂也，状貌咸与人同，则夫人固可为也。今夺人之所好，聚人之所争，慢藏诲盗，冶容诲淫，欲长治久安，得乎？

将历代帝王神秘的面纱彻底撤去，还其本来面目，可谓惊世骇俗，言人之所不敢言。

总之，南宋散文的流变，从创作主体而言，受社会形势和文化精神的影响较大，在不同时期有不同的主导倾向。南渡之初，民族危机严重，故士人言事论政，多使气逞性，出语峻急；隆兴和议、嘉定和议，士人为之义愤填膺，为文自然气激语激，不掩锋芒；宋末国家岌岌可危，士人回天无力，文亦多衰飒之气；宋朝既亡，士人壮心瓦解，激昂化为沉郁、悲凉。

从文体来看，南宋散文中运用得最为频繁的是序记、题跋、奏议、对策、碑传、志铭等。碑志之文，是宋人文集中必备之体，数量颇丰，而少有创新。后人所说的南宋散文“冗漫、板滞”，在这一文体上表现较为突出。南宋奏议、对策一般篇幅较长，显得气势磅礴。序记、题跋，在南宋发展最为迅速。序、记历来为古文家所重视，南宋文人在继承前人艺术经验的基础上，进一步强化了它们的艺术特征。尤为引人注目的是，笔记的写作已成为士人风尚。这些笔记或记典章制度、民俗风情、遗闻佚事，或谈文论艺、辩驳考证、抚今追昔，内容庞杂，形式自由，是宋代古文文体解放的重要标志。

南宋散文的发展，受欧、苏影响颇深。欧、苏文风的弥漫，原因颇为复杂。既是南宋散文家对艺术发展规律的自然遵循，也和欧、苏文风对制举文字的极度适应相关联。其间，各种选本的出现，无疑起着推波助澜的作用。欧、苏文风的盛行，强化了宋代平易晓畅的文风，遏制了各种颓波逆流，同时也带来了文风的卑弱和文字的庸沓、冗滥。南宋文风的平易及冗弱，南宋散文创作的繁荣及成就的低落，还与当时的文化环境即讲学之风的盛行密切相关，因此给人一种畅所欲言的感觉。

从作者的构成来看，南宋的散文创作队伍大致由志士、学者、文人（狭义的、以文名世如诗人、词人等）构成。由于作者身份、经历和处世态度的不同及所用文体的差异，各家散文的艺术风格也有明显的区别。相对而言，志士之作多亢直、硬健，或近于粗豪、悍厉；文人之作则力求朗畅流丽，却不无冗沓之弊；学者之作，多以平正、朴实取胜，理胜于词，而不乏文学意味。尤其是那些理学大家，即使与南宋最优秀的文章家相比，其作品也毫不逊色，在一定程度上可以作为南宋散文的代表。南宋中兴时期，暂且不论。即以南宋后期而言，真德秀、魏了翁及永嘉学者的散文艺术，亦可与其时的文章家相抗衡。

思考题

1. 唐宋散文的联系与区别。
2. 宋代的古文运动。
3. 宋代理学与散文。

【参考书目】

1. 孙昌武：《唐代古文运动通论》，天津：百花文艺出版社，1984 年版。
2. 祝尚书：《北宋古文运动发展史》，成都：巴蜀书社，1995 年版。
3. 马茂军：《宋代散文史论》，北京：中华书局，2008 年版。

第九章 元代散文

元代文章的发展，也如诗歌一样，分为前、中、后三个时期：前期，即忽必烈时期，代表性作家有郝经、王恽、刘因等；中期又以延祐为界分为两个阶段，延祐以前是以姚燧、元明善等代表的北方文风主导的时期，延祐及以后是以虞集、黄溍等为代表的南方文风主导的时期；后期，是元顺帝时期，代表性作家有陈基、戴良、杨维祯等。

第一节 元代前期散文

元前期作者，以今河北、山西一带文人为主体，沿元好问一脉而来，代表性作家有元好问的弟子郝经、王恽和仰慕元好问且受其影响的刘因。三人的文章，都有元初的时代特色，一方面继承宋代的儒学传统，另一方面又继承了唐宋古文的传统。

一 郝 经

郝经是元初重要的文章家。与诗相比，人们更看重他的文章，写得好的是亭台记和碑志传状两类。亭台记中较好的有《万卷楼记》《临漪亭记》《横翠楼记》《北风亭记》。读郝经散文，让人感受最深的，是他那时时不能忘怀的以天下为己任的抱负，似乎他的心永远都是深重的。而读《横翠楼记》，完全是另一种感觉，他似乎暂时放下了要拯救天民之溺、要一肩担起天下的使命，让心灵享受暂时的轻松，文章也因而写得轻快、优美，清气袭人。

碑志传状中写得好的，有《遗山先生墓铭》《许郑总管赵侯述先碑铭》《先妣行状》《乔千户行状》等。其中，最令人激赏的是《许郑总管赵侯述先碑铭》，文章写得开合变化，有声有色，赵氏三代之精神性情，跃然纸上，妙绝处，须发皆动。《遗山先生墓铭》为其师元好问墓志。元好问的一生，经历复杂，郝经只抓住其文学成就、史学成就、才高天下三个方面来写，要言不烦，寥寥千字，就使人对元好问其人，既有概括认识，又有具体了解，临文而起敬意。《乔千户行状》则只写乔惟忠的勇猛，通过几次战斗，就将其性格气度活脱写出。

二 刘 因

刘因一生大部分时间在教授和著述中度过。刘因文的价值，首先在于真实地记录了那个动荡不安的时代，使后人对那个时代的各个方面，都有具体、形象而真切的认识。如《孝子田君墓表》，作者从一个幸存者在屠城中的经历这一特定视角，写了保州屠城的过程：

> 贞祐元年十二月十有七日，保州陷，尽驱居民出，而君及其父与焉。是夕下令：老者杀。卒闻命，以杀为嬉。未及君之父者十余人，而君乃恻然欲代其父死，遂潜往伏其父于下，以两手据地，俯而延颈以待之。卒举人，未暇省阅，君项脑中两刀而死。及夜半，幸复苏。后二日，令再下：无老幼尽杀。时君已以艺被选，而行次安肃矣。闻其父死，谓人曰："吾当逃归葬吾父。"遂归，求父尸而得之，负以涉河。冰伤胫，至血出。发母冢，下尸而塞之，乃还，而众不之觉也。

一般的历史记载多宏观的描述和形容，如此微观具体的屠城记载，实不易见。文章对孝的极度宣扬，后人似乎感觉有些过分。但在蒙古灭金之初的北方，社会与道德充满危机的当时，在急需道德重建的特殊时期，宣扬人性之美十分必要，何况这样的文章，真情动人而非道德说教。刘因《易州太守郭君墓志铭》对"金贞祐南渡，而元军北还，是时河朔为墟，荡然无统，强焉弱陵，众焉寡暴"的记录也同样具体、形象而触目惊心。

刘因的议论文，或雄辩有力，如《辋川图记》等；或恳切周到，如《与政府书》等。而其碑铭记传，又颇见叙事写人功夫，如《清苑尹耶律公遗爱碑》，记事简而明，碑主之为人为政，于数百言中已活脱而出，其为人之淳厚平易，为政之简宽严正，一寓目便深印入读者眼中心中，既见面目，又见性情。

刘因为文有意追求北方文风特色，突出清刚之气。如《吊荆轲文序》，虽不长，但写得慷慨激昂，使人热血沸腾。刘因虽生于忽必烈治下的蒙古时期，是地道的蒙元臣民，但他对于旧金，总是有一种情感深处的眷怀。对于为复仇而遭杀身的荆轲如此深情的赞礼，无疑是寓有深意的。

三 王 恽

王恽，字仲谋，号秋涧，卫州汲县（今属河南）人。自称是元好问的学生，但他真正的老师是北方另一文人王磐。中统元年（1260），姚枢宣抚东平，辟为详议官。又选至京师，为翰林修撰。至元五年（1268），拜监察御史；十四年，为翰林待制；又历任河南、山东、福建等地方官职；二十九年复起为翰林学士。大德五年（1301）致仕，八年卒。王恽有才干，好学，善属文，一生著述甚丰。与东鲁王博文、渤海王旭齐名，时称三王。现存《秋涧集》100卷。

与重义理而兼辞章的郝经、刘因相比，王恽作文更富有辞章之士的特点。尽管他曾写《贱生于无用说》，号召以有用之学救世行道，但他受元好问影响，重视文章之价值。《遗山先生口诲》云：

> 千金之贵，莫逾于卿相。卿相者一时之权，文章千古事业，如日星昭回，经纬天度，不可少易。顾此握管，铦锋虽微，其重也可使纤埃化而为泰山，其轻也可使泰山散而为微尘，其柄用有如此。况老成渐远，斯文具在后，汝等其勖哉毋替！

王恽散文有一些佳作，《元文类》收录有《进实录表》《卓行刘先生墓表》等文。前人肯定其论政之文，亦当着眼于其文章之经世致用。其实，那些能见出个性的文章，如《烈妇胡氏传》，也值得我们重视。文章没有细节的描摹，叙述极其概括，但危急与紧张的气氛，胡氏之精神仪态，周围人们之感叹与赞赏，都在这简洁的叙述中营造出来。结尾的议论虽嫌平正，但它不仅仅出自纲常之理，更多的是感情的自然流露，也很妥帖。

第二节　元代中期散文

元代中期文坛，延祐以前是以姚燧、元明善等北方文章家主导，延祐及以后时期，是以“儒林四杰”（虞集、揭傒斯、黄溍、柳贯）为代表的南方文章家主导，其中以虞集、黄溍最具代表性。

一　姚　燧

姚燧（1238—1313），字端甫，号牧庵，洛阳（今属河南）人，是延祐以前最著名的文章家。从大儒许衡学，后被荐为秦王府文学。授奉议大夫，兼提举陕西、四川、中兴等路学校。历任陕西汉中道提刑按察司副使、大司农丞等。成宗元贞元年（1295），以翰林学士召修《世祖实录》。大德九年（1305）拜中奉大夫、江西行省参知政事。武宗至大时授翰林学士承旨、知制诰兼修国史，卒谥文，有《牧庵集》。

姚燧以其刚劲雄豪之文，振起一时文风，时人为之耳目一新。前人多推崇其碑铭文字，今天看来，倒是记序之类写得较好，其中佳善之作，有《序江汉先生事实》《别丁编修》《序牡丹》《康瓠亭记》《赫羲亭记》。《序江汉先生事实》一篇经常被人拈出，文章记姚枢拔赵复于死俘间事，语言简洁，又生动传神，血雨腥风的时代和由姚燧营造的如春的小气候，给人以十分深切的感受，而人物的心灵和心理，也在这简洁的文字中表现出来：

> 某岁乙未，王师徇地汉上。军法：凡城邑以兵得者，悉坑之。德安由尝逆战，其斩刈首馘，动以十亿计。先公受诏："凡儒服挂俘籍者，皆出之。"得故江汉先生。见公戎服而髯，不以华人士子遇之。至帐中，见陈琴书，愕然曰："回纥亦知事此耶！"公为之一莞。与之言，信奇士，即出所为文若干篇。以九族殚残，不欲北，因与公诀，蕲死。公止共宿，实羁戒之。既觉，月色烂然，惟寝衣留故所。公遽鞍马周号于积尸间，无有也。行及水裔，见已被发脱履，仰天而祝。盖少须臾蹈水，未入也。

能在如此简洁的叙述中描画出人物的形与神，说明写作技巧非常好。再如《太华真隐褚君传》，写人则形神具妙，写景则几可比美唐宋名家。如写牛心谷云："谷直南中方，入行二里许，深林奇石，泉溅溅鸣。其下垦地盈亩，构室延广不足丈，环莳佳花美箭。人之来者，始者爱其萧爽，不自知置身尘埃之外；居不昃晷，既已欠伸弛然，而思去矣。"文字质朴平实，却很会心，很耐读。文章对太华真隐褚君这位奇人的记述描写是很成功的。文章写褚君主持云台宫因而居云台山，以奇险的云台山为背景，以恶劣严酷的生活条件为衬托，使人确信其为天地间一奇人，且有高深莫测之感，深信其必有过人之处。而"神其为非庸人"，激发人们了解他的欲望。对他日常生活的描述，则活脱出一个林间高士的形象。投石试兽的细节，更显示了真隐对山间生活的深入了解和过人的智慧。这些都给人留下了深刻的印象。

二　元明善

元明善是元代文坛继姚燧之后又一古文大家。元明善，字复初，大名清河（今属河北）人，北魏拓跋氏后裔。资性颖悟，读书过目能记，贯通诸经，尤深于《春秋》，以能文驰名江南。浙东使者荐为安丰、建康两路学正。一年后行枢密院辟为令史，又辟为省掾，后为翰林学士，卒于官。追封清河郡公，谥文敏，有《清河集》。

明善早年即以文章自豪，读书为文，出入秦汉间，驰骋纵横，务出人上，尤用意春秋学。晚年由博返约，更趋精诣。仁宗即位，入翰林，一时典册诏令、勋贤铭诔与佛教、道教寺观丰碑钜刻，多出其手。吴澄评其文"正矣而非易，奇矣而非艰，明而非浅，深而非晦，不狂亦不萎，不俚亦不靡"，"脱去时流畦径"，可"登昌黎韩子之堂"（《清河集跋》）。张养浩《文敏元公神道碑铭》说："天开皇元，由无科举士，多专心古文。而牧庵姚公倡之，骎骎乎与韩柳抗衡矣。其踵牧庵而奋者，惟君一人。"评其文"数组而戈矛森，乐悬而金石具，山拔而形势峭，斗揭而光芒寒"。

元明善的文章中碑志铭在当时享有盛誉，数量多，约占其文一半以上。其中亦不乏佳作。如《集贤直学士文君神道碑》就是一篇写得深切真挚、情文并茂的好文章。文君即文陛，字逊志，乃南宋民族英雄文天祥之嗣子。元明善与文陛为同僚，彼此相契，文章写得生动且充满感情，继承了韩愈墓碑文的写作风格。

三　虞　集

虞集是有元一代文宗。元诗有虞集、杨载、范椁、揭傒斯“元诗四大家”，论文章有虞集、揭傒斯、黄溍、柳贯“儒林四杰”。在文章史家看来，虞集与北方的姚燧，是元代最具代表性的文章家。元中期虞集提携后进，引领风气，为时宗主，人比之为宋之欧阳修。

虞集论文追求平易正大，主张“以平易正大振文风，作士气，变险怪为青天白日之舒徐，易腐烂为名山大川之浩荡”（《道园学古录》卷四十）。认为只有“涵煦和顺之积，而发于咏歌”，方能“声气明畅而温润，渊静而光泽”（《道园学古录》卷五），他的文章体现了这种追求。时人欧阳玄《雍虞公文序》对其评价很高，认为难有可比者。

虞集文章追求平中之奇，不愧为一代文宗。

虞集的文章中，序、记、题跋、碑铭、传状几类写得较好。《余氏极高明楼记》一文将写景、议论、叙事糅而为一：

> 华盖之山，在崇仁之上游，据地势之隆厚，拔起千仞，上出霄汉。日星回旋，无所障碍。云雨之兴，漠乎在下。若有人焉，凌空倒景，高邻日月，而后足以对之；浮游于尘壒之中，沉溺于污秽之下，生死不出于旦暮，起灭不逾于寻丈者，乌足以观乎此哉……山如城郭之环，流泉中出，隐伏磐石，委曲渊注，始达于外。而居人耕田凿井，养生读书，无所外慕。以其地僻而赋薄，远去郡县。公上之供，给事而退，人亦无所求乎其间也。晋陶渊明所谓桃源者，依稀似之。

境界由峭拔而纡余而平易，文字也由峭拔而纡余而平易。语言淡淡的，但品之自然有味。其《孝女赞序》是一篇奇文，记述了一个沉痛而悲壮的故事：“金溪县，因金溪场之名也。唐时有银矿发其地，作场以冶之……冶废时，土不产银久矣，有司不敢废其贡，迫诸民而取之。有葛祐者，官强之莅冶事。银既无所从出，倾其家不足充数。吏驱祐家，取土石杂烹之，卒无所得。缚祐搒掠，不胜其苦。祐无子，独有二女，且长，不忍见其父，皆自投冶中焚死。监吏黄慨上其事，抚州刺史奏除之。里人哀二女，又感其去患害也，神而祠之。”文字不假修饰，以极简洁之文笔直述其事，自然感人，有一种天下父母所不忍闻之悲。其震撼人心的力量，远胜《捕蛇者说》，不亚于《苛政猛于虎》。

四　黄　溍

黄溍为一代名儒与诗文大家，时人傅亨称其擅一代之文章，为诸儒之规范。黄溍论文，主张“以性理之学，施于台阁之文”(《顺斋文集序》)。为文追求平中见奇，能寓雄肆于淳雅。黄溍文章长于议论，《上宪使书》《敏学斋记》《闲止斋记》《送杨知州序》都是议论散文的佳作。说他长于议论，并不是说他的议论散文高于记叙散文，只是说他长于议论。他让人击节称赏的还多是记叙、写景的散文，如《石台记游诗序》：

> 台距县治仅五里所，山皆土阜，非有奇岩峭峰水泉花药竹箭之美。由山足缘坡陀，蛇行穿灌莽而上，至其脊，乃得石五六，相积压如累器物。其顶上隆然正方而平，劣可坐十人，旁睨四山，屏障离列。东北山缺处，海霞岛雾，缥缈可睹也。台之胜止是。特以卑近易即，凡观游者，恒以为称首。

叙事简洁，写景历历如目睹，语言平和亲切，富有魅力。但触人心怀的，更在于它暗示着的某种哲理。

他也有一些颇为成功的写人记事散文。《柳立夫传》《胡景吕先生墓志铭》《秋江黄君墓志铭》都是黄溍写人记事散文的佳作。《武昌大洪山崇宁万寿寺记碑》一篇，直可作传奇小说观。元代学者多不排佛老，为二氏之徒撰写的塔铭传状，以及题赠序跋也处处可见，但幻诞如此文者不多。

第三节　元代后期散文

从元顺帝即位到元室北迁的 36 年间，是为元代文章发展的后期，代表性作家有陈基、戴良、杨维祯等。

一　陈　基

陈基，字初敬，台州临海（今属浙江）人。陈基为元末重要作家，与戴良为同门友，受业于黄溍。顺帝至正元年（1341），随溍入京，授经筵检讨。因代人草谏章，建议顺帝取消并后制（元室有二皇后），几乎获罪，引避归里。入吴，教授诸生，远近学者争师之。张士诚占据吴地，参张士诚太尉府军事。张士诚亡，幕士多被诛，基独获免。明初应诏预修《元史》，书成，赐金还。洪武三年（1370），卒于常熟寓舍，著有《夷白斋稿》。

陈基的文章，尤义《陈基传》称“其文雄而气高”，明王鏊《姑苏志》则云：“基为文清雅。”其同门友戴良为《夷白斋集》作序评其文“雍容纡徐，如冠冕佩玉之周旋堂陛之上，驰骋操纵，如风云虵鸟之按行兵阵之间”。陈基文受宋文影响较明显。如《五山名胜集序》《春晖楼记》和《存存斋记》《知学亭记》等追求平实流畅，写景不忘说理，都得宋文之长。又如《桃源小隐记》一文，寥寥数语，能让你感受到那种栖心于明山秀水之中，回归鸡犬桑柘的静谧生活的魅力，作者笔下的桃源小隐令人向往。无论是经商逐利者，还是仕途求贵者，或是身在富贵中的王公贵臣，都会皤然有得，洗心净虑。以平易质朴文字，娓娓道来，不饰言语而自感人，可以说是一篇好文章。

二 戴 良

戴良是雅正派诗文的主要作者。戴良的《投知己书》写得最为动情。其感慨之深沉，感情之激烈，倾诉之回肠荡气，使人想起司马迁《报任安书》。文言其平生“以诗文相亲爱不啻如亲骨肉者”，“方无事时，未尝不慷慨激发，期刎颈以相死；一旦遇小故，未至利害之相关”，“或变颜反目，或攘臂而挤之，或望望然若不识知，滔滔皆是也”。事态之炎凉，不经历者不能深知，更不能如此以浅语淡淡道来，而以无穷感慨寓于其中。

他的山水记也写得很好。其中《剡源记》是一篇极美的写景文字。剡源乃戴氏世代聚居之地，故其文中倾注着深挚之爱。其描述剡源之景，极见功力。读其文，闭目可以神游。《二灵山房记》最为出色：

> 盖东南诸山，踊跃奋迅，北走而达于湖，若奔马之饮江，若游龙之赴壑。其旁群峰，羽翼乎兹山者，皆效奇献巧，若翔凤之展翅，而众鸟为之后先。环之以锦屏，舒之以练带，巉然湾然，如拱如揖。凡境之最奇，所以接乎目而交于心者，举入乎山房矣。天渊置图书几研，供张诸物于其中，客至则相与倚栏而立，纵目以嬉，不知日之将入，但见泽气上腾，与林光山色掩苒。欻兮攒青，倏兮浮白，乍合乍敛，歙忽荡漾。已而皓月微吐，横射庭隙，流汞下彻，影动虚棂。悄骨凄神，恍不类人间世。此又一奇也。
>
> 山房之境信奇矣，然必得人焉而益奇。向非天渊之居此也，是山庭宇，不过一废区耳。天渊至而山房之名出，然后里邑之人慕天渊之学者，皆往游矣；四方之人慕天渊之名者，又皆往游矣；后来继今闻风而兴起者，又将若是。而山房之境，传之以不朽，斯其为奇者，顾不益大矣乎？

文章开合有致，技巧圆熟，极具张力和才情。

在戴良的人物传记文中，《石孝子传》可看作带传奇色彩的小说，与《水浒传》“黑旋风沂岭杀四虎”的情节直可媲美。

三 杨维祯

元末诗人杨维祯，古文为当时大宗。明人程敏政《明文衡》卷六十载贝琼《铁崖先生传》云：“元继宋季之后，政庞文抏。铁崖务铲一代之陋，上追秦汉，虽词涉夸大，自姚（燧）、虞（集）而下，雄健而不窘者，一人而已。湖南李祈评其文曰：玉光剑气，自不可掩。”杨维祯在当时是一位颇受争议的人物，宋濂等人对他多有称赏，而王彝则指其为“文妖”。

杨维祯文章多主情适性而纵笔挥洒，彰显出强烈的个性色彩。这与宋代以来多数文人尽力把文章限定在主理载道的圈子中不同。杨维祯的亭台楼室记写得很好，如《方丈室记》《旧时月色轩记》《玉山佳处记》《玉山雅集图记》《碧梧翠竹堂记》等。这些记的写景确可称为妙笔，清雅精练，读来赏心悦目。又如《团溪记》乐水一节：

> 予观东南，若震泽诸水道经戚浦，会归于海，风涛激荡，沙岸日崩，故滨浦之人恒惧之，而先生则弗惧且乐焉者。溪之左，枕市廛，障戚水，以便商者，右迦畎亩，引沥水，以利耕者。先生处商农之间，笔耕墨庄，乐逾农也；文售大方，乐逾商也。乃使细雨侵沙，波流若縠，鱼鸟浮沉，天光上下，先生则投竿而渔；凉月浸轩，秋声在树，子鹤和鸣，人影相逐，先生则抚琴而歌，于乎溪之半。人或见之而不知之，先生独能知而乐之，可谓得性情之正矣，故先生之弗欲起也。使道而进，乐在庙廊，道而退焉，乐在山林，视桃源主者之乐乐矣，孰有过于先生之乐也乎？

寥寥数百字中，省净简练，但写景则景如在读者眼前，写人则人似与读者对面晤谈。

杨维祯还有一些如随笔杂文类的作品，吸纳小说笔法，极富艺术性。如《竹夫人传》，随意点染，游戏笔墨，而自成佳趣，可谓得苏轼小品之趣。如此妙笔，多见于短札。杨维祯的议论文，多指斥时弊之作。如《人心论》，认为“人心者，天命之所系，国脉之所关也”，表达其内心对现实的不满。

思考题

1. 以郝经、刘因和王恽三人的文章为例，试分析元初文章特色。
2. 简析姚燧“刚劲雄豪”的文风。
3. 虞集为何被称为有元一代文宗？

【参考书目】

1. 苏天爵编：《元文类》，上海古籍出版社，1993 年版。
2. 查洪德辑校：《姚燧集》，人民文学出版社，2011 年版。
3. 查洪德：《理学背景下的元代文论与诗文》，中华书局，2005 年版。

第十章 宋金元词的发展历程

宋词，作为一代文学，取得了辉煌的成就。我们在欣赏这些优美的华章时，不能忘记其生成的环境是那么腥臊丑恶。文学，在诗词互禅的过程中，通过色彩情调的造化，重新构成了旋律声势，波澜起伏，但难以坦然心听。北方、西方于无声处天籁响起，清刚激越，与地处南方的两宋鼎足而三，各具风流。至元统一中国，金声而玉振，进入了多民族文学争雄的时代。诗词写作皆经历了由乐为中心到韵为中心的过程，也是盛衰的标志。两种不同的律动彰显着汉语文学的重要特质，期间不同文化背景的诗文艺术丰富、完善了这种特质。书写材料及其构成的民族性，使诗词仍然是今天我们所喜欢的教育文本和写作方式。宋词的兴盛更多分担了诗中抒情的角色，因此宋诗给人主理的印象。

第一节 宋词发展历程

两宋300多年的词坛，先后共出现过6代词人群体，宋词的发展历程也大致可以划分为6个阶段。

一 第一代词人群（1017—1067）的因革

宋初半个多世纪仅有10余作者，存词33首，词坛上没有形成一个独立的时期。宋词走上独立的发展道路，以柳永等人走上词坛为标志。第一代词人群，以柳永（约987—约1053）、范仲淹（989—1052）、张先（990—1078）、晏殊（991—1055）、欧阳修（1007—1072）等为代表。另有宋祁（998—1061）、杜安世等人。他们主要生活在真宗、仁宗两朝的“承平”时代，个体的社会地位都比较显达，除柳永、张先以外，差不多都是台阁重臣，其中晏殊、范仲淹和欧阳修官至宰辅，位极人臣，人生命运相对来说比较顺利适意。其词所反映的主要是“承平”时代的享乐意识和乐极生悲后对人生的反思。

这一代词人，从创作倾向上可分为两个阵营：柳永、张先为一阵营，晏殊、欧阳修、范仲淹、宋祁等为一个阵营。

晏、欧诸人，虽然词作并不少，但都不是专力为词的词人，“或一时兴到之作，未为专诣”（冯煦《宋六十家词选例言》），走的是五代花间、南唐词人的老路，继承性大于创造性，连词调、词体的选择和运用都跟五代词人一样，以小令为主。不过，晏殊和欧阳修等人，在宋词的发展史上，仍然有其创造性的贡献。他们以众多的艺术圆熟、意境浑成的典范之作，强化了温庭筠等花间词人开创、定型的抒情范式，进一步确立了以小令为主的文本体式、以柔情为主的题材取向和以柔软婉丽为美的审美规范。在题材、艺术上也有所开拓创新，如晏殊的《破阵子》（燕子来时新社），将艺术镜头由传统的青楼歌妓、红粉佳人移到了乡村“采桑径里”的女伴，人物形象的描绘生动传神，一洗秾艳的脂粉气，给词坛带来一股自然清新的气息。范仲淹的《渔家傲》（塞下秋来风景异）更将艺术视野延伸向塞外孤城，让“白发将军”和戍边征夫昂首走进词世界，尤其具有开创性。伴随“白发将军”而来的，还有欧阳修笔下“挥毫万字”的“文章太守”（《朝中措》）、“四纪才名天下重”的元老勋臣（《渔家傲》），苏舜钦笔下“壮年憔悴”“耻疏闲”的大丈夫（《水调歌头》）等抒情人物形象。这些男子汉、大丈夫形象的出现，动摇了五代以来词世界由红粉佳人一统天下的格局，标志着男性士大夫的抒情形象已开始进入词世界，而欲与红粉佳人平分秋色。

11世纪上半叶是宋词的“因革期”。既有因循传承，又有革新创造。如果说，晏、欧等主要是因循五代花间、南唐词风，因循多于革新，那么，柳永则主要是对五代词风的革命，其革新、创造多于因循。

概括地说，柳永具有“三创”之功：

一是创体。柳永大力创作慢词，扩大了词的体制，增加了词的内容含量，也提高了词的表现能力，从而为宋词的发展提供了最基本的艺术形式与文本规范。二是创意。柳永给词注入了新的情感特质和审美内涵。晚唐五代以来的文人词，大多是表现普泛化的情感，词中的情感世界是类型化的“共我”的情感世界，与词人自己的内心世界分离错位，不像诗中的情感世界那样与诗人自我的心灵世界对应同一。三是创法。柳永将赋法移植于词，铺叙展衍，或者对人物的情态心理进行直接的刻画；或者对情事发生、发展的场面性、过程性进行层层的描绘，以展现不同时空场景中人物不同的情感心态。因而他的抒情词往往带有一定的叙事性、情节性。从小令到慢词，体制扩大，结构有变。柳永的铺叙衍情法，正适应、满足了慢词体制、结构变化的需要，解决了词的传统抒情方法与新兴体制之间的矛盾，推动了慢词艺术的发展。后代词人，诸如秦观、周邦彦等，多承此法并变化而用之。

张先创造了不少脍炙人口的抒情写景名句，提高了词的艺术品位。他创作的慢词，数量仅次于柳永，对慢词艺术的发展也起了一定的推进作用。

二 第二代词人群（1068—1125）的开创

第二代词人群，是以苏轼（1037—1101）、晏几道（1038—1110）、黄庭坚（1045—1105）、秦观（1049—1100）、贺铸（1052—1125）、周邦彦（1055—1121）等为代表的元祐词人群。此外，著名的词人还有王安石（1021—1086）、王观（1035—1100）、李之仪（1048—1127）、赵令畤（1051—1134）、晁补之（1053—1110）、陈师道（1063—1101）、毛滂（1064—1121）等。

第二代词人中，王安石、苏轼的词创作开始于11世纪60年代。而作为一代词坛领袖的苏轼，其词风直到70年代，亦即欧阳修、张先行将退出词坛之际，才走向成熟。其他如黄庭坚、秦观、贺铸等，也是到70年代后才崭露头角。

第二代词人的创作年代主要是在神宗、哲宗、徽宗三朝（1068—1125），是政治“变革”的时代，属于旧党的苏轼及苏门诸君子纷纷回朝，会师于汴京，诗词酬唱，酒酣耳热，文坛盛况空前。高太后去世后，在哲宗亲政的绍圣、元符（1094—1100）年间，新党卷土重来，并大肆迫害旧党人士。苏轼及其门下士人都受到了残酷打击，贬谪放逐，无一幸免。徽宗即位之初（1100），还想调和新旧两党的争斗，但一年之后，新党的投机分子蔡京等执政，又大开杀戒，对旧党实施了更为严酷的打击。政局的动荡变化，直接影响了卷入党争漩涡的词人的命运。苏轼及苏门词人的升沉荣辱紧随着政局的动荡而变化。这一代词人比上一代词人更普遍、更多地体验到命运的坎坷、人生的失意和仕途的蹭蹬，他们都是文坛（词坛）上有盛名而政坛上无高位的失意文士。因而，这个时期的词作主要表现的是个体生存的忧患和人生失意的苦闷。

从社交群体看，这一代词人大致可划分为两个群体：一是以苏轼为领袖的苏门词人群，黄庭坚、秦观、晁补之、李之仪、赵令畤、陈师道、毛滂等。晏几道、贺铸等虽不属苏门，但与苏门过从甚密。二是以周邦彦为领袖的大晟词人群：晁冲之、曹组、万俟咏、田为、徐伸、江汉等，他们都曾经在大晟乐府内供职。

就创作时代而言，这两个群体略有先后。大致说来，11世纪下半叶后30余年（神宗、哲宗二朝）的词坛，是苏门的天下，周邦彦虽然在此期也有名作问世，但笼罩在苏门的光环之下而没有放射出耀眼的光芒。苏轼及黄、秦、晁、陈等苏门中坚词人，在12世纪的头几年都先后去世，故12世纪一二十年代（徽宗朝）的词坛，则由周邦彦等大晟词人唱主角，虽然李之仪、赵令畤、毛滂等苏门词人仍继续在创作，但力量和影响都难与周邦彦等抗衡。

虽然此期词坛分为两个交际圈，但词风并不只有两种，而显出百花齐放、百川争流的多元态势。就苏门而言，苏轼独树一帜而开宗立派，但师法其词的仅有晁补之、黄庭坚两人。秦观另辟蹊径，俊逸精妙，自成一体，并不恪守师承而为苏轼所囿。李之仪、赵令畤等标举“花间”词风，继续用小令建构他们的词世界。

本不属苏门的晏几道、贺铸，更是“各尽其才力，自成一家”（王灼《碧鸡漫志》卷二）。晏词构筑的是一个纯真执着的恋情世界，并把令词的艺术推向高峰。贺铸词豪气与柔情并存，时如豪侠硬语盘空，时如少女软语呢喃，各种风情韵味并存于一集。词集名《冠柳集》的王观，似乎有意要与柳永一争高低，宋人王灼说他“才豪”气盛，“其新丽处与轻狂处，皆足惊人”。

万俟咏等大晟词人，作词为不受其领袖周邦彦的制约而另择师门。王灼说万俟咏与“沈公述、李景元、孔方平、处度叔侄、晁次膺”等六人，“源流从柳氏出”，师法效仿的是柳永开创的“柳氏家法”。至于曹组，则别属滑稽幽默词派，“作《红窗迥》及杂曲数百解，闻者绝倒，滑稽无赖之魁也”。又有“兖州张山人以诙谐独步京师”，王齐叟“以滑稽语噪河朔”。可惜这些诙谐词多已不传。唐宋词一直以悲剧性的感伤忧患为基调，而滑稽幽默词则以喜剧性的情调、手段调侃社会、调侃人生，在唐宋词苑中独具意味。滑稽幽默词在唐宋词史上虽然是一股涓涓细流，却也是不绝如缕。曹组之后，“祖述者益众”。连后来的词坛巨擘辛弃疾也曾加入，写了不少品位甚高的诙谐幽默词，从而为诙谐词增添了新的光彩和亮色。总之，元祐前后半个世纪的词坛，是多种风格情调并存共竞的繁荣期。其中创造力最强盛、影响力最深远的是苏轼和周邦彦。

11 世纪 70 年代初，文坛主将欧阳修去世后，从四川盆地走出的大才子苏轼继起执掌文坛。他以文坛领袖特有的胸襟和悍然不顾一切的气魄对词作进行了大刀阔斧的开拓和变革，“指出向上一路，新天下耳目”。

词是抒情的文学，苏轼无意于改变词作抒情的文体特性，而是要拓展词的情感领域，扩大词的抒情功能，将只表现“爱情”的词扩展为表现“性情”的词，将只表现女性化的“柔情”的词扩展为表现男性化的“豪情”的词，使词作像诗歌一样可以充分表现创作主体的丰富复杂的心灵世界、性情怀抱。由于苏轼扩大了词的表现功能，丰富了词的情感内涵，拓展了词的时空境界，从而提高了词的艺术品位，把词堂堂正正地引入文学殿堂，使词从“小道”上升为一种与诗具有同等地位的抒情文体。

苏轼以后的南宋词坛，主要有两种创作趋向，并形成两大派系：一是注重抒情言志的自由，遵守词的音律规范而不为音律所拘，词的可读性胜于可歌性；二是注重词艺音律的精严，情感的抒发有所节制而力避豪迈，强调词的协律可歌。前者是骚人志士的“诗化”词、“豪气”词；后者是知音识律者的“乐化”词、“风情”词。前者以苏轼为宗，主要词人有叶梦得、朱敦儒、向子諲、张元幹、张孝祥、陆游、辛弃疾、陈亮、刘过、戴复古、陈人杰、刘克庄、刘辰翁等。后者以周邦彦为祖，主要词人有姜夔、史达祖、吴文英、周密、王沂孙、张炎诸人。前者习惯上称为“苏辛”派，后者习称“周姜”派。

周邦彦，作为一大词派的领袖，给后代词人提供的抒情范式主要表现在三个层面：

第一，重音律。周邦彦填词按谱，审音用字，十分严格，不仅分平仄，而且严分平、上、去、入四声，使语言的字音高低与曲调旋律节奏的变化完全吻合。南宋吴文英等作词严分四声，就是以周词为范式；而方千里、杨泽民的《和清真词》和陈允平的《西麓继周集》，严格按照周词的律调音韵赓和作词，字字趋从，声声不异，虽是误入歧途，却也从反面说明南宋部分词人对周词的极端崇拜，奉周词为不可变更移易的金科玉律。

第二，重法度。如果说苏轼作词如李白作诗，天才横放，纵笔挥洒，自然流露，无具体的规范可循，那么，周邦彦作词似杜甫，精心结撰，“下字运意，皆有法度”（沈义父《乐府指迷》）。周词的法度，集中体现在章法结构和句法炼字两个方面。周词的章法结构，是从柳永词中变化而来。周词像柳词一样长于铺叙，抒情性与叙事性兼容，但他是变直叙为曲叙，往往将顺叙、倒叙、插叙错综穿插，言情咏物，体现为一种跳跃式结构，过去、现在、未来的时空场景交错叠映，使结构繁复多变。后来吴文英词作的章法结构，又从周词变化而出。周词的句法，主要诀窍是融化前人诗句入词，贴切自然，既显出博学，又见出精巧。因其词法度井然，追随者有门径可入，故后来“作词者多效其体制”（张炎《词源》卷下）。

第三，善言情咏物。恋情词，并不始于周邦彦，唐五代早已大量存在，但到周邦彦手中，恋情词发生了两大变化：一是自我化，二是雅化。所谓自我化，是变女性中心为男性（词人自我）中心。以前的恋情词，失恋的主体多为女性，表现女性对男子的追求思恋；周词中的失恋主体，则多是词人自我，女性已成为他所思所恋的对象。温庭筠等花间词人的恋情词，写的是一种普泛化的恋情，恋爱的双方无确切的指向，恋人是符号化的，如“楚女”“谢娘”之类，恋情是类型化的。柳永有些恋情词，虽然也是以词人自我为中心，但他所恋的对象似不具体，只是表达对异性佳人的渴望。而周邦彦的恋情词则往往是写词人自我失恋的经历，他的恋爱情事、恋爱对象有具体明确的指向。所谓“雅化”，是指自花间词至柳永词，有些恋情词写得过于直露、失于庸俗轻浮，而周邦彦的部分恋情词，则写得比较含蓄、高雅，并且将自己的人生失意融入恋情词中，丰富了恋情词的情感内涵。其后姜夔、吴文英等人的恋情词，也多是写自我的失恋或忆恋离散、去世的情人（多为妓、妾），雅而不俗，其源即从周词中来。周邦彦咏物词也比较多，而且善于将身世飘零之感、仕途沦落之悲、情场失恋之苦与所咏之物打成一片，也为后来姜派词人的咏物重寄托开了不二法门。

三　第三代词人群（1110—1162）的新变

第三代词人群，是以叶梦得（1077—1148）、朱敦儒（1081—1159）、李纲（1083—1140）、李清照（1084—约1155）、张元幹（1091—1161）等为代表的南渡词人群。其他比较著名的有陈克（1081—约 1137）、周紫芝（1082—1155）、赵鼎（1085—1147）、向子諲（1085—1152）、李弥逊（1089—1153）、陈与义（1090—1138）、岳飞（1103—1141）等词人。

这代词人主要生活在 12 世纪上半叶徽宗、钦宗、高宗三朝（1100—1162），社会由和平转向战乱的时代。由于时代的巨变，他们的创作环境明显地分为两个阶段。他们的前半生，即靖康之难以前，是在徽宗朝（1100—1125）畸形的和平环境中度过，生活比较安定适意，大多数词人是在绮罗丛中吟风弄月，创作上并没有形成自己的个性风格和新的时代特色。而此时周邦彦、贺铸等老词人仍引领着词坛。因此，严格说来，第三代词人此时只是做着创作"前期"的艺术准备。

宣和七年（1125）冬，金人在与北宋联手灭辽之后挥师南下侵宋，年底即逼近北宋都城汴京（今河南开封）。靖康元年（1126）正月初，金兵围攻汴京，在以李纲为首的守城将士的顽强抵抗下，被迫退师。同年底，金兵再度进攻并夺取了汴京，俘虏了北宋徽、钦二帝，北宋灭亡，史称"靖康之难"。建炎元年（1127），高宗赵构即位，建立南宋王朝。可这位乘乱登基的皇帝，不思抵抗，在金人步步进逼之下，渡江南逃，一直被金兵赶到东南的大海上。直到建炎四年（1130）春天，金兵才退出江南，占据着淮河中流以北的中原领土。从此，宋金分疆而治，但战火并未停歇。南渡词人的后半生就生活在这个亡国、战乱时代。战火硝烟彻底改变了他们的人生命运和创作倾向。他们在建炎南渡以后（1127—1161）的词作，主要是表现战乱时代民族社会的苦难忧患和个体壮怀理想失落的压抑苦闷。动乱的岁月，苦难的生活，悲剧的时代，铸就了新的词风和词境。

这代词人群人数众多，有词集传世的就有 40 多人，超过了前两代词人有词集传世者的总和（不到 30 人）。从词人的角色身份和创作倾向来看，这代词人群可分为三个创作阵营或三种创作类型。

一是愤世与救世的志士词人群。主要有叶梦得、陈克、朱敦儒、向子諲、李弥逊、陈与义、王以宁（约 1090—约 1147）、张元幹、岳飞和"南宋四名臣"——李纲、李光（1078—1159）、赵鼎、胡铨（1102—1180）等人。他们有着强烈的社会责任感和使命感，直接或间接地投身过抗击金兵的战斗，如李纲指挥过靖康元年的"汴京保卫战"；张元幹为其幕下参谋，也亲冒矢雨指挥杀敌；王以宁在李纲率兵援救太原的战斗中曾生擒敌兵数十人；向子諲转战南北，在潭州（今湖南长沙）城与金兵巷战八日；李光、李弥逊、叶梦得先后任地方长官，都建有守城保土之功；岳飞更是战功赫赫的名将；赵鼎任宰相时曾亲临抗金前线指挥；具有"文武全才"的朱敦儒也做过前线军幕的参谋官；陈克晚年投笔从戎，在绍兴七年（1137）的淮西兵变中遇险；胡铨虽未驰骋于战场，却用笔杆子投身于抗金的斗争，上书力主抗战，请斩卖国求和的秦桧，声震朝野。他们都是坚定的抗战派，但因朝廷的主和势力常常占据上风，尤其是在绍兴八年（1138）秦桧专权之后，一味向金人屈膝求和，这批抗战的志士词人备受打击迫害，报国无门。创作上，他们面向激烈变化的时代现实，表现汉民族的苦难生活，抒发对国事的痛愤和英雄失路的苦闷，词风悲壮慷慨，代表着南渡词坛的主流和词史进程的新方向。

二是遁世与玩世的隐士词人群。主要有周紫芝、吕渭老、扬无咎（1097—1171）等人。他们虽然也历经战乱，但时代风云、战争乱离、国家破亡似乎并没有激起他们心底的波澜。他们只是封闭在个人生活的圈子里吟诵着林泉风月中的逍遥自在，词作缺乏鲜明的时代感和现实感。志士词人群在遭受打击、被迫隐退之后，也写了大量的隐逸词。“隐逸”避世成为当时文人士大夫一种流行的心理和行为方式，也是当时的一种热门题材。不过，志士词人群的“隐逸词”，并未真正忘怀现实人生，蕴含着压抑与不平之气。隐士词人的隐逸词，则多几分宁静与闲适自得，他们的词风在南渡前后也没有太大的变化，战争乱离似乎既没有改变他们的人生命运，也没有改变他们的创作态度和创作风格。

三是颂世和谀世的宫廷词人群。主要有康与之、曹勋（1098—1174）、史浩（1106—1194）、曾觌（1109—1180）、张抡等人。他们或是嬖客，或是内廷宠臣，专门在宫廷里遵命创作；或歌功颂德，或应制献谀，以讨得主子皇上的欢心。这批词人年寿较高，登上词坛的时间比前两群词人稍晚，他们的创作活动主要是在高宗朝的后期，并延续到孝宗朝，而与下一代词人辛弃疾等人的创作时代交叉重叠。

此期词坛的发展走向，可以从词人对待苏轼词风的冷热变化上看出。南渡前徽宗朝20多年的词坛，苏轼颇受冷落。当时的“少年”讥讽苏轼是“移诗律作长短句”，“十有八九，不学柳耆卿（永），则学曹元宠（组）”。南渡词人，也是走“花间”的老路，或是跟着周邦彦等人随声附和。直到靖康之难爆发以后，南渡志士词人群才“重新”发现苏轼，沿着苏词的“诗化”方向前进，把词当作诗来写。其词可歌却不追求入乐歌唱，重在发挥词的抒情言志功能，从而把一度冷落了的苏轼开创的抒情范式经过充实提高后，直接传给后来的辛派词人。

就词史的进程来观察，这个时期是词史的新变期。说其“新变”，是因为南渡词人在南渡以后空前地将词的抒情取向贴近了激烈变化的社会现实生活，词人的视野不再是局限于个体化的情感世界或普泛化的超时代的情感思绪，而是扩大到社会化的民族心理、社会心声，加强了词的现实感和时代感，并进一步扩大了词的表现功能。

南渡词坛，以群体的力量和优势推动着宋词的发展，尚未产生像苏轼、周邦彦那样开宗立派、领袖一代的“大家”，但此时出现的杰出女词人李清照，使南渡词坛放出异彩。

李清照流传下来的词作虽只50多首，但几乎首首是“精品”。这种“精品”现象在中国韵文史上是颇为少见的。她具有天才般的艺术表现能力，能用从日常生活中提炼出来的最平常的语言准确地表现复杂微妙的情感心态，用一两个日常动作细节的勾勒就能传达出人物内心情绪的波动变化。她的语言，具有清水出芙蓉般的天然纯净之美，自成一种风格。约与李清照同时的女词人朱淑真，以其独特的悲剧性体验，充实和丰富了这个时期词的艺术世界。

四 第四代词人群（1163—1207）的辉煌

第四代词人群，是以辛弃疾（1140—1207）、陆游（1125—1210）、张孝祥（1132—1169）、陈亮（1143－1194）、刘过（1154—1206）和姜夔（约1155—1209）等为代表的“中兴词人群”。另有袁去华、刘仙伦、杨炎正（1145—1216）、史达祖、高观国、卢祖皋和张辑等词人。

他们是在南渡词人相继辞世后登上词坛的，词作主要是表现英雄们的壮怀理想和壮怀成空后的压抑苦闷。从词人的社会角色和身份来看，这代词人可分为两种类型：一类是像辛弃疾、陆游、陈亮这样有救国壮志且具方略、勇于进取而未获重用、无法施展其文经武略的英雄志士；一类是像姜夔那样的才高名盛而毫无政治地位的江湖名士。刘过虽属江湖名士，词风却与辛、陈相近。

创作倾向上，两类词人也壁垒分明。以辛弃疾为领袖的英雄词人秉承苏轼的抒情范式，沿着南渡志士词人的创作方向，写“豪气”词、“诗化”词。他们把词的表现功能发挥到最大限度，词不仅可以抒情言志，也可以同诗文一样议论说理。从此，词作与社会现实生活、词人的人生命运和人格个性紧密相连，词人的艺术个性日益鲜明突出。一人之词，就是一个独特完整的生命世界。词的创作手法，不仅是借鉴诗歌的艺术经验，“以诗为词”，而且吸取了散文的创作技法，“以文为词”。词的语言在保持自身特有的音乐节奏感的前提下，也大量融入了诗文中的语汇。虽然词的“诗化”和“散文化”，有时不免损害了词的美感特质，但此期词人以一种开放性的创作态势，在词中容纳一切可以容纳的对人生、自然、社会、历史的观察、思考和感受，利用一切可以利用的创作手段和蕴藏在生活中、历史中的语言，空前地解放了词体，增强了词作的艺术表现力，最终确立并巩固了词体与五七言诗歌分庭抗礼的独立的文学地位。

姜夔上承周邦彦写“雅词”“乐化词”，而自树一帜，与其追随者史达祖、高观国、卢祖皋、张辑等人别成一派，与辛派形成双峰对峙之势。

中兴词坛上艺术成就最高、创造力最强劲，并雄居词史艺术峰巅的词人，无疑是辛弃疾。辛弃疾原是出身行伍的英雄豪杰，本无意于做舞文弄墨的词人，由于历史的颠倒错位，他无法使用刀枪去战场上建立丰功伟业，只得拿起笔杆在词坛上创造辉煌。词史上，他是唯一的一位把自己的全部人格、全部生命融注在词作中的词人。他的词作，创造了一个前所未有的、独特完整的、丰富阔大的英雄的词世界，在词境上有着多方面的拓展，在词艺上也有多方面的创造和提高。

辛派词人是远承东坡而近学稼轩，而从东坡到稼轩，其间直接的桥梁则是张孝祥。张孝祥比辛弃疾年长几岁，是南渡词人群与中兴词人群之间的过渡人物。高宗绍兴三十年（1160）前后，南渡词坛的李清照、朱敦儒和张元幹等著名词人已先后辞世，而辛弃疾到孝宗乾道四年（1168）后才逐步在词坛崭露头角。从绍兴末到乾道中（1161—1168），词坛上最著名的词人，首推张孝祥。

张孝祥与苏轼的气质有些相似，都是天才型的诗人，他作诗填词也以东坡为典范。他的名作《六州歌头》，把抒情、描写、议论融为一体，声情激越顿挫，风格慷慨沉雄。其指陈时事的纵横开阖和强烈的现实批判精神，都直接成为稼轩词的先导。

比辛弃疾年长15岁而创作基本同时的陆游，虽然平生专注于诗歌创作，作词只是"业余"爱好，但其词作也颇具个性，表现了他独特的精神风貌和人生体验。他的《放翁词》，表现了一位集文士、战士、隐士于一身的放翁形象，展现了一位英雄战士渐变为落魄文士、"无聊"隐士的悲剧命运和悲剧情怀，丰富充实了词的情感世界。

陈亮也是豪侠，"喜谈兵"，"自少有驱驰四方之志"（《宋史·陈亮传》），终生致力于中兴、复仇的大业，51岁状元及第时自称"复仇自是平生志，勿谓儒臣鬓发苍"（《陈亮集》卷十七《及第谢恩和御赐诗韵》）。他与辛弃疾是志同道合的密友，词亦相似。他常常用词来表达其政治军事主张。强烈的现实针对性、鲜明的政治功利性和纵横开阖的议论性是其词最突出的特点。

刘过是终生流浪江湖的布衣、游士，既有侠客的豪纵，又有游士的轻狂。其词的抒情主人公，是一位自傲自负又自卑自弃、狂放不羁又落魄寒酸的江湖狂士。刘过的《龙洲词》，第一次展现了南宋中后期特殊的文士群体——江湖游士的精神风度、生活命运和复杂心态，具有独特的生命情调和个性风格。

同期的姜夔，也是江湖游士，但比刘过少几分轻狂而多几分雅韵。他的词题材取径较窄，主要是写恋情与咏物，在词境上并无多大拓展，艺术上却另创新机。

姜夔作词，师法周邦彦。与周相比，姜夔的恋情词又别开生面。他往往过滤省略掉当初缠绵温馨的爱恋细节，而只表现离别后精神上的追求苦恋，赋予柔思艳情以高雅的情趣；又不用艳丽的字面来装饰，热烈的恋情出之以冷峻清雅的笔调，即所谓健笔写柔情，从而形成清刚峭拔而"骚雅"（张炎《词源》卷下）的特质。周邦彦的咏物词，已初步将身世之感和怀人伤别渗透其中，姜夔的咏物词由此深入，更将恋情与咏物打成一片。周词往往是将物态与人情"联合"写之，词中人与物是双向交流；姜词则是把物态与人情"融合"写之，词中人与物同化合一，更显精妙。咏物而别有寄托是姜词的又一特点，对宋末咏物词影响最大。

白石词的语言也独具个性。与周邦彦词相较，周词的语言色泽艳丽，如春日牡丹；姜词的语言色调清幽，似雪中寒梅。周词多融化前人诗句，用的是江西诗派"点铁成金"的方法；姜词则是自铸新辞，吸取的是江西诗派清刚峭拔的精神，改变了历来“婉约”词语言软媚柔弱的原质。

姜词因语雅、调雅、味雅，而被宋末词人奉为雅词的典范。清人汪森《〈词综〉序》即说：“鄱阳姜夔出，句琢字炼，归于醇雅。于是史达祖、高观国羽翼之，张辑、吴文英师之于前，赵以夫、蒋捷、周密、陈允衡、王沂孙、张炎、张翥效之于后。”

五　第五代词人群（1208—1265）的深化

第五代词人群是以戴复古（1167—约1243）、孙惟信（1179—1243）、刘克庄（1187—1269）、吴文英（约1207—约1269）、陈人杰（？—1243）和黄升等为代表的“江湖词人群”，是以“业文”为生的“专业”作家。

这一阶段，是两宋词史上的深化期。文人士大夫大多丧失了进取之心和社会责任感，混世、厌世和愤世成为当时社会普遍流行的，也是词作中最突出的心理常态，表现出了词史上未曾表现过的一种心态——灰心与绝望。词风走向，分双线发展。一线继承“稼轩风”，沿着辛弃疾抒情自我化的道路继续深化。词作常以“自述”为题，表现江湖名士的行藏出处、意态风神，抒发自我的失意苦闷。他们崇尚抒情的痛快淋漓，而不斤斤计较字工句稳；豪壮之气不足，狂傲之气有余，有时不免流于粗豪叫嚣，而缺乏辛弃疾那种深沉刚健之美。戴复古、孙惟信、刘克庄、陈人杰等属于此类。另一线则传承、师法周邦彦和姜夔，注重炼字琢句，审音守律，不尚抒情的自由，但求字句的协律典雅。写恋情，状物态，是他们词作的主要题材。吴文英是其代表。

此时的文人士大夫，无论是对民族的命运，还是对个人的前途，大都是灰心绝望。他们深知，“偏安久，大义难明”，清醒地意识到朝廷、社会已是“膏肓危病”，无法救治，“宁有药，针匕具，献无门”（黄机《六州歌头》）。个人的进与退，都无补无伤于社会，所谓“用与舍，徒为尔”（冯取洽《贺新郎》），因而心灰意冷。如果说上一代词人是希望与失望交织，进取与退避并存，那么这一代词人就只有失望和绝望。他们一再表白：“未老心先懒。”（宋自逊《蓦山溪·壶山居士》）“道人识破灰心久。”（宋自逊《贺新郎》）“弧矢四方男子事，争奈灰心也久。”（李曾伯《贺新郎》）“看剑功名心已死。”（王涯《满江红》）心如死灰，是这代词人共有的心理状态。于是，“闲”就成为这代词人共同追求的生活目标。陈人杰曾说：“人世间，只‘闲’一字，受用无穷。”（《沁园春》）其他词人也纷纷发表爱闲求闲的声明：“万事全将飞雪看，一闲且问苍天借。”（赵希迈《满江红》）“已没风云豪壮气，只思烟水闲踪迹。”（吴渊《满江红》）“任当年伊吕，谈笑兴王，争恁闲眠野宿。”（韩淲《洞仙歌》）辛弃疾、陆游等英雄志士为年华的等闲虚度而苦闷焦虑，恨闲恶闲。而这代词人是爱闲乐闲，闲得满足，闲得惬意。所谓“幸得闲中趣”，“乐取闲中日月长”（李曾伯《减字木兰花》），“这闲福，自心许”（汪晫《贺新郎》）。他们只是“思想”上忧国，而“行动”上不救国，也无法、无力拯救，把自己定位为“看客”的角色。李曾伯就直言不讳地宣称：“断国谋王非我事，抱孙弄子聊吾适。”（《满江红》）

闲，显示了独特的历史价值和审美价值：一向具有责任感、使命感和进取心的宋代知识分子，在黑暗政治的摧残和压抑之下，人生态度和人格精神发生了怎样的倾斜和裂变。文士们精神的没落和思想的颓废，正是那个时代没落衰败的深层体现。

这个时期，艺术上最富有创造性的词人是吴文英。吴文英与姜夔、周邦彦的创作倾向基本一致，而又各具面目。从周到姜、吴，艺术上经历了一次“否定之否定”的过程。周词的语言色彩浓丽，姜词反之而趋于清冷淡雅，至吴文英又返归于秾艳。周词的意象结构稠密，姜词反之而疏朗，吴文英又复归于绵密。吴文英似乎有意要越过“近宗”姜夔而追随“远祖”周邦彦，以建立与时代相近的前辈姜夔不同的艺术风格。

六　第六代词人群（1252—1310）的融合

第六代词人群，是以周密（1232—约 1298）、刘辰翁（1232－1297）、王沂孙（约 1240—约 1310）、张炎（1248—约 1331）、蒋捷等为代表的“遗民词人群”。

他们生活在 13 世纪下半叶宋末元初的“亡国”时代。1258 年，蒙古大举侵宋，攻取四川，随后向两湖逼近。从此宋室处于风雨飘摇之中。1273 年，蒙古兵经过四年的围攻，攻破南宋王朝的屏障襄阳城后，迅速挥师夺取江南，一路势如破竹，南宋军队往往不战自溃。1276 年，宋太皇太后谢氏向蒙古军进奉降表，献上都城临安，南宋王朝宣告灭亡。虽然文天祥、陆秀夫等民族英雄在福建、广东一带继续抗元，让南宋的年号延续了三年，但仍无力回天。1279 年，陆秀夫背着南宋最后一位小皇帝跳海就义，文天祥则兵败被俘。从此，赵宋江山改由元蒙统治。“遗民”词人就生活在这个社会动荡、战火连绵的时代。

从词人群体的更迭情况来看，刘辰翁、周密等新生代登上词坛的时候，上一代词人刘克庄、吴文英等仍活跃在词坛，刘、吴等词人直到宋亡前夕才辞世，而刘辰翁这代词人的创作主要是在宋亡以后。南宋灭亡时，刘辰翁、周密、文天祥等已年过 40，蒋捷、王沂孙年岁大略相仿，张炎接近而立之年。除文天祥在 1282 年英勇就义外，其他词人做了二三十年或更长时间的“遗民”。张炎就活到了元英宗至治（1331—1333）年间。所以把这代“遗民”词人作为一个独立的代群来看待。

遗民词人群的创作也可以分两个营垒。刘辰翁、文天祥、罗志仁、邓剡、汪元量和蒋捷等人属于辛派后劲。由于身处亡国时代，除文天祥之外，他们大多没有辛弃疾那种豪迈雄武之气，词作是敛高调，成悲凉，低沉的悲哀之音多于高亢的悲壮之调。周密、王沂孙、张炎和陈允平、仇远等属于姜夔的后继者，继续填写那音律精严的“雅词”。只是他们的雅词多了些亡国的哀思和更浓重的悲剧意味。

由于身经时代的巨变，跨越宋末元初两个时代，遗民词人的创作也明显分为两个阶段。

他们登上词坛的时候，正值外敌凭陵、“国脉危如缕”的亡国前夕。国内朝政日益黑暗，贾似道当权，竭力压制“忧边”愤世的言论，使得朝野上下敢怒不敢言。贾氏又用利诱软化手段，消磨尽了一代志士的豪气。时人赵必瑑《齐天乐》词即说：“东南半壁乾坤窄，渺人物，消磨尽。官爵网罗，功名钓饵，眼底纷纷蛙井。暮更朝令。扞格了多少，英雄豪俊。”因而，这代词人对人生、社会比其前辈更灰心绝望。周密《隐居》诗曾说：“事有难言惟袖手，人无可语且看山。”（《草窗韵语》卷四）国事难言，也不能言，言则得罪，干脆不言不说，故而连蒙古兵夺四川、侵两湖、下襄阳、逼江南这样惊天动地的事变，他们都仿佛置若罔闻，词中一点反应也没有。只有一位不知名的“业余”作者杨佥判写过一首《一剪梅》，反映“襄樊四载弄干戈”而“朱门日日买朱娥”的现实，算是唱出了一点愤怒之声。

这代词人，大多出身豪门贵族，与其前辈江湖谒客的“寒士”身份不同。作为青年贵族雅士，他们可以不做官，不入贾似道的牢笼，而有的是钱财，有的是闲暇，于是“把笙歌、恋定西湖水”（王奕《贺新郎》），朝歌暮嬉，酣玩岁月，把自我封闭在与乱世、浊世相隔的贵族“沙龙”里，讨音论律，赠答唱和，描摹风月，把那“西湖十景”等名胜景致一一品题，给这风雨如磐、大厦将倾的时代和绝望而无聊的人生增添一点高雅的艺术情趣。

1276年都城沦陷，国家破亡，战火烧到了家门口，他们被卷入难民潮，风雅的生活、枯寂的心境被打破，才幡然易辙，用词来抒写亡国的悲恨、故国的哀思和流离的痛苦。抒情取向才面对那悲剧时代、苦难人生。就在这一年，刘辰翁写出了《兰陵王·丙子送春》，感叹“人生流落”，国亡“无主”；唱出了《唐多令》（明月满沧州），为“看青山、白骨堆愁”而哀伤。

亡国之痛、故国之思，南渡词人早有表现。而这批“遗民”词人与南渡词人不同的是，复国中兴已完全没有了希望，文天祥、陆秀夫抗战的悲剧结局早就粉碎了他们任何复国的幻想。马廷鸾《齐天乐·和张龙山寿词》说得明白：“弱羽填波，轻装浮海，其奈沧溟潋滟。”“填海”救国不可能，“浮海”逃避也不可得。莽莽乾坤，都是“铁马蒙毡”。因而遗民词人的亡国之痛、故国之思包含着无可奈何的绝望，而缺乏南渡词作那种抗争精神，只有低沉的哀吟，而无高亢的怒吼。同时，身为遗民，也不能像南渡词人那样直接袒露亡国之痛和故国之思，而只能是暗中饮泣，所谓“寸肠万恨，何人共说，十年暗洒铜仙泪”（赵文《莺啼序》）。用曲折委婉的方式、比兴象征的手法，含蓄地表达深沉的亡国痛楚。他们或者通过对节序时令的感慨，或者通过咏物来寄托那不能直说却不得不吐的亡国悲恨。所以，这个时期节序词、咏物词特别多，并出现了托意遥深的咏物词专集《乐府补题》。有亡国恨而不能直接宣泄，不能放声痛哭，更增加了这代词人心境、词境的悲剧性和苦涩味。

从词史的流变看，亡国之痛、故国之思，已不是什么新鲜的情感，倒是他们在流离漂泊中对无家可归、饥寒交迫的生存困境的体验给词的情感世界注入了新质。

战乱后飘零，是这代词人都有的经历。“飘泊情多”（彭元逊《子夜歌·和尚友》），“飘零多感”（王易简《酹江月》），是他们最突出的人生感受。伴随漂泊感而生的是无家可归的茫然感和危机感。流浪途中，“天惨惨，水茫茫”（刘辰翁《江城子》），他们渴望回到故乡，然而“我已无家”（刘辰翁《江城子》），“欲归无路”（刘辰翁《莺啼序》），于是深沉地浩叹：“故园一望一心酸。云又迷漫，水又迷漫。”（蒋捷《一剪梅》）

漂泊流浪，生活无着，自然是饥寒交迫。蒋捷多次表现过这种生活体验。他时常“枯荷包冷饭”，“东奔西走”（《贺新郎》），有时“断髭冻得成虬”（《木兰花慢》）。刘辰翁也感叹：“朝饥讥午，寒炉拥雪，岁晚寒辛。”“被那穷鬼揶揄数得真。”（《沁园春》）陈著也曾为“穷愁”感慨：“无生可谋。奈浑家梦饭，谷难虚贷，长年断肉，菜亦悭搜。”（《沁园春》）亡国前生活的豪华温馨与亡国后生活的寒酸困顿，构成了强烈的心理反差。个体生存的困境、悲凉凄苦的心境与难以割断的亡国之恨交织，构成了这个时期词作独特的词境。

总体上看，这代词人在词艺和词境上没有多少开拓和创新，只有融合和深化。辛派后劲刘辰翁、蒋捷、汪元量等人的部分词作，曲折哽咽，吸收了姜夔、吴文英词的长处。而张炎、仇远诸人也并非死守周邦彦、姜夔的艺术法则，对苏轼、辛弃疾也有所借鉴。他们的词雅丽而不失清疏明快，与周词的秾艳密丽、姜词的清刚峭拔有所不同。两派互有倾斜和渗透。就个体而言，这代词人中艺术成就较高、对后世影响较大的是王沂孙、张炎和蒋捷。从词史的进程来看，这个时期，既是多种词风的融合期，也是词史高峰状态的结束期。

第二节 金元词发展历程

一 金元词的创作实绩及词史地位

金（1115—1234）元（1206—1368）两朝250余年，词这一文学样式依然沿着自身的运行轨道发展变化，并且形成了不同于宋词的独特风貌，取得了相当可观的艺术成就。金词和部分元词与南宋词是共时并生的关系，与南宋词一起构成了那个时代词文学创作的独特风景线。元统一天下后，其统治持续了近百年，这期间词文学创作仍然有不俗的表现。唐圭璋先生《全金元词·前言》云：

> 金元先后占据北方，词受两宋影响，亦多可观，如元好问、张翥，其最著

者……余今综合诸家所刻词，并加以补正，计词二百八十二家近七千三百首，以供编写词史者之一助。又录《道藏》中金元道士词，以供研究词乐、词律、词韵以及词曲演变者之参考。

与两宋词比，金元词的成就说不上辉煌炫目，却也有着一些宋词所未达到的境界，大致可概括为如下几个方面：

第一，创立发展了词史上的“北宗”体派，这是金元词对于词体艺术最重要的贡献。金元两朝皆立国于北方，元朝实现南北一统，但北方始终为其地域本位。在相对封闭的迥异于南方宋朝的地域文化环境中，苏轼的词学观念和富于阳刚之气的词风得到极度张扬，成为金和元前期词坛上的普遍风尚，由此形成了一个体现着北方地域文化特色和文学传统的“北宗”词派。“北宗”词派是相对于以南宋姜夔、吴文英等为代表的“南宗”词派而言的。北宗词派的形成，不仅意味着北方词的成熟自立，而且表明词作为一种抒情诗体，风格体式进一步完备丰富起来了，对于词文学的发展提供了新的活力和参照系。

第二，进一步丰富、完善了诗化词体的艺术形式，并完成了使之主流化的进程。金据中原，由于词乐和歌法的大量失传和北方地域文化的作用，这种诗化词体迅速发展成熟起来，成为词坛主流。至此，词体最终摆脱了对音乐的依赖而成为一种特殊的格律抒情诗，这既是词体创作衰微的诱因，同时也为词体成为新型的抒情诗在清代复兴埋下了伏笔。从这个意义上讲，金元词在一个方向上实现了词体艺术生命的蜕变。

第三，在南北词风融合的基础上，骚雅词体更为圆熟精致。元朝统一后，南北词坛合二为一，但是体现着不同地域文化精神的南宗词风与北宗词风并未同时融为一体，两派词人各自按照自己的审美理想进行创作。在经过一个时期的碰撞、磨合之后，由于南宗词人复雅的努力和骚雅体词自身的艺术优势，最后以南宗词复兴和北宗词衰微为标志，实现了南北词风的融合。由宋入元的南宗派词人承继姜（夔）、张（炎）一脉传统，在新的文化条件下取得了令人欣喜的创作成就，被誉为“元词之冠”[①] 的张翥《蜕岩词》为其杰出代表。元代南宗词一方面守成于传统，集前代之众美，骚雅体词在他们手里艺术上达到了十分纯熟的境界，富于一种老成之美，另一方面他们又在一定程度上受到了北宗词的影响，显示了南北词风相融合的迹象，无疑这两方面都是宋代南宗词所缺少的。尽管总体上元词骚雅体的创作水平无法与南宋相比，但正是通过张翥等人的创作，南宗词一脉才得以薪火传递，至明清而绵延不绝。

第四，形成了一个多阶层多民族的创作队伍，涌现出一大批风格鲜明、造诣不

---

①吴梅:《词学通论》,上海古籍出版社,1986年版。

凡、成就突出的词人。元好问和张翥两位代表了南、北词派最高成就的词林大手笔，置其于两宋诸名家之列也毫无愧色。其他如吴激、蔡松年、赵秉文、党怀英、王庭筠、段克己、段成己、白朴、王恽、刘因、刘秉忠、张弘范、张之翰、张野、刘敏中、赵孟頫、虞集、张雨、萨都剌、许有孚、倪瓒、邵亨贞等，皆为一时俊彦，各有千秋，所作不乏传世者。尤其是一批非汉族词人出现于词坛，其特有的民族气格为词体艺术平添一股生命活力，著名者如女真族完颜亮、完颜璹，蒙古族（一说回族）萨都剌，契丹族耶律履、耶律楚材，回鹘族薛昂夫等。这表明，至金元时期词体艺术真正具有了一种体现着多民族大家庭意义的华夏文化的品质。令人感兴趣的是，这期间还出现了李齐贤（高丽籍）这样词笔娴熟优雅不让汉士的域外词人，由此可见当时词体艺术在汉文化中独特的地位和魅力。

长期以来金元词声名不彰，许多论者不屑一顾，谓金词“直于宋而伤浅，质于元而少情”（冯金伯《词苑萃编》），谓元词“断不宜近”“非粗即薄”（蒋兆兰《词说》），以至“宋后无词”的说法流行于世。

关于金元词的评价，虽然历来多贬抑之声，但相对而言，词论者对于金词的看法尽管较之于宋词多有批评，但一般尚能较平允地正视其特色与成就，特别是对于元好问《遗山乐府》不乏赞誉之论。然而对于元词，总体评价是以“衰”或“亡”论之。如果从词体的传统形式与功能这个角度看，元词确实已经衰微，实际上词体作为通俗化“歌”词的功能的衰微在南宋已开始。与宋词比，元词的确失去了时代“显”体的地位，并且基本上失去了可歌的性能，又处在元曲兴盛的时代，发展的空间必然受到限制，文人创作投入的热情与精力也自难与宋代相比。由此造成了元词艺术在创新性和精美化两方面有所减弱，具体表现为：

第一，艺术上继承多而创新少。作为元词前身的宋词与金词，已分别形成了两类词体艺术的基本类型——南宗词与北宗词，并且得到充分的发展，使得元词的开拓空间已十分有限，所以无论是北宗体派，还是南宗体派，艺术成就主要体现在对前代的继承上。张翥词被称为元词之冠，《四库全书总目》认为其成就体现在“有南宋旧格”之上。当然这种评价是建立在以南宋姜张一派为正宗的词学观基础之上的，实际上《蜕岩词》并非完全是“南宋旧格”的规模，也有其对北派词风的吸收，不过总体上讲，创新少于继承。北宗词方面对金词的突破也很有限，如北宗大家白朴，其《天籁词》力追苏、辛、元，但艺术上缺少创新的亮点。

第二，元词始衰的又一迹象是音律、语言的相对粗糙。蒋兆兰《词说》有言：“元人词断不宜近，盖以元词音律破坏，且非粗即薄。”郑文焯《大鹤山人词话》称“四印斋所刻藏春乐府至五峰词七家”元人词中，“率多放浪通脱之言”，这些评语显然带有对北宗词的某种偏见，但元词总体上缺少宋词艺术形式上的精湛，也是事实。张炎作《词源》主要针对的就是当时“古音之寥寥”的情况。元人王博文极赞白朴词，一个原因是其词“音节协和，轻重稳惬”（《天籁集序》），也从反面说明当时一般词人对音律形式的忽略。

如果我们换一个角度，将词看作一种新型的抒情格律诗，便可发现元词创作仍然富于旺盛的生命活力，至少可从如下三个方面得到证明：

第一，较之前代词，内容更为广泛而丰富。元词沿金词方向发展，作法呈诗化兼曲化倾向，大凡个人怀抱、人际交往、游赏品物、社会百象等生活的方方面面，皆可见诸词人笔下。特别是一些金代遗民所写的纪乱之作，显示了深厚的历史感。南宋遗民入元后以咏物等形式所传达的家破国亡、身世飘零、物是人非之感，其沉痛之至前所未有，大大加深了词的抒情力度。此外，受元曲影响，许多词纪俗事、写常情，未尝不是词体开放的积极尝试。

第二，兼容南北，风格多样，是元词别于宋金词的又一突出特征。由于蒙元经历了由北而南的扩张过程，北方与南方的主流词风也经历了由分而合的过程，南、北体派分别显示了各自的艺术个性和可观的成就，最终在南、北词风融合的基础上促成了以张翥为代表的南宗词的复兴。与作为“南方文学”的宋词和“北方文学”的金词相比，元词无疑有着更大的包容度，文化性格也更为健全。

第三，显示出词体作为文人抒情言志与社会交际工具的强大功能。在元代虽有个别词调尚可歌，但词体从整体上已转型为一种案头型的抒情格律诗，并且通过雅集题咏酬唱赠答等形式，广泛地应用于文人日常交际方面。元词这方面的实践实为词体日后的发展（特别是清词的中兴）奠定了基础。

二　北方文化与金元词的创作特色

由女真族所统治的金王朝“借才异代”，利用滞留于金的北宋文士，在短短的一二十年间居然奇迹般地重建起了一个初具规模的北方词坛，出现了吴激、蔡松年、完颜亮等重要作者，其作品在艺术上已十分成熟，置于宋词名家中也并非下乘。至大定、明昌时期，词坛渐趋繁荣，词人辈出，风格多样，金词至此而“体段完足”。金末元初，战乱频仍，社会动荡，然“国家不幸诗人幸”，北方词坛的创作在这一阶段达到了以元好问《遗山乐府》为标志的艺术高峰，直到元实现“混一”后的相当一段时间内，一直保持着创作的繁荣局面和旺盛的发展势头，活跃着白朴、王恽、胡祗遹、张弘范、张之翰、刘因等一大批颇有成就的北派词人。

词坛中心的南移和北方词坛的重建，使 12—13 世纪的大部分时间内，出现了在相对封闭的地理环境和人文环境中独立发展的南北两个词坛，由此形成了各自不同的创作倾向和风格范式。这种差异的形成，固然在于南北封闭而异质的地理环境和人文环境，但同时也是词体内部原本存在的南北文化质素，在新的历史条件下进一步发展和分化的必然结果。南北词坛虽然皆嗣承于北宋词传统，但在价值取向上是完全不同的：南宋词坛主要继承和发展了以周邦彦的创作为代表的词体范式，形成了一个以姜夔、吴文英、张炎为代表的主张骚雅、讲究格律的体派，成为南宋中后期词坛的主流；北方的金元词坛，则主要继承和发展了具有北方文化特质的“东坡范式”，在审美特征、主题倾向、词体形式等各方面都呈现出与作为“南方文学”典范的南宋词迥然不同的“北方文学”色彩。当时的中国词坛实际上存在着体现不同地域文化精神的两个体派——南宗词派与北宗词派，而更大范围的北宗词派（或曰北宗词派的主体），原本存在于北方的广袤大地上。一个可与南宋主流词派——南宗词派并峙的北宗词派已经在北方词坛上崛起。

金元两朝经历了由北而南、由分而合的地理格局变化，这一变化深刻地影响到社会文化的各个方面，关系到文人的生存状态和创作态度，作为抒写文人心灵晴雨的词文学创作也随着这一变化呈现出不同的风貌。

北宋灭亡后，金与南宋南北两朝的社会条件、地理环境以及士人心态都不同于统一的北宋时期，因而词坛的创作风气及词体自身的性质、功用不可能不发生某种程度的变异，而这种变异的趋向及结果却是迥然不同的。陈匪石《声执》（卷下）谈到金词特色时指出：

> 金据中原之地，郝经所谓歌谣跌宕，挟幽并之气者，迥异于南方之文弱……流风余韵，直至有元刘秉忠、程文海诸人，雄阔而不失之伧楚，蕴藉而不流于侧媚，卓然成自金迄元之一派，实即东坡之流衍也。

北宗词承继苏轼“以诗为词”的观念和做派，沾溉北方文化刚健雄阔的精神，走出了传统婉约体的创作范式，自然也不同于南宗词的“雅化”趋向，所以往往被以南宗词为“正宗”的论者视为“非本色”，或称之为“变体”。如代表北宗精神的稼轩词就曾被如是看待（王世贞《艺苑卮言》）。所谓“变体”，即词体的“非本色”化，指的是一种与正统创作模式和规范不同的体式和风格。如果排除了这些论断中所包含的贬抑之意，所谓“变体”“非本色”确实道出了北宗词在发展趋势上与南宗词的不同走向。

这种不同走向构成了南北词派在创作上多方面的不同特征。首先，在题材和主题的选择上，“艳情”与“逸志”分别成了南北词派中心内容所在的风向标。在南宋词坛，艳情仍是创作中的首选题材，并且有了进一步的发展：一是以相思之情寄托家国之慨；二是对女性体态进行物态化的铺排描写；代表当时词坛主流的是第三种情况——姜、吴等骚雅派词人所追求的艳情描写“典雅化”倾向，即在创作中“句琢字炼，归于醇雅”（汪森《词综序》），以典雅精美的语言表现词人雅逸的人格和“高远”的“意趣”，其目的在于使传统婉约词以“缘情”为根本、以“艳冶”为中心的“本色”更为“纯正”。

在南宗词人沉迷于“莺吭燕舌间”的同时，北方词坛传出的声音却大相异趣。吟唱隐逸是金元时代文学的一种普遍倾向，不过词体创作在这方面的转向则最为显著。通过隐逸描写主要表现了一种历史意识和生命意识。正是在这一点上，构成了北宗词与南宗词在主体精神上的重要区别。

其次，在审美风格上南北词派也意趣各异。北宗词派代表元好问在《自题中州集后》诗中曾如此比较南北方诗词风格："邺下曹刘气尽豪，江东诸谢韵尤高。若从华实评诗品，未便吴侬得锦袍。"这种"豪气"的实质当为词人内在精神力量的气势或气概的体现。与讲究声韵、注重格律、着意文采而格调艳婉清丽的南宗词相比，北宗词的优胜之处在于其主体精神突出和富于阳刚之气等方面。如果说南宗词所展露的主要是一种婉丽柔媚的"情韵"之美，那么北宗词所显示的则主要是一种刚健质朴的"气概"之美。

再次，由于词学观念、词体功能、创作环境及传统脉系等方面的差异，南宗词和北宗词在词体自身的语言形式上也各具面目。概括地说，南宗词走的是一条以"典雅化"保持词体"本色"的路子；而北宗词则显示出某种"诗化"和"曲化"倾向，因而被视为变格别体。所谓"本色"的一个主要意义就是要求词在语言形式上力求雅致精美，严守音律声谱，以适于入乐歌唱。正因如此，调美、律严、字工且"无一点市井气"的周邦彦词成了"本色"词的典范，在南宋词坛受到了广泛的赞赏和效法。

在北方词坛，词体受到来自传统诗体和新兴曲体这两种强力的牵引，其体性不可避免地发生了某种程度的变异：一方面由于苏轼所标举的"词诗"观念被词坛普遍接受，诗体进一步向词体渗透，使词体明显具有了诗的某些特性。随着词乐的散佚失传及长期"潜流"于北方民间并赢得了大众群体青睐的俗曲的浮出，词在北方金元社会已变得不再宜于歌唱或不可歌唱，从而促成了词体"徒诗化"形态的基本确定。

三　元代南北词风的融合及南宗词复兴

元混一后，南宋姜、张词派的融入给元代词坛带来了一股强大的复雅思潮。张炎、周密、仇远等遗民词人入元后，极力倡导"雅词"，相为鼓吹。伴随着"南人"更多地进入权力层面和北方文士更多地南下以及由此而出现的南、北文人交往的增多，词坛的南、北派别界限也逐渐被打破，南、北词风也出现了相互交融的迹象，特别是南宗词的艺术风格得到了更多的北方士人的接受，一批直接在南宋遗民词人群体影响下成长起来的新一代词人崛起于文坛，最终导致了南宗词的复兴和北宗词的衰微，元代词坛的创作风气开始发生了根本性的转向，于是风光了一个半世纪的北宗词最终消融在南宗词的再度辉煌之中。

南宗词的复兴与北宗词的衰微有着政治、文化和词体自身发展等多方面的原因，如南、北统一后元代文化重心的南移，南宋遗民词人的"复雅"努力，词坛艺术观念的嬗变，成长于混一后的新一代词人的崛起等因素，都在这一变化过程中起着重要作用；但南、北词自身发展的状况也是不容忽视的，而这方面的因素正是这一阶段词风转变的根据：首先，从艺术发展水平来看，南宗词要明显地高于北宗词，一般来说，发展程度更高的文化（包括文学）也相应会产生更大的吸引力和融化力；其次，北宗词在其演进过程中，由于过分地诗化和曲化而导致了词体本身某些艺术特性的丧失，这也势必使其进一步发展缺乏内在的动力。

需要指出的是，北宗词的衰微并不意味着它在词坛上的完全退却，实际上北宗词退却的同时，其豪放之气已渗透到了南宗词的创作之中，也就是说复兴的南宗词在一定程度上可以认为是南北词风相融合的产物，这一点在张翥词中可清楚地看到。虞集词被认为"兼擅苏、秦之胜"（《艺概·词概》），也当从南、北词风融合的意义上去理解。事实上，南北宗的交融与互动，并非始自元朝南北统一之后，而是贯穿于金元两朝的各个历史阶段。南北分治时期，尽管政治壁垒森严，地理交通隔绝，但是建立在统一汉文化基础上的南北文学（包括词），始终保持着一定程度的接触，金元北宗词从未间断过对于南宗词的学习和接受；同时也在以不同的形式影响着南宗词的发展，如代表北宗精神的辛弃疾词曾强烈地震撼了南宋词坛，直接影响到南宗词的创作。此外，一些南宗词人在北方的创作明显地呈现出某种"北转"倾向，如张炎的入元后词作。

思考题

1. 简述宋代词人群的形成与流变。
2. 如何理解金元词的词史地位？
3. 如何理解金元词的地方文化特色？

【参考书目】

1. 王兆鹏：《唐宋词史论》，人民文学出版社，2000 年版。
2. 王兆鹏：《唐宋词名篇演讲录》，广西师范大学出版社，2006 年版。
3. 赵维江：《金元词论稿》，中国社会科学出版社，2000 年版。

第十一章 北宋词

词最初是礼乐文化大众化的产物，雅言之末流，所以又称艳科、诗余，但原有的秉性依然得到一定程度的传承，至晚唐成为乱离诗人的情志宣泄和寄托方式，有的诗人甚至乐此不疲。北宋在回味中面对现实生活，词成为人们普遍喜欢的一种文学样式，并逐渐形成了自己的特质，即宋调。宋调中既有六艺苦涩的味道，也有悠扬清新的时代气息，因此后人往往将其与唐诗并列，即唐诗宋词，作为一代文学的代表。

第一节 柳永和宋初词

一 柳永词

柳永是宋初词坛上创造力最强、影响力最大、最受大众欢迎的词人。柳永创造性贡献主要表现为创调、创意和创法。词的体式和内容的变化，要求表现方法也要作相应的变革。小令由于篇幅短小，只适宜于用传统的比兴手法，通过象征性的意象群来烘托、传达抒情主人公的情思意绪。而慢词则可以尽情地铺叙展衍，故柳永将“敷陈其事而直言之”的赋法移植于词，或直接层层刻画抒情主人公丰富复杂的内心世界（如《定风波》《满江红》）；或铺陈描绘情事发生、发展的场面和过程，以展现不同时空场景中人物情感心态。这种种铺叙描写手法，开创了词直面大众的新局面。他的两篇名作《踏莎行》（候馆梅残）和《雨霖铃》（寒蝉凄切）都写别情，整个送别的场景、过程，别前、别中、别后的环境氛围以及人物的动作、情态、心绪，都有细致的描绘和具体的刻画。与欧阳修借景言情、情由景生手法比较，柳词即事言情，情由事生，抒情中含有叙事性和隐约的情节性。这也是柳永大部分词作的共同特点。柳词的以事传情，应是受到韦庄词蕴含故事的写法的启发。

柳永不仅创造和发展了词调、词法，而且在词的审美趣味方面朝着通俗化的方向开拓，在题材取向上朝着自我化的方向拓展。晚唐五代词，除韦庄、李煜后期词作以外，大多是表现离愁别恨、男欢女爱等类型化情感，柳永词则注意表现自我独特的人生体验和心态情感。他早年进士考试落榜后写的《鹤冲天》就显示出这一创作方向：

黄金榜上。偶失龙头望。明代暂遗贤，如何向。未遂风云便，争不恣狂荡。何须论得丧。才子词人，自是白衣卿相。 烟花巷陌，依约丹青屏障。幸有意中人，堪寻访。且恁偎红倚翠，风流事，平生畅。青春都一饷。忍把浮名，换了浅斟低唱。

此词尽情地抒发了他名落孙山后的愤懑不平，也展现了其叛逆反抗精神和狂放不羁的个性。这种个性的抒发指明了一种方向：词也可以表达个人的情感。这对后来的苏轼有着重要启迪。

作为第一位对宋词进行全面革新的大词人，柳永对后来词人影响甚大。南北宋之交的王灼即说“今少年”“十有八九不学柳耆卿，则学曹元宠（组）”；又说沈唐、李甲、孔夷、孔榘、晁端礼、万俟咏等六人“皆有佳句”，“源流从柳氏来”（《碧鸡漫志》卷二）。即使是苏轼、黄庭坚、秦观、周邦彦等著名词人，也无不受惠于柳永。柳词在词调的创用、章法的铺叙、写景的寥廓、意象的组合和题材的开拓上都给苏轼提供了样板，故苏轼作词，一方面力求在“柳七郎风味”之外，自成一家；另一方面，又充分吸取了柳词的表现方法和革新精神，从而开创出词的一代新风。黄庭坚和秦观的俗词与柳词更是一脉相承。秦观雅词长调的铺叙点染之法，也是从柳词变化而出，又因吸取了小令的含蓄蕴藉而情韵更加隽永深厚。周邦彦慢词的章法结构，同样是从柳词脱胎，但又自成一家。北宋中后期，苏轼和周邦彦各开一派，而追根溯源，都是从柳词分化而出。自柳永之后，宋词的发展如一水中分，分流并进。但就词的价值地位看并不高，故柳永填词是一种隐忍无奈，更有“奉旨填词”之讥。

二　晏殊词

晏殊是宋初词坛名家之一。晏殊绝大部分词作的内容是抒写男女之间的相思爱恋和离愁别恨。晏殊词写男女恋情，已过滤了五代“花间”词所包含的轻佻艳冶的杂质，而显得纯净雅致。他往往略去对女性外在容貌色相的描写，而着重表现抒情主人公对异性追求与相思的恋情。其词的情感基调是雍容和缓，幽怨而不急迫，淡淡的忧愁中时而透露出自我解脱的气度；语言也一洗五代“花间”词的脂粉气和浓艳色彩，而变得清丽淡雅，温润秀洁。

他还在词中反复抒发“细算浮生千万绪，长于春梦几多时”（《木兰花》）的人生有限的忧患和“可奈光阴似水声，迢迢去未停”（《破阵子》）的时光易逝而“千留不住”的感受。而这人生有限的忧患又常与情爱的缺失不完满交融在一起。两种苦闷相互生发映衬，既加深了词中情感的浓度和密度，又升华了传统爱情词的审美境界，也能引发读者在品味爱情相思的同时，对自我的人生命运进行体悟和思索。而这又构成了晏殊词“情中有思”，即浓情中渗透着理性沉思的特质。名作《浣溪沙》最能代表这种特色：

一曲新词酒一杯。去年天气旧亭台。夕阳西下几时回。　无可奈何花落去，似曾相识燕归来。小园香径独徘徊。

在伤春怀人的表层意象中，蕴含着强烈的时间意识和生命意识。“夕阳西下”“花落去”两种流逝难返的意象，象征着生命年华的无情流逝和情爱的失落而无法挽回，体现出作者对时光易逝、生命有限的沉思和体悟。

三　欧阳修词

与晏殊词相比，欧阳修虽然也主要是走五代词人的老路，但新变的成分要多些。一是扩大了词的抒情功能，沿着李煜词所开辟的方向，进一步用词来抒发自我的人生感受；二是改变了词的审美趣味，朝着通俗化的方向开拓，与柳永词相互呼应。如《朝中措·送刘仲原甫出守维扬》：

平山阑槛倚晴空。山色有无中。手种堂前垂柳，别来几度春风。　文章太守，挥毫万字，一饮千钟。行乐直须年少，尊前看取衰翁。

以乐观旷达的人生态度和用词来表现自我情怀的创作精神，对后来的苏轼有着直接的影响。欧阳修为人刚劲正直，见义勇为。他的诗文和部分“雅词”就表现出这一人格侧面。而他在日常“私”生活中，尤其是年轻时，则颇风流放任。他自己就说：“三十年前，尚好文华，嗜酒歌呼，知以为乐而不知其非也。”（《答孙正之第二书》《欧阳文忠公集》卷六十八）因而也写了一些带“世俗之气”的艳词，如《南乡子》（好个人人）、《南歌子》（凤髻金泥带）。另一首《玉楼春》（夜来枕上争闲事）描写一对夫妇吵架后又和解的故事，语言通俗，富有生活气息。此类词作，体现出一种与五代词追求语言富丽华美的贵族化倾向相异的审美趣味，而接近市民大众的审美情趣。

欧阳修词朝通俗化方向开拓的另一表现是，他借鉴和吸取了民歌的“定格联章”等表现手法，创作了两套分咏十二月节气的《渔家傲》“鼓子词”，对后来苏轼用联章组词的方式来抒情纪事颇有影响；而另外两首《渔家傲》（“花底忽闻敲两桨”和“荷叶田田青照水”）词，分别写采莲女的浪漫欢乐和爱情苦恼，格调清新，具有民歌风味。在宋代词史上，欧阳修是主动向民歌学习的第一人，由此也造就了其词清新流畅的艺术风格，歌咏颍州西湖的十首《采桑子》，就集中体现出这种风格特征。

四 范仲淹词

范仲淹曾于仁宗康定元年（1040）出任陕西经略安抚副使兼知延州（治今陕西延安），抗击西夏。四年的军旅生活，拓展了他的艺术视野，丰富了他的人生感受，也改变了他在《苏幕遮》《御街行》中所表现出的情柔语丽的词风：

> 塞下秋来风景异。衡阳雁去无留意。四面边声连角起。千嶂里。长烟落日孤城闭。　浊酒一杯家万里。燕然未勒归无计。羌管悠悠霜满地。人不寐。将军白发征夫泪。（《渔家傲·秋思》）

广漠萧瑟的西北秋天景象、艰苦孤寂的边塞生活、将士们的久戍思乡之情和报国立功之志，为词世界开辟了崭新的审美境界，也开启了宋词贴近社会生活和现实人生的创作方向；而沉郁苍凉的风格，则成为后来豪放词的滥觞。

五 张先词

张先是北宋年寿最高的词人。他一生官运虽不亨通，却也没有太大的人生挫折，身体强健，80岁尚纳妾，苏东坡笑话他“一树梨花压海棠”。一生流连风月，听歌观舞，优游卒岁。

对自然景物的描写，张先独具匠心，往往通过物影来表现景物的动态美和朦胧美，因善写“影”而得“张三影”的美名：“尚书郎张先善著词，有云：‘云破月来花弄影’，‘帘压卷花影’，‘堕轻絮无影’。世称颂之，号‘张三影’。”张先词中写影的共有29句，不过以此三句最为有名。其他如“中庭月色正清明，无数杨花过无影”（《木兰花》），也同样精妙。

张先词的内容主要是写“心中事，眼中泪，意中人”（《行香子》），并没有超越传统的相思恨别的范围，但他从两个方面改变了词的发展方向：

一是最先大量用词来赠别酬唱，扩大了词的实用功能。以前的文士日常交际中只用正统的诗歌来唱和赠答，词因被视为不登大雅之堂的“小道”而只写给歌妓演唱。张先打破了这种惯例，在文士的社交场合中，也常常用词来酬唱赠别，如《山亭宴慢·有美堂赠彦猷主人》《玉联环·送临淄相公》《喜朝天·清暑堂赠蔡君谟》《定风波令·再次韵送子瞻》等，共20多首。这类赠别唱和之作，艺术上未必都很精致，但扩大了词的日常交际功能，提高了词的文学地位。后来苏轼等人的唱和词作日渐增多，即受张先的影响和启示。

二是率先用题序，将日常生活引入词中。他现存165首词，有70多首用了题序。有的词序文字颇长，有一定的叙事性，如《木兰花》：“去春自湖归杭，忆南园花已开，有当时犹有蕊如梅之句。今岁还乡，南园花正盛，复为此词以寄意。”著名的“六客词”《定风波令》词序也长达33字。缘题赋词，写眼前景、身边事，使词的题材取向逐渐贴近作者的日常生活，改变了以往词作有调而无题的传统格局，也加强了词的“纪实性”和现实感。此后苏轼等人的词大量用题序表明创作的缘起、背景，即是直接受张先的启发。正因为如此，张先词被人视为自曹植为诗写序以后，“古今一大转移”（陈廷焯《白雨斋词话》卷一）。

六 王安石词

王安石词虽仅存29首，却颇具开创性。他的词已脱离了晚唐五代以来柔情软调的固定轨道，而主要抒发自我的性情怀抱，并进一步由表现个体人生的感受开始转向对历史和现实社会的反思，使词具有了一定的历史感和现实感。如两首著名的怀古、咏史词：

> 登临送目。正故国晚秋，天气初肃。千里澄江似练。翠峰如簇。归帆去棹残阳里，背西风、酒旗斜矗。彩舟云淡，星河鹭起，画图难足。 念往昔、繁华竞逐。叹门外楼头，悲恨相续。千古凭高，对此谩嗟荣辱。六朝旧事随流水，但寒烟、衰草凝绿。至今商女，时时犹唱，后庭遗曲。（《桂枝香》）
>
> 伊吕两衰翁。历遍穷通。一为钓叟一耕佣。若使当时身不遇，老了英雄。汤武偶相逢。风虎云龙。兴王只在笑谈中。直至如今千载后，谁与争功。（《浪淘沙令》）

前词通过对六朝历史兴亡的反思，表达了对现实社会危机的忧虑，写景如画，意境高远。后一首表层为咏叹伊尹、吕尚因君臣际遇而建立奇功，深层则是慨叹自我的怀才不遇，寄寓着自己能在风云际会之时建立政治功勋的人生理想。这些词的表现功能已由应歌娱人转向言志自娱，标志着词风正向着诗风的回归。

第二节 苏轼和北宋中后期词

一 苏轼词

苏轼继柳永之后，对词体进行了全面的改革，最终突破了词为艳科的传统格局，提高了词的文学地位，使词从音乐的附属品转变为一种独立的抒情诗体，使词从类型化的歌曲转变为个性化的抒情诗，从根本上改变了词史的发展方向。

（一）建立新范式：从花间范式转向东坡范式

晚唐五代的词，多如类型化的歌曲，词人恪守效法的是温庭筠创立的“花间范式”。花间范式主要的特点是花间斗艳，表现为人物的类型化，情感的普泛化和场景的虚拟化。如温庭筠的名作《菩萨蛮》（小山重叠金明灭），词中的情感也带有普泛化的孤独、无聊之感，词中的时空是虚拟和模糊的，时间是无季节性的某日清晨，空间是无地域性的深闺之内。其他的几首《菩萨蛮》虽情韵各异，写法却是如出一辙。又如他的《更漏子》：

玉炉香，红蜡泪。偏照画堂秋思。眉翠薄，鬓云残。夜长衾枕寒。　梧桐树。三更雨。不道离情正苦。一叶叶，一声声。空阶滴到明。

与前一首《菩萨蛮》不同的是，这首词把“离情”这一情感内容直接点明了，而前首却没有说破，只是通过女性主人公一系列懒洋洋的动作来暗示她的寂寞无聊和离情别恨。

花间范式，在五代时期的韦庄和李煜笔下已有所变异，即士大夫化。经由宋初柳永、欧阳修等人的进一步变革，到苏轼手里，建立起另一种新型的范式——东坡范式。

东坡范式最主要的特征是：抒情主人公的自我化，情思内涵的个性化，场景的纪实化、具体化。抒情主人公从分离错位走向同一对应。

独特的抒情形象，如《江城子·密州出猎》，充满进取精神、胸怀远大理想、富有激情和生命力的仁人志士昂首走入词世界，改变了词作原有的柔软情调，开启了南宋辛派词人的先河。又如《念奴娇·赤壁怀古》写“早生华发”的“我”：情思是个性化、独特化的“人生如梦”，表达了独特的人生体验和感悟；时空是纪实性的具体化，有时间性和地域性，即贬所黄州。

独特的情感内涵，如《临江仙》(夜饮东坡醒复醉)。词中的抒情主人公，是词人自我，是感叹自己不能把握自己命运的苏轼本人，是流放软禁在黄州、失去了人生行动自由的东坡居士。词中“长恨此身非我有”，是词人在历经磨难忧患、特别是遭受乌台诗案打击后的独特体验和感悟。“小舟从此逝，江海寄余生”，也是词人在现实人生一再碰壁后产生的念头，而不可能是普通大众的生活理想。用王国维的话说，这是“诗人之境界”，不是“常人之境界”。词中的时空环境有着具体性和纪实性的特征。空间场景先是在黄州的东坡，后转换到位于长江边上的自“家”门口。苏轼的另一首《定风波》，时空环境更加具体真实，比较完整地表现出作者由积极进取转向矛盾苦闷、又力求超脱自适而不断追求的心路历程和“疏狂”浪漫、多情善思的个性气质。继柳永、欧阳修之后，苏轼进一步使词作中的抒情人物形象与创作主体由分离走向同一。

(二) 扩大功能，开拓词境

苏轼将传统的表现女性化的“柔情”之词扩展为表现男性化的“豪情”之词，将传统上只表现爱情之词变革为表现性情之词，使词像诗一样可以充分表现作者的性情怀抱和人格个性，开拓了词的意境。苏词既向内心的情感世界开拓，也朝外在的生活世界、时空场景拓展，不仅大力描绘了作者日常交际、闲居读书及躬耕、射猎、游览等生活场景，而且进一步展现了大自然的壮丽景色。

充满泥土芳香和生活气息的乡村，是以前的词人从未关注过的领域。苏轼则以“使君元是此中人”的身份，在五首《浣溪沙》组词中多角度地描写了徐州的乡村景色和村姑农叟的生活情态。苏轼用自己的创作实践表明：词是无事不可写，无意不可入的。词与诗一样，具有充分表现社会生活和现实人生的功能。由于苏轼扩大了词的表现功能，丰富了词的情感内涵，拓展了词的时空境界，从而提高了词的艺术品位，把词堂堂正正地引入文学殿堂，使词从“小道”上升为一种与诗具有同等地位的抒情文体。

（三）变革表现手法："以诗为词"

所谓“以诗为词”，是将诗的手法用到词中。苏词中用得较成功的是题序和典故。

苏词的题序一般是交代词的创作动机和缘起，以确定词中所抒情感的指向，如《水调歌头》（明月几时有）的小序：“丙辰中秋，欢饮达旦，大醉。作此篇，兼怀子由。”不仅交代了创作的时间、缘由，也规定了词末“但愿人长久，千里共婵娟”所怀念的对象中还有其弟苏辙。另有一些题序与词本文在内容上有互补作用，如《满江红》（忧喜相寻）、《定风波》（莫听穿林打叶声）二词，词序用来纪事，词本文则着重抒发由其事所引发的情感。增加了词题和词序，既便于交代词的写作时地和创作缘起，也可以丰富和深化词的审美内涵。

在词中大量使事用典，始于苏轼。词中使事用典，既是一种替代性、蕴含拓展性的叙事方式，也是一种曲折深婉的抒情方式。《江城子·密州出猎》具有较浓厚的叙事性和纪实性，但写射猎打虎的过程并非三言两语所能穷形尽相，而作者用孙权射虎的典故来做替代性的概括描写，一笔就写出了太守一马当先、亲身射虎的英姿。词的下阕用冯唐故事，既表达了作者的壮志，又蕴含着历史人物和自身怀才不遇的隐痛，增强了词的历史感和现实感。苏词大量运用题序和典故，丰富和发展了词的表现手法，对后来词的发展产生了重大影响。

从本质上说，苏轼“以诗为词”是要突破音乐对词体的制约和束缚，把词从音乐的附属品（即依赖于音乐传播的歌词）变为一种独立的抒情诗体。苏轼写词，主要是供人阅读，而不求人演唱，故注重抒情言志的自由，遵守词的音律规范而不为音律所拘。正因如此，苏轼作词时挥洒如意，即使偶尔不协音律也在所不顾。也正是如此，苏词像苏诗一样，表现出丰沛的激情，丰富的想象力和变化自如、多姿多彩的语言风格。虽然苏轼现存362首词中，大多数词的风格仍与传统的婉约柔美之风比较接近，但已有相当数量的作品体现出奔放豪迈、倾荡磊落如天风海雨般的新风格，如名作《水调歌头》（明月几时有）。

在两宋词风转变过程中，苏轼是关键人物。王灼《碧鸡漫志》卷二说：“东坡先生非心醉于音律者，偶尔作歌，指出向上一路，新天下耳目，弄笔者始知自振。”

强化词的文学性，弱化词对音乐的依附性，是苏轼为后代词人所指出的“向上一路”。后来的南渡词人和辛派词人就是沿着此路而进一步开拓发展的。而“向上一路”标志着伶工气息的消解，真正成为士大夫阶层的精神表现工具。

二 晏几道词

晏几道为人耿介孤傲，是生活中的落伍者，却是情感艺术的执着追求者。黄庭坚说他为人有四痴：“仕宦连蹇，而不能一傍贵人之门，是一痴也；论文自有体，不肯作一新进语，此又一痴也；费资千百万，家人寒饥而面有孺子之色，此又一痴也；人皆负之而不恨，已信之，终不疑其欺己，此又一痴也。”（《小山词·序》）

写词坚守自己的追求。当苏门的黄庭坚、晁补之沿着苏轼所指出的方向继续前行的时候，晏几道仍然承乃父晏殊所传承的“花间”传统，固守着小令的阵地，写那些令人回肠荡气的男女间悲欢离合之情。然而，晏几道的词，并非重复“花间”的境界，而是用旧形式创造新的艺术世界。

五代和宋初词人写的恋情，往往是没有具体思恋对象的普泛化的恋情，而晏几道《小山词》所写的恋情，则有着明确而具体的思恋对象，主要是表现他与友人沈廉叔、陈君宠家的莲、鸿、苹、云四位歌女之间的悲欢离合（见《小山词自序》），情感非常真挚。晏几道为人执着痴情，即使是四位歌女“流转于人间”，明知不能重见之后，他仍然一往情深地苦恋着对方。不是表现拥有爱情的欢乐，而是追忆往日已失落的爱情和表现刻骨铭心的相思，并把爱情当作一种纯精神性的追求，成为晏几道恋情词的一大特色。如为怀念歌女小苹而作的《临江仙》：

> 梦后楼台高锁，酒醒帘幕低垂。去年春恨却来时。落花人独立，微雨燕双飞。
>
> 记得小苹初见，两重心字罗衣。琵琶弦上说相思。当时明月在，曾照彩云归。

又如《鹧鸪天》（彩袖殷勤捧玉钟）、《少年游》（离多最是），语淡情深，是小山词的风格特色。他善于用平淡的语言、常见的景物，表现不同寻常的深情。

三 秦观词

在北宋词坛上，秦观被认为是最能体现当行本色的“词手”。晁补之即说黄庭坚词不是当行家语，而认为“近世以来，作者皆不及秦少游”（《评本朝乐章》）。陈师道也说东坡词“要非本色。今代词手，唯秦七、黄九尔，唐诸人不逮也”（《后山诗话》）。其实，秦观词的内容并未脱别恨离愁的藩篱，妙处在于情韵兼胜，即情感真挚，语言优雅，意境深婉，音律谐美，符合词体的本色和当时文人士大夫的审美趣味。

五代以来的小令，语言含蓄，结构缜密，意境深婉，但体制短小，韵味有余而容量不足。秦观则以小令作法的长处弥补慢词创作中存在的不足，从而达到情韵兼胜的审美效果。如名作《满庭芳》：

> 山抹微云，天连衰草，画角声断谯门。暂停征棹，聊共引离尊。多少蓬莱旧事，空回首、烟霭纷纷。斜阳外，寒鸦万点，流水绕孤村。　销魂。当此际，香囊暗解，罗带轻分。谩赢得、青楼薄幸名存。此去何时见也，襟袖上、空惹啼痕。伤情处，高城望断，灯火已黄昏。

此词与柳永的《雨霖铃》有神似之处。别时的伤感，往日的柔情，别后的思念，层层铺叙，但情思并非一泻无余，而是情一点出，即用景物烘托渲染（所谓“点染法”）。刚提“旧事”，即接以“烟霭纷纷”，欲吐还吞。词末不待情思说尽而结以景语，较之柳永《雨霖铃》结句“便纵有千种风情，更与何人说”的直露，更含蓄而有余味。于此也可见秦观学柳而又善于变化。词的语言清新淡雅，“抹”字、“连”字，由锤炼而得却不失本色。其他如《望海潮》（梅英疏淡）、《八六子》（倚危亭）等慢词名篇，亦同其妙。

四　贺铸词

贺铸是一位个性和词风都非常奇特的词人，截然对立的两面在他身上和词中都能得到和谐的统一。他长相奇丑，人称“贺鬼头”。其词却“雍容妙丽，极幽闲思怨之情”，写给妻子的词《青玉案》（凌波不过横塘路）十分有名，其中“若问闲情都几许？一川烟草，满城风絮，梅子黄时雨”，连用三种意象表现出愁思的广度、密度和长度，化抽象无形的情思为具体可见的形象，构思奇妙，堪称“绝唱”。贺铸因此词而得“贺梅子”的雅号，宋金词人步其韵唱和仿效者多达25人28首。

贺铸作词，像苏轼一样，也是“满心而发，肆口而成”（张耒《东山词序》，见《东山词》卷首），抒发自我的人生感慨，表现自我的人格精神。作为一生不得志的豪侠，贺铸词具有独特的情感内涵。在宋代词史上，他第一次表现出英雄豪侠的精神个性和悲壮情怀。这类词作的情感形态不同于秦观等词人感伤性的柔情软调，而是激情的爆发、怒火的燃烧，具有强烈的震撼力和崇高感，如《六州歌头》（少年侠气）。

贺铸词英雄豪气与儿女柔情并存。少年时贺铸就怀有戍边卫国、建立军功以“金印锦衣耀闾里”（《子规行》《庆湖遗老诗集》卷一）的雄心壮志，但是人到中年仍沉沦下僚而无所建树，英雄豪侠仅供“粗用”，边塞面临入侵威胁而无路请缨。词中包含的不仅是对自我人生失意的悲愤，而且含有对国家民族命运的忧虑，体现出一种崇高的人格精神，开创了南宋词人面向社会现实、表现民族忧患的先河。词的上片所展示的“少年”豪侠的雄姿气概，下片“剑吼西风”的悲壮激越的情怀，是继苏轼《江城子·密州出猎》之后进一步改变了词的软媚情调，拓展了词的壮美词境的佳作。而其《行路难》（缚虎手）表现豪侠的困厄苦闷和纵酒狂歌的神态，又具有李白诗歌的风神，也是北宋词中罕见的别调。

贺铸词长于造语，多从唐人诗句中吸取精华。他曾说："吾笔端驱使李商隐、温庭筠，当奔命不暇。"他一方面沿着苏轼抒情自我化的道路，写自我的英雄豪侠气概，开启了辛弃疾"豪气词"的先声；另一方面，语言上又承晚唐温、李密丽的诗法词风，一直影响到南宋吴文英的语言风格。

五　周邦彦词

周邦彦作为北宋词坛的一派领袖，给后人提供的范式有两个方面：

一是题材的取向：恋情、咏物。恋情词，由传统泛写他人转向写自己的经历体验，如《少年游》（并刀如水）。咏物，也是周词的主要题材。柳永等宋初词人的咏物词，主要是描摹物态，图形写貌。苏轼的咏物词，开始将状物态与抒人情合而为一，但所作咏物词不多。周邦彦所作咏物词意象较多，如咏新月、春雨、梅花、梨花、杨柳等，又将身世飘零之感、仕途沦落之悲、情场失意之苦与所咏之物融为一体，为南宋咏物词的重寄托开启了门径。

二是创作法度：把整个生命都投入到词的创作中，精心结撰，追求词作的艺术规范性。周词的法度、规范，主要体现在章法结构、句法炼字和音律等方面。因法度井然，有门径可依，故"作词者多效其体制"（张炎《词源》卷下）。

周词的章法结构，主要是从柳永词变化而来。柳词善铺叙，但多是平铺直叙，一般为时空序列性结构，即按情事发生、发展的时空顺序来组织词的结构，明白晓畅，但失于平板单一而少变化。周词也长于铺叙，抒情性与叙事性兼容，但他变直叙为曲叙，往往将顺叙、倒叙和插叙错综结合，时空结构上体现为跳跃性的回环往复式结构，过去、现在、未来和我方、他方的时空场景交错叠映，章法严密，结构繁复多变。

周词的铺叙，还表现在善于增加并变换角度、层次，他能够把一丝感触、情绪向四面八方展开，又层层深入地烘托刻画，使情思毫发毕现。如《六丑》（正单衣试酒）写惜花之情，然多方铺垫，千回百折。先从时间角度写花落春去，未及赏春，已是怅惘；而留春不住，怅惘又深一层。次从空间角度多方描写寻觅落花的踪迹，见出"追惜"的深情。"似牵衣"又变换角度，不说人惜花，而写花恋人。插戴残花，劝花莫随波流去，又分别从行为动作、心理愿望两个角度虚实结合地表现出缠绵不尽的怜惜。文笔跌宕，变幻多姿，将一缕惜花情思表现得淋漓尽致。

周邦彦作词讲究句法炼字，善于融化前人诗句入词，浑然天成，如从己出。不仅从字面上化用前人诗句变成新的语言，更从意境上点化前人诗句而创造出新的意境，从而把它发展为一种完备的语言技巧。最典型的是《西河·金陵》：

佳丽地。南朝盛事谁记。山围故国绕清江，髻鬟对起。怒涛寂寞打孤城，风樯遥度天际。　断崖树，犹倒倚。莫愁艇子曾系。空余旧迹郁苍苍，雾沉半垒。夜深月过女墙来，伤心东望淮水。　酒旗戏鼓甚处市。想依稀、王谢邻里。燕子不知何世。入寻常、巷陌人家，相对如说兴亡，斜阳里。

词用唐刘禹锡《金陵五题》的《石头城》《乌衣巷》和古乐府《莫愁乐》三首诗意写成。语言既经重新组合，意境更自饶新意。又如名作《瑞龙吟》（章台路）融化了杜甫、李贺、杜牧、李商隐等十余人的诗句，几乎字字有来历，句句有出处，但不露痕迹。周词融化前人诗句入词，贴切自然，既显博学，又见工巧，因而深受后人推崇。沈义父《乐府指迷》即说周词下字运意，"往往自唐宋诸贤诗句中来，而不用经史中生硬字面，此所以为冠绝"。

调美，律严，字工，则是周词在音律方面的特点。周邦彦与柳永一样，也长于自度曲。他新创、自度的曲调共50多调，虽然创调之多不及柳永，但他所创之调，如《瑞龙吟》《兰陵王》和《六丑》等，声腔圆美，用字高雅，较之柳永所创的部分俗词俗调，更符合南宋雅士尤其是知音识律者的审美趣味，因而受到更广泛的遵从和效法。南宋末沈义父《乐府指迷》就说："凡作词，当以清真为主。盖清真最为知音，且无一点市井气。"宋末姜夔、吴文英等都学周词而自成一家，形成了周姜一派。

思考题

1. 简述柳永词的价值。
2. 简述欧阳修在宋代词坛中的地位。
3. 苏轼词在宋词发展中起到了哪些作用？

【参考书目】

1. 王兆鹏：《两宋词人年谱》，文津出版社，1994年版。
2. 王兆鹏：《词学研究方法十讲》，北京大学出版社，2008年版。

第十二章 南宋词

南宋词坛，一方面为北宋灭亡的痛楚进行疗伤或感慨自慰；另一方面英雄气短，儿女情长，踏歌唱黍离。情意波折之中，词风更为敏感、生动，词的样态、境界、功能都有新的开拓，更具才艺表演性质，也更具欣赏性，还是实现社会安定和存在的诗性平衡器，但结局不免悲凉。

第一节 李清照和南渡词

一 女词人李清照和朱淑真

（一）李清照

李清照“是中国文学史一个最有天才的女子”（胡适《词选》），在中国古代女性作家中，她无疑是地位最高、影响最大的词人，也是宋代十大词人之一。

李清照在理论上提出了词“别是一家”的说法，实践上也创作出了“别是一家”、独具个性的词作，展现她的生命历程和情感历程，表现出她的独特的精神世界。独特的精神世界，缘于其独特人生经历的人格个性。李清照早期爱情美满，美满中又有短暂离别的遗憾，因而写下了“望夫词”。毕竟爱情永远不会是实现时的既有体验，爱情从来既是令人激动的回忆，又是明快清澈的期待。

1. 望夫词

李清照的性格最大特点是专一、专心。她无论追求什么，做什么，都专心致志，并能神通精妙。人生不可能永远是美满的。作为男性士大夫的赵明诚，不可能长期与李清照厮守在家，他自有外在的事业追求，需要外出仕宦求官，获得社会政治上的功名。而他的外出仕宦，也就意味着与李清照的别离。对于专于情、深于情的李清照来说，短暂的别离也会给夫妇的爱情带来缺憾，使她原本充实宁静甜美的心灵变得孤独寂寞、躁动苦涩，但离别又不可避免。于是在离别的日子里，专于情的李清照也就一心渴求、守望那份原本美满的爱情，并从心弦上弹奏出一支支纯真优美的爱情之歌——望夫词，以表现她对美满爱情的追求和渴念，传达她专一于丈夫之爱的心声，也借此来排遣她的爱情苦闷。

《凤凰台上忆吹箫》描写了她与丈夫临别之际的心理：

> 香冷金猊，被翻红浪，起来慵自梳头。任宝奁闲掩，日上帘钩。生怕闲愁暗恨，多少事、欲说还休。今年瘦，非干病酒，不是悲秋。 明朝，这回去也，千万遍《阳关》，也即难留。念武陵春晚，云锁重楼。记取楼前绿水，应念我、终日凝眸。凝眸处，从今更数，几段新愁。

清晨与丈夫即将分别，炉中香早灭，懒得去点燃；床上凌乱，无心去整理；只是懒慵慵地独自梳头，慢慢打发这即将离别的时光。室内物象的烘托，主体神态动作的描写，准确地传达出临别之际词人与丈夫依恋不舍的心理，并进而写出她的心理活动过程——本想嘱咐丈夫一些体己话，但千言万语，“欲说还休”；试图挽留，却又“难留”；最后自慰自解，然离愁早生，从今又凌乱添了几段新愁。昨夜的欢爱面对今朝的离别，难以形容的欢与愁的变化，在词人笔下写得委婉动人，真是“婉转曲折，煞是妙绝”（陈廷焯《云韶集》卷十）。

离别之后的心理又大不相同。临别时只是担心，想象别后的离愁，而离别后则是实在的苦闷。作为妻子，对丈夫情感的惦念与生理的需求是丰富复杂的。李清照往往能把这种别后复杂的生理—心理体验综合写出。如《醉花阴》（薄雾浓云愁永昼），保加利亚伦理学家瓦西列夫曾说，爱情“是冲动和意识的仙境，是性欲和精神渴求的神奇融合”①。李清照所表现出的爱情，正是这种“神奇的融合”。《一剪梅》（红藕香残玉簟秋）、《小重山》（春到长门春草青）是写分居久别的佳作。李清照对丈夫之爱，专一而又真诚。由此爱心生成的爱情之歌，不仅具有艺术美，更具有纯洁的情感美和高尚的人格美、伦理美。

2. 生死恋歌

李清照时常沉浸在对昔日甜美的爱情、幸福往事的回忆中。晚年所作《声声慢》（寻寻觅觅）也不妨看作李清照忆恋亡夫的生死恋歌。全词笼罩着一种沉重凄切悲哀的氛围。早年她“不怕风狂雨骤，恰才称、煮酒残花”（《转调满庭芳》），而晚年体衰身弱，则禁不住晚来急风的侵袭；昔日大雁带来的是“锦书”、希望与爱恋，如今过雁引起的却是无尽的失望与伤心；昔年是人与黄花俱瘦，饱含着孤芳自赏的情韵，而今则是人与黄花俱“憔悴”，带有对生命将逝的哀伤；往昔黄昏是东篱把酒赏菊，苦闷中尚有几分潇洒，现在的黄昏则是独坐窗前，听梧桐细雨，点点滴滴敲击着痛苦不堪的心灵。爱而失落，回想昔年的种种幸福，沉吟如今的诸般苦

①（保）瓦西列夫著，赵永穆等译：《情爱论》，生活·读书·新知三联书店，1984年版。

痛，真是“怎一个愁字了得”！

李清照精妙绝伦的望夫词与生死恋歌，填补了宋代以前中国文学史中空白的一页。在宋以前的中国文学史上，表现男女爱情的作品，本不乏名篇佳构，但大多数是出自男性作家笔下，表现男女恋人之间（恋爱关系）的情爱，即使有表现夫妻之间（婚姻关系）爱情的作品，也是丈夫表达对妻子之爱，如“忆内”“悼亡”诸什，几乎从来没有过女性以妻子的身份直接抒发自我对丈夫深沉炽烈的爱恋。从词史的角度看，表明词的题材取向向着词人自我的精神世界回归，表现功能上向着诗歌靠拢。在这个意义上，李清照的词应属于苏辛之流亚，属于东坡范式之作。

3. 自然赞歌

李清照的词，除了歌唱爱情，就是歌唱自然。作为杰出女词人，李清照并没有把自己完全封闭在闺房之内，而是常常走向大自然，去感受大自然的和谐美丽。如果把她前期词作中所表现的情感世界分为两半，可以说一半是对丈夫的恋情，另一半则是对大自然的热爱。她是那样深情地赞美大自然，迷恋大自然：

> 常记溪亭日暮。沉醉不知归路。兴尽晚回舟，误入藕花深处。争渡。争渡。惊起一滩鸥鹭。（《如梦令》）
>
> 湖上风来波浩渺。秋已暮、红稀香少。水光山色与人亲，说不尽、无穷好。
>
> 莲子已成荷叶老。清露洗、苹花汀草。眠沙鸥鹭不回头，似也恨、人归早。（《怨王孙》）

不论大自然是群芳灿烂，还是“红稀香少”，她都是一样的钟情眷恋，觉得大自然有“说不尽”的“无穷好”。这反映出女词人情怀的博大与执着。而对于受风雨摧残的海棠命运的牵挂，又表现出她那独特的仁慈与爱心。正因为李清照词有一个充满着爱的情感世界和精妙的艺术世界，才产生那永恒的令人折服的艺术魅力。

李清照的情感世界是独特的，她的艺术表现方式也是独特的、个性化的。她善于选取日常生活中的起居环境、行动、细节来展现自我的内心世界。如《添字丑奴儿·芭蕉》（窗前谁种芭蕉树）中“愁损北人，不惯起来听”的动作描写，就传神地表现出初到南方时不习惯夜雨霖霪出现的烦躁心理。而“守著窗儿，独自怎生得黑”（《声声慢》）；“怕见夜间出去。不如向、帘儿底下，听人笑语”（《永遇乐》）等行动细节，也典型地表现出年老寡妇所独有的生活情态和寂寞心境。

李清照善于用最平常、最简练的生活化的语言精确地表现出复杂微妙的心理和多变的情感流程。如“才下眉头，却上心头”（《一剪梅》）八字，就传达出心理的曲折变化：收到丈夫的来信，顿感欣慰而喜上眉梢，然独居的寂寞毕竟难耐，相思又不禁袭上心头。又如“只恐双溪舴艋舟，载不动，许多愁”（《武陵春》），短短三句，已将内心的犹豫和不堪负载的愁苦量化和具体化，既曲折生动又巧妙自然。

(二) 朱淑真

朱淑真一生不幸，生不幸，死亦不幸。因婚姻为父母包办，所嫁非人，一生都受到痛苦婚姻的感情折磨。她的词，也主要是表现没有爱情的婚姻所引发的忧愁怨嗟、孤独寂寞。如《减字木兰花·春怨》：

> 独行独坐。独唱独酬还独卧。伫立伤神。无奈轻寒著摸人。　此情谁见。泪洗残妆无一半。愁病相仍。剔尽寒灯梦不成。

“此情”人不知，愁病相加，也无人过问。连用五个“独”，表现出作者孤独感的异常沉重。朱淑真词的愁情表层上似乎与五代北宋词中的闺怨没有多大区别，深层里却是她自我独特的生命体验，是一位孤立无援地与不幸婚姻抗争的才女心灵深处的呐喊和呻吟。她对命运和包办婚姻也进行过勇敢的抗争和挑战。《清平乐·游湖》表现了她因大胆追求自主自由的爱情而不为宗法礼教所容的感受。朱淑真死后，“不能葬骨于地下”，诗词遗稿被父母付之一炬，事迹声名，湮没不彰。

二　南渡词人群

朱敦儒，“洛中八俊”之一，诗书画俱佳，曾对御作画。梁启勋认为他是与苏辛并称的三大词人。他的词，继承和发展了苏轼抒情自我化的词风，具有鲜明的自传性特点和强烈的时代感。青年时期的轻狂放荡，词风清丽明快；中年时期的漂泊忧愤，词风悲壮慷慨；晚年则逍遥自在，词作又以清疏晓畅见长。如早年所写的《鹧鸪天·西都作》：

> 我是清都山水郎。天教分付与疏狂。曾批给雨支风券，累上留云借月章。诗万首，酒千觞。几曾着眼看侯王。玉楼金阙慵归去，且插梅花醉洛阳。

仿佛是他的人生宣言，充分表现了朱敦儒笑傲王侯、狂放不羁的个性和李白式的叛逆精神。

靖康之难的战火把“不识愁滋味”的朱敦儒抛入了漂泊的难民潮中。建炎元年(1127)年底，洛阳被金兵占领前后，朱敦儒仓皇逃往东南避难，于建炎四年(1130)辗转至岭南广东、广西一带。词清晰地“记录”了他南奔的行程和感受。词风由飘逸潇洒变为凄苦忧愤。其间表现得最为突出的是漂泊流离的伤悲，从一个侧面表现出战乱时代民族的悲剧和社会的苦难。如《卜算子》：

> 旅雁向南飞，风雨群初失。饥渴辛勤两翅垂，独下寒汀立。　鸥鹭苦难亲，矰缴忧相逼。云海茫茫无处归，谁听哀鸣急。

词中南飞孤雁的意象是时代苦难的象征。“旅雁”的“哀鸣”，唱出了战乱时代飘泊逃难者的心声：举目无亲的孤独无依、终日奔逃的饥渴疲倦、生命时刻受到威胁的焦虑恐惧和无处归宿的茫然悲哀。对国家破亡，中原沦陷，他更是满怀忧伤痛愤：

金陵城上西楼。倚清秋。万里夕阳垂地、大江流。　中原乱。簪缨散。几时收。试倩悲风吹泪、过扬州。（《相见欢》）

曾是“玉楼金阙慵归去”的朱敦儒，于今也为中原的丧乱而悲哀，表明词人“自乐闲旷”的人生态度在乱世已开始转变，并激发出救亡图存的社会责任感和使命感。如晚年所作《朝中措》：

先生筇杖是生涯。挑月更担花。把住都无憎爱，放行总是烟霞。　飘然携去，旗亭问酒，萧寺寻茶。恰似黄鹂无定，不知飞到谁家。

靖康之难后，由于社会的剧烈变化，词坛也发生了三大变化：

一是词作的题材取向与社会变化密切同步，及时表现社会现实生活，加强了词的时代感和现实感，改变了以往超时代的普泛化特征。

二是词的情感世界已突破个人情感的圈子，而表现民族的忧患、社会的现实苦难和时代最迫切的心声。

三是词由一种非功利性的消遣性的娱乐形式变为一种具有功利性的、干预现实的精神武器。从此，与诗歌一样，词体承担起批判现实的功能。

张元幹词是这一词风转变的关键人物，也是南渡新词风的典型代表。

张元幹之所以能够成为新词风的代表，或者说，张元幹词之所以具有强烈的时代感和现实的批判精神，与他曾经投笔从戎的特殊经历有关，也与李纲有关。他与李纲是同乡，南渡前就有私交。1126 年正月，他曾协助李纲指挥汴京保卫战，取得胜利。在取得胜利的情况下，朝廷竟与金人议和，割让太原三大重镇，每年向金人赔偿巨额金银和牛马。李纲因坚决反对，被解职，太学生陈东率数百人伏宣德门下请愿，数万人声援，李纲复职。朝廷主和派又让李纲兵援太原，再次以专战议、丧师费财之罪免其职。李纲一去，朝廷无人组织有效抵抗，不久北宋灭亡。张元幹也因此受贬。建炎元年，李纲首任宰相，稳定中原阵势，但遭到有拥戴之功的汪伯彦、黄潜善二人的忌恨，为相仅 75 天即罢。李纲一去，中原全面沦陷，金兵渡过长江南下，把宋高宗一直追到大海上，差一点被活捉。李纲当宰相后，张元幹起复做官。李纲被贬，他又再次被罢职。

正因为目睹民族的灾难，洞察亡国的原因和过程，所以张元幹对权奸特别扼腕痛愤，借词来抒发内心的悲愤。代表作是传诵千古的两首《贺新郎》。

梦绕神州路。怅秋风、连营画角，故宫离黍。底事昆仑倾砥柱。九地黄流乱注。聚万落、千村狐兔。天意从来高难问，况人情、老易悲如许。更南浦，送君去。

凉生岸柳催残暑。耿斜河、疏星淡月，断云微度。万里江山知何处。回首对床夜语。雁不到、书成谁与。目尽青天怀今古，肯儿曹、恩怨相尔汝。举大白，听《金缕》。(《贺新郎·送胡邦衡待制》)

此词的背景是绍兴八年（1138）的和议。当时除秦桧主和，天下人皆反对。主要有两个原因，一是抗战人士本来就反对屈膝求和，二是此次金人来讲和的使节张通古是以"江南招谕使"的名义来的，所过州郡要以臣礼相迎。这不是平等的外交礼节，而是将南宋视为臣下属国。南宋人士对此非常义愤，张元幹的舅父向子諲时知平江府，不肯拜敌使，上书后即乞致仕。而枢密院编修官胡铨上书《戊午上高宗封事》亦十分不满，义正词严，轰动一时。

此词关注的是汉民族命运，追思悲剧的根源，将批判的锋芒直指皇帝，对胡铨奋不顾身的战斗精神表示支持和鼓励，充满着强烈的时代感和战斗性。这类洋溢着正气的激昂悲歌，直接影响了后来辛弃疾的创作。

第二节　南宋中期词

一　辛弃疾

辛弃疾是位文武兼备、智勇双全的英雄，武功谋略可与岳飞比美，文才可与苏轼抗衡。

（一）英雄人格

辛弃疾天生一副英雄相貌：身高体胖，红颊青眼，目光有棱，精神壮健如虎。个性高傲，不像苏轼那样平易可亲，平生只有陈亮一个知己。辛弃疾富有谋略智慧和远见卓识，有两件事可见：一是 33 岁时即预言金朝"六十年必亡，虏亡则中国之忧方大"(周密《浩然斋意抄》)，这年是 1172 年，金亡于 1234 年，果真是 62 年。二是 1206 年开禧北伐，辛弃疾先是支持和兴奋，但目睹韩侂胄所作所为后，预料北伐必败，而且料到兵败何处，也一一应验。

辛弃疾不是预言家，而是基于他对现实的洞察和了解。26 岁时向孝宗上奏《美芹十论》，31 岁进献《九议》，从审势、察情、观衅、自治、守淮、屯田、致勇、防微、久任、详战等方面，谋划攻守战略战术，指陈任人用兵之道，都是复国中兴的大计，切实详明。与陈亮的引经据典，大不相同。

（二）胆识才干和理想

高宗绍兴三十一年（1161），22 岁的辛弃疾拉起 2000 人的队伍投奔济南人耿京，为掌书记；和尚义端同时参军，盗走帅印，耿京欲杀辛弃疾。辛弃疾请求给他 3 天时间，预计义端投降金人，便拦路捉杀，并力主耿京与南宋政府取得联系。次年正月，受耿京的委派，辛弃疾等人赴建康（今江苏南京）面见宋高宗。在完成使命返回山东途中，辛弃疾获知耿京已被降金的叛徒张安国杀害，便立即率领50名骑兵，直奔济州（今山东巨野），在有5万之众的金兵营地，将张安国生擒，绑缚于马上，疾驰送到建康处死。这一轰动天下的英雄壮举，充分表现出辛弃疾非凡的胆略勇气。淳熙二年（1175）四月，“茶寇赖文政起湖北，转入湖南、江西。官军数败，命江州都统皇甫倜招之；旋命鄂州都统李川调兵讨捕”，后“茶寇势日炽，江西总管贾和仲击之，为其所败。诏以仓部郎中辛弃疾为江西提刑，节制诸军讨之，用叶衡之荐也”（《续通鉴》卷一百四十四）。辛弃疾一周内就解决了问题。

辛弃疾始终怀着指挥千军万马，夺回失地，收复中原的理想：“了却君王天下事，赢得生前身后名。”（《破阵子》）

（三）悲剧命运

辛弃疾23岁南归之初，只被任命为小小的江阴佥判，6年后官职虽逐步升迁，但仍是在地方任职，而且每任时间都不长，从29岁到42岁的13年间调换了14任官职，使他无法在行政上有大的建树和作为。42岁正当壮年，即被弹劾罢职，闲居江西上饶带湖10年；52岁起用为福建提刑，3年后又被人诬陷落职。再度赋闲8年后，朝廷准备北伐，辛弃疾怀着建功立业的希望再度出山，可并未得到重用，66岁时又回到铅山故居，含恨而逝，终年68岁。

归正人身份和傲岸恣肆的个性及其功名得失心，“昂昂千里，泛泛不作水中凫”（《水调歌头》）是辛弃疾人生悲剧原因。不幸的命运使他转而在词坛上开疆拓土，用他的雄才建立起我国词史上的又一座丰碑。

（四）词学贡献

首先，词中创造了英雄形象。

全方位展示英雄形象，表现英雄的壮怀、个性气质、心态情感和命运变化，富有立体感和鲜活感，丰富性和变异性。

其次，开拓了词境，扩大了词的功能，拓展了词的情感世界和艺术世界。

南渡词人的情感世界已由写个体的人生苦闷延伸到写民族社会的忧患，辛弃疾继承并弘扬了这一创作精神，表现出比南渡词人更深广的社会忧患和个体人生的苦闷。如35岁时写的名作《水龙吟·登建康赏心亭》，词中充满故国沦陷、国耻未雪的仇恨和焦虑，故国难归、流落江南的漂泊感，英雄无用的压抑感和壮怀理想无人理解的孤独感，英雄的生命等闲虚度的失落感和时不我待的紧迫感等复杂感受交织于胸。因理想与现实的冲突，他萌生出退隐之念，但英雄无功的羞愧感和执着的进取心又促使他放弃、否定了隐退的念头。欲进不能，欲退不忍，刚强自信的英雄也禁不住愤然泪下。此词充分表现出英雄心灵世界的丰富性和曲折性，深度开掘出词体长于表现复杂心态的潜在功能。

他的词作强化了干预现实的功能，充满着深刻强烈的现实批判精神和战斗力量。有些词作，不是怒吼，而是寓刚于柔，含蓄讽刺，如《摸鱼儿》。词中对排挤妒忌自己的群奸小人也进行了辛辣的嘲讽和抨击：

淳熙己亥，自湖北漕移湖南，同官王正之置酒小山亭，为赋。

更能消、几番风雨。匆匆春又归去。惜春长恨花开早，何况落红无数。春且住。见说道、天涯芳草迷归路。怨春不语。算只有殷勤，画檐蛛网，尽日惹飞絮。　长门事，准拟佳期又误。蛾眉曾有人妒。千金纵买相如赋，脉脉此情谁诉。君莫舞。君不见、玉环飞燕皆尘土。闲愁最苦。休去倚危栏，斜阳正在，烟柳断肠处。

此词有多重的象征意蕴。春天又匆匆归去和"我"的惜春、留春、怨春，表现出词人强烈的时间意识和对英雄生命徒然流逝的惋惜怨恨。正是基于对时间无法挽留和生命有限的焦虑，故对耽误了他风云际会、建功立业"佳期"的狐媚邀宠而妒忌谗害者格外痛愤，尖刻地诅咒他们必将化为尘土。辛词系统地批判了当时社会的腐朽黑暗，不仅拓展了词境，也提高和强化了词的现实战斗功能，对南宋后期刘克庄、陈人杰等辛派词人以词为抗争社会的武器有着直接的影响。

拓展艺术世界的具体表现是多角度展现农村田园生活和隐逸情趣。农村乡土，自苏轼在词世界里初度开垦过后，久已荒芜。虽然朱敦儒晚年词作中也写过"一个小园儿，两三亩地"（《感皇恩》），但那是隐士眼中的生活世界，并非地道的乡野。辛弃疾在江西上饶铅山的农村先后住过 20 多年，他熟悉也热爱这片土地，并对这块土地上的村民和山水景致做了多角度的素描，给词世界增添了极富生活气息的一道清新自然的乡村风景线，如《清平乐》和《西江月·夜行黄沙道中》等。

辛弃疾的词取得了杰出的艺术成就，主要有三个方面。

一是鲜明独特的意象往往体现出诗人的个性风格，而意象群的流变又从一个侧面反映出诗歌史的变迁。相对而言，唐五代词的意象主要来源于闺房绣户和青楼酒馆，至柳永、张先、王安石、苏轼而一变，他们开始创造出与文士日常生活、官场生活相关的意象和自然山水意象。至南渡词又一变，开始出现与民族苦难、社会现实生活相关的意象。稼轩词所创造的战争和军事活动的意象，又使词的意象群出现了一次大的转换。如《沁园春》（叠嶂西驰）。

二是以文为词，既是方法的革新，也是语言的变革。前人作词，除从现实生活中提炼语言外，主要从前代诗赋中吸取语汇，而稼轩则独创性地用经史子等散文中的语汇入词，不仅赋予了古典语言以新的生命活力，而且空前地扩大和丰富了词的语汇。宋末刘辰翁曾高度评价过稼轩词变革语言之功："词至东坡，倾荡磊落，如诗如文，如天地奇观，岂与群儿雌声学语较工拙，然犹未至用经用史，牵雅颂入郑卫也。自辛稼轩前，用一语如此者，必且掩口。及稼轩横竖烂漫，乃如禅宗棒喝，头头皆是。"（《须溪集》卷六《辛稼轩词序》）经史散文中的语言，他信手拈来，皆如已出。如《贺新郎》：

邑中园亭，仆皆为赋此词。一日，独坐停云，水声山色，竞来相娱，意溪山欲援例者，遂作数语，庶几仿佛渊明思亲友之意云。

甚矣吾衰矣。怅平生、交游零落，只今余几。白发空垂三千丈，一笑人间万事。问何物、能令公喜。我见青山多妩媚，料青山、见我应如是。情与貌，略相似。　一尊搔首东窗里。想渊明、停云诗就，此时风味。江左沈酣求名者，岂识浊醪妙理。回首叫、云飞风起。不恨古人吾不见，恨古人、不见吾狂耳。知我者，二三子。

词以陶渊明《停云》诗思新引入。首句和结尾四句，都从经史中化出，而自饶新意。他用散文化的句法，但并不违反词的格律规范，仍协律可歌。如名作《西江月》：

醉里且贪欢笑，要愁那得工夫。近来始觉古人书。信着全无是处。昨夜松边醉倒，问松我醉何如。只疑松动要来扶。以手推松曰去。

句式散文化，音韵节奏却依旧自然流畅，活泼传神。词史上，稼轩创造和使用的语言最为丰富多彩：雅俗并收，古今融合，骈散兼行，随意挥洒，而精当巧妙。

三是风格多样，以摧刚为柔为主导。悲壮中有婉转，豪气中有缠绵，柔情中有刚劲，是稼轩词风的独特处，也是辛派后劲不可企及之处。又如晚年所作《永遇乐·京口北固亭怀古》：

千古江山，英雄无觅，孙仲谋处。舞榭歌台，风流总被，雨打风吹去。斜阳草树，寻常巷陌，人道寄奴曾住。想当年，金戈铁马，气吞万里如虎。　元嘉草草，封狼居胥，赢得仓皇北顾。四十三年，望中犹记，烽火扬州路。可堪回首，佛狸祠下，一片神鸦社鼓。凭谁问，廉颇老矣，尚能饭否。

词虽题为“怀古”，但处处针对现实而发。情怀悲愤激烈，却含蓄吐出，极尽沉郁跌宕之致。

稼轩词风格的多样化，还表现在嬉笑怒骂，皆成佳篇；亦庄亦谐，俱臻妙境。北宋神宗、哲宗两朝，曾盛行过滑稽谐谑词，但包括苏轼在内，整个北宋的谐谑词，都是滑稽调笑，少有严肃的深意。稼轩本富有幽默感，遂利用这一度流行的谐谑词并加以改造，来宣泄人生的苦闷和对人世社会种种丑行的不满，从此谐谑词具有了严肃的主题和深刻的思想内蕴。如《卜算子》（千古李将军）写贤愚的颠倒错位，《千年调》（卮酒向人时）表现官场上那些圆滑又没有骨气的和事佬，都极富幽默感。冷嘲热讽，痛快淋漓，诙谐而不失庄重，严峻而不乏幽默，是稼轩词的又一风格特色。

在两宋词史上，辛弃疾的作品数量最多，成就、地位也最高。就内容境界、表现方法和语言的丰富性、深刻性、创造性和开拓性而言，辛词都可以说空前绝后。刘克庄即说辛词“大声鞺鞳，小声铿鍧，横绝六合，扫空万古，自有苍生以来所无”（《辛稼轩集序》，《后村先生大全集》卷九十八）。他独创出“稼轩体”，壮大了“豪放”一派，影响十分深远。《四库全书总目》卷一百九十八《稼轩词提要》说：“其词慷慨纵横，有不可一世之概，于倚声家为变调，而异军特起，能于剪红刻翠之外，屹然别立一宗。迄今不废。”周济《宋四家词选·目录序论》也说：“苏、辛并称。东坡天趣独到处，殆成绝诣，而苦不经意，完璧甚少。稼轩则沉着痛快，有辙可循。南宋诸公，无不传其衣钵。”与他同时的陆游、张孝祥、陈亮、刘过和韩元吉、袁去华、刘仙伦、戴复古等词人，或传其衣钵，或与其词风相近，都属同一词派。

二 辛派词人

张孝祥是南渡词人群与中兴词人群之间的过渡人物。宋高宗绍兴三十年（1160）前后，南渡词坛的李清照、朱敦儒和张元幹等著名词人已先后辞世，而辛弃疾到孝宗乾道四年（1168）后才逐步在词坛崭露头角。绍兴末到乾道中词坛上的著名词人，首推张孝祥。

辛派词人是远承东坡而近学稼轩，而从东坡到稼轩，其间直接的桥梁则是张孝祥。张孝祥的气质与苏轼近似，同属天才型的诗人，作诗填词也都以东坡为典范。他“每作为诗文，必问门人曰：‘比东坡何如？’”。他一方面学苏词的“豪”，以“诗人之句法”抒壮志豪情，如欢呼采石战胜的《水调歌头·和庞佑父》，气势力度，可“与‘大江东去’之词相为雄长”（汤衡《张紫微雅词序》）。另一方面，则学苏词的“放”，并兼容李白诗的浪漫精神，以自在如神之笔表现其超迈凌云之气和潇洒出尘之姿，如《念奴娇·过洞庭》：

> 洞庭青草，近中秋、更无一点风色。玉鉴琼田三万顷，著我扁舟一叶。素月分辉，明河共影，表里俱澄澈。悠然心会，妙处难与君说。　应念岭海经年，孤光自照，肝肺皆冰雪。短发萧骚襟袖冷，稳泛沧浪空阔。尽吸西江，细斟北斗，万象为宾客。扣舷独啸，不知今夕何夕。

豪情逸兴，飘飘欲仙，有苏轼中秋词的风神而又别开新境。张词的哲理意蕴虽不及苏词，但浪漫奇想则有过之而无不及，词中广阔透明的湖光月色与冰清雪白的人格境界水乳交融，也足与苏词争奇斗胜。

张孝祥是辛派词人的先驱者，风格骏发踔厉，自成一家；艺术境界也别开生面，在词史上具有特殊的地位。

陆游虽比张孝祥年长 7 岁，比辛弃疾年长 15 岁，但早年的词作不多，开创性不强。他未能成为辛派的先驱，而只是辛派的中坚人物。

与辛弃疾将平生的创作精力贯注于词相反，陆游"是有意要做诗人"（刘熙载《艺概·诗概》），而对作词心存鄙视，认为词是"其变愈薄"之体，说"少时汩于世俗，颇有所为，晚而悔之"。写了词，仿佛有种负罪感，故自编词集时，特意写上一段自我批评，"以志吾过"。这种保守而陈旧的观念，既限制了他词作的数量，更影响了其词的艺术质量和成就。

陆游词的主要内容是抒发壮志未酬的幽愤，其词境的特点则是将理想化成梦境而与现实的悲凉构成强烈的对比，如《诉衷情》：

当年万里觅封侯。匹马戍梁州。关河梦断何处，尘暗旧貂裘。　胡未灭，鬓先秋。泪空流。此生谁料，心在天山，身老沧洲。

又《钗头凤》更是情感描写的绝唱：

红酥手。黄縢酒。满城春色宫墙柳。东风恶。欢情薄。一怀愁绪，几年离索。错错错。　春如旧。人空瘦。泪痕红浥鲛绡透。桃花落。闲池阁。山盟虽在，锦书难托。莫莫莫。

又《卜算子·咏梅》：

驿外断桥边，寂寞开无主。已是黄昏独自愁，更著风和雨。　无意苦争春，一任群芳妒。零落成泥碾作尘，只有香如故。

放翁词风格虽多样，但未熔炼成独特的个性，其悲壮似稼轩而无辛词的雄奇，其豪放似东坡而无苏词的飘逸，其闲适疏淡似朱敦儒而缺乏朱词的恬静潇洒，有众家之长，"而皆不能造其极"（《四库全书总目》卷一百九十八《放翁词提要》）。

陈亮，是位豪侠奇士，也是辛弃疾的密友，才气超逸，词风也与辛弃疾相似。陈亮还长于政论，《宋史》本传说他"论议风生，下笔数千言立就"。他也常常用词来表达他的政治军事主张，其词所论时事往往可以跟他的政论文相互印证。如果说辛弃疾是以文为词，那么，陈亮几乎可以说是"以词为文"。强烈的现实针对性、鲜明的政治功利性和纵横开阖的议论性构成了陈亮词最突出的特点。如《水调歌头·送章德茂大卿使虏》：

不见南师久，谩说北群空。当场只手，毕竟还我万夫雄。自笑堂堂汉使，得似洋洋河水，依旧只流东。且复穹庐拜，会向藁街逢。　尧之都，舜之壤，禹之封。于中应有，一个半个耻臣戎。万里腥膻如许，千古英灵安在，磅礴几时通。胡运何须问，赫日自当中。

刘过是江湖名士的代表。宋吕大中志其墓云："家徒壁立，无担石储，此所谓生而穷者；冢芜岩隈，荒草延蔓，此所谓死而穷者。先生何穷之至是哉！然横用黄金，雄吞酒海，生虽穷而气不穷；诗满天下，身霸骚坛，死虽穷而名不穷。乃知先生之穷异乎常人之穷也。”（《宋诗人刘君墓碑》）他对稼轩十分崇拜，有诗说：“书生不愿黄金印，十万提兵去战场。只欲稼轩一题品，春风侠骨死犹香。”（《呈稼轩》《龙洲集》卷八）与辛弃疾不同的是，刘过是终生流浪江湖的一介布衣。他既有侠客的豪纵，又有游士的轻狂。其词的抒情主人公，是一位自傲自负又自卑自弃、狂放不羁又落魄寒酸的江湖狂士。他以天才自许：“人间世，算谪仙去后，谁是天才?”（《沁园春》）然因“四举无成，十年不调”（《沁园春·卢蒲江席上时有新第宗室》），于是“坐则高谈风月，醉则恣眠芳草”（《水调歌头·晚春》），显得玩世不恭。

因崇拜其人而学其词，刘过的名作《沁园春·寄稼轩承旨》即是有意效稼轩体者：

> 斗酒彘肩，风雨渡江，岂不快哉。被香山居士，约林和靖，与东坡老，驾勒吾回。坡谓西湖，正如西子，浓抹淡妆临镜台。二公者，皆掉头不顾，只管衔杯。　白云天竺飞来。图画里、峥嵘楼观开。爱东西双涧，纵横水绕，两峰南北，高下云堆。逋曰不然，暗香浮动，争似孤山先探梅。须晴去，访稼轩未晚，且此徘徊。

此词是仿效辛弃疾《沁园春·将止酒戒酒杯使勿近》的对话体，将先后相隔几百年的白居易、林逋和苏轼请来帮忙说项，构思煞是奇特。词中巧借三人的诗句来对话，纵笔驰骋，挥洒自如，深得辛词豪迈狂放、幽默俏皮的神韵。

第三节　姜夔和宋末词

一　姜夔的词

姜夔是与辛弃疾同期并峙的词坛领袖，也是一位多才多艺的艺术家。善诗文、工书法、精音律、通词艺、善文物鉴赏，是南宋不可多得的艺术全才。姜夔能自度曲，他的17首词自注有工尺谱，是今存唯一的宋词乐谱文献，在我国音乐史上具有重大价值。有《白石诗话》，是严羽《沧浪诗话》前最有理论性的一部。

姜夔还是宋代不多见的一位职业文人。幼年随父官居汉阳，后依范成大、张镃、张鉴。经济来源是文字，婚姻亦以文字为媒。因写《姑苏怀古》“行人怅望苏台柳，曾与吴王扫落花”而为萧德藻所赏识，嫁之以侄女。他37岁在石湖赏梅，写了《暗香》《疏影》词，有小序云：“辛亥（1191）之冬，予载雪诣石湖。止既月，授简索句，且征新声，作此两曲。石湖把玩不已，使工伎隶习之，音节谐婉，乃名之曰《暗香》《疏影》。”为范成大所赏，赠之以小红。白石又有诗纪事：“自作新词韵最娇，小红低唱我吹箫。曲终过尽松陵路，回首烟波十四桥。”（《过垂虹》）时人羡之如登仙。

姜夔具有艺术家气质："性孤僻，尝遇溪山清绝处，纵情深诣，人莫知其所入。或深夜星月满垂，朗吟独步。每岁寒涛朔吹，凛凛迫人，夷犹自若也。"（张羽《白石道人传》）

姜夔的词风以周清真词为典范，题材内容亦以恋情、咏物为突出。北宋以来的恋情词，情调软媚而或失于轻浮，虽经周邦彦的雅化却"雅"得不彻底。姜夔的恋情词，则往往过滤省略掉缠绵温馨的爱恋细节，而只表现离别后的苦恋相思，并用一种独特的冷色调来处理炽热的柔情，从而将恋情雅化，赋予柔思艳情以高雅的情趣和超尘脱俗的韵味。如：

> 燕燕轻盈，莺莺娇软。分明又向华胥见。夜长争得薄情知，春初早被相思染。　别后书辞，别时针线。离魂暗逐郎行远。淮南皓月冷千山，冥冥归去无人管。（《踏莎行·自沔东来，丁未元日至金陵，江上感梦而作》）

此词虽是怀念在合肥的恋人，但并未写艳遇及其旖旎风情，而只有魂牵梦绕、铭心刻骨的忆恋。其中"淮南皓月冷千山"一句，更创造出词史上少见的冷境。

姜夔的咏物词以自度曲《暗香》《疏影》为代表，讲究寄托。此后，咏物词之重寄托，遂成风气。姜夔的咏物词，常常将自我的人生失意和对国事的感慨与咏物融为一体，写得空灵蕴藉，寄托遥深。其妙处是含意丰富深广，给读者留下极大的自由创造和想象的空间，但词旨飘忽不定，有时流于晦涩难解。如咏梅名作《暗香》：

> 旧时月色。算几番照我，梅边吹笛。唤起玉人，不管清寒与攀摘。何逊而今渐老，都忘却、春风词笔。但怪得、竹外疏花，香冷入瑶席。　江国。正寂寂。叹寄与路遥，夜雪初积。翠尊易泣。红萼无言耿相忆。长记曾携手处，千树压、西湖寒碧。又片片、吹尽也，几时见得。

此词系咏梅名作。咏花与怀人相结合，苏轼的《水龙吟》咏杨花词首开其端：

> 似花还似非花，也无人惜从教坠。抛家傍路，思量却是，无情有思。萦损柔肠，困酣娇眼，欲开还闭。梦随风万里，寻郎去处，又还被、莺呼起。　不恨此花飞尽。恨西园、落红难缀。晓来雨过，遗踪何在，一池萍碎。春色三分，二分尘土，一分流水。细看来，不是杨花点点，是离人泪。

词以拟人化手法，将杨花拟成思妇，词中无我；而姜夔此词中作为审美对象观照之梅花、所怀念之"人"和"我"三者融为一体。就咏梅言，句句不离梅花，梅之"冷香""红萼"、花飞及其月照、雪压等时空环境一一写出；从怀人角度言，处处写"我"对"玉人"之追思、忆恋，过去"吹笛""攀摘""携手"同游等生活情境也一一呈现，还写出"我"的种种情怀。梅、"我"、人三者结合，天衣无缝，水乳交融，实是巧夺天工！

姜夔词的主色调是白色，与别号白石一致，如公孙龙提出的坚白论命题，强调坚，即卓立。白，重色，又有绿酒、红梅，鲜艳至极！姜夔常把梅花作为其恋人的象征，如《江梅引》“人间离别易多时。见梅枝，忽相思。几度小窗幽梦手同携”，即是见梅怀人之作。《暗香》咏梅，也当有怀人之意，不过怀人的伤感中包含着自我零落的悲哀，其中也许还寄托着对国事的感愤。[①] 刘永济认为词中有对国事的寄托，[②] 但难以确指。

姜夔喜用冷色调，用衰败枯萎的意象表现一种悲伤失落的心态。风格亦如其别号——白石，给词建立起新的审美规范。姜夔的时代是一个令人灰心失望的时代。而作为江湖游士，他的前途命运更是渺茫黯淡。加之他一生贫病交加，对凄凉寒苦有着深刻的感受，所以他总是以一种忧郁凄凉的眼光来看待世界，即《卜算子》所说的“举目悲风景”。就像中唐诗人贾岛爱静、爱瘦、爱冷，也爱这些情调的象征一样，姜夔也偏爱冷香、冷红、冷云、冷月、冷枫、暗柳、暗雨等“幽芳”，喜欢选用那些衰落、枯败、阴冷的意象群，来营构幽冷悲凉的词境。清人刘熙载曾用“幽韵冷香”四字来概括姜词的境界，确实独具慧眼。

姜夔的词境独创一格，艺术思维方式和表现手法也别出心裁，表现出求异性思维、逆向思维方式，善从侧面、反面着笔，善用联觉思维，利用艺术的通感将不同的生理感受连缀在一起，表现某种特定的心理感受。又善于侧向思维，写情状物，不是正面直接刻画，而是侧面着笔，虚处传神。《扬州慢》是这方面的代表作：

淳熙丙申至日，予过维扬。夜雪初霁，荠麦弥望。入其城，则四顾萧条，寒水自碧，暮色渐起，戍角悲吟。予怀怆然，感慨今昔，因自度此曲。千岩老人以为有黍离之悲也。

淮左名都，竹西佳处，解鞍少驻初程。过春风十里，尽荠麦青青。自胡马窥江去后，废池乔木，犹厌言兵。渐黄昏，清角吹寒，都在空城。 杜郎俊赏，算而今、重到须惊。纵豆蔻词工，青楼梦好，难赋深情。二十四桥仍在，波心荡、冷月无声。念桥边红药，年年知为谁生。

词中的“吹寒”“冷月”等都是运用通感手法。此词起首二句的句法明显受到柳永《望海潮》的影响，但柳词是正面描绘钱塘的繁华景象，而姜词则是从侧面着笔，从虚处表达对扬州残破的深沉感慨。用笔一正一反，一实一虚，恰好形成鲜明对照。他的另一首名作《点绛唇·丁未冬过吴松作》，也同样是从虚处传达出无穷哀感。笔致清虚，意境空灵，故张炎说姜词“清空”，“如野云孤飞，去留无迹”（《词源》卷下）。

---

①此词寓意历来解说纷纭。参夏承焘《姜白石词编年笺校》，中华书局，1963年版。

②刘永济：《唐五代两宋词简释》，上海古籍出版社，1981年版。

姜夔反俗为雅，下字运意，都力求淳雅。这正迎合了南宋后期贵族雅士弃俗尚雅的审美情趣，因而姜夔词被奉为雅词的典范，在辛弃疾之外别立一宗，自成一派。清代浙西词派更奉姜词为圭臬，曾形成“家白石而户玉田（张炎）”的盛况，使苏、辛一时黯然失色。

二 姜派词人

姜夔和史达祖词风有神似之处，对后世词坛也颇有影响。

史达祖，号梅溪，有《梅溪词》。宁宗时，为宰相韩侂胄的堂吏，权倾一时。韩后被谋杀，史亦被流放。

姜夔艺术上追求的是全词意境的浑成，情感基调和语言色泽的一致。史达祖词则致力于炼句，张炎最称赏他“挺异”的“句法”（《词源》卷下）。史达祖差不多每一首词都有精警之句，清人李调元爱其“炼句清新，得未曾有”，录其50条佳句，汇为《史梅溪摘句图》（见《雨村词话》卷三）。如“做冷欺花，将烟困柳”（《绮罗香》），“断浦沉云，空山挂雨”（《齐天乐》），“画里移舟，诗边就梦”（《齐天乐》）等，都属对精切巧妙。但由于过分注重炼句，有的词作境界不够浑成，有时为求尖新而失于雕琢过甚。

史达祖也工于咏物，他最负盛名的是咏燕、咏春雨的自度曲《双双燕》和《绮罗香》，《双双燕》更堪称是咏燕的绝唱：

> 过春社了，度帘幕中间，去年尘冷。差池欲住，试入旧巢相并。还相雕梁藻井。又软语、商量不定。飘然快拂花梢，翠尾分开红影。　芳径，芹泥雨润。爱贴地争飞，竞夸轻俊。红楼归晚，看足柳昏花暝。应自栖香正稳。便忘了、天涯芳信。愁损翠黛双蛾，日日画阑独凭。

吴文英，号梦窗，与后来的周草窗并称“二窗”，又与姜夔并称“姜吴”。

他是一位颇为独特的江湖游士，虽放浪江湖，然足迹未离江、浙；虽以布衣终老，却长期充当一些权贵的门客与幕僚，非官又非隐；虽曳裾侯门，但只为衣食生计，不为仕进投机钻营，尚保持着一份清高和独立人格。

吴文英一生的心力都倾注在词的创作上，力求自成一家，但辛弃疾和姜夔这两座艺术高峰横亘眼前，而他的豪情气魄远逊稼轩，才情天赋不及白石，要在情思内容上有所超越突破，已不可能，于是在艺术技巧上争奇斗胜。

吴文英非常重视词法。沈义父《乐府指迷》记录了他讲的四种词法：

音律欲其协，不协则成长短之诗。下字欲其雅，不雅则近乎缠令之体。用字不可太露，露则直突而无深长之味。发意不可太高，高则狂怪而失柔婉之意。

艺术思维超越常规。吴文英彻底改变正常的思维习惯，将常人眼中的实景化为虚幻，将常人心中的虚无化为实有，即虚实互换，通过奇特的艺术想象和联想，创造出如梦如幻的艺术境界。如游苏州灵岩山时所作怀古词：

渺空烟四远，是何年、青天坠长星。幻苍崖云树，名娃金屋，残霸宫城。箭径酸风射眼，腻水染花腥。时靸双鸳响，廊叶秋声。　宫里吴王沉醉，倩五湖倦客，独钓醒醒。问苍波无语，华发奈山青。水涵空、阑干高处，送乱鸦、斜日落渔汀。连呼酒，上琴台去，秋与云平。（《八声甘州·陪庾幕诸公游灵岩》）

开篇打破登高怀古词写眼前实景的思维定式，而以出人意表的想象将灵岩山和馆娃宫等虚幻化，把灵岩山比拟为青天陨落的星辰。这是化实为虚。西施的遗迹本是一片废墟，而作者却以超常的联想，逼真地表现出当年采香径中残存的脂香腥味和响廊里西施穿着木屐漫步的声响，化虚为实，亦幻亦真，境界空灵。类似于这种超越时空、将心中的幻觉实有化的表现方法，在梦窗词中随处可见。如怀念亡姬的名作《风入松》：

听风听雨过清明。愁草瘗花铭。楼前绿暗分携路，一丝柳、一寸柔情。料峭春寒中酒，交加晓梦啼莺。　西园日日扫林亭。依旧赏新晴。黄蜂频扑秋千索，有当时、纤手香凝。惆怅双鸳不到，幽阶一夜苔生。

词的境界似真似梦。“黄蜂”二句亦真亦幻。黄蜂扑秋千，为眼前实景；亡姬生前纤纤玉手在秋千上残留的香泽，本是由于对亡姬痴迷的忆恋而产生的幻觉，而着一“有”字，便将幻觉“仿真”写出。另一首《思佳客·赋半面女髑髅》，更将半面女枯骨幻化成风姿绰约的少女：

钗燕拢云睡起时。隔墙折得杏花枝。青春半面妆如画，细雨三更花又飞。轻爱别，旧相知。断肠青冢几斜晖。断红一任风吹起，结习空时不点衣。

这种超常的想象力和幻化的手段，为吴文英所独擅。

王沂孙现存64首词，咏物词即占了34首。在宋末词人中，王沂孙的咏物词最多，也最精巧。他的咏物词的特点，一是善于隶事用典，不直接描摹物态，而是根据主观的意念巧妙地选取有特定含意的典故与所咏之物有机融合，使客观物象与主观情意相互生发。清人周济说：“咏物最争托意，隶事处以意贯串，浑化无痕，碧山胜场也。”（《宋四家词选目录序论》）二是擅长用象征和拟人的手法，善用象征性的语言将所咏之物拟人化，使之具有丰富的象征意蕴，因而他的词往往被视为有深远的寄托。如《眉妩·新月》：

渐新痕悬柳，澹彩穿花，依约破初暝。便有团圆意，深深拜，相逢谁在香径。画眉未稳，料素娥、犹带离恨。最堪爱、一曲银钩小，宝帘挂秋冷。　千古盈亏休问。叹慢磨玉斧，难补金镜。太液池犹在，凄凉处、何人重赋清景。

故山夜永。试待他、窥户端正。看云外山河，还老尽、桂花影。

词中无法补圆的新月，寄托着词人在宋室倾覆后回天无力、复国无望的深哀剧痛。

王沂孙词，前人评价甚高，尤其是清中叶以后的常州词派，更是推崇备至。其词艺术技巧确实比较高明，将咏物词的表现艺术推进了一大步，但词境狭窄，词旨隐晦，也是一大缺陷。至于情调低沉，情思缺乏深度和力度，则是与他同期同派词人的通病。

张炎词风清雅疏朗，与白石相近，故与白石并称为“双白”，词集名《山中白云词》。时代的变故在张炎词中刻下了深刻的烙印。入元以后，国破又家亡，张炎由承平贵公子沦落为无家可归的“可怜人”（《甘州》），词由高雅地摹写风月转变为凄楚地备写身世盛衰之感。凄凉怨慕的《高阳台·西湖春感》和《解连环·孤雁》最能代表他入元后的心境和词境。后一首更为他赢得“张孤雁”的雅号。

张炎词的总体成就与王沂孙相当，但取径较宽阔，词境也比王词丰富而明畅，对清初浙西词派的创作影响甚大。张炎论乐理和论词艺词法的词话著作《词源》，对后世的词学影响更大。书中提出的“清空”“骚雅”等概念，成为后世词学研究中重要的审美范畴；他对宋代词人词作优劣得失的评论，也成为后人对宋代词人进行评价的基准。

在宋末词人中，蒋捷词别开生面，最有特色和个性。在社交上，他与声同气应的周、王、张等人不见有任何来往，词风也是另辟蹊径，不主一家，而兼容豪放词的清奇流畅和婉约词的含蓄蕴藉，既无辛派后劲粗放直率之病，也无姜派末流刻削隐晦之失。如《虞美人·听雨》：

少年听雨歌楼上，红烛昏罗帐。壮年听雨客舟中，江阔云低断雁叫西风。
而今听雨僧庐下，鬓已星星也。悲欢离合总无情，一任阶前点滴到天明。

他敢于直接表现亡国遗民坚贞不屈的民族气节和对元的不满情绪，《沁园春·为老人书南堂壁》和《贺新郎·乡士以狂得罪，赋此饯行》二词，就充满着一股不屈的奇气。蒋捷词还多角度地表现出亡国后遗民们漂泊流浪的凄凉感受和饥寒交迫的生存困境，如《贺新郎·兵后寓吴》：

深阁帘垂绣。记家人、软语灯边，笑涡红透。万叠城头哀怨角，吹落霜花满袖。影厮伴、东奔西走。望断乡关知何处，羡寒鸦、到著黄昏后。一点点，归杨柳。　相看只有山如旧。叹浮云、本是无心，也成苍狗。明日枯荷包冷饭，又过前头小阜。趁未发、且尝村酒。醉探枵囊毛锥在，问邻翁、要写牛经否。翁不应，但摇手。

此外，蒋词的情感基调不像王沂孙、张炎词那样一味地低沉阴暗，有的词作格调清新，乐观轻快，如《霜天晓角》（人影窗纱）和《昭君怨·卖花人》写折花和卖花，极富生活情趣。蒋捷在宋末词坛上独立于时代风气之外，卓然成家，对清初阳羡派词人颇有影响。

如果说宋末姜派词人是以艺术的精湛见长，那么辛派后劲则是以思想内容的深度和力度取胜。其中刘克庄、陈人杰和刘辰翁词的现实性和时代感最强烈。

宋亡以后，词坛上一片苦调哀音，连刘辰翁词也是字字悲咽。唯有民族英雄文天祥，以他那视死如归的崇高气魄、激越雄壮的歌喉，高昂地唱出了民族的尊严和志气："人生翕歘云亡。好烈烈轰轰做一场。使当时卖国，甘心降虏，受人唾骂，安得流芳。古庙幽沉，仪容俨雅，枯木寒鸦几夕阳。邮亭下，有奸雄过此，仔细思量。"（《沁园春·至元间留燕山作》）文天祥轰轰烈烈的高歌，给辉煌的两宋词史增添了最后一道辉煌。

思考题

1. 简述李清照词的特色。
2. 论述辛弃疾和辛派词人的词风。
3. 宋遗民词人主要有哪些作家？其作品反映了什么样的心态？

【参考书目】

1. 邓红梅、侯方元：《南宋词研究史稿》，齐鲁书社，2006 年版。
2. 王兆鹏：《宋南渡词人群体研究》，文津出版社，1992 年版。
3. 刘永济：《唐五代两宋词简释》，上海古籍出版社，1981 年版。

第十三章

金元词

金词的发展大致可分为三个阶段：金初期，滞留于金的北宋文士，主要承传苏轼的创作精神，创建北方词坛；金中期，词坛出现繁荣局面，词体艺术得以进一步完善；金末年，在动荡的时局中，词的创作达到了高峰。作为北宗派的金词，继承了北宋苏轼等人的传统，所作具有诗化和雅化倾向，风格沉雄清劲。金词的发展进程，也正是北宗词的创立、完善和成熟的过程。元“混一”后，相当一段时间内，北方词坛一直保持着旺盛的发展势头，活跃着一大批颇有成就的词人。同时南、北词风也出现了相互交融的迹象，最终元代词坛的创作风气开始发生了根本性的转向，出现了北宗词的衰微和南宗词的复兴，南北词风最终整合归一。元词随着地域格局的变迁大致经历了北方词独盛的前期、南北词派并行共荣的中期和南兴北衰的后期。

第一节　吴蔡体和金代初期词

从宋廷南渡到金世宗继位（1127—1161）这30余年的时间，是北方词坛重建和北宗词体派的创立阶段。金立国之初即推行“汉化”政策，带来了文学的复兴，宋廷南渡后凋零的北方词坛重新建立起来。这时的词作者主要是羁留在金朝的宋人，如宇文虚中、高士谈、吴激、蔡松年等。其中，吴激与蔡松年的创作在当时产生了广泛的影响，被称为“吴蔡体”。它标志着“北宗词体派”的创立。

吴激（？—1142），字彦高，号东山，建州（今福建建瓯）人。宋徽宗宣和四年（1122）使金被留，累官翰林待制。皇统二年（1142）出知深州（今河北深州市），到官三日卒。吴激有很高的艺术造诣，能诗文，工字画，有《东山集》行于世，今佚。现存词仅10首，收入《全金元词》。吴激词多写故园之思、身世之感，风格清丽婉约。如《人月圆》：

南朝千古伤心事，犹唱后庭花。旧时王谢，堂前燕子，飞向谁家。　恍然一梦，仙肌胜雪，宫髻堆鸦。江州司马，青衫泪湿，同是天涯。

全篇化用前人诗句，缀合成文，却妥帖自然，一如己出。《春从天上来》（海角飘零）一篇，也是如此。

吴激作词路数承袭周秦一脉，但受北地文化环境和个人特殊身世的影响，已与北宋婉约词的剪红刻翠不同，特别是其长调作品，感慨沉郁，颇近东坡言志体。如《木兰花慢·中秋》词写月夜思乡，那种广阔视野及悲壮情怀，为传统词境所少见。又如《满庭芳》（柳引青烟）词写羁旅之思，将浓厚乡愁压缩于婉曲词句之中，细腻之语难掩其沉郁之情。

从词史发展的进程来看，真正开金词百年之道的是蔡松年。蔡松年（1107—1159），字伯坚，号萧闲老人，真定（今河北正定）人。宣和末，从父蔡靖守燕山府，兵败降金。天会年间，授真定府判官，仕至右丞相，封卫国公。正隆四年（1159）卒，谥文简。有《明秀集》，已佚。现存词84首，收入《全金元词》。

传统的“华夷之辨”观念与其接受金朝官职的矛盾，使蔡松年内心充满了痛苦。他想忘却过去，又不可能做到，只有借醉饮来暂时抚慰心底的创痕。不过，对心灵苦闷的超脱和对自由萧散的向往是蔡松年词作思想情感上的主要倾向，词中更多的是萧散旷达情怀的抒写。如《念奴娇》：

倦游老眼，负梅花京洛，三年春物。明秀高峰人去后，冷落清辉绝壁。花底年光，山前爽气，别语挥冰雪。摩挲庭桧，耐寒好在霜杰。　人世长短亭中，此身流转，几花残花发。只有平生生处乐，一念犹难磨灭。放眼南枝，忘怀樽酒，及此青青发。从今归梦，暗香千里横月。

特殊的命运遭际，使其内心深处充满了无奈，那“一念犹难磨灭”的故园之思，让词人深陷于身份认同的矛盾与痛苦之中，表现出一种人生命运难以把握的悲剧感和忘却尘世、超拔苦闷的豪逸情怀。

吴蔡二人虽以词并称，但其词作风格明显有别。蔡词清雅疏淡，更近东坡。阔大之境和刚劲之气是蔡词总体审美追求。如《水调歌头》（星河淡城阙）、《念奴娇》（倦游老眼）等名篇多有“大江东去”之神韵。在《明秀集》中，词人对于冰霜风雪这类冷峻清寒的意象格外垂青，体现了他所追求的是清爽刚健之风。

由于战乱兵燹所造成的词乐资料和音乐人才的损失以及北曲的兴盛等原因，词在北方失去了普遍应歌的基本条件，往往不再配乐，蔡松年的词作开始出现以文为词的写法，如《念奴娇》：

离骚痛饮，笑人生佳处，能消何物。夷甫当年成底事，空想岩岩玉壁。五亩苍烟，一丘寒碧，岁晚忧风雪。西州扶病，至今悲感前杰。　我梦卜筑萧闲，觉来岩桂，十里幽香发。嵬隗胸中冰与炭，一酌春风都灭。胜日神交，悠然得意，遗恨无毫发。古今同致，永和徒记年月。

全词章法近于议论散文的结构，表达形式也颇具论辩色彩。

这一时期汉化的女真人中也出现了一些能词者，如完颜亮（1122—1161），史称海陵王，存词仅4首，但个性十分鲜明。如下面两首：

停杯不举，停歌不发，等候银蟾出海。不知何处片云来，做许大、通天障碍。　虬髯捻断，星眸睁裂，唯恨剑锋不快。一挥截断紫云腰，仔细看、嫦娥体态。（《鹊桥仙·待月》）

旌麾初举。正駃騠力健，嘶风江渚。射虎将军，落雕都尉，绣帽锦袍翘楚。怒磔戟髯，争奋卷地，一声鼙鼓。笑谈顷，指长江齐楚，六师飞渡。　此去。无自堕，金印如斗，独在功名取。断锁机谋，垂鞭方略，人事本无今古。试展卧龙韬韫，果见成功旦莫。问江左，想云霓望切，玄黄迎路。（《喜迁莺·赐大将军韩夷耶》）

前一首小令，意象博大，境界宏阔，词人豪悍肆野之民族性格跃然纸上。《喜迁莺》写战事，体现了女真族初主中原时的政治理想，场景壮阔，气势非凡，创造了一种令人震撼的艺术境界，散发着一股强劲悍戾之气。海陵词有着一种不可掩抑的俚豪之质，语言不避俚俗，朴拙自然，却又极富爆发力，雄霸骁勇的个性沉涵其中。

第二节　金代中期词

从世宗即位后的大定年间到宣宗“贞祐南渡”之前（1161—1213），史家一般称为大定、明昌时期，也就是金中期。金初创立的北宗词在这一段时间内进一步完善和成熟，词人辈出，风格多样。王寂、赵可、党怀英、王庭筠、赵秉文等一批作家活跃于文坛，创作了大量优秀作品。

王寂（1128—1194），字元老，号拙轩，蓟州玉田（今属河北）人，是这一时期存词较多的作家。他的一些作品直接以时事为题，表现金宋对峙局势下金军的勇武和将帅的雄姿，如《瑞鹤仙·上高节度寿》和《水调歌头·上南京留守》，描写很有气势，颇具豪健之风。作为“国朝文派”的文人，在词里可以看到他十分明显的金文化本位心态，如其作品《瑞鹤仙·上高节度寿》中写道：“青云试长翮。拥牙旗金甲，掀髯横策。威行蛮貊。令万卒、纵横坐画。荡淮夷献凯，歌来斗印，命之方伯。”以“蛮貊”“淮夷”指称南宋，可见当时的入金文士已无金初吴、蔡们那种被金人统治的困惑和焦虑。其词又多写传统闺思艳情，颇有花间的风味，如《点绛唇·闺思》。《鹧鸪天》（秋后亭皋木叶稀），写景抒怀，别有情致。

赵可（？—1189），字献之，山西高平人，于海陵王贞元二年（1154）登进士第，在世宗朝为翰林修撰、迁待制，章宗即位擢为直学士，一时诏诰多出其手，典雅工丽，为人推服。其词笔力遒劲，风格健捷。其怀古词《雨中花慢·代州南楼》很有特色：

云朔南陲，全赵幕府，河山襟带名藩。有朱楼缥缈，千雉回旋。云度飞狐绝险，天围紫塞高寒。吊兴亡遗迹，咫尺西陵，烟树苍然。 时移事改，极目伤心，不堪独倚危阑。惟是年年飞雁，霜雪知还。楼上四时长好，人生一世谁闲。故人有酒，一尊高兴，不减东山。

词写北地山川风光，气象宏阔，同时又有一种淡淡的感伤情绪隐现其中。他的《望海潮·发高丽作》《卜算子·谱太白诗语》等作品抒写人生悲欢情怀，风调健朗。而《席屋上戏书》一作，则近于散曲，诙谐打趣，别具风味。

党怀英（1134—1211），字世杰，号竹溪，泰安（今属山东）人，官至翰林学士承旨，是这一时期早期声名卓著的文人，为一代宗工。其诗、文、书法皆为世所推重，词秀雅淡然，颇有陶渊明式的萧散孤高之气。如其《月上海棠·用前人韵》云：

傲霜枝袅团珠蕾。冷香霏、烟雨晚秋意。萧散绕东篱，尚仿佛、见山清气。西风外，梦到斜川栗里。 断霞鱼尾明秋水。带三两、飞鸿点烟际。疏林飒秋声，似知人、倦游无味。家何处，落日西山紫翠。

党怀英的咏茶之作《青玉案》最为人称道，“与君洗尽，满襟烦暑，别作高寒境”。词意清澈绝尘。七夕的佳作《感皇恩》与《鹧鸪天》，也颇受好评。后者末二句“开帘放入窥窗月，且尽新凉睡美休”，被况周颐称为“潇洒疏俊极矣”（《蕙风词话》卷三）。

王庭筠（1151—1202），字子端，号黄华山主、黄华老人、雪溪翁，盖州熊岳（今辽宁盖平）人，“诗、文、书、画并称卓绝”（金毓黻《黄华集叙目》），是这一时期一位有重要影响的文人，有求异雕绘之习。《全金元词》辑其词12首。小令多有可称者，况周颐《蕙风词话》说：“王黄华小令，间涉幽峭之笔，绵邈之音。”如《谒金门》：

双喜鹊。几报归期浑错。尽做旧愁都忘却。新愁何处著。 瘦雪一痕墙角。青子已妆残萼。不道枝头无可落。东风犹作恶。

赵秉文（1159—1232），字周臣，号闲闲老人，磁州滏阳（今河北磁县）人，是大定、明昌时期最有影响的词人。其词追步东坡，形神毕肖，在当时即广受称赏。他的词作也突出地体现了这一时期创作的主调。赵秉文一生都保持着高昂的政治热情，明昌六年（1195）上书议政，被免官。表现在其词作中，如《水龙吟》（燕秦草木知名）说："了却功名事，归来到凤凰池上。且等闲、莫遣髭须白了，认凌烟像。"其词作给人印象更深的则是淡雅疏旷的一面。《水调歌头》（四明有狂客）、《大江东去》（秋光一片）是他最为人所称道的作品。这两首是效东坡体之作。苏轼的《念奴娇·赤壁怀古》与《水调歌头》（明月几时有）是两首最具典范意义的代表作，金人最喜仿效，赵秉文之作是金人拟作中最脍炙人口的作品，神韵毕肖。不过，仔细品味还是有其过人的特别的情韵。在词里他不再仅仅是一味追求功名和肩负历史使命的文人士大夫，寻求独立的生命品质已成了他的自觉要求，力图摆脱自我角色意识的纠缠，从而进入一种自由无羁的精神境界。

金中期词已脱离金初词忧国怀乡的基调和悒郁委婉的风格，转向对于平凡生活和内心体验的表现，恬淡质朴之作占大多数。隐逸与田园结合成为一种时代风气，田园牧歌情调悄然兴起，以恬淡为旨归的对于隐逸的向往成为一种基调。

第三节　金代末期词

从金宣宗"贞祐南渡"后到金哀宗天兴三年（1213—1234），是中国北方极度动荡的年代，在蒙古军队铁骑的进逼下，金王朝迅速走向衰亡。然而"国家不幸诗家幸"，这一时期金词的创作却达到了其艺术峰巅，主要词人有李俊民、元好问、段克己、段成己等。他们都饱尝了战乱的痛苦，亲历了更朝换代的沧桑之变，作品内容的现实性大为增强，具有强烈的时代感，艺术形式也进一步完备精善。

李俊民（1176—1260），字用章，号鹤鸣老人，泽州晋城（今属山西）人。金章宗承安五年（1200）以经义进士第一，在中都应奉翰林文字。因积年不调，弃官不仕，教授乡里。金室南迁后，隐居嵩山，后北渡，客怀州，俄复隐西山。金亡后，抱节守志，不仕新朝，布衣而终。忽必烈在潜藩时，以安车召，不得已起而应之，后仍遽乞还山。卒后，元廷赐谥庄靖先生。李俊民能文，有《庄靖集》传世。唐圭璋《全金元词》收李俊民词 69 首，数量仅次于元好问和蔡松年。

李俊民词的题材，以祝寿、酬赠、咏物及和韵为主，多写其隐逸生活，生活化的特征十分突出，可以说是他隐逸生活的日常化写照。他的词多数篇幅短小，内容简单，只是描写一些日常生活的片段及感受。如《谒金门·和邦直》：

> 烟雨晓。梦断池塘春草。坐上曲生风味好。银杯休厌小。　刚要玉山醉倒。社瓮酿成微笑。人世间愁都占了。有情天也老。

表现对功名利禄的淡泊和咏叹隐逸人生的快适是李俊民词的基本主题，如《摸鱼儿·送侄谦甫出山》。他还写了大量的咏梅词，其中包括联章组词《谒金门》12 首。这类词并非寄托之作，而是以写实手法表现个人审美感受，个性鲜明，独树一帜。在李俊民现存的词中，有将近一半是祝寿词，可见这一时期词体交际功能的增强。在这些作品中，虽然免不了一些俗套之语，但作者的主体情志还是比较明显的，他总是能在应酬客套之中表达出自己的人生志趣。

李俊民的词风格平和冲淡，富有高情远韵。如《酹江月·谦甫、福昌待月》写中秋待月，描绘一幅雨过山碧长风云清的秋景图，还设想乘舟奔月仙游，极显逍遥潇洒之态与闲适安逸之情。李俊民词在语言形式上雅俗共存的特点十分明显。他继承了苏轼以来以诗为词的传统，喜欢化用前人诗句和典故，又丰富自然。

金末元初，是一个战乱频仍的年代，也是一个产生隐士的年代，河东稷山（今山西稷山县）的段克己、段成己兄弟即为当时有代表性的两位著名隐士。段克己（1196—1254），字复之，号遁庵，别号菊庄。段成己（1199—1279），字诚之，号菊轩。段氏兄弟聪明早慧，金宣宗兴定三年（1219）二人同游京师，得到礼部尚书赵秉文的赏识，目之为“二妙”，又曾书“双飞”二字以题其里。正大七年（1230）二段再赴汴京，成己进士及第，主宜阳簿，克己会试入选而御试不捷。天兴三年甲午（1234），蔡州陷，金亡。二段始居龙门，开始了隐居生活。泰定间，吏部侍郎孙辅合成克己、成己遗文为《二妙集》。唐圭璋《全金元词》收录二妙词130首（其中克己67首，成己63首）。

段氏兄弟的人生基本上是在隐逸中度过的，故词也多为隐逸生活的写照与感受。如下面两首：

> 瓦釜逢时亦转雷。春江得雨浪崔嵬。不才分作沟中断，偶对溪山一笑开。　题姓字，拂青苔。此翁来后更谁来。不须更待移文遣，俗驾闻风已自回。（段克己《鹧鸪天·上巳日，再游青阳峡，用家弟诚之韵》）
>
> 管领韶华成老丑，有情争似无情。芒鞋竹杖葛衣轻。悠悠身外事，寂寂水边行。　眼底光阴犹是梦，何须身后虚名。仰天一笑绝冠缨。东风归路稳，十里暮山青。（段成己《临江仙·田间闲步偶成》）

这类词多寄情于山水田园，表现一种超然的风调。清雅闲淡，带有一种清冷萧瑟的情味。段氏兄弟虽然选择了归隐之路，但早年的济世之心和用世情怀仍会时而涌动。这时期，描写山水自然的作品比较丰富。家庭生活和亲朋交往，构成了段氏兄弟隐逸生活另一个重要的生活内容。段成己的《诉衷情·史仲恭寿》便是状天伦之乐的佳作，段成己的《大江东去·寄卫生袭之》写战乱中对朋友的思念，还有很多作品写饮酒，表现他们试图以醉幻的感觉体验隐逸佳境的心态。二段词的总体风格是清劲伉爽，豪旷超逸。如段克己《满江红·登河中鹳雀楼》和段成己《临江仙》（转眼荣枯惊一梦）。在写法上，其兄克己善于造境，境界浑至清逸；其弟成己则长于造语，常有雅丽清婉之句。就用调而言，克己多用长调，气脉畅达，意境浑至；成己长于令词，词意俊逸雅致。二妙兄弟的词作犹若春兰秋菊，各有短长。

至金末，女真族产生了一批人格已完全汉化的儒士文人，在文化行为上他们已与汉族文人毫无二致，曲子词自然也是他们喜闻乐作的抒情形式。密国公完颜璹(1172—1232)，号如庵，即为这一时期最杰出的女真词人，有《如奄小稿》收其词100首，今仅得其9首，皆为精品。如庵词总有一种挥之不去的悲悯感萦绕其中。如《朝中措》：

襄阳古道灞陵桥。诗兴与秋高。千古风流人物，一时多少雄豪。　霜清玉塞，云飞陇首，风落江皋。梦到凤凰台上，山围故国周遭。

此词置“故国”于华夏历史的“千古”之中，悲慨叹惋，语短意深。透过词中的沧桑之感，不难看出作者深埋于字里行间的爱国之情。如庵词中，与这种使命感相联系的是儒家士君子的安贫乐道精神。这是建立在他对历史和人生参悟与了然基础之上的人生价值观念，所以其词中处处散发着超旷达观和淡泊闲适的气息，其他还有如《渔父》(杨柳风前白板扉)等词作也写得萧散俊朗。

完颜璹的词风格鲜明，境界真朴醇厚，有一种自然简淡之美。如《春草碧》：

几番风雨西城陌。不见海棠红、梨花白。底事胜赏匆匆，正自天付酒肠窄。更笑老东君、人间客。　赖有玉管新翻，罗襟醉墨。望中倚栏人，如曾识。旧梦回首何堪，故苑春光又陈迹。落尽后庭花，春草碧。

词篇叹春光阑珊，哀国运衰歇，没有刻意雕琢之句，而蕴涵厚重，感慨遥深。完颜璹以纯熟、圆融的词笔将女真词的创作推向了艺术巅峰。

第四节　元好问的词

元好问今存词380余首，数量为金代之最。元好问的词南北通采、兼容并包，广泛借鉴了前人的艺术风格及表现手法，在一定程度上有着“集两宋之大成”(《艺概·词概》)的特点。他的身世经历、创作观念和所处的创作环境，决定了他自觉地继轨东坡，以苏、辛词派的传宗者自任，其词作集中地体现了北方文化的特质，成为金代北宗词派之冠冕。

元好问的词题材广泛，反映了丰富的社会生活，包括咏怀、吊古、送别、咏物、射猎、边塞等等。其中纪乱、写景、言情之作尤其出色。其词怀古伤今、感慨兴亡，最为沉痛深邃，也最为感人，如写家国之悲的《水龙吟》(素丸何处飞来)。在这类作品中，有“对零落栖迟，兴亡离合，此意何穷”(《木兰花慢》)这样沉重的历史幻灭感，也有“丈夫儿，倚天剑，切云冠……枯柏在南涧，留待百年看”(《水调歌头》)这样强烈的历史使命感。我们可从中感受到作者真挚的爱国情操和巨大的人格力量。对祖国北地壮丽雄奇之山川形势的描写，是元好问词的又一类重要题材。《水调歌头·赋三门津》写黄河三门峡的景象非常雄奇：

黄河九天上，人鬼瞰重关。长风怒卷高浪，飞洒日光寒。峻似吕梁千仞，壮似钱塘八月，直下洗尘寰。万象入横溃，依旧一峰闲。 仰危巢，双鹄过，杳难攀。人间此险何用，万古秘神奸。不用然犀下照，未必佽飞强射，有力障狂澜。唤取骑鲸客，挝鼓过银山。

作品极写三门峡壮阔险峻之状，境界恢宏，气势逼人。雄放之中又有奇幻之妙，非有大胸襟、大想象力者不能为也。此外，许多著名的北方山脉水系，在其词里都留下了壮美的身姿，苍崖古木的景象绝异于南宗词里的柳岸斜桥。可以说，真正以词写出北方山水奇观的是元好问。元词中有许多爱情题材的佳作，表现出他感情细腻丰富的一面，最有代表性的是《摸鱼儿·雁丘词》与《摸鱼儿·双蕖怨》。此外，遗山还有不少脍炙人口的言情佳作，如《小重山》（酒冷灯青夜不眠）。元好问步武苏、辛，同时兼取宋词各家之长，因而风格丰富多样，其中沉郁、深婉两种最为典型。遗山词深厚蕴藉，跌宕起伏，是杜诗沉郁之风的复现，如其《木兰花慢》。全词境界宏阔，寄寓沉痛，遗臣孤臣之悲、身世飘零之感渗透于词中的一草一石，体现出北方文化特有的悲壮感和苍凉感。

元词多有深婉之风，其词集中有许多辞章标明效法“花间体”，还有标为“宫体”的作品。许多歌咏爱情的篇章，乐章雅丽，情致幽婉，其情之深挚缠绵，于宋词中也少有匹者。特别是《摸鱼儿·雁丘词》：

乙丑岁，赴试并州，道逢捕雁者云，今旦获一雁，杀之矣。其脱网者悲鸣不能去，竟自投于地而死。予因买得之，葬之汾水之上，累石为识，号曰雁丘。时同行者多为赋诗，予亦有雁丘辞。旧所作无宫商，今改定之。

恨人间、情是何物，直教生死相许。天南地北双飞客，老翅几回寒暑。欢乐趣。离别苦。是中更有痴儿女。君应有语。渺万里层云，千山暮景，只影为谁去。 横汾路。寂寞当年箫鼓。荒烟依旧平楚。招魂楚些何嗟及，山鬼自啼风雨。天也妒。未信与、莺儿燕子俱黄土。千秋万古。为留待骚人，狂歌痛饮，来访雁丘处。

作者把写景同抒情融为一体，用凄凉的景物衬托雁的悲苦生活。这首词紧紧围绕“情”字，思接千载，情随意狂，以雁拟人，谱写了一曲凄恻动人的恋情悲歌，表达了词人对殉情者的哀思和对至情至爱的讴歌。

遗山乐府“好奇”的特点十分值得注意。不仅在风格上“刻意争奇”，在选材、风格作法上也有一种“传奇”色彩。词史上东坡“以诗为词”，清真“以赋为词”，稼轩“以文为词”，遗山“以传奇为词”。这是词体革新历程中一个值得注意的重要现象。这些传奇元素的介入，使词体具有了较强的叙事性，在遗山词中我们往往可以看到奇事、奇人、奇景的记述。遗山词的传奇特色，从词体发展的角度来看，具有积极意义。它增强了词的叙事功能，密切了它与叙事文学的关系。当然，以传奇为词并没有改变词的抒情性文体特质，从结构来看，传奇性成分主要被安排在词序中。

元好问在词学理论上也有独特建树，基本精神与其诗论一致，诗词并论，或以诗理论词，在词体的本质、功能以及风格、流派等一系列问题上提出了许多新见，使“词诗”说在理论上得到了进一步的丰富，为北宗词创作做出了比较系统的理论概括，不足的是其批评理论对于词体独特个性缺乏应有的理论阐述。元好问的词学思想主要有四个方面。一是词史观，认为“词”同“诗”一样，有着“史”的价值与功能。这种词史意识主要体现在其《中州乐府》编辑实践中的诗词并录、以传隶词和断代存词等方面，使词集成为一种在特定历史时期和生存环境中词体自身发展的史征文献。二是情性论，在《新轩乐府引》等文章中，他强调词要“吟咏情性”。认为这是诗词相通的根本，在本质上消除了二者之间的鸿沟。三是词味说，遗山论词还特别注意到诗词在审美特征和艺术表现上的相通之处，在《遗山自题乐府引》中他提出佳词必有可咀嚼的滋味。四是体派论，他首先提出了“东坡体”的概念，第一次旗帜鲜明地将苏、辛并列于词坛冠首的位置，认为“乐府以来，东坡为第一，以后便到辛稼轩”，表现出明显的体派意识。

第五节　元代前期词

元词随着地域格局的变迁大致经历了北方词独盛的前期、南北词派并行共荣的中期和南兴北衰的后期。

遗山乐府是金词的终结，也是元词的开端，以其集大成的品质和沉郁、雄奇而不失深婉的艺术风格，开启了元词的时代，奠定了元词的基调。元代前期词人皆身经两朝，亲历战乱，因而强烈的现实感和历史反思精神，构成了这一时期元词的基本特色。这一时期比较重要的词作者有刘秉忠、白朴、王恽等。此外，存词不多的耶律楚材、张弘范等人也值得注意。耶律楚材为辽宗室后裔、金室旧臣，金亡仕元。其词仅存《鹧鸪天·题七真洞》一首，写世事变迁的深沉感慨，况周颐评曰：“高浑之至，淡而近于穆矣。庶几合苏之清、辛之健而一之。”（《蕙风词话》卷三）张弘范曾为元军统帅，灭宋封王，战功赫赫，戎马倥偬间他写下了不少军旅征伐之词，刚劲质朴，境界壮阔，颇得稼轩词英雄之气，显示出对于混一天下大业的高昂热情。

刘秉忠（1216—1274），初名侃，字仲晦，自号藏春散人，诗、乐、书、画俱善，元代名臣。有《藏春集》6卷，其中乐府1卷，今存词80余首。

刘秉忠复杂的社会身份，带来了他思想上的矛盾。首先是用世情结与散人心态的矛盾。在许多作品中，他把佐命新朝的感慨和内心仕隐的矛盾结合起来，写得深沉而切情入理，自别于金遗民词之亡国哀音。入仕用世的儒家观念在其词中时有表现，而且又往往表现为“士不遇”的慨叹，直到后来身为国家重臣也是如此，如《木兰花慢》：

> 既天生万物，自随分，有安排。看鹭鹜云霄，骅骝道路，斥鷃蒿莱。东君更相料理，著春风、吹处百花开。战马频投北望，宾鸿又自南来。 紫垣星月隔尘埃。千载折中台。叹麟出非时，凤归何日，草满金台。江山阅人多矣，计古来、英物总沉埋。镜里不堪看鬓，尊前且好开怀。

从他为“麟出非时，凤归何日，草满金台”的叹惋中，我们不难看出他身处高位却无法实现政治抱负的愤懑与无奈。同时，藏春词中又常常表现出作者的一种散人心态，表达出一种退隐出世以求适意的心愿。如《鹧鸪天》中以“流行坎止何忧喜，笑泣穷途阮步兵”的词句来否定对于功名利禄的追逐。对于个体生命的关注也是藏春词重要的一方面内容，他往往借否定功名利禄的意义来表达他对人生空苦的关切和生命珍爱的情怀。如其《清平乐》（月明风劲）感慨“日月如梭”般的岁月中“人生会少离多”，只有温馨的人情才让生命有了实在感和存在的价值。刘秉忠是一位僧人，佛教思想对他影响非常深，特别是佛教的“空苦”观念，在藏春词中打下了深刻的烙印。“空”在藏春词里呈现为万事皆空和人生如梦的感慨，如另一首《木兰花慢》中写道：“浮云不堪攀慕，看长空、澹澹没孤鸿。今古渔樵话里，江山水墨图中。千年事业一朝空。春梦晓闻钟。”“千年事业一朝空”，既如此，人生又何必太执着呢？这类作品为藏春词增添了一抹浓重的“空幻”色彩。

王鹏运四印斋刻《藏春乐府》序以“雄廓而不失之伧楚，蕴藉而不流于侧媚，周旋于法度之中，而声情识力常若有余于法度之外，庶为填词当行”[①] 来评价刘秉忠词。而就藏春词创作实绩而言，“清”是主要的，而“雄”的成分则相对要少一些，况周颐《蕙风词话》卷三甚至认为“蕴藉近是，而雄廓不与焉”。刘秉忠词的主要风格特色是清劲，清刚劲健之作俯拾皆是。词人还有许多咏物小令写得含蓄蕴藉。

白朴（1226—约1307），字仁甫，一字太素，号兰谷，真定人（今河北正定），祖籍隩州（今山西河曲）。白朴生逢金末元初之乱世，童年失母，曾鞠养于父执元好问，后随父卜居于滹阳（即真定）。白朴青年时期游戏于文艺，热心于戏曲创作，后多次辞荐南游以求适意，晚年徙居金陵。白朴为元曲大家，也是卓有成就的词人，有《天籁集》，今存词104首，真实地记录了他避世隐逸的生活行迹和追求适意的处世心态。

---

①施蛰存：《词籍序跋萃编》，中国社会科学出版社，1994年版。

白朴却又拒仕归隐，投身于艺术创作，出入于瓦舍勾栏，既与上层官僚集团保持着联系，又与处于社会底层的乐工歌妓们相交甚厚。《天籁集》真实地记录了词人特立独行的生活踪迹，其间所蕴含的复杂文化心理耐人寻味。玩世适意是白词一个基本主题，对功名荣利的淡漠和对隐逸志趣的表现，是其词作的常见题材。如下面这首《沁园春》：

夜梦，就树摘桃啖之，于中一枚甘苦，觉而异之，因为之赋。

渺渺吟怀，望佳人兮，在天一方。问鲲鹏九万，扶摇何力，蜗牛两角，蛮触谁强。华表鹤来，铜盘人去，白日青天梦一场。俄然觉，正醯鸡舞瓮，野马飞窗。　徜徉。玩世何妨。更谁道、狂时不得狂。羡东方臣朔，从容帝所，西真阿母，唤作儿郎。一笑人间，三游海上，毕竟仙家日月长。相随去，想蟠桃熟后，也许偷尝。

其实，《天籁集》中也可看到白朴难忘天下的一面，他的“避仕”并不意味着“避世”。白朴词中所表现的对时政的关注和对功名的称羡，虽属应酬，但也未尝不是他力图否定但终难根除的“用世情绪”的复现。词人所无法真正割舍的功名意识，在其抒写怀抱的词作中也偶有直接的表露，如《水调歌头》写道：“天地悠悠逆旅，岁月匆匆过客，吾也岂瓠瓜。”这表明，避仕并非是其本来意愿。历史的幻灭感及人生悲悯感是白朴人生选择的一个重要基础。他始终关心天下，又拒仕归隐，原因还在于其文化心理中关于人生和社会的理解。数量众多的“金陵怀古”词，集中地体现了他对历史真谛的求索和对人生意义的思考。

白朴“日亲炙遗山”（《天籁集》），词风也深受元好问影响，以豪放高旷为主；同时又追求音律的谐婉稳惬，艺术造诣在当时北方词中当属上乘，堪称元初北宗词艺术形态的一个范本。正如朱彝尊所云：“兰谷词源出苏、辛，而绝无叫嚣之气。”（《词籍序跋萃编》）他晚年徙居江南，受南方山水和文化熏染，其创作显露出南北词风交汇的迹象，《四库全书总目》称“其词清隽婉逸，可与张炎相匹”，指出了白朴词受南宗词影响的一面，与白朴特别的人生经历及人生价值观密切相关。其词更接近东坡清旷放逸一格。他还有一些风格偏重于豪雄勃郁的词作，如《石州慢》（千古神州）等。

王恽（1227—1304），字仲谋，卫州汲县（今属河南）人。官至翰林学士、知制诰。王恽是元代存词最多的词人，朱祖谋辑录《秋涧乐府》四卷，唐圭璋《全金元词》共收录 244 首。

王恽的词题材广泛，内容多样，展示了作者丰富的生活及心灵世界，可谓士大夫文人日常生活的诗化写照。他一生仕途曲折，宦游之感与怀古之思在词中多有表现，如《如梦令》（老境心便多暇）、《浣溪沙》（隋末唐初与汉亡）等。他的闲适之咏、游宴之乐也多见于词，如下面这首《太常引》：

春风碧水静林丘。对书史，日优游。来往更风流。问谁似、东陵故侯。黄陂襟度，曲江誉望，山立看扬休。春酿尽禁篘。拚醉尽、蟠桃上秋。

面对“春风碧水”的美景，作者的生活态度可谓散淡之极。这是一种看破世事之后的回归，有的只是一份闲适之心。王恽词作也不乏向往国家统一和建功立业之豪情壮志的表达。其词《夺锦标》（六郡雄藩）写得壮怀激烈，对国家强盛的祈愿以及对功名事业的向往溢于言表。

王恽的词风格豪放疏快，多数作品基调深沉，气概雄阔，而且善作议论，喜用典故。且看《木兰花慢》：

叹西山归客，又愁里，过清明。记幕燕巢倾，朝堂人去，往事堪惊。行藏固非人力，顿尘缨、终愧草堂灵。潘岳无间可赋，渊明何地堪耕。汉家一论到书生。六合望澄清。甚楼上元龙，山中宰相，何止虚名。当年卧龙心事，尽羽毛、千古见青冥。憔悴中堂故吏，醉来老泪纵横。

词写出处行藏，化用典故，议论风生，抑郁不平之气贯穿其中，腾挪有致。他还有一部分词作表现出一种清浑超逸的风格，言浅事明，语淡情深。

第六节　元代中期词

元代中期（1276—1314）的北方词人中，姚燧（1238－1313）与刘因（1249－1293）两位著名理学家的创作颇引人注目。在元代，理学成为官学，理学与文学逐渐呈现出合流趋势，理学“流而为文”典型地体现在二人的身上。卢挚（约1243－1315）和刘敏中（1243－1318）是这一时期北方官僚文人中作词较有特色的两位。犹如宋词二晏，邯郸人张之翰、张埜父子二人，词皆佳，亦元词一奇观。

由南宋入元的词人，多承南宗余绪，感沧桑巨变，写幽微情怀，创作颇丰，元初北宗独盛的词坛格局由此而改观。宋遗民词人的丰富创作是此时词坛一个值得重视的现象。就体派言，这类词人一般文学史皆入于宋，但从其作品的内容和对元代词坛的深刻影响角度看，我们论元词时又不能不提及他们，否则元代词史将不完整。这些遗民词人大部分为姜、史一脉，如张炎、仇远等。仇远（1247—1326）入元后近50年才去世，词多作于入元后，与张炎交善，元后期重要词人张翥、张雨等皆出其门，受其沾溉。仇远可谓元词南宗之祖，对元代中后期词的创作影响很大，推动了元混一后词风渐趋雅化的趋势，为后期南、北词风的合流奠定了基础。不过，遗民词人并非尽属南宗，如刘辰翁（1232－1297）便为辛派后劲，入元后所作词悲慨苍凉。从创作规模和艺术水平来讲，这时期的南宗词派皆高于北方词人，特别是张炎、仇远等遗民词人在理论和创作上有意识地倡导雅正词风，并注意培养后学，由此而导致了下一阶段词坛风气的嬗递。

刘敏中，字端甫，号中庵，济南章丘人，以翰林学士承旨致仕。有《中庵集》，存词 149 首，存词量居元人第三位。

刘敏中在《江湖长短句引》中，表述了他的词学观念，认为词体与诗体在本体特质上是一致的，要抒写真性情，特别强调苏轼、辛弃疾、元好问依次为词史上“最擅名者”，勾画出北宗词派的传承谱系。此文堪称北宗词学系统的理论总结。

刘敏中词多写承平气象，是元代上升时期士人生活与情感的写照，富于时代特色，反映了元朝混一后词坛的普遍风尚。如其应制之作《念奴娇·圣节进酒词》“途歌里咏，太平今日真见”之类的描写，虽为奉迎皇上，但其中表现出的大国臣民的自豪感和词人盛世之欢欣，仍使我们能够感知那种承平盛世的时代气息。再如《蝶恋花·次韵答魏鹏举》描绘风调雨顺、民间相庆，写景也笼罩着和煦的气氛。刘词多抒雅士闲情，那些祝寿词、咏物词真切地表达了雅士文人的“闲适”心态与对“雅趣”的追求。

刘敏中作词全面效法辛弃疾，承传北宗家法，常“援稼轩例”，即引用成例，亦即模拟。此外，意象和语汇的选择也多有近辛之处，受辛稼轩“以文为词”的影响，一些词作也有散文化、议论化倾向，如《六州歌头》（窥天以管）。整首词驱使庄、骚、经、子、史典故，议论物理、行藏，几乎可以当作一篇有韵的论道文来读。但是思辨之外，却颇具雅趣、气势。总起来说，刘敏中的词雄旷清拔，以自然平易之语写豪迈雄健之气，体现了北方文化的特色。当时正值南北词坛聚合之际和词曲递嬗互动阶段，中庵词也受到了南宗词风的浸润，同时受到曲文学的某些影响，显示出某种新变的因素。

张之翰、张埜父子是“父子词人”。张之翰（1243－1296），字周卿，号西岩，邯郸（今属河北）人，有《西岩集》。张埜（约 1264－约 1320），字埜夫，号古山，有《古山乐府》。张氏父子的词多写宦离与隐逸情怀。二人词风不尽相同，西岩身为馆阁重臣，词风相对平和闲逸，如《念奴娇·九日，同府学诸君饮王氏园》等；而埜夫长期沉沦下僚，仕途坎坷，故词多不平之鸣，悲慨雄放，颇近稼轩风范，最有代表性的作品当属《水龙吟·酹辛稼轩墓，在分水岭下》。

程文海（1249—1318），字钜夫，号远斋，江西建昌南城人，南宋末随叔父程飞卿以建昌降元，以翰林学士承旨致仕。程文海诗词以《雪楼集》传世，现存词 56 首。程文海是元词馆阁体的代表，所呈现出的交际功能十分突出，作品多为祝寿与唱酬之作，富于闲散从容的馆阁之风，如《摸鱼儿·次韵谢张古愚》等作品。

赵孟頫（1254—1322），字子昂，号松雪道人，谥文敏，吴兴（今浙江湖州）人。著有《松雪斋文集》，《全金元词》录其词 37 首。赵孟頫生逢宋元易代之际，一生历尽忧患，以宋皇孙身份仕元颇受訾议，内心也充满了矛盾与痛苦，故词中透露出对人生世道深刻而悠广的悲悯情怀和忧患意识。如《虞美人·浙江舟中作》：

潮生潮落何时了。断送行人老。消沉万古意无穷。尽在长空、澹澹鸟飞中。

海门几点青山小。望极烟波渺。何当驾我以长风。便欲乘桴、浮到日华东。

辞章语意浅近，专以写景，但透过字里行间，不难体味出作者那难以言说的痛楚。陈廷焯《词则·别调集》卷三认为此词："哀怨之情，溢于言表，责其人，亦悲其遇也。"赵孟頫是南宋遗民词人群体之外最重要的南宗词人，多数作品造语浅白清丽，情韵婉曲幽深，能以自然畅达之语传达出一种逸致深情。吴梅《词学通论》称："其词迢逸，不拘拘于法度，而意之所至，时有神韵。"所作词不事雕琢而保其自然真气，尤为可贵。

第七节　元代后期词

兴盛于南宋词坛的"雅词"——南宗词在元代再度复兴，与之相伴随的北宗词的衰落，是元代后时期（1314—1368）词坛最突出的特征。看当时词作，颇有"南风之熏兮"的强烈感受，阵容壮观的南宗词人群体成为这一时期的主要创作力量，作品无论数量还是质量都占据了绝对优势。在江南一带，以张翥为中心形成了一个十分活跃的文学创作群体，包括张雨、谢应芳、倪瓒、邵亨贞等著名文士，他们雅集酬唱，鼓吹风雅，词风相近，承袭"仇白"遗教，被认为皆"为南方之一流别"（陈匪石《声执》卷下）。此外，还一些较有成就和影响的词人也多属南宗词派，如以散曲知名的张可久（约1270－1348后），自谓从张炎游，"深得奥旨制度之法"（陆辅之《词旨》上）的陆行直（1275－?），被称为元代画坛"四绝"之一的吴镇（1280－1354）等。这时期的北方词人也不同程度受到了南宗词的影响，所作多有清丽蕴藉之风，如萨都剌、宋褧等。从总体上讲，这一时期北宗词的创作呈明显的衰微趋势，词人队伍萎缩，创作呈现衰象，宋词曾经的辉煌已风光不再。需要指出的是，南词复兴与北词衰落并不意味着此生彼亡，而是一个相互涵化的过程，双方彼此吸纳，相交相融，然而南宗词由于优势明显最终成为词坛主流。不过，复兴的南宗词在一定程度上是南北词风相融合的产物。

张雨（1283－1350），一名天雨，字伯雨，自号贞居子，钱塘人，因隐居于句曲山，慕陶弘景之为人，又号句曲外史。道号嗣真，自称山泽癯者。张雨工诗词，亦工书善画，著有《贞居词》一卷，《全金元词》录其词51首。张雨身兼道士与文人双重身份，颇有雅风道韵，词近姜、张一路，清正雅丽，又有仙逸之气。张雨融道心于诗心，故其词又与一般文士不同。金元时期由于受动乱的社会现实的影响，全真教兴盛，词与道教有了更为密切的联系，道士普遍作词，但多数道士词是以词体的形式传播教义、劝化民众，而张雨作为一名道士则是在词中以淡然自适、远离尘世、隐逸高蹈的道教美学旨趣表现他的文士情怀，有时也用道教术语和典故来传达他的文心雅意。张雨的咏物词颇值称道，所作承南宋雅词余韵，融仙风于物象，笔法工细，意韵遥深。如《水调歌头·盆荷》：

> 江湖渺何许，归兴浩无边。忽闻数声水调，令我意悠然。莫笑盆池咫尺，移得风烟万顷，来傍小窗前。稀疏淡红翠，特地向人妍。　华峰头，花十丈，藕如船。那知此种佳趣，别是一壶天。倒挽碧筩釃酒，醉卧绿云深处，云影自田田。梦中呼一叶，散发枕书眠。

张雨词在某种程度上体现了以南融北、雅而健朗的特色。如《满庭芳·重九次赵侯韵》"正为跫音空谷，天远近、鸿鹄高翔"之旷达高迈，《摸鱼儿·和王平轩》"高阳侣。惯踏醉狂歌，惊起星河鹭"之超逸峭拔，《茅山逢故人·句曲道中送友》"壮士黄金，昔人黄鹤，美人黄土"之悲慨壮美。

许有壬（1287—1364），字可用，汤阴（今属河南）人。存词177首，总量居元词人第二位，散见于《至正集》《圭塘小稿》及《圭塘欸乃集》中。圭塘是他在家乡的一处庄园，至正八年（1348），曾在这里举办过一次文人雅集，即时人广为传颂的"圭塘雅集"。许有壬一生有6次去官就隐，一直陷于蒙汉文化的冲突与融和之中，圭塘词即是这样一种文化背景下的产物。词表现了他身为汉儒位于揆阁，但又遭受猜忌和排挤的情况下，着力复兴汉文化的使命意识，以及不被信任的"客旅"感受与渴望解脱归隐的"倦鸟"心态。

圭塘词展现了一种儒雅醇正而格局博大的中州气象，与当时天下混一，南北文学融合的政治和文化格局有关，也与作者主体精神的郁勃健旺有关。许词境界雄浑闳肆，风韵尔雅深厚。如《沁园春·寿同馆虎贲百夫长邓仁甫》：

> 十载炎方，同饮汉江，同为转蓬。恨寻常会面，当年无分，三千余里，此地相逢。宇宙英奇，幽并慷慨，肯事区区笔砚中。男儿志，要长枪大剑，谈笑成功。　辕门醉卧秋风。看落日旌旗掩映红。爱朔云边雪，一声寒角，平沙细草，几点飞鸿。湖海情怀，金兰气谊，莫惜琼杯到手空。君知否，怕明朝回首，渭北江东。

全词境界雄浑，气魄宏大，景阔意远，令人神气大长。而在咏"岁寒三友"的词《玉漏迟·同前次张梦臣韵》中，词人寄清高之怀，其萧然风神，不言而尽显。

谢应芳（1296—1392），字子兰，自号龟巢老人，江苏武进人。有诗文集《龟巢稿》，《全金元词》录其词66首。

龟藏意识是龟巢词的突出内容。面对战乱的惜身贵生、关爱生命的意识，面对困苦的安贫固穷、守道保真的思想，面对坎坷的顺逆不惊、苦中求乐的心态，都有充分表现。龟巢词的家巢情怀也很浓重，他在词中多处将视野转向自己的家庭生活，写到了老妻和儿辈，抒写了普通百姓质朴、真挚的亲情，表现了他强烈的世俗情怀。在谢应芳为数不少的词中形成了这样一种结构：前边或写战乱生活的艰危与忧惧，或写生活的贫穷处境，后边却紧接着关注生活中的乐事，愁情顿消。如《沁园春·壬寅岁旦，枕上述怀》：

四海烟尘，一棹风波，经行路难。幸儿孙满眼，布帆无恙，夫妻白首，青镜犹团。笠泽西头，碧山东畔，又与梅花共岁寒。新年好，有茅柴村酒，荠菜春盘。

谢应芳的龟巢词，主要表现个人的朴素生活与实在的情感，所以呈现出的词风平实浅白，绝少夸饰。故可用“玄素”一语来概括龟巢词艺术上朴野素淡的总体风格。其语言有平实浅白及散文化的特点，表达方式有议论化与叙事化的倾向。

邵亨贞（1309—1401），字复孺，以贞溪、清溪自号，华亭（今上海松江区）人。今存《蚁术词选》，收词 143 首。

邵亨贞遭逢乱世，一生历经沧桑。他生于承平年代，少年时在家乡读书，度过一段诗酒优游的美好时光。元末的战乱破坏了江南的安宁，他一度从军入幕，体味了乱世飘零的艰辛；国变之后，子散婿亡，连遭打击，载女而归后，闭门编订一生所作，度过凄凉晚年。邵词题材多样，内容丰富。感怀心绪之作，或写节序之叹，或写羁旅之思；应酬唱和之作，皆情意深厚；拟古、咏物、题画之作，亦别有寄托。悲慨迟暮与感怀今昔构成了其词深厚的情感意蕴。

蚁术词风格鲜明，清隽雅致，情韵浑融。词人在景色描写之中渗入淳厚的情韵，意蕴悠长，让人回味，《红林檎近·水村冬景，次钱素庵韵》就是这样一篇作品。他还常常运用虚实相间的手法，将现实与想象相结合，使情感表达跌宕起伏。如《齐天乐·己卯春客楼雨中怀小溪故人行乐》等作品。此外，邵词还有着语淡情深的特点，不直接表露，也不着意渲染，举重若轻，意蕴醇厚，如这首咏梨花的《清平乐·梨花》：

绿房深窈。疏雨黄昏悄。门掩东风春又老。琪树生香缥缈。一枝晴雪初干。几回惆怅东阑。料得和云入梦，翠衾夜夜生寒。

词中没有豪壮语，亦没有浓艳语，只以清淡之辞写梨花之清香，一种高雅的情怀自然显现，同时也有种淡淡惆怅流露出来。沉郁浑厚，托寄遥深，也是蚁术词的一个重要的风格特征。黍离之悲、兴亡之慨，在其词中或不便言明或不必言明，但它常常作为深层的底蕴而存在。邵亨贞善于对比见义，用鲜明的比照，传达潜隐之深意，如《风入松·与李仲舆叙旧》一词。典事托志也是常见的手法，用典使事，将其作为情感的寄托物，借古人酒杯浇心中块垒，如《减字木兰花·吴江夜泊》等篇。蚁术词的结构安排完整精致，曲笔婉辞，逶迤有致，这点在《兰陵王·岁晚忆王彦强而作》等词作可看得很清楚。邵亨贞词的创作风貌也有一个变化的过程，承平欢游时期的作品相对明快艳丽，而随着乱离生活的开始，悲苦幽怨渐成其词的基调。作为元代最后一位词坛大家，邵亨贞在词的创作上取得了很高的成就，堪称元词殿军。

另一个值得注意的现象是，这一时期出现了一批作品质量上乘的非汉族词作者，最突出的有萨都剌和李齐贤。

萨都剌（1272—?），字天锡，号直斋，一般认为是蒙古族，擅长楷书，能诗文，名冠一时。其词今存15首，明显属苏轼一脉的北宗体派，如《念奴娇》（石头城上）即明确标示“登石头城次东坡韵”。其造境、运笔、抒情及审美倾向皆脱化于“赤壁词”。萨词中怀古之作占了三分之一，多篇为“金陵怀古”主题，如《满江红》（六代繁华春去也）等，表达了作者面对大一统元朝随时可能倾覆的危殆时局所产生的深重忧虑。他的这类作品，不仅冠绝元代词坛，其深刻和精警在宋词中也少有企及者。萨都剌词中还有一类抒发羁旅之情的作品，如《少年游》（去年人在凤凰池）、《卜算子》（明月丽长空）等，往往写得清丽婉曲。刘熙载《词概》将萨都剌与虞集词并称为“兼擅苏、秦之胜”，正是看到了萨词刚不废柔的特点。这一特点也是后期北宗词在南风薰染下共有的倾向。

李齐贤（1288—1367），字仲思，号益斋、栎翁，谥号文忠公，高丽人，有《益斋长短句》等。在元代非汉族词人的创作中，李齐贤的《益斋长短句》堪称一大奇观。据《全金元词》所录，可以明确为非汉族的词作者10人，存词90首，其中李齐贤53首，数量最多。益斋词中挥之不去的“乡国情思”，很大程度上隐含着词人作为弱国使臣的屈辱与怨忧。同时益斋词又透露出他旅元经历，在文化心理上又是一种期待已久的文化寻根和认宗的历程。就词学渊源看，基于高丽民族性格、文化传统和词人具体的创作环境，益斋词崇尚东坡，彰显出北宗词刚健清爽的创作风范。此外，益斋词汲取南宗菁华，词风又有婉丽的一面，在联章体写景词的创作上做出了突出的贡献。

第八节　张翥的词

张翥（1287—1368），字仲举，号蜕庵，晋宁襄陵（今属山西）人。少负才隽，豪放不羁，后发奋读书，受业于名家。曾长期游于江南诸名郡，以诗文知名一时。历任国子助教、国史院编修官、翰林应奉、修撰、太常博士、礼仪院判官、国子祭酒等职，以翰林承旨致仕。张翥平生著述甚众，有《蜕庵集》《蜕岩词》，《全金元词》录其词130余首。蜕岩词的出现是元代词风转变，南宗雅正词派重新占据主导地位的一个标志，为元词复雅风潮最重要的成果。陈廷焯《云韶集》卷十一称其“风骨之高，直绝响三百余年”，从南宗词发展进程看，这一评价并非过誉。张翥的创作使词体艺术在古老之诗和新兴之曲的夹缝中重新展示了其独特的魅力，创造了一种词体艺术高度成熟后所特有的“老成”之美，被誉为“元词之冠”，当之无愧。

首先，蜕岩词全面地继承了南宗词派的“雅词”精神。张翥词与传统婉约词在题材上大致相类，然其“香草美人”的描写中融注了更为深刻的蕴涵，虽多有艳语，却无一涉淫靡者，色欲的成分被淡化到了最低的程度。其词具有一种“雅净”和“纯情”的特征。追求合律可歌也是其“雅词”品格的又一要素。张翥在词乐趋于消亡的时代努力保持了词体合乐可歌的“本色”，如《春从天上来》（袅袅秋风）的词序中曾记下了他与友人“倚声填词”的情景。此外，张翥还十分重视词的选调，一个突出的特点是作词时切合本题吟咏。虽然张翥词在音律上缺乏创新，无自度曲，但能尽得“音律之奥”，坚守词体之“本色”，确已十分难得，可谓是传统词坛上的最后一位守将。这种雅净品质可从下面这首赠妓词中略窥一斑。如《风流子·赏筝妓崔爱》：

梨园供奉曲，卿卿解、写入十三弦。听促弹宝柱，暮催行雨，放娇银甲，春绕飞烟。可人处、凤声啼玉碎，燕尾点波圆。宜与画看，徽容妍丽，欲裁诗寄，莺思缠绵。　多情曾相遇，归舟字、梦里尚记游仙。好倩钿床纤手，移近尊前。尽何处教吹，玉箫明月，此情追忆，锦瑟华年。多少旧愁新恨，知为谁传。

其次，蜕岩词境之“老成”又体现为一种特有的精稳品质。一是“炼字炼句”的精审到位，如下面这首《水龙吟·广陵送客，次郑兰玉赋蓼花韵》：

芙蓉老去妆残，露华滴尽珠盘泪。水天潇洒，秋容冷淡，凭谁点缀。瘦苇黄边，疏蘋白外，满汀烟穟。把余妍分与，西风染就，犹堪爱，红芳媚。　几度临流送远，向花前、偏惊客意。船窗雨后，数枝低入，香零粉碎。不见当年，秦淮花月，竹西歌吹。但此时此处，丛丛满眼，伴离人醉。

陈廷焯《词则·大雅集》评曰：“‘黄边’‘白外’四字亦新奇。‘船窗’数语，画所不到。”二是审音用韵精湛细密，如《多丽》（晚山青）一词，吴梅《词学通论》云：“仲举此词，气度冲雅，用韵尤严，较两宋人更细。”三是章法构思精密严整，李佳《左庵词话》称其“每阕皆首尾完善”，刘毓盘《词史》评其“周旋曲折，纯任自然”，都说明了这一点。

再次，蜕岩词的“老成”之美还体现为对完美境界的追求。张翥师承仇远，直承南宗衣钵，但又不尽是南宋姜、张派的因袭，正如清吴衡照《莲子居词话》卷二所云：“张仲举词出南宋，而兼诸公之长。”对于南宗雅词，如果说张炎做了理论上的总结工作，那么张翥则是从实践上对雅正词进行了一次艺术整合。同时，对于那类被张炎讥讽的“豪气词”，张翥也是有意识地去模拟和借鉴以汲取其精华。如

《绮罗香》《沁园春》《水调歌头》《洞仙歌》（辛巳岁燕城初度）、《百字令》等词，气格刚健，颇近苏、辛风味。从这个意义上讲，蜕岩词实为元统一后南北文化交汇融合的产物。

蜕岩词的这种老境之美与其作品所蕴含的思想情感是分不开的。张翥身处末世，历经沧桑，无限忧生伤时之慨，寄于词中，由此构成了词境的深厚底蕴。陈廷焯谓蜕岩词“树骨甚高，寓意亦远”（《白雨斋词话》）的品质正是在这个基础上形成的。阅读蜕岩词，令人强烈地感受到弥漫于整个作品之中的那种人生迟暮之感，如“无限离情老不堪”（《沁园春》），“中年情绪易恶，风流青镜里，销减些个”（《齐天乐》），“相看老矣，剩须陶写留连，尊前递把红牙节”（《石州慢》）等语。这种对老况的敏感和悲伤不是一般意义上的晚年叹老，更主要的还是一种对人生况味的体验。且看下面这首《摸鱼儿·赋湘云》：

问湘南、有云多少，不应长是为雨。平生宋玉缘情老，赢得鬓丝如许。歌又舞。更一曲琵琶，昵昵如私语。闲悲浪苦。怪旧日青衫，空流泪满，不解画眉妩。　空凝伫。十二峰前路阻。相逢知在何处。今朝重见春风手，仍听旧弹金缕。君且住。怕望断、蘅皋日暮伤离绪。新声自谱。把江北江南，今愁往恨，尽入断肠句。

词中凄迷低回的“湘云”实际上是一个人生命历程中追求与痛苦的象征物，它凝聚着人类恒有的“今愁往恨”“闲悲浪苦”。“平生宋玉缘情老，赢得鬓丝如许”，蜕岩词中的迟暮之感实质上就是这样一种对人间真情的体验和追求。

这种人生迟暮之感之所以显得如此浓烈和沉痛，又与词人所处的那个末代乱世密切相关，也就是说其词中的迟暮之感中实包含着一种深重的末世悲情。在蜕岩词中，我们不能直接看到当时动荡的社会现实和词人心如焚煎的忧患之情，但这并不意味词人真的避开了社会现实，实际上他只是把来自于现实生活的无限感慨，不露痕迹地融入到了对山水风物和离情别绪的吟咏之中。如《摸鱼儿·春日西湖泛舟》：

涨西湖、半篙新雨，麹尘波外风软。兰舟同上鸳鸯浦，天气嫩寒轻暖。帘半卷。度一缕、歌云不碍桃花扇。莺娇燕婉。任狂客无肠，王孙有恨，莫放酒杯浅。　垂杨岸，何处红亭翠馆。如今游兴全懒。山容水态依然好，惟有绮罗云散。君不见。歌舞地、青芜满目成秋苑。斜阳又晚。正落絮飞花，将春欲去，目送水天远。

西湖泛舟畅饮，面对“垂杨岸”边的“红亭翠馆”，词人所感到的则是“游兴全懒”。并非风光不再美好，而是“绮罗云散”的人事变迁深深刺痛了他的心。由作者的思想与所处的时代看，这显然并非一般的物是人非之叹。

思考题

1. 谈谈“吴蔡体”对于金词发展的意义。
2. 如何理解元好问词“集两宋之大成”的评价?
3. 概括元代各时期重要词人的创作成就。
4. 张翥词为何被称为“元词之冠”?

【参考书目】

1. 唐圭璋编:《全宋词》,中华书局,1965年版。
2. 唐圭璋编:《全金元词》,中华书局,1979年版。
3. 赵维江:《金元词论稿》,中国社会科学出版社,2000年版。
4. 陶然:《金元词通论》,上海古籍出版社,2001年版。

第十四章
辽宋金元戏曲的发展历程

戏曲，就是用曲演戏的艺术形式，所以戏曲也可以说是曲的拓展，增加了视觉艺术表演，文学是其重要的特质与基础。这种特定时空下的文艺表演具有更加强烈的比兴教化和感染欣赏效果，具有广泛的社会意义和价值，长期为人们所喜闻乐见。中国的戏曲内容丰富、技艺精湛，风格流派纷呈，是中华文明的体现，也是人类艺术的突出成就。

第一节　辽代戏曲的发展历程

辽代的戏剧主要是杂剧，用于皇帝生辰与宴宋国使者时演出。《辽史》卷五十四《乐志》云："皇帝生辰乐次：酒一行，觱篥起，歌。酒二行，歌，手伎入。酒三行，琵琶独弹。饼、茶、致语。食入、杂剧进。"由于没有剧本流传下来，无法确知杂剧演出的有关情况。孟元老《东京梦华录》谈到宋朝开封内殿演出戏剧时称为杂戏："圣节内殿杂戏，为有使人预宴，不敢深作谐谑。"又叫杂剧："般杂剧：杖头傀儡任小三，每日五更头回小杂剧，差晚看不及矣。""不以风雨寒暑，诸棚看人，日日如是。教坊钧容直，每遇旬休按乐，亦许人观看。每遇内宴前一月，教坊内勾集弟子小儿，习队舞，作乐杂剧节次。"杂剧和杂戏应该有一定区别。杂戏有些像杂耍或者现在的杂技，但有舞蹈。洪迈《夷坚志》丁志指出，有诗义的叫杂剧："能因戏语而箴讽时政，有合于古朦诵工谏之义，世目为杂剧者是已。"根据洪迈的记载，杂剧原来不过是娱乐或为一种针砭时弊的讽刺艺术，很有些像现在的相声。但从其他的材料来看，不仅仅如此，更具表演性。这也说明宋代的杂剧也没有定型。从元代的杂剧看，针砭时弊仍然是杂剧的主要价值取向之一。

辽代的戏曲不仅盛行于北方，在宋朝也颇流行。曾敏行《独醒杂志》云："先君尝言宣和末客京师，街巷鄙人，多歌蕃曲，名曰《异国朝》《四国朝》《六国朝》《鸾牌序》《蓬蓬花》等，其言甚俚，一时士大夫亦皆歌之。"从此可见辽曲之盛。

董解元《西厢记》一共用了15个宫调，166个不同的曲牌。元杂剧一共用了12个宫调335个曲牌。大多与北方音乐有关，且多为辽乐所有。《辽史》卷五十四《乐志》记载有四旦二十八调，自隋已有。四旦与二十八调是辽代戏剧的基本要素。

杂剧之外，辽还有叶格子戏、聚沙成塔戏、文宣王戏、女道士戏、鱼龙曼延之戏、踏锤之戏、角力之戏、百戏、击毬之戏、双陆之戏等，详情不可考，也许为游戏性质。其中鱼龙曼延之戏至少在春秋时代已经出现，击毬等汉代已有，文宣王戏在唐代曾被禁止，除了女道士戏和踏锤以外，皆非出自本土。辽戏是唐戏与金元杂剧的过渡阶段，已经形成了多种多样的戏的种类和表演形式，是杂剧由发展走向成熟的时期。

西夏的戏剧，详情不可知，黑水城文献中有《刘致远诸宫调》和《五更曲》。

第二节　宋代戏曲的发展历程

一　宋代戏曲概况

“戏曲”一词，始见于宋末元初人刘埙《水云村稿》中的《词人吴用章传》。传中提到永嘉戏曲，也就是南方的民间戏文，因此有了这一名称。元末陶宗仪的《南村辍耕录》又说：“唐有传奇，宋有戏曲、唱诨、词说，金有院本、杂剧、诸宫调。院本、杂剧，其实一也，国朝院本、杂剧始厘而二之。”这里的“戏曲”指的是宋杂剧和南宋戏文。至王国维《宋元戏曲史》，才用“戏曲”来通指中国的传统戏剧。

中国戏曲是一种综合性的艺术，宋代是中国古代戏剧因素迅速增长的时期，戏曲艺术取得了重大突破，为中国戏曲的成熟提供了多方面的重要条件，给元杂剧及明清传奇的创制发出了先声。

北宋建国后不久，经济得到了复苏和发展，文化也随之兴盛。两宋时期城市规模宏伟、居民稠密，北宋的都城汴京（今河南开封）、南宋的都城临安（今浙江杭州附近）以及建康、成都等都是人口达十万的大城市。都市的繁华，使各类以娱乐为目的的文艺形式，如说话、杂剧、影剧、傀儡戏、诸宫调等艺术迅速兴起和发展。唐五代以来的参军戏、歌舞戏和说唱艺术在民间迅速集中到市肆的瓦舍勾栏中。同时，脚本和职业艺人大批产生，各种表演技艺的交流结合进一步推动了宋代戏曲的兴盛。

二　宋代戏曲的主要类别

宋代戏曲，在我国戏剧发展史上具有里程碑的意义，无论滑稽戏、歌舞戏以及歌唱戏等等，在角色和故事方面，都较前代有了长足的进步。在宋代的各种戏曲中，宋杂剧、南曲戏文以及诸宫调，有故事情节，并通过故事中人物（即角色）的自述来展开情节，集唱、念、做、打于一身，已具备戏曲的基本条件，是元明戏曲的基础。

（一）诸宫调

诸宫调是一种说唱文学，有说有唱，以唱为主。据王灼《碧鸡漫志》卷二载："熙丰、元祐间，兖州张山人以诙谐独步京师，时出一两解。泽州有孔三传者，首创诸宫调古传，士大夫皆能诵之。"诸宫调产生于北宋神宗、哲宗时代，由民间艺人孔三传首创，主要是表演和叙述各类故事，很受群众欢迎。吴自牧《梦粱录》卷二十说："说唱诸宫调，昨汴京有孔三传，编成传奇、灵怪，入曲说唱。今杭城有女流熊保保及后辈女童皆效此，说唱亦精，于上鼓板无二也。"所谓诸宫调，是相对限用一个宫调的说唱形式而言，其中唱的部分用多种宫调串接而成，其间插入一定的说白，与唱词配合，叙述人物、事件的长篇故事。每种宫调，由若干曲牌联成短套，套曲少则一二首，多则十多首。诸宫调这一说唱形式，最初在北方流传，在宋室南渡后，传至南方，形成了南北两种演唱方式。从北宋时期一直到元前期200年左右的时间，诸宫调的创作处于繁盛时期，涌现了大量作品。目前保存的诸宫调名目有19种，主要有：《耍秀才诸宫调》《诸宫调霸王》《诸宫调卦铺儿》《崔韬逢雌虎诸宫调》《郑子遇妖狐诸宫调》《井底引银瓶诸宫调》《双女夺夫诸宫调》《倩女离魂诸宫调》《崔护谒浆诸宫调》《双渐赶苏卿诸宫调》《柳毅传书诸宫调》《三国志诸宫调》《五代史诸宫调》《七国志诸宫调》《赵贞女诸宫调》《张协状元诸宫调》《刘知远诸宫调》《西厢记诸宫调》《天宝遗事诸宫调》。目前存留的诸宫调仅《刘知远诸宫调》《西厢记诸宫调》《天宝遗事诸宫调》3种，都不是宋代的作品。诸宫调这种曲子连套、唱白相间的叙述故事的方法，对中国戏曲，尤其是元杂剧的产生和剧本的组织形式有着直接的影响。

（二）宋杂剧

宋杂剧以鉴戒和谏诤为目的，具有集表演故事、对话唱说和滑稽于一体的鲜明特征。宋杂剧是在唐代参军戏的基础上吸收歌舞戏和其他的伎艺发展而来的一种戏剧形式。

作为中国古代戏曲形式之一的杂剧，每一时期形制皆有所不同。唐代李德裕《李文饶文集》卷十二《论故循州司马杜元颖追赠状》记南诏攻陷成都时，掳去"杂剧丈夫二人"。这是最早出现的杂剧名称，具体表演情况已不可考，后人认为泛指参军戏和歌舞小戏之类。北宋时期，"杂剧"一词泛指歌舞杂戏，包括傀儡戏、角觝一类技艺，更多是滑稽表演，吴自牧《梦粱录》中说："大抵全以故事，务在滑稽。"耐得翁《都城纪胜》也云："大抵全以故事世务为滑稽，本是鉴戒，或隐为谏诤也。"宋杂剧开始由诸色伎艺同场混合演出，至北宋后期逐渐融合众长，到南宋开始在散乐百戏中独占鳌头。正如耐得翁《都城纪胜》"瓦舍众伎"条所说："散乐，传学教坊十三部，唯以杂剧为正色。"可见杂剧在多项表演技艺中已占据主要地位。到南宋，杂剧已成为分场次和角色、有一定思想内容的、比较完整的表演艺术形式了，开始形成自己的体制。有关宋杂剧的特点，《梦粱录》卷二十《伎乐》条对宋杂剧体制、角色分工、内容等做了介绍。宋杂剧的体制结构分四段，即艳段、正杂剧（分两段）、散段。每段的演出内容各不相同，艳段演出“寻常熟事”，即是反映日常生活中大家熟悉的事情。正杂剧上演含有鉴戒意义的故事，或滑稽嘲笑，或批评时政。散段是以乡下庄稼人作为打趣对象的闹剧。在艺术上，“唱念应对通遍”，表明宋杂剧有歌唱、有念白、有动作、有舞蹈，具有综合艺术的特征。角色有“末泥”“引戏”“副净”“副末”“装孤”几种。

可惜的是，宋杂剧多流行于民间，很少有文人对其进行整理，周密《武林旧事》中列举的“官本杂剧”虽有 280 种之多，但有目无词，没有一部作品完整地流传下来，后人很难了解真实面貌。

（三）南　戏

南戏（或戏文）是南曲戏文的简称，是宋以来南方浙闽一带用村坊小曲演唱的民间小戏，形成和发展过程中吸收了大曲、诸宫调、滑稽戏等民间说唱伎艺，以及宋杂剧表演故事的形式。宋代南方的戏曲非常盛行，并形成了不同于“官本杂剧”的独立戏种，其中以偏安海隅的“温州戏”最盛。从广义上说，它也可泛称杂剧，但由于有鲜明的地域特色，为区别起见，后人习惯称为“南戏”，已知剧目 238 种。有关南戏的形成时间，最早见于明人祝允明《猥谈》，称南戏在宣和以后。徐渭《南词叙录》云：“南戏始于宋光宗朝，永嘉人所作《赵贞女》《王魁》二种实首之……或云宣和间已滥觞，其盛行则自南渡，号曰‘永嘉杂剧’，又曰‘鹘伶声嗽’。”根据这个记载，一般认为南戏是产生在北宋末、南宋初，到了宋光宗朝比较成熟，已经出现了剧本，并且产生了较大的影响。南戏产生于浙江永嘉（温州）一带，所以又称为“温州杂剧”“永嘉杂剧”。温州自隋唐以来就以“尚歌舞”又“敬鬼乐祠”著称，是重要的经济中心和外贸港口，商业发达，城市人口集中，为南戏的兴起提供了良好的社会条件。南戏在东南地区广泛流传，并渐渐进入临安。当时临安的艺术场所很多，据《武林旧事》记载，城内外有瓦子 23 处，每一处瓦子又有若干勾栏，作为固定的演出场所。随着临安瓦舍伎艺的繁盛，出现了书会组织。这些书会编写了不少新的剧本，推动了南戏的进一步成熟和发展。南戏的特点是语言音调上具有地域特点，在演出程式上与“官本杂剧”有所不同。它不按“艳段——正杂剧——散段（杂扮）”的程式，也不按后来元杂剧“四折一楔子”的程式表演，而是长短自由，不分折、出，一般开头有一段介绍创作意图和剧情梗概的开场戏，称为“家门大意”，这种形式被后来明清传奇戏所保留。在韵律宫调的选择与组合上也比较随便，正像徐渭《南词叙录》所评：“永嘉杂剧兴，则又即村坊小曲而为之，本无宫调，亦罕节奏，徒取其畸农市女顺口可歌而已。”“其曲，则宋人词而益以里巷歌谣，不叶宫调，故士夫罕有留意者。”在南宋时期，南戏发展很快，影响逐步扩大，突破了原有杂剧的藩篱，自成格局：剧情渐趋复杂，故事性增强；篇幅加长，人物增多；唱、念、做、舞各种表演手段兼收并蓄，使之逐渐融合；角色分工进一步明确，有生、旦、净、末、丑、贴。这种格局的南戏体制一直延续到元末明初，成为明清传奇的先声，在我国戏剧史上有着十分重要的地位。南戏的戏文流传至今的很少，且大多难以断定创作年代在南宋还是元代。宋代的戏文作品，可考的有《王魁》《赵贞女蔡二郎》《王焕》《乐昌分镜》《张协状元》《韫玉传奇》几种剧目，只有《张协状元》一种是完本。《王魁》《王焕》《乐昌分镜》三种只存残曲，篇幅很少。以《张协状元》为代表的南宋戏文已经具备了戏剧艺术的基本规模，标志着南宋时期戏文已经发展成较为完整的戏曲艺术形式。

宋代的戏曲除诸宫调、杂剧、南戏外，还有能演出很强故事性的“影戏”“傀儡戏”，而传统的队舞、舞旋、大曲、鼓子词等带有一定戏剧因素的歌舞文艺表演也并行不废。

第三节　金代戏曲的发展历程

“靖康之变”后出现了宋金对峙的局面，中国古代戏曲在两个相对独立的艺术环境中发展，故形成了北曲与南曲两大戏曲种类，而金源则是北曲的发祥地。

一　金代戏曲生存的文化环境

金王朝是女真人建立的政权。女真族开始生活在白山、黑水之间，原为契丹的附属。公元1114年，女真人在部落首领完颜阿骨打的率领下，奋起反辽，攻占宁江城。次年，阿骨打称帝，国号金，地域在今秦岭与淮河一线以北。

金源立国至“靖康之变”十余年间，无论是官职礼仪、典章制度、生产方式，还是文化艺术，都向北宋学习。尤其是乐舞伎艺，基本上是从北宋原样移植过去的，金国自己的旧曲因其俚俗而大量遗失，金世宗虽为保存本民族的音乐文化做了努力，但仍无济于事。因此说，女真人没有自己完整的传统音乐文化。他们的音乐文化几乎都是靠“引进”和“攫取”而得来的。灭辽后，金国将辽国的音乐据为己有。《金史》卷三十九《乐志》记载：“鼓吹乐，马上乐也……金初用辽故物，其后杂用宋仪。”东京沦陷后，金人以武力相要挟，多次向北宋索取伎艺和艺人。金人将数目庞大的诸色艺人押解回国，充实其教坊，故金人称其教坊为“汉人教坊”。这说明金朝对北宋的文化艺术是完全接受的。由此可见，金国的瓦肆伎艺与北宋一脉相承，并在北宋的基础上有了新的发展。

直到金世宗大定、金章宗明昌之际，经过日修月葺，金国的文化艺术才“灿然大备”。又由于金国长期占据了堪称艺术沃土的中原地区，因而才有了相对繁荣的戏曲艺术。《金史》卷十二《章宗纪》记载：“章宗在位二十年，承世宗治平日久，宇内小康。乃正礼乐，修刑法，定官制，典章文物，粲然成一代治规。”金代戏曲便在“宇内小康”的社会环境中，和“典章文物，粲然成一代治规”的文化背景下，开始走向兴盛。

二　金代戏曲的生存状态

关于金代戏曲的生存状态，元代陶宗仪在《南村辍耕录》卷二十五中曾有过记载：

> 唐有传奇，宋有戏曲、唱诨、词说，金有院本、杂剧、诸宫调。院本、杂剧其实一也，国朝院本、杂剧始厘而二之。

据此可知，金代戏曲形式主要有院本（杂剧）和诸宫调。院本与杂剧在金代本为一物，而元代将它们“厘而二之”，成为两种戏曲形式。此外，金代还有散曲。

散曲是金代较为流行的戏曲体式。散曲萌生于北宋后期，至金末而趋于成熟。金代的散曲作品见存于《乐府群珠》《太平乐府》《雍熙乐府》《阳春白雪》《北宫词纪》《乐府新声》等散曲集中。作者多是由金入元的遗民，如元好问、杨果、商衡、刘秉忠、杜仁杰、关汉卿、王和卿等。

诸宫调是一种大型的说唱文学样式，兴起于北宋中后期，后来成为金代市井伎艺中一朵耀眼的葩蕾，与杂剧（院本）比肩而立，堪称金代伎艺中的“双璧”。董解元《西厢记诸宫调》是金代诸宫调的代表作。

金杂剧（院本）是在北宋杂剧和诸宫调的基础上发展而成的一种综合性的戏曲形式。它形成于金代后期，是北杂剧的早期形态。作家也多为金入元的遗民，如关汉卿、杨显之、费君祥、石君宝、高文秀等。

三　金代戏曲的文学史意义

金代戏曲现存的作品虽然不算很多，但在文学史上的地位十分重要，对中国古代戏曲文学的发展起到了承前启后的作用。

金代戏曲是中国古代音乐文学发展链上的重要一环。中国古代文学与音乐的关系十分密切，每次音乐的发展或变化，必将导致新文体的诞生或兴盛，如先秦雅乐与诗骚文学、清乐与汉乐府诗、清商乐与南朝民歌、隋唐燕乐与曲子词、宋元燕乐与词曲等。金代戏曲的兴起是燕乐发展的结果，标志着词曲演变进程的开始。或者说，金代戏曲与南宋戏曲“不约而同”地完成了词体文学向曲体文学的演变。

金代董解元《西厢记诸宫调》被后世尊为“北曲之祖”。它融合曲子词、鼓子词、大曲、缠令、唱赚等伎艺的特点于一体，构成其独特的艺术体式，为北曲（元杂剧）音乐体制的形成提供了艺术元素。

金代戏曲属于北曲的早期作品。它们为元代散曲与杂剧的繁荣奠定了基础，创造了条件。也就是说，如果没有金代戏曲，元代散曲与杂剧便是无源之水、无本之木。

第四节　元代戏曲的发展历程

元曲包括杂剧（戏曲）和散曲（或称清曲），被王国维称为有元“一代之文学”（《宋元戏曲史》），成为唐诗、宋词之后中国文学史的又一高峰。元代是中国戏曲文学的黄金时代。

元杂剧剧本由折、楔子和题目、正名组成。其主体部分是折和楔子。一本杂剧一般由四折一楔子组成。元杂剧以折为单位，一折是剧本情节的一个段落，也是音乐的一个单元，如今天戏的一场，同时它还是一套曲词。元杂剧以四折一楔子为通例，超过四折的称为变体。

元杂剧一折一套曲子，一套曲子都属同一宫调，押同样的韵，一韵到底。演唱时，一人主唱，一唱到底。元杂剧的角色，以旦（女角）、末（男角）为主。今人一般把元杂剧的角色分为旦、末、净、杂四类。旦是女角，女主角叫正旦，正旦主演的剧本叫旦本，这部戏就称旦本戏。末是男角，男主角叫正末，正末主唱的剧本叫末本，这部戏也就是末本戏。

元杂剧的作家大多生活在社会下层，钟嗣成《录鬼簿序》说他们是一些“门第卑微，职位不振，高才博识”的人，绝大多数人没有留下比较完整的传记资料，或根本就没有传记资料。据学者们考证，元杂剧的作者近 200 人，但他们大多数人没有作品传世。王季思主编的《全元戏曲》收录的作家有 62 人，作品 224 种，还有残折残曲 34 种。有目可考的杂剧作品有 500 多本，但大部分没有流传下来。

关于元杂剧的发展和分期，学术界也一直存在着不同意见，一种认为，元杂剧的发展应分为前、后两期，一种认为应分为初、中、后三期。按两期说，前期是元杂剧的鼎盛时期，中心在大都（今北京），著名的作家有关汉卿、王实甫、白朴、马致远、杨显之、高文秀、康进之、石君宝、纪君祥。“元曲四大家”关（汉卿）、马（致远）、郑（光祖）、白（朴）中，关、马、白三家生活在前期。元杂剧的优秀作品大多产生在这一时期，作品多悲剧，著名的四大悲剧《窦娥冤》《梧桐雨》《汉宫秋》《赵氏孤儿》，就产生在这一时期。元成宗大德末年以后，杂剧中心南移到了杭州，从此到元末，是元杂剧发展的后期。由于社会的原因，也由于杂剧本是北曲，南移后离开了它的本土，又由于杂剧本身体制上的局限，所以到后期逐渐衰落了。不过，后期杂剧还是产生了一些优秀的作家和作品，著名的剧作家有郑光祖、宫天挺、乔吉、秦简夫等。后期代表作有郑光祖的《倩女离魂》、宫天挺的《范张鸡黍》、秦简夫的《东堂老》、乔吉的《扬州梦》。与前期杂剧相比，作品内容也有了明显差别，与前期多社会剧、多悲剧不同，后期多爱情剧，多文人事迹剧和神仙道化剧。

最早给元杂剧分类的是郗经，他在《青楼集跋》中提到的杂剧门类有“驾头杂剧”“闺怨杂剧”“绿林杂剧”“花旦杂剧”。而夏伯和在《青楼集志》中则说杂剧

"有驾头、闺怨、鸨儿、花旦、披秉、破衫儿、绿林、公吏、神仙道化、家长里短之类"。这些分类当然都不能说精确。明人朱权在《太和正音谱》中提出了"杂剧十二科"之说，对后世有不小的影响。这十二科是：

一曰神仙道化，二曰隐居乐道（又曰林泉丘壑），三曰披袍秉笏，四曰忠臣烈士，五曰孝义廉节，六曰叱奸骂谗，七曰逐臣孤子，八曰钹刀赶棒（即脱膊杂剧），九曰风花雪月，十曰悲欢离合，十一曰烟花粉黛（即花旦杂剧），十二曰神头鬼面。

这种分类在古代有很大影响，明清人多沿用这种说法。近代学者对杂剧有多种分类，其中较能够为人广泛接受的，是分为爱情婚姻剧、神仙道化剧、公案剧、历史剧、家庭伦理剧五类。

爱情婚姻剧约占杂剧作品总数的五分之一，最著名的是四大爱情剧《西厢记》《拜月亭》《墙头马上》和《倩女离魂》，又以《西厢记》影响最大。神仙道化剧在朱权《太和正音谱》中被列为"杂剧十二科"之首，比较著名的作品有《陈抟高卧》《黄粱梦》《任风子》《城南柳》等。这些剧中所表现的是文人隐士的思想意识和生活情趣。公案剧可以分为两类：一类是写权豪势要欺压无辜百姓，清官惩治豪强，为民申冤的；一类是写恶人图财害命，或因家庭、财产纠纷，善良受欺受诬，清官伸张正义的。前一类的代表作品有《鲁斋郎》《蝴蝶梦》《陈州粜米》等，后一类的代表作有《灰阑记》《盆儿鬼》《魔合罗》等。历史剧也是元杂剧中的一大类，著名的历史剧有《汉宫秋》《梧桐雨》《赵氏孤儿》《单刀会》《渑池会》，有人称之为"五大历史剧"。元杂剧中的历史剧往往充分体现出剧作者的主体精神，历史事实和历史故事都不过是为表现这一主体精神服务的。家庭伦理剧表现伦理道德观念，表现了元代剧作家积极推进社会与道德重建的自觉，影响较大的有《东堂老》《范张鸡粟》等。

元杂剧的内容十分丰富，真实地反映了元代丰富而复杂的社会现实。

思考题

1. 简述辽代戏曲的发展历程。
2. 简述宋代戏曲的发展历程。
3. 简述金代戏曲的发展历程。
4. 简述元代戏曲的发展历程。

【参考书目】

1. 叶长海：《中国戏剧史》，上海古籍出版社，2004 年版。
2. 臧懋循编，隋树森校：《元曲选》，中华书局，1979 年版。
3. 朱权：《太和正音谱》，中国戏剧出版社，1959 年版。

第十五章 金元戏曲

我国金元时代的戏曲，是唐诗、宋词以后，南北文化交融过程中逐步形成的文艺形式。其中，元杂剧最有名。但其功用仍是以民间娱乐为主，不同于后代的昆曲、京剧，属于市民社会文化范畴。金元的戏曲作家主要是北方人，因此，金元戏曲更具河朔的高亢气质和恢宏风度，也更具俚俗、放诞气息，长期受到社会大众的欢迎，比起主流派文学诗文，更具有影响力，反映出大众对文化审美和娱乐的强烈需求。戏曲这种形式的存在与传播，对于大众文化的丰富发展无疑起到了积极的作用，一定程度上还带有精神解放的性质。

第一节 金代散曲

“靖康之变”后，散曲在南宋与金朝两个相对独立的艺术环境中发展。金代前期，由于曲子词仍处于兴盛时期，文人们都热衷于倚声填词，散曲发展相对缓慢。又由于散曲是从曲子词演变而来，即词的进一步通俗化和彻底大众化，故很难判别金人所创作的音乐文学作品是曲子词还是散曲。

赵秉文的《小石调·青杏儿》被认为是金代现存最早的一首散曲，虽有曲家风味，但仍未摆脱词的故态。从现存的资料看，金代散曲作家并不多，除上述已提及的赵秉文、元好问外，还有商衡、孙梁、杨果、杜仁杰、商挺、刘秉忠、徐琰、王和卿、关汉卿、严忠济等，多为由金入元的作家。

在中国散曲史上，商衡是发挥过奠基和开启作用的作家之一。商衡，字正叔，或作政叔，曹州济阴（今山东曹县）人，生卒年不详，与元好问交谊笃厚。元好问曾作《商正叔陇山行役图》诗二首，描述了商衡的遭际和二人的交游；又著《曹南商氏千秋录》，称商衡“滑稽豪侠，有古人风”。商衡擅长词曲，曾改编南宋民间艺人张五牛的《双渐小卿诸宫调》，今已散佚。他的散曲作品被明代朱权《太和正音谱》评为“如朝霞散彩”。《全元散曲》录其小令 4 首、套数 8 套。这些作品已基本上脱离了词的特色，标志着散曲体式的形成。小令《越调·天净沙》其一：

寒梅清秀谁知？霜禽翠羽同期，潇洒寒塘月淡。暗香幽意，一枝雪里偏宜。

无论是句式还是音律，此曲与元代的同调作品已无差别。其套数的曲式结构也与元人所作完全相同，如《双调·新水令》（彩云声断紫鸾箫）写闺怨，除引子《新水令》与《尾》外，全曲共用了 9 支过曲，是一首篇幅较大的套数。语言通俗活泼，且多用衬字，是一首较为成熟的散曲作品。商衡之后，散曲作者渐多，套曲的创作也成一时风气，艺术技巧有所提高，题材领域有所拓展。

在散曲的发展过程中，杜仁杰是一位承前启后的作家。杜仁杰（约 1197—1282），原名之元，字善夫，后改名仁杰，字仲梁，号止轩，济南长清（今属山东）人。金正大年间，杜仁杰从元好问游，偕麻革、张澄等人隐居于内乡山中，诗酒唱和。金亡，返回故里，曾为东平严实幕僚。元至元中，屡召不起。后因其子元素任福建闽海道廉访使，赠翰林承旨、资善大夫，卒谥文穆。杜仁杰性善谐谑，才学宏博，工诗能文，尤善词曲。曾著《逃空丝竹集》《河洛遗稿》，皆佚。现仅存《善夫先生集》1 卷（见顾嗣立《元诗选》）及散文 10 余篇（见《金文最》）。《全元散曲》收录其小令 1 首，套曲 3 首，残套 2 首。其小令《双调·雁儿落过得胜令》是现存较早的带过曲。所谓带过曲，即将宫调相同的两三支曲子有机组合成一首新曲，如同词中同宫相犯之调。元代散曲中的带过曲较常见，共有 30 余种。其套曲《商调·集贤宾》是现存最早的“南北合套”的作品。

与杜仁杰同时代的著名散曲作家还有杨果、商挺等。杨果（1197—1269），字正卿，号西庵，祁州蒲阴（今河北安国）人。金哀宗正大元年（1224）登进士第，历任偃师、陕县地方官。金亡仕元，官至参知政事、怀孟路总管，卒谥文献。工于文章，尤长于乐府，著有《西庵集》。《全元散曲》录其小令 11 首，套曲 5 首。作品风格清婉秀丽，《太和正音谱》认为“如花柳芳妍”。商挺（1209—1288），字孟卿，或作梦卿，晚年号左山老人，商衡之侄。24 岁时，汴京失陷，北走依赵天锡，从元好问、杨奂游。仕元官至参知政事，晚年赠太师开府仪同三司上柱国鲁国公。商挺善书能诗，曾作诗千余篇，多已散佚。《全元散曲》录其小令《双调·潘妃曲》19 首。前 4 首写四季之美景，余皆为情爱之作，笔调细腻，风格艳丽，为后世所赞赏。

金代是散曲的兴起阶段，这个阶段的散曲体制还未完全成熟，作家群体还未壮大，但为元代散曲的发展和繁荣开辟了路径，创造了条件。

第二节　金代诸宫调

诸宫调是流行于宋、金、元时期的一种大型讲唱文学样式，体制宏伟，可谓空前。它的出现是中国文学史和艺术史上的一个奇迹。它产生于曲子词兴盛之后，与南北曲有着密切的关系，自身也有一个明显的演进过程（兴起、发展、兴盛和衰落），并经历了由词体诸宫调向曲体诸宫调转化的历程。

一　诸宫调的兴起和流行

从现有的资料看，诸宫调产生于北宋中叶。据南宋王灼的《碧鸡漫志》卷二记载：

> 熙、丰、元祐间，兖州张山人以诙谐独步京师，时出一两解。泽州孔三传者，首创诸宫调古传，士大夫皆能诵之。

早期诸宫调是以传奇、灵怪故事为主要题材，与后来流行的“长枪大马”题材有所不同。孔三传，泽州（今山西晋城）人，是一位富有非凡创造力的民间艺术家。

“靖康之变”以后，中国历史进入南宋与金对峙时期，诸宫调也分流为南北两个系统。据《南村辍耕录》记载：“金有院本、杂剧、诸宫调。院本、杂剧，其实一也。”可知，诸宫调与院本同为金代伎艺之代表，兴盛的程度应十分可观，可惜绝大部分作品已散佚，至今能见到的有无名氏《刘知远诸宫调》（残本）和董解元《西厢记诸宫调》。另外，我们从《董西厢》卷一中可得知金代诸宫调作品还有《韩韬逢雌虎》《郑子遇妖狐》《井底引银瓶》《双女夺夫》《倩女离魂》《崔护谒浆》《双渐豫章城》《柳毅传书》等。

二　《西厢记诸宫调》

《西厢记诸宫调》是董解元创作的一部体制钜鸿的作品，产生的年代大约在金章宗时期（1190—1208）。它是现存最为完整的诸宫调作品，被称为“北曲之祖”，故备受后代学者的注意。

（一）董解元的生平事迹

有关董解元的生平资料甚少。元代钟嗣成的《录鬼簿》将董解元列于诸曲家之首，并说：“金章宗时人，以其创始，故列诸首。”金章宗在位约20年，即从明昌元年（1190）至泰和八年（1208）。董解元主要生活在这一时期，主要创作活动也在这个时期。明代朱权在《太和正音谱》中说“董解元，仕于金，始制北曲”，董解元是一位士大夫文人，而不是一位民间艺术家，北曲是其首创。

（二）“西厢”的主题思想

西厢主题肇端于唐代元稹的传奇小说《会真记》（又名《莺莺传》），《董西厢》创造性地表现了这一主题，并对后世产生了直接而巨大的影响。

《会真记》描写的是一个令人感叹惋惜的爱情故事。宋代王性之的《传奇辨正》认为张生就是小说的作者元稹，而苏轼在《赠张子野》诗中则认为“所谓张生，乃张籍也”。无论张生的原型是谁，都无减《会真记》令人耸异感叹的艺术感染力。当时，有不少诗人咏叹此故事。如元稹《续会真诗三十韵》，杨巨源《崔娘诗》，李绅《莺莺歌》。此后，“西厢”故事广为流传。北宋时，文人们十分欣赏《会真记》，诗词中常有“西厢”之典出现。如晏殊《浣溪沙》词：“不如怜取眼前人。”又如苏轼《雨中花慢》：“吹笙北岭，待月西厢。”以“西厢”故事为题材的作品也不断出现，如秦观、毛滂的《调笑转踏》，赵令畤的《商调·蝶恋花》鼓子词。秦、毛二人的《调笑转踏》只用一诗一词来咏叹这个故事，热情赞赏了崔、张二人的“情重”，谴责了心“如飞絮”的“薄情少年”。赵令畤的鼓子词用了12首《商调·蝶恋花》来演唱这个故事，将《会真记》的文辞稍加改造后作为说白，叙述故事情节。

赵令畤用鼓子词的文艺形式改编《会真记》，摒弃了原作中的“尤物”“善补过”等鄙劣说法，斥责了张生的“薄情”和负心。对莺莺专一的爱情表示赞赏，对她被弃掷的遭遇表示同情，故事情节上一如原作，未有多少改动。

董解元将崔、张爱情故事改编为《西厢记诸宫调》。这是一次成功的、创造性的改编，故事更为曲折感人，主题思想得到提升，使之富有反传统性和世俗精神，对后世产生了很大的影响。

《董西厢》对《会真记》原有的重要故事情节进行了扩写。关于张生与崔莺莺的爱情发展过程，《会真记》只用了“惊”“自是惑之”“于是绝望”“犹疑梦寐”“飘飘然”“愁叹于崔氏之侧”等词语来揭示张生的心理活动和情感表现，而《董西厢》则用了大量篇幅来描写。又如“寺警”之情节，《会真记》只用了数十字简略述之，而《董西厢》则用了数十支曲子，约占全文七分之一的篇幅。经过“寺警”，莺莺对张生之才有了初步的认识，对张生的仁和恩有了亲身的感受，为日后对张生产生爱慕之情奠定了基础。对老夫人来说，“寺警”使她欠下了张生的人情债，为感张生之恩，为履行自己的诺言，她必须“继子为亲”，乃至后来经红娘据理辩论而不得不答应崔、张二人的婚事。因此说，“寺警”是崔张爱情萌发的契机，也是这种自由爱情获得圆满结局的重要外在原因。《董西厢》还新创了不少《会真记》中没有的重要情节，如初遇、闹道场、酬韵、琴挑等，使“西厢”故事更为细致丰满，波澜起伏，使崔张爱情更为曲折多彩，旖旎感人。尤其是故事结局的大改写，让人耳目一新。《会真记》是以爱情的破灭为结局：莺莺被张生“忍情”抛弃，改嫁他人。《董西厢》为迎合世俗的审美趣味，改写成大团圆的结局：张生高中探花，以才授翰林学士；在法聪和白马将军的帮助下，挫败了情敌郑恒，与莺莺“美满团圆，还都上任”。“从此，趁了文君深愿，酬了相如素志”。这一改造，表现了作者对理想爱情（才子佳人式）的赞赏和崇尚，显示了自由爱情的力量。

由于结局的改造，主题思想也发生了根本性的变化。《会真记》虽然描写了崔张的爱情经历，但它认为张生“始乱之，终弃之”的负心行为是“善补过者”，不仅黯淡了故事本身所具有的男女青年争取婚恋自由的反礼教色彩，反而将追求爱情自由的精神当作了男女偷情幽会的风流艳事，甚至将崔莺莺当作“不妖其身，必妖于人”的祸水。《董西厢》抛开了这种迂腐陈旧的观念，把“西厢”故事的主题提升为“佳人合配才子”，这一思想是《董西厢》的主旋律。

“才子佳人”的婚恋观在当时是一种新的社会意识。这种婚恋观萌芽于中晚唐。我们从元稹的《会真记》、许尧佐的《柳氏传》、蒋防的《霍小玉传》等传奇作品中可发现这种观念的原始状态。宋代柳永的《玉蝴蝶》词云：“美人才子，合是相知。”很显然，《董西厢》的“佳人合配才子”的观念是从柳永词直接继承而来。故后世文人认为：“董为北曲初祖，而其所为词于屯田有沆瀣之合。”

由于“才子佳人”是一种新的婚恋观，因此，文化意义不可低估。首先，它是对传统的门当户对的婚姻观念的否定。中国古代的婚姻有两个重要的功利目的：一是繁衍后代；二是“合两姓之好”。值得指出的是，《董西厢》虽努力倡言“佳人合配才子”，但仍然未能摆脱门第观念的影响。为了让士子张生能够与相门之女崔莺莺匹配，便反复絮语张生的出身：“父拜礼部尚书”，“祖父皆登仕版，两典大郡，再掌丝纶”，“生本名家，声动天下”，无非是要把张生抬到与莺莺门当户对的程度。其次，“才子佳人”婚恋观的一个重要特征就是恋爱自由，婚姻自主，因而具有强烈的反宗法礼教和反“父母之命，媒妁之言”的婚姻制度的进步意识，将婚姻从宗法制度下的框架中解放出来，回归到人的本身。但才子与佳人的自由爱情想要获得成功，获得“洞房花烛夜”的结局，必须有“金榜题名”这个不可或缺的充要条件，否则，只会化作一场春梦。而在现实中“金榜题名”的机会少而又少，这就注定了“才子佳人”的婚恋观在漫长的专制社会中主要还是一种理想。

《董西厢》对《会真记》的改造是十分成功的，故而引起后世文人的注意，西厢故事反复被人所描写，有些还获得了新的成就。元代有王实甫的《西厢记》杂剧，《宋元旧篇》中有无名氏的《莺莺西厢记》戏文（已佚），明初有李景云的《崔莺莺西厢记》（已佚），稍后有海盐人崔时佩因《王西厢》不便于吴音清唱而将之改编为传奇剧本。李日华在这个改本的基础上进行增订，名为《南调西厢记》（简称《南西厢》）。明嘉靖（1522—1566）时，陆采因不满李日华之改本而作《陆天池西厢记》（后人也称之为《南西厢》），而以昆曲演西厢者多依李日华本。其中，王实甫之作最为优秀，传播最为广泛。

三　金代诸宫调的特点

《刘知远诸宫调》经今人考定为北宋人创作，金人改编，由此可知金代诸宫调与北宋诸宫调形式特点上是一脉相承的。从金代诸宫调本身来看，也有一个发展过程。就是说，《刘知远》更接近早期诸宫调，具有质朴古拙的特点，而《董西厢》精美成熟，已臻该艺术样式的美善之境。

在体例上，《刘知远》与《董西厢》基本相同，采用讲唱结合的方式来表演。

"讲"的部分一般用当时流行的散体白话，有时也间用韵文（诗、赋、赞）。唱是作品的主体部分，都用词调来演唱，所作曲子都按词牌的格律分为单片、双片或多片。

金代诸宫调的曲辞结构一般有三种组合方式：一是"一曲独用"，如《刘知远》第一中的《歇指调·蓦山溪》等；二是"一曲带尾"，这是金代诸宫调最常用的组合方式；三是"缠令"，缠令产生于北宋，是瓦肆中的一种伎艺，是曲子词在民间发展而形成的一种新的文艺样式。最为明显的形式特点是套曲，将同一宫调的若干词调组合在一起，构成一个有引子和尾声、体制相对宏大的艺术形式。缠令的形式为金代诸宫调所吸收，成为其宏伟体制的一个重要结构元素。《刘知远诸宫调》残缺三分之一，存缠令3套，由此算来，其全本也不过用了10来套。而《董西厢》用了43套，组合的词调数量比《刘知远》要多。这是时代使之然。《刘知远诸宫调》问世时，缠令刚兴起，故作者借用这一新的伎艺形式时既不得心应手，也有所保留。"唱赚"，就是将赚曲插入缠令中来演唱。

金代诸宫调还吸取了唱赚的艺术优长。唱赚是南宋"中兴"之后流行的一种民间文艺样式，腔调复杂，旋律优美动听，是绍兴年间（1131—1162）由民间艺术家张五牛创作的。《刘知远》中未见赚曲，是因它成书于唱赚出现之前。《董西厢》用了数支赚曲，是因它在唱赚出现之后问世的。目前所见独立的唱赚作品是《中吕宫·圆里圆》，它是王国维在宋代陈元靓的《事林广记》中发现的。

唱赚与缠令密不可分。赚曲放在缠令中什么位置呢？似无定则，一般是依据整套曲子的乐律变化情况而定。当然，肯定是插入最适当的位置。缠令本是一种伎艺，从小唱伎艺发展而来，是曲子词走向系列组合的形式，成为词向曲嬗变的关键因素。而在唱赚与诸宫调等伎艺中，缠令只是一组曲子的名称。从这点上说，缠令即套曲。

从词律上看，金代诸宫调所用的词调不像文人词那样格式整饬，字数句式固定，而是多用衬字，以求语句通俗、明白、婉转。用韵也不依据词韵，而用曲韵（《中原音韵》）。具体地说，《刘知远诸宫调》基本上用曲韵，而《董西厢》已完全用曲韵，因此有人认为金代诸宫调的唱词是曲而不是词。

第三节 金代杂剧

金代杂剧又称院本，是北杂剧的先声。所谓院本，即行院演唱的剧本。行院是金元时期人们对娼优所居之所的称呼，故将娼优所表演的戏曲称之为院本。元代夏庭芝《青楼集志》说："唐时有传奇，皆文人所编，犹野史也，但资谐笑耳。宋之戏文，乃有唱念，有诨。金则院本、杂剧合而为一。至我朝乃分院本、杂剧而为二。"可知，金代院本与杂剧本为一物，而至元代才分为两种表演艺术形式。金代院本（杂剧）曾经盛行，其态势表现在三个方面：

一是金院本剧目繁多。元代陶宗仪《南村辍耕录》卷二十五保存了一张金院本剧目单——《院本名目》。这张剧目单记录金院本名目 700 余种，而南宋周密《武林旧事》所载宋代《官本杂剧段数》只有 270 余种。二是金代戏曲文物数量可观。主要见于墓葬砖石雕刻和壁画中。这些造型艺术资料显示，金代杂剧由市井流传至民间，由宫廷、庙会流传至家庭，已经成为在社会各个阶层、各个群体喜闻乐见的表演艺术形式。三是许多著名杂剧作家是由金入元的遗民。关汉卿、杨显之、梁进之、费君祥都是元代初期著名的杂剧作家。他们形成了一个杂剧作家群体，为元杂剧繁荣起到了奠基作用。

金院本已具有初步的角色分工和基本的形式特点。根据《南村辍耕录》卷二十五的记载，一本剧多由五个角色来搬弄（表演），称之为"五花爨弄"。根据出土的金代戏曲文物，当时的杂剧通常为四至五个角色同台表演。在河南安阳市蒋村金墓中出土的一座戏台模型，台上摆放着五个戏俑，四男一女，正在表演戏曲。墓中有一碑刻，纪年为"金大定二十六年"。在山西稷山县马村发现的段氏墓群，共 14 座墓，修建时间多为金代天会、大定年间。墓室中都有绘有戏曲表演的砖雕，表演的角色为四至五人，如一号墓前排演员为五人，二号墓有演员四人，三号墓有演员五人，五号墓有演员四人，八号墓有演员五人。可见，金院本确为"五花爨弄"，即表演的角色由唐参军戏的二人增至五人。五个角色即副净、副末、引戏、末泥、装孤。这是金院本舞台表演的基本格局。

金院本的形式特点也比较明显。其一，从《院本名目》看，金院本的体式类型与宋杂剧差不多，可分为对白、歌舞和故事三大类。对白类院本一般体制较小，主要通过诙谐的对白来达到娱乐的效果，如"诸杂大小院本"中的《花酒酸》《哭贫酸》《眼药酸》等。歌舞类院本一般以歌舞为主，兼有念诵、对白。金院本虽无作品流传，但南宋史浩《鄮峰真隐漫录》卷四十六录有《采莲舞》《剑舞》等。"和曲院本"中的《月明法曲》《烧花新水》《病郑逍遥乐》等属于这一类。故事类院本一般篇幅较大，可能有对白，有歌唱，如《蔡消闲》《芙蓉亭》《牵龙舟》《瑶池会》《范蠡》《调双渐》《张生煮海》等。这些剧目在元代仍不断被修订和改编。其二，正剧前有"焰段"。"焰段"即宋杂剧的艳段。宋杂剧的艳段是在搬弄正剧前所表演"寻常熟事一段"，如同宋代说话的"入话"。《院本名目》中有"拴搐艳段"一类，故陶宗仪认为"焰段亦院本之意，但差简耳"。因其篇幅差简短小，"如火焰易明而易灭"，故民间又称之"焰段"。其三，正如《南村辍耕录》所说，金院本副净有散说，有道念，有筋斗，有科泛。结合该书下文"魏长于念诵，武长于筋斗，刘长于科泛"等语，可推知"念诵"包括"散说"和"道念"，属于宾白。"散说"即以生活用语进行表演性陈述。"道念"即以韵文进行表演性陈述。"筋斗"，俗称"打筋斗"，是金元杂剧中较为重要的舞台动作。"科泛"即"科范"，原指戏曲表演的规范，后指剧本对演员动作、表情和舞台效果的规定或提示。其四，歌舞类的院本既然有唱，那么故事类的院本也应有唱。虽然《南村辍耕录》未言及金院本演唱的问题，但从戏曲文物中不难发现金院本已有唱。譬如，在山西稷山马村段氏墓群出土的杂剧砖雕上，前排是搬演故事的演员，后排是握持乐器的伴奏演员，既然有伴奏，就必定有演唱。

金院本与元杂剧存在明显的传承关系。无论是舞台艺术，还是作家作品，金院本对元杂剧都产生过很大的影响。杂剧之所以能在元代初期就走向繁荣，是因为金院本为它奠定了丰厚的艺术基础。

第四节　元代戏曲

元杂剧分为前、后两期。前期是元杂剧的鼎盛时期，元杂剧的中心在大都（今北京），著名的作家有关汉卿、王实甫、白朴、马致远、杨显之、高文秀、康进之、石君宝、纪君祥。“元曲四大家”关（汉卿）、马（致远）、郑（光祖）、白（朴）中，关、马、白三家都在前期。元杂剧著名的优秀作品，大多产生在这一时期，作品多是悲剧，著名的四大悲剧《窦娥冤》《梧桐雨》《汉宫秋》《赵氏孤儿》，都产生在这一时期。元成宗大德末年以后，杂剧中心南移到了杭州，从此到元末，是元杂剧发展的后期。由于杂剧本是北曲，南移后离开了它的本土，又由于杂剧本身体制上的局限，所以到后期逐渐衰落了。不过，后期杂剧还是产生了一些优秀的作家和作品，著名的作家有郑光祖、宫天挺、乔吉、秦简夫等。后期代表作有郑光祖的《倩女离魂》，宫天挺的《范张鸡黍》，秦简夫的《东堂老》，乔吉的《扬州梦》。

一　元代前期杂剧

元代前期的杂剧作家，除关汉卿、王实甫外，“元曲四大家”中的马致远、白朴都有卓越的创作成就，在元代杂剧史和中国戏曲史上居有较高地位；纪君祥著名的悲剧《赵氏孤儿》享有国际声誉，郑廷玉的讽刺喜剧《看钱奴》在元初剧坛和中国戏曲史上也享有盛誉。此外还有康进之、高文秀、尚仲贤、杨显之、石君宝、武汉臣等，共同创造了元代前期杂剧的繁荣。

（一）伟大的戏曲家关汉卿

关汉卿是中国戏曲史上最早最伟大的作家，名不详，以字行，号已斋叟。关汉卿的生卒年不能准确考定，学界有多种说法，都是出于推断。粗略地说，他生于金末，卒于元成宗大德年间（1297—1307）。关于他的籍贯，一般都说是大都人，也有人说他是解州（今山西解县）人，清代修的《祁州志》，则说他是祁州（今河北安国）伍仁村人。关于他的身份，《录鬼簿》记他是“太医院尹”，元代有太医院，但没有“太医院尹”这个官职，有的本子上说是“太医院户”。他是“玉京书会”的

“才人”，一生主要活动在大都，游历过杭州。在大都，他与书会才人和杂剧艺人都有往来，与同时代的许多剧作家也多有十分密切的关系，与青楼艺人关系尤为密切。他有散曲［南吕·一枝花］《赠朱帘秀》，反映了他对“杂剧为当今独步”的女艺人的敬重和爱慕。

关于关汉卿的为人和个性，他有散曲［南吕·一枝花］《不伏老》套数，自称“我是个普天下郎君领袖，盖世界浪子班头”“我是个锦阵花营都帅头，曾玩府游州”“我是个蒸不烂、煮不熟、捶不匾、炒不爆响珰珰一粒铜豌豆”“我玩的是梁园月，饮的是东京酒；赏的是洛阳花，攀的是章台柳”“则除是阎王亲自唤，鬼神自来勾，三魂归地府，七魄丧冥幽。天哪，那其间才不向烟花路儿上走”。很多研究者认为这是他的自画像，是自赞自嘲式的作品，由此推断他的生活方式和人生态度；有人进一步上升到更高的高度，认为这体现了关汉卿的斗士精神。但这种推断是很难成立的。我们知道，这样的作品，大多是代言体的，是应歌而作，与言志的诗不同，作品中的“我”多数时候并非作者。毫无疑问，散曲《牛诉怨》的作者不会是那头牛、《高祖还乡》的作者不是那个参与接驾的农夫。同样，如果没有其他有力的证据，我们还不能确认关汉卿［南吕·一枝花］《不伏老》中的“我”就是关汉卿本人。

关汉卿是元杂剧作家中创作最多的一位。他一生写了 60 多种杂剧，但准确的数字难以考定。这些作品多数已经失传，流传至今的有十几种，今人吴晓铃等编《关汉卿戏曲集》收其现存作品 18 种：《窦娥冤》《救风尘》《蝴蝶梦》《鲁斋郎》《拜月亭》《调风月》《望江亭》《金线池》《谢天香》《玉镜台》《绯衣梦》《单刀会》《西蜀梦》《哭存孝》《陈母教子》《裴度还带》《五侯宴》《单鞭夺槊》。其中《鲁斋郎》《五侯宴》《单鞭夺槊》是不是关汉卿的作品，尚有争议。

关汉卿的作品，就内容说可分三类。第一类是公案剧，这类戏揭露现实黑暗，触及尖锐的社会矛盾，如《窦娥冤》《蝴蝶梦》《鲁斋郎》《绯衣梦》等。第二类是妇女生活剧，描写妇女的生活和斗争，突出她们的坚强、勇敢和机智，带有喜剧色彩，如《救风尘》《谢天香》《拜月亭》《调风月》《望江亭》等。第三类是历史剧，这类作品歌颂历史英雄人物，曲折地表达出作者对现实的感受，其中有三国戏《单刀会》《西蜀梦》，还有《哭存孝》《陈母教子》等。

关汉卿公案戏的代表作是《窦娥冤》。其他的公案戏作品，也都具有很高的价值。这些作品，深刻地反映了元代社会的种种弊端，如豪强横行、地痞无赖逞凶、官吏贪赃枉法等等。《蝴蝶梦》里的“皇亲国戚”葛彪打死了王老汉，还说：“只当房檐上揭片瓦相似。”这就是元代的现实。《鲁斋郎》中“权豪势要”鲁斋郎看上了张珪的妻子要霸占，竟要张珪自己送上门去。第二折张珪唱词说：

［南吕·一枝花］全失了人伦天地心，倚仗着恶党凶徒势，活支剌娘儿双

折散，生各札夫妇两分离。从来有日月交蚀，几曾见夫主婚、妻招婿？今日个妻嫁人、夫做媒，自取些奁房断送陪随，那里也羊酒花红缎匹？①

关汉卿长于刻画女性人物，在他现存的18种杂剧中，有12种是旦本。他写的妇女生活戏，《救风尘》为代表。戏写歌妓宋引章与洛阳秀才安秀实相恋，但当她遇到了郑州周同知的儿子、富商周舍后，改变主意嫁给了周舍。没想到周舍把她骗到手后凶相毕露，她几乎命丧周舍棍棒之下。无奈中只好向同是妓女的姐妹赵盼儿求救。赵盼儿施展手段，凭着她的聪明智慧，解救了宋引章，惩罚了周舍。戏曲塑造了妓女赵盼儿非同寻常的光彩照人的形象。

《单刀会》是关汉卿历史剧的代表作。剧情很简单：吴鲁肃设宴请蜀荆州守将关羽过江，企图挟制关羽交出荆州。关羽作为盖世英豪，毫不畏惧，单刀赴会。东吴诸人在关羽的英武和豪气面前，无能为力，关羽胜利归去。该剧颇具抒情诗剧的特点，风格沉雄壮烈，许多唱词写得大气包举，具有雄浑苍劲的意境。

关汉卿杂剧的题材和内容，有以下几个特点：一是涉及多种多样的社会生活层面和人物，深刻揭示了社会的黑暗面；二是集中反映了社会中弱者的生活遭遇和生活理想，热情赞美他们的美好品格；三是反映了社会对弱者的压迫和命运对个人的不公，但弱者始终表现出顽强的斗争精神。这三个特点，都带有玩世味道。但融会和发展了传统文人文学和市民文学中最富生气的成分，展现了中国古典文学的新面目。一方面通过文字的正义满足广大民众疗伤的要求；另一方面，也是自己内心苦闷的表达。二者都体现了诗性正义，成为社会稳定的平衡器和美好正义品质的传承。

《窦娥冤》（全名《感天动地窦娥冤》），是关汉卿公案剧中最杰出的作品，也是元杂剧中最著名的悲剧，是元代社会现实的客观反映。情节的构成，是在汉代以来民间流传的“东海孝妇”故事的基础上演绎而成的。汉代刘向《说苑·贵德》载：“太守竟杀孝妇。郡中枯旱三年。”《汉书·于定国传》也有此记载。干宝的《搜神记》卷十一也载此事，并有一些新的内容：“长老传云：孝妇名周青。青将死，车载十丈竹竿，以悬五幡。立誓于众曰：‘青若有罪，愿杀，血当顺下；青若枉死，血当逆流。’既行刑已，其血青黄，缘幡竹而上标，又缘幡而下云。”关汉卿借“东海孝妇”的故事敷衍成戏，反映的是元代的现实。

《窦娥冤》的戏剧冲突十分尖锐激烈，其中展现的有窦娥与她的婆婆蔡婆的冲突，有窦娥与无赖张驴儿的冲突，有窦娥与官府的冲突，一直发展到窦娥与整个黑暗社会的冲突。这些戏剧冲突在剧中是逐步展开的。临刑前她发下三桩誓愿：第一，将一丈二尺白练挂在旗枪上，刀过头落，一腔血没半点洒在地上，全都飞溅在

① 王季思主编：《全元戏曲》第一册，人民文学出版社，1990年版。

白练上；第二，当时正是三伏天，死后要天降三尺瑞雪遮掩尸首；第三，死后使山阳县大旱三年。她要用这三桩誓愿证明她的冤屈。“三桩誓愿”表现了窦娥不屈的反抗精神。第四折是在窦娥死后三年，其父窦天章做了廉访使，随处审囚刷卷，检按贪官污吏。窦娥的冤魂向父亲诉说了事情的经过和自己的冤屈。窦天章为窦娥平反，张驴儿、赛卢医、贪官桃杌都受到了惩罚。

《窦娥冤》对当时社会的揭露是广泛而深刻的。社会制度设计混乱失序，高利贷盘剥、恶霸横行、官府黑暗等，是造成窦娥悲剧的社会原因。剧作表现的是法制残缺、道德失范的时代，弱者所受的伤害和无助，和对恢复秩序、重建道德的清平世界的呼唤，体现了文学的公平正义，即绝对公平正义。

这是一个典型的贪赃枉法案例。随着剧情的展开，窦娥的性格呈现出明显的阶段性发展过程。她从一个严守妇道的善良女子，发展成一个具有强烈反抗精神，敢于痛斥官府、控诉天地的女性。深刻的悲剧性，使这一形象蕴藏着丰富的审美价值。在窦娥的整个反抗和斗争过程中，支撑她精神的是中国社会最基本的伦理观念和对清平世界的向往。她控诉的是整个天地的黑暗和混乱，以及官府的不作为和乱作为。

（二）王实甫和《西厢记》

《西厢记》是我国古代爱情剧中成就最高、影响最大的作品之一。它通过张生和崔莺莺的爱情故事，表达了愿天下有情人都成眷属的美好愿望。作品表现了对真情与真诚的歌颂，对背信弃义的抨击，反映了当时新的社会伦理观念。

关于《西厢记》的作者，学术界众说纷纭，有关汉卿作说、王实甫作说、关作王续说、王作关续说、王作而后人加工说等。一般说来，根据文献记载，还是应该确认为王实甫所作。

关于王实甫的生平，我们知道很少。《录鬼簿》记载他是大都（今北京）人，名信德。他的戏剧活动，在元成宗元贞、大德间，是一位文采风流、才华四溢的剧作家，并且也应是一位熟悉妓女生活的书会才人。

王实甫的杂剧作品，《录鬼簿》著录有14种，现存有《西厢记》《丽堂春》《破窑记》3种，另有《芙蓉亭》《贩茶船》残存各一折。《西厢记》是其代表作。《全元散曲》还收有他的小令一首，套曲两套及残曲。

《西厢记》打破元杂剧四折一楔子的体例，五本连演，用21折的篇幅，充分表现了崔、张爱情故事。《西厢记》的戏剧冲突有两条线索：一是以老夫人及郑恒为一方，以崔莺莺、张生、红娘为另一方的冲突；二是崔莺莺、张生、红娘之间的矛盾冲突。前者是主线，后者是辅线。两条线索互相制约，交错展开。

《西厢记》的主要人物并不多，但个个塑造得鲜明生动。先说张生。张生性格中最突出的特点是诚恳、热情和浓厚的书生气。他对莺莺的感情是真挚的，追求是热烈的。为了接近莺莺，他想尽了一切办法，在危急时刻挺身而出，解救莺莺于险境。当爱情受挫时，他感到极大的苦恼。当有了转机时，他又兴奋、激动。他的情绪一直在随着爱情的进展而起伏变化。他书生气十足，有时“呆”得不合时宜，“傻”得缺乏应变能力。老夫人赖婚时，三言两语就把他打发了。他虽然气得要自寻短见，但在老夫人面前束手无策。红娘送给他一个雅号，叫“傻角”。而这些，都正好表现了他的忠厚。这“呆”和“傻”，是和他的热诚、正直、情感专一相为表里的，这正是他这个“志诚种”和一般风流才子的区别。

莺莺是一个温柔、深情的贵族少女，同时又是一个觉醒者和反抗者。莺莺的形象比张生更富有思想意义。作品描写了她青春的苦恼和见到张生后爱情的觉醒。老夫人的赖婚，迫使她走向反抗的道路，她以情为行为指导和价值判断标准，门第的、功名的价值判断，在她这里都要让位于情，她追求的是爱情的满足和生活的幸福。莺莺反抗的道路是复杂的、曲折的、充满矛盾的。她要追求自己的爱情，但又有种种顾虑；她需要红娘的帮助，但又不敢完全相信红娘，所以就引出了她和红娘、张生三人之间的种种误会。但当她终于走出坚定的一步，与张生私下结合后，性格就变得坚强、热情起来了。她的爱是火热的，她把爱情看得高于一切。

红娘是《西厢记》中的重要人物。她是地位卑贱的婢女，但作者在她身上用了大量笔墨。在21折戏中，有7折由她主唱。她聪明伶俐，善解人意，急人之难。在《拷红》一折中，她的泼辣、机智、爽朗和见义勇为表现得淋漓尽致，使她成为一个光芒四射的人物形象。

《西厢记》在语言运用上取得了很高的艺术成就，主要表现在以下三个方面：第一，高度个性化；第二，本色与典雅富丽相结合，或者说是诗化与口语化相结合；第三，极富抒情性。

《西厢记》所有人物的语言都具有鲜明的个性特征，不同人物的语言有不同的风格，反映了不同人物的性格、身份，也表现出不同人物的心理和神态。如张生的语言稚气、诚挚，红娘的语言泼辣俏皮，机警犀利，有一针见血的效果。《西厢记》的语言不管是诗化的，还是口语化的，都写得非常优美，达到了很高的艺术水平。

（三）白朴、马致远等前期杂剧作家

除关汉卿、王实甫外，“元曲四大家”中的马致远、白朴也以其卓越的创作成就，在元代杂剧史和中国戏曲史上居有较高地位。

白朴（1226—约1306）原名恒，字仁甫，后改名朴，字太素，号兰谷先生。祖籍隩州（今山西河曲），父白华，仕金官至枢密院经历。白朴7岁时，蒙古军陷金都汴京，父白华随金主出奔，母死于战乱，赖父执元好问抚养长成。白华金亡后曾降宋，但不为宋人信任，后又降蒙。北归后至真定（今河北正定县）依史天泽。白朴即随父居真定。白朴一生创作杂剧16种，传世3种，《裴少俊墙头马上》《唐明皇秋夜梧桐雨》《董秀英花月东墙记》；有残曲2种，《韩翠颦御水流红叶》《李克用箭射双雕》；其他11种仅存目。散曲今存有小令37首，套数4套，词有《天籁集》2

卷，收词作200多首。白朴主要以杂剧名世，在元代已极负盛名，后人又将他与关汉卿、马致远、郑光祖并称为“元曲四大家”。

《梧桐雨》全名《唐明皇秋夜梧桐雨》，是白朴的代表作。白朴经历丧乱，国破家亡，遂有“满目山川之叹”，总有一种盛衰难料的幻灭感，如其《沁园春》词所说：“念一身九患，天教寂寞；百年孤愤，日就衰残。”善于表现患难后的寂寞和衰残中的孤愤，成为其文学创作的一个特色，而这特色在其杂剧《梧桐雨》中表现得最为充分。该剧取材于白居易《长恨歌》，但与以往以李、杨故事为题材的作品不同，它不津津于李、杨故事中的宫中宴乐、月下盟誓、华清出浴、马嵬之变，而把目光集中投向乱后归来但已经失去权位、退居西宫的唐明皇的孤独和寂寞。前三折写唐明皇自以为太平无事，宠幸杨贵妃，朝歌暮舞，导致“渔阳鼙鼓动地来”，安史乱起，明皇西行避兵，途中马嵬兵变，“宛转蛾眉马前死”。第四折写乱平之后，明皇返回长安，退为太上皇，在一个秋雨之夜，梦会杨妃，忽然被雨打梧桐的声音惊醒，追思往事，无比感慨。整个第四折，用23支曲子淋漓尽致地表现了安史之乱后唐明皇的孤寂落寞、哀伤幻灭之感，是唐明皇的心灵独白，是一组极富情感冲击力的抒情诗。王国维说该剧“沉雄悲壮，为元曲冠冕”(《人间词话》)，即主要指第四折所创造的悲凉意境。该剧表达的家国关系，亦即江山美人与社会安定的关联，实是对历史这面镜子的把玩与沉思。

马致远（约1250—约1321)，以字行，名不详，号东篱，大都（今北京）人。其生平多不可考，只知道曾为江浙省务提举。但从他的散曲作品中，可以了解其生活与思想的一些情况。早年曾有意进取功名，中年以后参破荣辱，改弦易辙，混迹于勾栏瓦肆，投身于曲之创作，成为著名曲家。

马致远的杂剧和散曲创作都极负盛名，尤以写神仙道化剧著称。所做杂剧15种，现存7种：《江州司马青衫泪》《破幽梦孤雁汉宫秋》《吕洞宾三醉岳阳楼》《半夜雷轰荐福碑》《马丹阳三度任风子》《开坛阐教黄粱梦》（与花李郎等合撰)、《西华山陈抟高卧》。存残曲《刘阮误入桃源洞》。其他7种仅存目。其散曲后人辑为《东篱乐府》。

历史剧《汉宫秋》，全名《破幽梦孤雁汉宫秋》，是马致远杂剧的代表作，也是元杂剧名作之一。剧写汉元帝时昭君出塞事。据《汉书·匈奴传》《后汉书·匈奴传》，汉元帝竟宁元年，匈奴呼韩邪单于来朝，请求和亲，“自言愿婿汉氏以自亲。元帝以后宫良家子王嫱字昭君赐单于。单于欢喜，上书愿保塞上谷以西至敦煌，传之无穷”。汉以后，昭君故事一直在演变。《汉宫秋》在此基础上，又对史事进行了大幅度的改造和虚构。首先他把背景改成胡强汉弱，奸臣毛延寿索贿不遂，丑化昭君的画像，使她居于冷宫不能得皇帝宠幸。事发后毛又叛逃到匈奴，唆使匈奴可汗引兵来攻，指名索要昭君。在国家受到强敌威胁时，满朝文武“似箭穿着口，没个人敢咳嗽”，只有弱女子王昭君挺身而出，自愿和亲退敌。行至汉匈交界的黑龙江，投江自杀。在马致远的笔下，历史故事完全是为其情绪的抒写服务的，剧中表现的是强烈的批判意识以及浓郁的民族情绪。

马致远以写神仙道化剧著称，被称作“马神仙”。他的神仙道化剧，以劝人出家归隐、寻找脱离红尘的世外仙境为主旨，具有比较浓厚的佛道虚无避世的思想倾向，故又可称为佛道隐士剧或度脱剧。让神仙真人“度脱”凡人入道，宣扬真正隐士的道骨仙风之可贵，成为其神仙道化剧解决矛盾的方法，戏剧冲突和人物活动均以度脱与被度脱为中心展开。值得注意的是，以马致远剧为代表的元代神仙道化剧，剧中神仙都不是不食人间烟火的神灵，而是人间的隐士。《黄粱梦》《陈抟高卧》等是马致远神仙道化剧的代表作。

二　元代后期杂剧

元后期杂剧虽然出现了一批名家名作，但与前期相比，无疑已呈衰落之势。就内容说，对社会现实问题的关注度下降，而反映家庭伦理、男女爱情的内容增多；艺术上则趋向词语的工丽和情节的曲折。作品的艺术感染力也不如前期。郑光祖、宫天挺、乔吉、秦简夫是后期杂剧的代表作家。

在元曲创作取得辉煌成就之后，总结创作经验、记载曲家曲目的曲学著作也随之出现。产生于元后期的周德清《中原音韵》和钟嗣成《录鬼簿》代表了元代曲学的成就。

郑光祖，字德辉，平阳襄陵（今山西临汾）人。其生平事迹，《录鬼簿》有简略的记载：以儒补杭州路吏，为人方直，不妄与人交。他是南方戏曲界最为活跃的人物，作有杂剧 18 种。郑光祖长于写才子佳人的缠绵爱情，杂剧可考见名目者 18 种，今存 8 种：《伊尹扶汤》《周公摄政》《无盐破连环》《王粲登楼》《三战吕布》《㑇梅香》《倩女离魂》和《老君堂》。《倩女离魂》全名《迷青琐倩女离魂》，源自唐代陈玄祐传奇小说《离魂记》，写法上明显受到《西厢记》的影响。王国维评其曲词：“此种词如弹丸脱手，后人无能为役。”[①]

宫天挺（约 1260—约 1330），字大用，大名开州（今河南濮阳）人，宦居江南，与钟嗣成父亲为莫逆交，所作杂剧 6 种，今存《范张鸡黍》《七里滩》。《太和正音谱》评其词“如西风雕鹗”，“其词锋颖犀利，神采烨然，若揵翮摩空，下视林薮，使狐兔缩颈于蓬棘之势”。《范张鸡黍》全名《死生交范张鸡黍》，故事据《后汉书·独行传》所载范式传敷衍而成。剧本道德评判色彩鲜明，在歌颂人间友情的同时，抨击了官场的黑暗。

乔吉（约 1280—1345），字梦符，号笙鹤翁，又号惺惺道人。太原（今属山西）人，流寓杭州近 40 年。他一生怀才不遇，倾其精力于散曲和杂剧创作，共创作杂

①王国维：《宋元戏曲史》，凤凰出版社，2010 年版。

剧11种，今存3种：《扬州梦》写诗人杜牧，《金钱记》写才子韩翃，塑造了两个风月场中“情种”的形象；《两世姻缘》则描写青楼女子韩玉箫和书生韦皋的爱情故事。他还有小令209首、套数11套及词1首，收入《惺惺道人乐府》《文湖州集词》《乔梦符小令》。乔吉是元代曲家（包括杂剧和散曲）中成就比较突出的一位，有人把乔吉同关汉卿、马致远、白朴、郑光祖、王实甫并列，号称“元曲六大家”。

《两世姻缘》又名《玉箫女》，全名《玉箫女两世姻缘》，本事出自唐代范摅《云溪友议》。剧写洛阳歌妓韩玉箫与书生韦皋相爱，时值朝廷挂榜招贤，韩母逼韦生赴考，二人忍痛分离。临别时，韦皋约三年必返，结果逾期未归，玉箫相思成疾，憔悴而死，临死前还自画真容。韦皋入京，状元及第，官授翰林编修，自请领兵平定吐蕃，镇守边疆18年。及至成功而返，得知玉箫已经病故，悲痛万分。班师回朝，路经荆襄，应邀赴荆襄节度使张延赏之宴，而转世再生的玉箫恰巧是张延赏的义女，两人相见，互相示爱，激怒了张延赏，几乎干戈相见。玉箫母赶来，出示玉箫真容，解除误会。最后，由皇帝做媒，成就了韦皋与玉箫的两世姻缘。本剧前两折为悲剧，后两折为喜剧，悲喜连缀，贯通一体，成为元杂剧中一个很特别的体式，明代汤显祖的传奇《牡丹亭》明显受其影响。

秦简夫，大都人，生平不详。《录鬼簿》说他“见在都下擅名，近岁在杭”，可知他是颇负盛名的大都杂剧作家，流寓杭州。他有杂剧5种，今存3种：《赵礼让肥》《东堂老》《剪发待宾》。《太和正音谱》评其词“如峭壁孤松”。

《东堂老》是秦简夫杂剧的代表作，又名《破家子弟》，全名《东堂老劝破家子弟》。故事基本情节为：商人李实为人正直，人称“东堂老”，友人赵国器临终以不肖子扬州奴相托。扬州奴在父亲死后终日追欢逐乐，家产挥霍殆尽。后在东堂老的教育和帮助下悔过自新，重振家业。剧作既肯定商人们质朴务实、刻苦耐劳的态度和积极进取的精神，反映了在元代文化背景下对商人和商业的肯定，也表现了儒家伦理观念在商人职业道德中的体现。

三　元代曲学

在元曲创作取得了辉煌成就之后，总结元曲创作经验、记载作家作品的曲学也已发轫，并取得了值得称道的成就。现在能够看到的元代曲学文献，有文人学者如胡祗遹、虞集、杨维祯等人所写的有关文章，元曲作家如关汉卿、乔吉等人的作品和言论中涉及的曲学问题。专论唱曲者的有燕南芝庵《唱论》，专论作曲者的有顾英《制曲十六观》（多袭张炎《词源》），专门的著作则有周德清《中原音韵》、钟嗣成《录鬼簿》，以及记载杂剧艺人事迹的《青楼集》等。

周德清，字日湛，号挺斋，高安（今属江西）人，宋代词人周邦彦之后。生平不详，约生于南宋末，元顺帝时仍在世。一生未仕，工散曲，善音律，在当时曲坛享有盛名。《中原音韵》一书为曲家正语定音而作，全书分“韵谱”和《正语作词起例》两部分。该书打破平、上、去、入四声的旧规，创“平分阴阳，入派三声”新制，每韵部内按阴平、阳平、上声、去声四声排列，把入声字分别附于四声之尾，是中国音韵学史上一次大的革新。《中原音韵》的问世，在语音学史上具有划时代的意义。此书问世后，北曲即以之为正音根据。元明之际成书的《录鬼簿续编》就说：“故人皆谓：德清之韵，非中原之韵，乃天下之韵也。”《中原音韵》的价值，并不限于声韵，它同时又是“一部较早又较全面地总结元代戏曲创作经验的专著”①，具有重要的曲学价值。

钟嗣成（约 1279—约 1360），号丑斋，祖籍大梁（今河南开封），寄居杭州。曾从邓文原等人学。《录鬼簿续编》说他“以明经累试于有司，数与心违。因杜门养浩然之志，著《录鬼簿》，实为己而发之。其德业辉光，文行温润，人莫能及。善音律，德隐语。有文集若干卷藏于家。所编小令、套数极多，脍炙人口，惜其传奇，皆在他处按行，故近者不知，人皆易之”，可知其生平、为人大略。钟嗣成认为，元代的曲家多是“门第卑微，职位不振，高才博识，俱有可录”之杰出人物，但无人为他们立传，因此担心这些人物“岁月弥久，湮没无闻”，于是著此书，传其本末，使这些“已死未死之鬼，作不死之鬼”，名其书曰《录鬼簿》。书的上卷分前辈已死名公有乐府行于世者、方今名公、前辈已死名公才人有所编传奇行于世者三类。这三类人的情况，是他从朋友那里得知的，故“未尽其详”。下卷则分四类：方今已亡名公才人余相知者，为之作传，以［凌波曲］吊之；已死才人不相知者；方今才人相知者，纪其姓名行实并所编；方今才人闻名而不相知者（此据曹楝亭本，《说集》本和孟称舜本分六类）。全书共记载了 152 位杂剧和散曲作家，著录杂剧剧目 400 余种，为后世的元曲研究提供了非常珍贵的文献。同时，他分类时所使用的“前辈”和“方今”两个概念，为后人研究元曲的发展分期提供了重要参照。

人们评价钟嗣成及《录鬼簿》的曲学价值，重视的是《录鬼簿序》中展示的不同流俗，肯定曲家曲作价值的眼光和叛逆精神。这种可贵的文学价值观，还表现在《录鬼簿》卷下的一段文字中，他说：“若以读万卷书，作三场文，占奎甲第者，世不乏人。其或甘心岩壑，乐道守志者，亦多有之。但于学问之余，事务之暇，心机灵变，世法通疏，移宫换羽，搜奇索怪，而以文章为戏玩者，诚绝无而仅有也，此哀诔之所以不得不作也。观者幸无诮焉。”钟嗣成认为，与“以文章为戏玩者”这一新的创作群体相比较，不仅科举之士不值得肯定，就是那些历来为人尊敬的林下隐逸之士，也已黯然失色。此外，曲家小传中的零星评语，也体现了他的创作思想。顾易生等《宋金元文学批评史》指出，从这些评论中，“可见钟嗣成对戏曲创作的大致要求是：一、不可贪于俳谐，二、当明音律，肯定了南北合调的趋向，三、不可蹈袭，务当求‘发越新鲜’，四、提出写杂剧当注意‘大概’、‘节要’”。大

①顾易生等：《宋金元文学批评史》，上海古籍出版社，1996 年版。

概、节要等属于情节结构方面的要求。虽然简略，但其开创之功应予充分肯定。

第五节　南　戏

除杂剧外，元代戏曲还有宋代以来流行于南方的南戏。南戏，也称戏文，是南曲戏文的简称。所谓南曲，是与北曲杂剧相对而言的。南戏早期的中心在浙江温州一带，被称作温州杂剧。温州在唐代为永嘉郡，故又称永嘉杂剧。

一　南戏和四大传奇

南戏产生的年代有两种说法。明代祝允明《猥谈》说："南戏出于宣和之后，南渡之际。"（《续说郛》卷四十六）宋靖康南渡在公元1126年。徐渭《南词序录》则说："南戏始于宋光宗朝。"光宗于公元1189—1194年在位，时为南宋中期。两说相去约70年。到南宋末，南戏大盛。元灭宋，北方杂剧南下，南戏在杂剧的冲击下一度衰落。到元末，北杂剧衰落，南戏吸收了北杂剧的一些优点，重新振兴起来，并为明清传奇的兴起奠定了基础。

南戏与杂剧相比，有以下几点不同：

第一，杂剧的基本体制是四折一楔子，篇幅较紧凑，情节较集中。南戏则没有固定出数，长短自由，如《张协状元》53出，《小孙屠》21出，《琵琶记》42出。其实，南戏原本是不分出的，后人为了阅读和叙述的方便而划分了出。第二，杂剧一般由一人独唱，一唱到底。南戏则上场角色都可以唱，还可以对唱、合唱。第三，杂剧每折限用一个宫调，一韵到底。南戏一出之中可以用不同宫调，可以换韵。第四，南戏有开场，在正戏之前先由副末报告剧情和创作意图，开场一般用两阕词，而杂剧没有开场。第五，杂剧角色为旦、末、净、杂，南戏角色分生、旦、外、贴、丑、净、末。第六，南戏和杂剧在音乐上的差异，首先是基础不同。杂剧是在诸宫调的基础上形成的，南戏则是在东南沿海一带的民歌基础上形成的，另外吸收了宋代以来流行的词体歌曲。其次是南曲与北曲风格的差异，明王世贞《曲藻》说："凡曲，北字多而调促，促处见筋；南字少而调缓，缓处见眼。北则辞情多而声情少，南则辞情少而声情多。北力在弦，南力在板；北宜和歌，南宜独奏；北气宜粗，南气宜弱。"

总的说，南戏比杂剧在体制上自由得多，在曲调配合、剧本结构、歌唱等等方面，都没有杂剧那么多的限制，使得它更便于展开情节、塑造人物，充分显示了它的优势。到明代，杂剧衰微，由南戏发展而来的传奇，终于取代了杂剧的地位而兴盛起来。

宋元南戏本来是民间创作，剧本大多师徒相授，很少刊刻，所以流传下来的很少。宋元南戏的存目，据统计有238本，但流传下来的不到十分之一。现存早期的南戏剧本有《永乐大典戏文三种》，即《张协状元》《宦门子弟错立身》和《小孙屠》。前两种都是宋代作品，只有《小孙屠》是元代作品。南戏最著名的作品是高明的《琵琶记》，还有经过明人修改过的《荆钗记》《白兔记》(《刘知远白兔记》)、《拜月亭记》(或题作《幽闺记》)、《杀狗记》，人称“荆、刘、拜、杀”四大南戏，又称四大传奇。这些剧本，明代徐渭《南词叙录》在“宋元旧篇”中有著录。所谓“传奇”，原指唐人创作的文言小说，后来被借作戏曲的名称。元代南戏剧本都注有“元传奇”字样。到明代，“传奇”成为从南戏演变来的南方诸声腔戏曲的统称，主要指弋阳腔和昆山腔的剧本，以别于北杂剧。也就是说，传奇用以指称戏曲形式，是从南戏开始的。

《荆钗记》全名《王状元荆钗记》或《王十朋荆钗记》，对于作者，一般认为是书会才人元末柯丹丘。原本不存，今传本多经明人改动，以温泉子编集的《原本王状元荆钗记》比较接近原貌。《荆钗记》“以情节关目胜”(徐复祚《曲论》)，结构精巧，戏剧性强，戏剧冲突层层展开，很适合舞台演出，曲文也达到了较高水平。

《白兔记》全名《刘知远白兔记》，或《刘知远还乡白兔记》，元代永嘉书会才人编。原作不存，今存本以明成化本《新编刘知远还乡白兔记》为最早。作品通过刘知远发迹变泰的故事，表达了“贫者休要相轻弃，否极终有变泰时”的观念。《白兔记》富有民间文学的特色，文字质朴通俗。

《拜月亭记》全名《王瑞兰闺怨拜月亭》，简名或作《幽闺记》，相传为元人施惠所作。此剧《永乐大典·戏文二十五》著录，《南词叙录·宋元旧篇》著录作《蒋世隆拜月亭》。最早撰成当在宋元之际，出于民间艺人之手，原本已不可见，元初关汉卿有同题杂剧。施惠应是依据南戏旧作，并参考关汉卿杂剧再创作而成。施惠本亦不存，今传本均经明人改动，以明世德堂刊《重订拜月亭记》较近原貌。

《拜月亭记》剧本运用误会巧合的手法，关目奇巧而颇见匠心，剧情发展出人意料又在情理之中，曲文本色自然，符合人物身份和性格，有较强的感染力，所以历来评价较高。李卓吾说：“此剧关目好，说得好，曲亦好，真元人手笔也。首似散漫，终致奇绝。”认为其曲白均如同天造，超过《琵琶记》而可与《西厢记》媲美(《李卓吾批评幽闺记》)。《拜月亭记》的成就，在四大南戏中最为突出。

《杀狗记》全名《杨德贤妇杀狗劝夫记》，无名氏作。一般认为此剧据元萧天瑞杂剧《杀狗劝夫》改编。剧中所宣扬的观念陈旧，艺术水平也不高。不过剧中涉及的家庭财产和伦理问题比较受人关注，又成功地塑造了柳龙卿、胡子传两个市井无赖的形象，所以也有一定影响。

二　高明和《琵琶记》

南戏最重要的代表作家是高明（字则诚），他在南戏发展史上的地位颇似杂剧发展史上的关汉卿。他的剧作《琵琶记》在艺术上取得的成就，不仅影响了当时的剧坛，而且为明清传奇树立了楷模，所以后人称《琵琶记》是“南戏之祖”。

高明，字则诚，号莱根道人，又称东嘉先生，温州瑞安（今属浙江）人。大约生于元成宗大德（1297—1307）前期，死于元顺帝至正十九年（1359)。高明“性聪敏，自少以博学称”，“为文操笔立就”。他苦读《春秋》，励志进取，至正五年（1345）中进士，在浙江地方做过几任小官，有政绩，民为之立碑。至正八年（1348)，方国珍在浙东起事，高明奉调参与“平乱”，因与主帅“论事不合”“避不治文书”。方国珍“招抚”后，他辞官归家。不久又奉调任江南行台掾，“数忤权贵，谢病去”(《嘉靖瑞安县志》卷八《志传事迹》)。又改福建行省都事。后来便避乱隐居，闭门谢客，专心著述。有诗文集《柔克斋集》，已佚，南戏作品除《琵琶记》外，还有《闵子骞单衣记》，今不传。

《琵琶记》是高明根据长期流传于民间的南戏《赵贞女》改编的。《赵贞女》借用汉末著名文学家、历史学家、书法家蔡伯喈的名字，说他上京应举，贪恋富贵，长期不归。其妻赵五娘在家独力支撑门户，蔡父母死后到京师寻夫，伯喈不认，还用马踏死赵五娘，最后蔡伯喈被暴雷轰死。历史上的蔡伯喈是个孝子，《后汉书》本传记载：“邕（伯喈名邕）性笃孝，母常滞病三年，邕自非寒暑节变，未尝解襟带。不寝寐者七旬。”因此，改编的剧作与本事相反。

高明的《琵琶记》把蔡伯喈塑造成了一个“全忠全孝”的人物形象，戏的题目是“有贞有烈赵贞女，全忠全孝蔡伯喈”。从浅层意义上说，他为蔡伯喈洗雪冤屈；从深层意义上说，他是要宣扬忠孝伦理观念。

高明写作《琵琶记》的意图，就是在开场时所宣称的“不关教化体，纵好也枉然”，通过这本戏来宣扬传统的宗法伦理道德。为了把蔡伯喈塑造成全忠全孝的形象，高明在戏中设计了“三不从”（辞试父不从、辞婚师不从、辞官君不从)、“三被强”（强试、强官、强婚）的关目：蔡伯喈的一切作为，都是身不由己，都是遵从父、师、君之命。这样，由于他的不归而造成的一切悲剧，以及他事实上的背亲弃妇，都没有了责任：“只为三不从，做成灾祸天来大。”

高明一心要塑造一个全忠全孝的完美形象，完成道德重建，但忠和孝在客观上很容易发生矛盾。《琵琶记》在客观上揭示了“忠”和“孝”这两大伦理观念的矛盾。在《琵琶记》中，破坏蔡伯喈家庭伦理关系的，正是代表忠君观念的政治权力，也就是说，由于对政治权力的绝对服从，造成了对家庭伦理的破坏。《琵琶记》还真实地反映了元末那个时代黑暗的现实：天灾人祸，民不聊生，达官贵人专横跋扈，一般官吏的贪污腐化等等，具有深刻的认识意义和批判精神。

《琵琶记》的艺术成就，主要体现在赵五娘这一人物形象的塑造上。作者真切地描写了她面对苦难时的顽强不屈和自我牺牲精神，富有很强的艺术感染力。读者通过吃糠、尝药、剪发、筑坟、描容等情节，看到的是一个具有忍辱负重、吃苦耐劳、不怕艰苦、自我牺牲等优秀品格的女性形象，而这正是中国妇女传统美德的体现。

《琵琶记》结构安排上，全剧"苦乐相错"。如蔡伯喈相府成亲与赵五娘家中吃糠，蔡伯喈相府赏月与赵五娘家乡葬亲，两两对照，具有很强的感情震撼力量，收到了很好的艺术效果。

第六节　元代散曲

散曲虽然和杂剧同称为元曲，但它是一种新兴的诗歌形式，是元代出现的新的抒情文学样式。与诗词的蕴藉含蓄不同，散曲生动活泼，通俗易懂，但又不乏文采。周德清《中原音韵》概括其特点为"文而不文，俗而不俗"。文而不迂，俗非卑俗，不同于街巷俚歌。散曲语言一般符合正常语法，不大使用传统诗歌中的特有句法，但也常常熔铸诗（词）语入曲，通俗中又不乏辞采，是一种极具生命力并且取得了很高成就的诗歌样式。

一　元代散曲的创作状况与体制特点

散曲，或称清曲，是继词之后兴起的一种新的诗体，与传统的诗词一样属于抒情文学。

散曲在元代被称为"今乐府"，其价值在元代已经被文人们充分肯定。金元之际刘祁在《归潜志》中说："唐以前诗在诗，至宋则多在长短句，今之诗在俗间俚曲也。"认为散曲才是大众的诗。元末杨维祯在《沈氏今乐府序》中，将"今乐府"与诗、骚、古乐府并称。孔齐《至正直记》卷三《虞邵庵论》条记载，元代诗人和文论家虞集说："一代之兴，必有一代之绝艺足称于后世者：汉之文章，唐之律诗，宋之道学；国朝之今乐府，亦开于气数音律之盛。"元代另一文人罗宗信在《中原音韵序》中则说："世之共称唐诗、宋词、大元乐府。"可见时人对散曲的推崇。

今人隋树森所编《全元散曲》，是迄今为止收录最为完备的元散曲总集，书中所收散曲作家有姓名可考的200多人，作品有小令3853首，套数457套，另有残曲若干。散曲创作，有人分为前后两期，有人分为初中晚三期。按通行的两期说，元成宗皇庆、延祐以前为前期，散曲作家的活动中心在大都，这是散曲兴盛时期，作家队伍中有地位显赫的达官贵人、文人雅士，如刘秉忠、杨果、卢挚、姚燧等；有著名的杂剧作家，如关汉卿、白朴、马致远等；还有教坊艺人，如珠帘秀等。代表这一时期散曲创作成就的是关汉卿、白朴、马致远等人。他们的作品通俗平易、自然本色，如马致远的《秋思》套曲，关汉卿的《不伏老》套曲以及他们的小令等。

后期散曲作家的活动中心，逐渐移至杭州一带。随着散曲的繁盛和发展，这一时期的作家队伍有了新的变化，出现了一批专攻散曲的作家，如张可久、乔吉、贯云石、徐再思等人。创作倾向趋于雅正典丽，尽管也有俗而趣的，如睢景臣《高祖还乡》这样的作品，但已不是主流。

元代散曲创作的风格是多样的，一般认为有豪放、清丽两派。豪放派以马致远称首，清丽派则以张可久为魁。前期是以豪放为主流，但是清丽之作也有重要地位；到了后期，则以清丽为主，豪放为辅。后期即使以疏放豪宕著称的作家如贯云石等人，他们的作品也与前期豪放派不同，普遍带有江南文学传统的妩媚色彩。

散曲的形式有小令、套数（散套）和带过曲。小令又称“叶儿”，取其小的意思。它是散曲最简单的一种形式，相当于诗的一首，词的一阙，所以是散曲最小的独立单位。曲的小令和词的小令含义不同。词的小令，是相对于中调和长调说的。曲的小令，则是相对于套数而言的，只要是单支的曲子，不管字数多少，都称作小令。套数也称散套，是散曲中结构比较复杂、篇幅较为宏伟的一种形式。它用同一宫调的若干曲子，按照一定的规则组合在一起，形成一套有头有尾的套曲，用来表达比较复杂的内容。带过曲介于小令和套数之间，一般由同一宫调的两个或三个小令连在一起，共同表达一个内容。带过曲在曲牌之间用“带过”二字连接，也可只用“带”或只用“过”，如［雁儿落］带过［清江引］，［十二月］带［尧民歌］，如［骂玉郎］过［感皇恩］［采茶歌］。

散曲具有鲜明的风格特征。以往的诗歌形式都讲究含蓄、蕴藉、委婉，讲究意境、韵味，讲究意于言外。散曲则不同，它不需要蕴藉，也不需要庄重与典雅，主要用口语白话写成，直白地表露作者的内心感受或生活体验与追求。散曲的妙处不在耐人寻味，而在于一泄无余，一览无余，靠风趣、讽刺取胜。

二　元代前期散曲

和元杂剧一样，散曲前期的创作中心也在北方。这一时期很少有专工散曲或主要从事散曲创作的人，他们以诗文写作为主兼写散曲。这部分人多为高官或文人雅士，如卢挚、姚燧等；或者以创作杂剧为主而兼写散曲，如杂剧大家关汉卿等。前期散曲作品富有生命活力，表现出弃绝传统观念的气度和热情活泼的精神面貌，取得了很高的成就。关汉卿、王和卿、马致远是前期散曲作家的代表。

关汉卿在杂剧和散曲创作中都取得了突出的成就。他的散曲作品流传下来的有小令 57 首，套数 14 套。贯云石说关汉卿的散曲“造语妖娇，却如小女临杯，使人不忍对殢”[①]。其散曲豪爽老辣，富有热爱人生、热爱生活的激情，对世事具有深刻的洞察力，表现出诙谐的个性。语言以质朴为主，但也活泼灵动，豪放风趣。写男女恋情的作品，则尖新流丽。

关汉卿散曲的内容，有写男女恋情，也有自抒情怀的。写男女恋情的，多写离别与相思。如［南吕·四块玉］《别情》：“自送别，心难舍，一点相思几时绝。凭

①胥惠民等：《贯云石作品辑注》，新疆人民出版社，1986 年版。

阑袖拂杨花雪。溪又斜，山又遮，人去也。”用代言体写离别相思之苦，语淡而情浓宛转，韵味悠长。再如［双调·大德歌］《夏》：“俏冤家，在天涯，偏那里绿杨堪系马！困坐南窗下，数对清风想念他。蛾眉淡了教谁画？瘦岩岩羞带石榴花。”这支曲子写少妇对远方情人的思念、猜疑和抱怨，深情宛转。写闲适情怀的作品，闲适中其实都深寓着激情，具有深刻的社会批判意义。如［南吕·四块玉］《闲适》：“南亩耕，东山卧，世态人情经历多。闲将往事思量过。贤的是他，愚的是我，争什么!”中国的知识分子都有济世理想，元曲作者其实也不例外。但面对黑白颠倒、贤愚错位的现实，那些卑鄙而有权位的人都以贤者自居，你又有什么办法呢？所以看似极旷达之语，实是极愤激之语。

关汉卿散曲的代表作，有套数［南吕·一枝花］《不伏老》写自己与戏曲的关系。这套曲子不仅是关汉卿的代表作，也是元散曲的名篇。曲中的“我”，以通俗、诙谐、酣畅、滔滔若江河奔泻的语言，自我介绍，自我赞赏，自我调侃，从而塑造了一个特殊环境中的特殊人物。反映了在元代特殊的社会和文化背景下，一部分“浪子风流”的才子们放浪自适的生活状态和精神面貌，乖张中蕴含着强烈的不满，具有很高的认识价值。

王和卿，名不详，河北大名人，与关汉卿同时，现存小令21首，套数两套及残曲。他滑稽挑达的性格在散曲作品中表现得很充分，也成为他作品的主体风格。［仙吕·醉中天］《咏大蝴蝶》突出地表现了这种风格：

挣破庄周梦。两翅架东风。三百座名园、一采一个空。难道风流种。唬杀寻芳的蜜蜂。轻轻飞动。把卖花人扇过桥东。

今人认为，曲中的大蝴蝶具有比喻和象征意义，但这比喻和象征的是什么，却不甚明了。有人说这大蝴蝶是给任意污辱妇女的“花花太岁”、权贵人物画像，有人推测可能是对关汉卿寻芳采花生活的戏谑。元代的曲家在科举无路之时多采用这种滑稽的方式发泄心中的愤懑，表现自己的玩世不恭。王和卿此曲应是这样。王和卿还有一首同样荒诞的作品［双调·拨不断］《大鱼》：

胜神鳌。夯风涛。脊梁上轻负着蓬莱岛。万里夕阳锦背高。翻身犹恨东洋小。太公怎钓。

《列子·汤问》篇说在渤海之东，有蓬莱等五座神山，随波涛上下往还。天帝担心它们流失，遂命十五只巨鳌分班轮流顶住。王和卿写的这条大鱼，比这神鳌不知要大多少了。作品表达了作者精神上的旷达情怀和内心失望的无奈。

马致远是著名杂剧作家，多写神仙道化剧，被称作“马神仙”。散曲作品有《东篱乐府》1卷，存小令104首，套数17套，在前期作家中是保存散曲作品最多的一位。马致远在散曲方面名声很大，被称为“曲状元”。

他的散曲多写隐居生活、自然景物和游子漂泊生涯，表现愤世和厌世的思想。但曲词老健、疏放、宏丽，成为曲中豪放派的代表。他的［越调·天净沙］《秋思》是元散曲中最著名的篇章，被誉为“秋思之祖”（周德清《中原音韵》），王国维《宋元戏曲史》说“［越调·天净沙］《秋思》小令，纯是天籁，仿佛唐人绝句”，是“元曲令曲之表率”：

枯藤老树昏鸦。小桥流水人家。古道西风瘦马。夕阳西下。断肠人在天涯。

这是一首千百年来脍炙人口的名篇。小令不过28个字，却把幽远的秋原暮色、寂寞的旅人和悲凉的情怀表现得十分充分，反映了当时文人忧郁而又看不到出路的心境，引起了广泛的共鸣。元代还有一些和这支曲子所写意境很接近的散曲。一篇是白朴的［天净沙］《秋》：“孤村落日残霞。轻烟老树寒鸦。一点飞鸿影下。青山绿水，白草红叶黄花。”另一首是吴西逸［天净沙］《闲题》：“江亭远树残霞。淡烟芳草平沙。绿柳阴中系马。夕阳西下，水村山郭人家。”

马致远散曲中表现了超然出世、与世无争、旷达恬退、及时行乐的主题，尤以写自己隐居生活的作品居多。［双调·夜行船］《秋思》套曲可作代表。这套曲子开头说人生百年，犹如一梦，应及时行乐，后说帝王、豪杰、富人生活之不可羡。最后写自己的生活态度：不争名利，不辨是非，饮酒陶醉，自得其乐。周德清《中原音韵》评此曲“万中无一”，明代王世贞《曲藻》说这支曲子：“元人称为第一，真不虚也。”可见它有很高的艺术水平。马致远写情爱的散曲、写景的散曲，也都写得很好。

三　元代后期散曲作家作品

元代后期散曲的中心转移到了南方，但很多是北方南下的曲家。后期散曲作家多不乐仕进，优游于湖光山色之间，欣赏着自然美景和都市繁华。后期还出现了一批主要以散曲著名的曲家，代表作家有张养浩、贯云石、乔吉、张可久、睢景臣、刘时中，其中成就最高的是乔吉和张可久。

张养浩（1270—1329），字希孟，号云庄，济南人。曾官监察御史，因上疏批评时政，触犯权要被罢官。后来又出任礼部尚书，参议中书省事。元英宗元宵节要在宫中张灯，张养浩上疏谏阻，惹英宗大怒。不久，张养浩借故父亲年老，辞官归隐。元文宗天历二年（1329），“关中大旱，饥民相食，特拜陕西行台中丞。既闻命，即散其家之所有与乡里贫乏者，登车就道，遇饿者则赈之，死者则葬之”。在赴陕西的途中，写下了著名的［中吕·山坡羊］《潼关怀古》。在陕西任上，“到官四月，未尝家居，止宿公署。夜则祷于天，昼则出赈饥民，终日无少怠……遂得疾不起”（《元史·张养浩传》），忧劳成疾，死在任上。死后追封为滨国公，谥文忠，在故里建庙纪念。

张养浩有散曲集《云庄休居自适小乐府》，存小令161首，套数2套。张养浩是一位深切关怀民生疾苦，具有社会责任感的曲家。他的作品带有政治批判色彩，显示出沉郁的风格，语言比较质朴豪放。

张养浩现存散曲多作于罢官闲居之后，回首官场中的风波惊险，有万千感慨。所以，他对社会和官场的讽刺，更有着深于世故的锐利；他赞美田园生活的平静闲适，则真挚亲切。如他的两首［中吕·朝天曲］：

挂冠。弃官。偷走下连云栈。湖山佳处屋两间。掩映垂杨岸。满地白云，东风吹散。却遮了一半山。严子陵钓滩。韩元帅将坛。那一个无忧患。

柳堤。竹溪。日影筛金翠。杖藜徐步近钓矶。看鸥鹭闲游戏。农父渔翁，贪营活计。不知他在图画里。对这般景致。坐的。便无酒也令人醉。

张养浩散曲影响更大一些的是他的怀古之作，特别是［中吕·山坡羊］《潼关怀古》：

峰峦如聚。波涛如怒。山河表里潼关路。望西都。意踌躇。伤心秦汉经行处。宫阙万间都做了土。兴，百姓苦。亡，百姓苦。

这首散曲的可贵之处在于，作者由对王朝的兴亡怀古，深入一步看到了这兴兴亡亡之中的百姓，把眼光投向了社会底层，揭示了一个带普遍性的历史规律：“兴，百姓苦。亡，百姓苦。”一针见血地指出了王朝与百姓利益的根本对立，使作品的思想价值升华到一个难能可贵的高度。这首小令的特点，是以语言警策动人。与马致远的［越调·天净沙］《秋思》相比，二者各有胜处：《秋思》以意境韵味取胜；《潼关怀古》以警策动人取胜，也就是以深刻惊人的议论取胜。《秋思》似唐人绝句，《潼关怀古》则像宋人小诗。各有风味，各有千秋。

乔吉是元后期著名杂剧作家，也以散曲名世。其散曲风格清丽雅正，注重字句的锤炼与音乐的和美，内容多表现厌世情绪。乔吉与张可久并称，是清丽派的代表，同为元后期散曲的主要作家。

乔吉散曲集有《惺惺道人乐府》《乔梦符小令》，近人任讷辑为《梦符散曲》。今存小令209首，套数11套。数量之多，仅次于张可久。乔吉散曲在明清时深受一些文人的推崇，李开先称赞乔吉、张可久是诗中李杜。王骥德则认为曲家李杜应是王实甫、马致远，而乔吉、张可久则应是诗中李贺、李商隐之流，评价出入较大。

乔吉的散曲作品，大抵围绕他40年落拓漂泊的生涯，写男女风情、离愁别绪、诗宴酒会。歌咏山川形胜，抒发隐逸情怀，感叹人生短促、世事变迁。他以嘲讽与超脱的态度对待功名仕途，表现出一种洒脱不羁的江湖才子的精神面貌。如［正宫·绿幺遍］《自述》说他自己对生活的态度，不取凌云壮志，不取万贯家私，只想学仙人骑鹤的飘然往来。经历多了世间冷暖，也就不把世态炎凉放在心上了。这种对世事的浑浑噩噩，其实是饱经世态炎凉之后，对世俗的蔑视。

乔吉的［双调·水仙子］《寻梅》，一向备受称许：

> 冬前冬后几村庄。溪北溪南两履霜。树头树底孤山上。冷风来，何处香。忽相逢缟袂绡裳。酒醒寒惊梦，笛凄春断肠。淡月昏黄。

这首小令，用跌宕的笔法，写出寻梅的意趣和梅花的风韵，运词巧妙，用典精切。曲分三节，第一节三句寻梅；第二节两句遇梅；第三节三句叹，赞颂梅花的精神风韵，感叹世态的炎凉。

张可久（约1270—1348），字小山，或说字仲远，号小山。庆元路（今浙江宁波）人。早年与马致远、卢挚、贯云石有交往，曾以曲唱和。据《录鬼簿》记载，以路吏转负责地方税务的“首领官”。

张可久专攻散曲，今存小令855首，套数9套，近人辑为《小山乐府》，他是元代留存散曲最多的作家，与乔吉并称元散曲两大家。他散曲的内容比较宽泛，一些吊古伤今之作，表现了对现实的不满和作为一个文人无可奈何的心境。如［中吕·卖花声］《怀古二首》其二：

> 美人自刎乌江岸。战火曾烧赤壁山。将军空老玉门关。伤心秦汉。生民涂炭。读书人一生长叹。

张可久的散曲也对一些生活现象加以讽刺，如［正宫·端正好］。咏物写景、闲适游冶之作写得清丽可喜，如［商调·梧叶儿］《春日郊游等》。

张可久散曲注重形式格律，喜欢雕琢字句，追求诗词般的典雅，少用俚言俗语，有不少作品又有着词的风格韵味。这代表了元后期散曲由俗返雅的趋势，但张可久的散曲并没有失去散曲清新、自然的本色。

思考题

1. 金代杂剧的特点是什么？
2. 金代诸宫调有什么特点？
3. 简述关汉卿的戏曲成就和地位。
4. 简述南戏的体制特征和南戏的形成、发展及其在中国戏剧史上的地位。
5. 简述元代散曲的内容和特色。

【参考书目】

1. 徐家瑞：《金元戏曲方言考》，商务印书馆，1956年版。
2. 徐沁君校订：《新校元刊杂剧三十种》，中华书局，1980年版。

第十六章 宋元话本的发展历程

说话，是一种表达方式，也是生存能力与交流的途径。说话的方式丰富多彩，先秦两汉的“说”来自我们认识世界的告说、游说和辩说，是言的形式之一，近于语，故又有层次之分，如命说、小说等等，汉代出现专门的著作，如《说苑》。话本带有市民文学色调，是与礼乐方式并行的表达形式。由于说的艺术化如故事性，又由于说的形象化如变（文）相，借助演唱技艺成为一种文艺形式，如说唱。说有多种，随时地而变，但教化评论功能一直存在着。

第一节 说话的产生与话本的出现

宋元“说话”，是一种伎艺名称，也就是说唱故事，近于后世的说书。我国向来有说唱故事的传统。先秦两汉是“说话”的萌生时期。周代的“瞽者”、秦汉时的“俳优侏儒”“稗官”及“方士”都因各种需要讲说物理、记录故事。尤其是“俳优侏儒”更是把说故事当作其职业的一部分，出现了以娱乐为目的的职业化倾向。魏晋南北朝时，“说话”艺术有了快速的发展，故事的题材更广泛，技艺也有所提高。说唱者的范围扩大了，不仅有俳优，还有侍臣、宾客及王侯将相，说明这一文艺活动在当时已比较普遍。

隋唐时，“说话”进入兴盛时期。从现有资料看，这时的“说话”出现了如下几个特点：首先，作为一种伎艺名词，“说话”一词正式出现在唐代典籍中；其次，“说话”已和“议论”“转变”等伎艺并列，成为独立专门的艺术；再次，“说话”的故事性更加强烈；最后，有了“市人小说”（段成式《酉阳杂俎》续集卷四）及“人（民）间小说”（王溥《唐会要》卷四）的称谓，说明“说话”已走向街头巷尾、茶肆酒楼等民间，听众也逐渐转为普通市民或民众。已有专门的称谓术语，成了专门的艺术，深受大众的喜爱，种种现象表明，到了唐代，“说话”艺术已经走向成熟。

除民间流行的“说话”外，唐代寺院中还盛行“讲经”。它又分“僧讲”与

“俗讲”，对民间产生较大影响的是“俗讲”。“俗讲”面向一般世俗大众，以讲佛经等故事为主，目的是为了宣传宗教，并聚敛财物以供奉寺院。“俗讲”时所用底本叫“变文”。在内容和形式上，“俗讲”和民间“说话”艺术相互影响，并逐渐演化为“说话”艺术的一种。

随着“说话”艺术的兴旺，唐代便产生了话本。话本是“说话”人说唱时所用的底本。话本的“话”是指故事，“本”是指故事的底本，类似于今天演剧的底本被人称为“剧本”。最初，话本又名“画本”。现存敦煌文献中的《韩擒虎话本》，其结尾有“画本既终，并无抄略”。[①] 所谓“画本”的“画”是指图画；“本”指讲说图画中所显示的故事内容的底本。图画挂在墙上或公共场所，供僧人或艺人向民众宣讲故事时使用，作用大略和今天的连环画相似。“画本”成了僧人或艺人围绕图画讲说故事的凭借。唐代话本虽然有较为明显的思想和艺术局限，却是宋元话本的雏形，是了解宋元话本的一把入门的钥匙。

南宋耐得翁《都城纪胜》的《瓦舍众伎》条下有一段记载：

> 凡傀儡敷演烟粉、灵怪故事，铁骑、公案之类，其话本或如杂剧，或如崖词，大抵多虚少实，如巨灵神、朱姬大仙之类是也。影戏……其话本与讲史书者相同。

这是“话本”一词出现得最早的记载。从该书中可知，宋时话本并不仅仅指“说话”者所用的底本，也泛指部分伎艺如傀儡、影戏等艺人表演所用的底本。或者说，凡是与说唱故事有关的伎艺在当时都可能有“底本”。只是随着社会的发展，各种伎艺间的分工日益精细，话本的含义才渐趋明确。到了今天，为了研究的需要，话本就专指宋元时代“说话”艺术所用的底本。

第二节　宋元说话的发展与话本的流传

宋代，城市的发达，商业的繁荣，市民阶层的扩大，社会环境的相对宽松和安定，为各种通俗文艺的发展提供了优越的条件，不仅作品数量上大大超过唐代，还出现了像《夷坚志》那样包罗万象的巨制。作为通俗文艺的一种，“说话”进入了高度发达时期。从《东京梦华录》《都城纪胜》《西湖老人繁胜录》《梦粱录》《武林旧事》等书的记载可知，无论是北宋都城东京（今开封），还是南宋都城临安（今杭州附近），都有高度发达的通俗文艺。

宋代对俗文学没有偏见。宋太宗即位后，就命令李昉、徐铉等编写了小说总集《太平广记》。从宋真宗、仁宗时起，北宋社会长期处在相对稳定的状态，以东京为

---

① 王重民等编：《敦煌变文集》，人民文学出版社，1957 年版。

代表的城市出现了前所未有的繁荣。城市生活豪华奢侈、丰富多彩，“说话”艺术也更加兴盛。随着“说话”的兴盛，活跃在市井街头的艺人们更多地进入到茶肆酒楼去演出。据记载，当时东京城内，酒楼密布，茶肆遍地，仅大型的正店就有72户，其他类型酒店“不能遍数”（孟元老《东京梦华录》）。北宋中期以后，东京等都市中陆续出现了专为各种伎艺演出的场所——瓦舍和勾栏。瓦舍又称“瓦子”“瓦肆”“瓦市”，是当时各种游乐场所的总称。勾栏原是栏杆的意思，把用栏杆围成的一座演艺场所习称勾栏或勾肆。勾栏一般在瓦舍内。勾栏内有“棚”，又名“邀棚”或“游棚”。包括“说话”在内的一切伎艺表演都在棚内进行。东京的瓦舍非常多，《东京梦华录》提到的瓦子，就有新门瓦子、桑家瓦子、朱家桥瓦子、州西瓦子、保康门瓦子、州北瓦子等。瓦舍规模都相当大，如东京皇城的东南角，就有桑家瓦子和中瓦、里瓦，其中大大小小的勾栏有50余座，较大的“棚”可容纳几千人。瓦舍中演出的民间伎艺品种繁多，《东京梦华录》卷五“京瓦伎艺”条就记载有：孟子书、小唱、嘌唱、教坊减罢并温习、般杂剧、杖头傀儡、悬丝傀儡、药发傀儡、筋骨上索杂手伎、球杖踢弄、讲史、小说、散乐、舞旋、小作相扑、杂剧、掉刀、蛮牌、影戏、乔弄影戏、诸宫调、商谜、合生、说诨话、说三分、五代史、叫果子等名目。其中讲史、小说、合生、说诨话、说三分、五代史等，都是“说话”的科目。从这些记载可知，北宋时“说话”已有了初步的分工。

到了南宋，赵宋朝廷偏安东南，在其北方虽有金的威胁，但与金人议和之后，还是出现了较长时间的苟安局面。南宋统治者恢复中原无望，便有“直把杭州作汴州”（林升《题临安邸》）、长期经营东南的心态。南方地区有了相对稳定的环境，以临安为代表的城市经济迅速恢复与发展，城市居民的生活也暂时安定下来。在畸形富庶的经济与旖旎多姿的河光山色的双重背景下，由于市民及民众的需求，加上统治者的倡导（南宋初，由于临安城驻军较多，且多是从西北渡江而来的北方人，为了安定人心，统治者也曾倡导设立瓦舍），文化娱乐业迅速恢复，“说话”艺术进一步繁荣。瓦舍数量急剧增加，“说话”的专业演出场地明显增多。据《西湖老人繁胜录》记载，不仅临安城内有多处瓦舍，就连城外也“有二十座瓦子”（《西湖老人繁胜录》）。宫廷私邸、茶肆酒楼、街道空地的“说话”演出也更加频繁。随着“说话”的繁荣，艺术竞争更为剧烈，于是开始有了自己的行业团体——“社会”，并有了专门编写话本及其他相关艺术作品的团体——“书会”。艺人们的分工更明晰稳定，他们在瓦舍勾栏中各分家数演出，一个职业化的“说话”艺人群体开始形成。耐得翁的《都城纪胜》和吴自牧的《梦粱录》都记载，至南宋时，“说话”已分四家。但四家到底是哪四家没有记载清楚，以致研究者众说纷纭。一般认为南宋“说话”四家是指：一、小说（又名银字儿），演说朴刀、杆棒及发迹变泰的故事，又分烟粉、灵怪、传奇、说公案等。二、说铁骑儿，演说士马金鼓故事。三、说经，演说佛书故事，包括说参请（宾主参禅悟道等事）及说诨话。四、讲史书，演说前代书史文传兴废争战故事。在“说话”四家中，“小说”是最重要的一家。《都城纪胜》等书中都有诸家“最畏小说人”（耐得翁《都城纪胜》）的说法，说明“小说”在市井勾栏中曾独步一时。“说话”极受观众欢迎与追捧，演出时盛况空前。“说话”艺人们凭借三寸不烂之舌，讲述着各种曲折而有趣的故事，“如丸走坂，如水建瓴”（夏庭芝《时小童传》，见《青楼集》），显示出强烈的艺术魅力，在当时社会上产生了广泛影响，也为后世留下了一定数量的、极有研究价值的话本。

元代是一个社会发展繁荣和落后黑暗并存的时代。一方面，疆域空前辽阔，交通发达便利，中外文化交流频繁，城市经济比较繁荣；另一方面，统治残暴，民族歧视，阶级压迫十分激烈。为了防范民众反抗，元代统治者的法律曾禁止人们表演“说话”等伎艺。但是，由于“说话”具有广泛的社会基础，“说话”在民间仍十分活跃，艺人的伎艺也几近炉火纯青。

宋元艺人留下了许多值得珍视的话本。元代罗烨的《醉翁谈录》、明代晁瑮的《宝文堂书目》、钱曾的《也是园书目》共著录话本名目219种，除去少量明代作品外，大部分是宋元时期的话本，但这些话本多数没有保存下来。今存的宋元话本，主要保存在明人汇辑的《清平山堂话本》《熊龙峰刊行小说四种》，及冯梦龙纂辑的《喻世明言》《警世通言》和《醒世恒言》中。宋元话本比较有名的有《碾玉观音》《西山一窟鬼》《西湖三塔记》《蓝桥记》《错斩崔宁》《合同文字记》《陈巡检梅岭失妻记》《史弘肇龙虎君臣会》《杨思温燕山逢故人》（一名《郑意娘传》）《杨温拦路虎传》《快嘴李翠莲》《万秀娘仇报山亭儿》（一名《山亭儿》）《宋四公大闹禁魂张》《闹樊楼多情周胜仙》《陈可常端阳仙化》《崔待诏生死冤家》《钱舍人题诗燕子楼》《小夫人金线赠年少》《崔衙内白鹞招妖》《计押番金鳗产祸》《金明池吴清逢爱爱》《郑节使立功神臂弓》等。这些话本，虽大半经过后人改动，但仍基本保存了原有面貌。大致分为两种情况：一种可能是“说话”艺人表演时的底本，这类话本的艺术风貌比较粗糙，文字也显得拙朴，有时只是抄录若干资料拼凑而成，未经文人的改编或艺术加工，如《西湖三塔记》《蓝桥记》《合同文字记》等；一种可能是经过“书会先生”及“名公才人”之手改编或艺术加工过的话本，如《万秀娘仇报山亭儿》《宿香亭张浩遇莺莺》《杨思温燕山逢故人》等。比起话本的原始底本来，文字更生动，情节也较完整。

思考题

1. 简述宋代的说话、科目与话本。
2. 简述元代的说话与话本。

【参考书目】

1. 程毅中：《宋元话本》，中华书局，1980年版。
2. 龚鹏程：《中国小说史论》，北京大学出版社，2008年版。

第十七章 宋元话本的创作

话本“类似与小说接近”，小说一词最早见于《庄子》，本是游说之意，就是《荀子》说的“小家珍说”，是说理讽喻的表达方式。班固在《汉书·艺文志》中诠释出小说的作者、语境和由来三要素，为后代文艺性质的小说奠定了理论基础。历代皆有小说，但均不失古意。宋元的话本汲取了《尚书》“曰若稽古”与《诗经》的比兴形式和精神，以及宗教娱乐的特质，集说唱诗词故事为一体，成为大众喜闻乐见的艺术方式，亦为元杂剧的先声。话本根源于“说话”，说话的艺术是城市文化的产物，也是大众文化的重要体现，是农业文明走向经济社会的文化特征，对社会的发展具有积极意义。

第一节 宋元话本的体制

经过长期的实践，各种“说话”逐渐形成了自己的艺术风貌，体现在“话本”上，就是逐渐形成了特有的体制。

单篇话本的体制在宋代就已形成，由题目、篇首、入话、头回、正话和篇尾六部分组成。题目是单篇话本的“纲”，基本上是根据全篇的故事内容来确定。南宋单篇话本中，题目一般比较短，且多以人名（诨名）、物名、地名等命名。一般是三言，如《薛智韬》《青面兽》《葫芦儿》等；也有二言、四言、五言的，如《赵正》《石头孙立》《志诚张主管》等。在表演时，“说话”艺人为了使题目更能概括内容，也常把题目衍化成七言或八言的句子，如《陈巡检梅岭失妻记》《闹樊楼多情周胜仙》等。“说话”艺人在瓦舍勾栏或茶坊酒肆等处演出时，往往要在招子（招牌）上写着醒目的题目，以招揽听众。篇首即开头，通常是一首诗或一首词，或者是一诗一词，也可用多首诗、词并列，形成“诗（词）串”。这些诗词有艺人自撰的，有引自古人的，也有移植别种伎艺的，一般作为念白而非唱词，置于话本开篇，用来点明题意，概括全篇，烘托气氛，抒发感叹。入话是在篇首的诗、词之后，对其说明、解释、引申并引入正话的文字，是正话开始前的过渡，既承上启下，导入本事，又为“正话”铺叙故事，创造一种较适宜的艺术气氛。同时，在表演时，也有利于表演等待、启发听众。有的话本在入话之后，还插入一段和正话相类似或相反的故事，一般都比较简略，但都能独立成篇，较完整地表现“一人一事”。因为置于正话之前，有“冒头的一回”的意思，所以称“头回”，有时又称“得胜头回”“笑耍头回”，相当于现代说书的“引子”。正话，是讲说主要故事的部分，又称正题、正传，是话本的主体，通过比较复杂的情节来塑造人物，表现一定主题。其文字有散、韵两种。散文是表演时的说白，主要用来叙述故事与创造人物，用当时的口语，以说话人口气写成。而韵文则是表演时的念诵或歌唱，较多的是表演者对所讲述的故事或人物的描绘品评，一般用诗、词、骈文、偶句形式写成。散、韵结合，表演时有利于调剂听众的审美情绪，可增强艺术感染力。篇尾是“正话”结束时所附加的部分，或只用诗词，或先用说白评论、点出题目，然后再加诗词。它是“说话”艺人直接出面对全篇故事的总结，或者是评论作品，渲染主题；或者是劝诫他人，强调表演目的，形式多样。

在艺人长期的演出实践中，长篇话本（主要是讲史话本）到元代也形成了相对固定的体制。归纳起来，主要体现在如下四个方面：

首先，分卷立回。单篇话本只“讲一朝一代故事”（吴自牧《梦粱录》），内容一般较简单，人物也较集中。从现存单篇话本看，几无例外是单篇单回，篇幅一般较简短，字数大约在两千至三万之间。而讲史话本的篇幅都很长，字数多在三至十万左右。时间跨度长，场面描写多，结构复杂，人物众多，讲史艺人一次讲完是不可能的，必须中途停顿，分几次讲，这就有了分卷立回的需要。按故事内容分卷立回，是后世章回小说的基本特征。明清以来各种长篇小说的创作，都采用了分卷（章）立回的方式，这主要是源自元代的讲史话本。

其次，设置篇首诗和篇尾诗。讲史话本都有“篇首诗”和“篇尾诗”。有的在每卷的首尾也如此。“篇首诗”或概括全部历史，或交代全书梗概，或评论历史，或昭示事件发生的时间。“篇尾诗”大多总结全篇内容并做出评论以为借鉴。这一形式与单篇话本的艺术体制基本相同，也为后来长篇小说，尤其是长篇历史小说所袭用。

再次，用断代编年体形式叙事。断代编年体，是我国史学著作的一种叙事模式。讲史话本的叙事以忠于史实为主，必然也会借鉴这种叙事模式，既符合我国的史学传统，也适合一般市民的欣赏习惯，容易受到欢迎。在正文开始前，讲史话本一般都有一段“开天辟地”的叙述语来纵论历史，有的还用一段民间传说作为开头，犹如单篇话本中的“头回”。随后，再引入历史事件发生的时间和背景等的概述。全篇脉络清晰，娓娓道来，颇能动人。

最后，用半文半白语言叙述。讲史话本的语言大体上采用正史的书面语，有时夹入部分口语、俗语，文中常常穿插诗词、表章、信柬等，以增加读者的知识，吸引听众。但与单篇话本相比，口头表演的特色逊减不少，尚未脱尽仿习史学著作的文言气息。后世《三国志通俗演义》《列国志传》《东周列国志》等书也大体如此。这在一定程度上影响了它们在社会上的广泛流传。

第二节　宋元话本的成就

作为“为市井细民写心”[①] 的作品，宋元话本故事的主角大多是市民形象，如《碾玉观音》中的碾玉工崔宁、裱褙匠的女儿璩秀秀，《志诚张主管》中的绒线铺主管张胜、铺主的小夫人，《错斩崔宁》里卖丝的村民崔宁、陈买糕的女儿陈二姐、小商人刘贵，《简帖和尚》里皇甫松的妻子杨氏，《快嘴李翠莲》里李员外的女儿李翠莲，《宋四公大闹禁魂张》里的赵正、侯兴、宋四公、王秀，《乐小舍拚生觅偶》里杂货铺主的儿子乐和，《金明池吴清逢爱爱》里酒店主的女儿爱爱，《万秀娘仇报山亭儿》里茶坊主的女儿万秀娘，等等，都是普通市民的身份。这些地位低下的“小人物”，在专制社会无疑是被边缘化的，他们成为小说的主人公，成为被描写、被同情、被赞扬的对象，这在中国历史上并不多见。

站在市井细民的角度来反映宋元社会，来书写当时人们的爱好、心理、情趣及价值取向，是宋元话本的最大价值所在。

宋元话本反映了当时人们对爱情婚姻的认识。这类作品成就最高。许多作品以追求恋爱婚姻自由为主题，给人留下了深刻印象。典型的作品有《碾玉观音》和《闹樊楼多情周胜仙》，而《碾玉观音》《风月瑞仙亭》对被压迫女性的表现更是风神俱佳。

宋元话本反映了当时人们对社会现实的看法。鲜明的时代性是宋元话本的一大特点。许多作品对官府的黑暗、官吏的残暴进行了直接揭露。《错斩崔宁》就是其中的典型作品。小说揭露了当时盗贼横行、司法黑暗的社会现实，鞭挞了官吏断狱时的主观和草率所带来的危害，告诫做官的“切不可率意断狱，任情用刑”[②]，表达了专制社会中市民期待廉明政治的要求和愿望。

宋元话本反映了当时人们喜欢英雄侠义精神，并欣赏由穷困骤然获得富贵的心态。市井细民属于弱势阶层，希望社会上能有勇猛无比、扶危救困的英雄，拯救困苦的人们于水火，使社会趋于公道、公平。所以，宋元话本中这方面题材的作品也较多见。如《杨温拦路虎传》叙述杨令公之孙杨温与妻子冷氏为祈禳灾难，离家赴东岳进香还愿，行至仙居县时，忽遭强盗抢劫，冷氏被掠，财物尽失，杨温病倒客

①鲁迅:《中国小说史略》,人民文学出版社,1958 年版。

②缪荃孙编:《京本通俗小说》,商务印书馆,1925 年版。

店，后受到茶坊主人杨员外的帮助，赴东岳神会与诨名“山东夜叉”的使棒能手李贵会棒，并将李贵打败。经过一番曲折，杨温发现抢掠妻子的强贼的踪迹，于是，在他人的帮助下杀了强人，救出妻子，并因此立功做官。话本描写的杨温，既“武艺高强”，又“智谋精粹”，是一个智勇双全的人物。这一点，在话本描写他和杨达、杨员外、马都头，尤其是李贵的较艺中，得到了充分的展现。篇尾诗说“能将智勇安边境，自此扬名满世间”，表明了话本的创作主旨。当然，杨温的行为还有关于个人恩怨的一面。《万秀娘仇报山亭儿》中尹宗的举动，完全是见义勇为。《宋四公大闹禁魂张》更以一组侠士群像的塑造受人注目。

靠自身本领谋生，生活在下层的市井细民不仅喜欢智勇双全、拯危救难的侠义英雄，也十分欣赏由贫困骤然富贵的人生经历。《赵伯升茶肆遇仁宗》写宋仁宗时成都秀才赵旭上京应举。入场考毕，赵旭自我感觉甚佳，但因将“唯”字的“口”字旁写成“厶”旁，于是功名落地，因此，他羞归故里，落魄京师。仁宗皇帝夜梦金甲神人驾一太平车，上载九轮红日，进入内廷。问卜后，知是一名“旭”的士人。于是仁宗皇帝扮作白衣秀士，微服察访，在京城状元坊一茶肆内寻得赵旭，见其志向高远，文才卓异，十分赏识。于是，任命赵旭为四川制置使。这是写士人发迹的故事。《史弘肇龙虎君臣会》写武夫发迹的故事，同样真实地反映了市民的心理。他们在苦难的人生中，希望有朝一日能像话本中的主人公那样，意外获得幸福。

宋元话本还写了当时人们相信超现实的神灵世界与异己力量的社会心理。宋代话本中，有一类专写灵怪与妖术故事。这类话本尽管具体故事情节不同，但大多有一个固定的结构模式：一个未婚的男青年，遇上一个伪装成美女的鬼怪，他们一见钟情，结成夫妇。后来男子为鬼怪摄去精魂，面临着生命的危险，经过道人的驱邪，才转危为安。现存宋代话本中写灵怪的有《西湖三塔记》《洛阳三怪记》《西山一窟鬼》和《陈巡检梅岭失妻记》4 篇，写妖术的有《崔衙内白鹞招妖》和《灯花婆婆》2 篇。这类话本中，虽然故事情节比较曲折，并有较丰富的社会内容，但其总的立意倾向是：人和异类不能并存，不能在一起生活，曲折反映了市民的心灵世界，透露出市民对异己力量的警惕与防范的心理。那么，怎样对付这些异己力量呢？这些故事都指出了一条道路，就是把希望寄托于神仙世界的庇护，祈求冥冥之中的神灵或“仙道”拯救。到了元代，灵怪、妖术类作品仍有发展。今存元代话本中，共有 6 篇这类话本，即《李元吴江救朱蛇》《小水湾天狐治书》《魏征梦斩泾河龙》《夔关姚卞吊诸葛》《霄川肖琛贬霸王》和《福禄寿三星度世》。与宋代话本相比，元人的灵怪类话本已基本跳出鬼怪化成美女诱惑男子的艺术模式，较多地蒙上了一层道德说教的面纱。如《李元吴江救朱蛇》讲述“一个秀才救一条蛇，亦得后报”的故事。其思想题旨在篇尾诗中说得很明白：“恻隐仁慈行善事，自然天降福星临。”入话和篇首也对此做了反复的渲染，认为“积金以遗子孙，子孙未必能守；

积书以遗子孙，子孙未必能读”，只有“积阴骘于冥冥之中”，才是为子孙谋的长久之计。《小水湾天狐治书》和《魏征梦斩泾河龙》的思想题旨与此相类。《夔关姚卞吊诸葛》在元代的灵怪类话本中，是颇为独特的一则小说，表现了市民的幻想心理。《霅川肖琛贬霸王》塑造了肖琛这样一个不信鬼神者的艺术形象。

宋元话本还反映了当时人们喜欢从历史经验中获得知识和智慧的情趣。在宋元话本中，这方面的内容极其丰富。从现存资料可知，宋代话本所写到的历史主要有：

本朝历史。现今存世的这类作品主要有《宣和遗事》。叙写宋代宣和年间金人入侵、北宋衰亡和南宋建都临安等历史事件。这段时间是赵宋王朝由盛转衰的转折时期，有很多历史经验值得总结，《宣和遗事》就是根据这一主旨进行创作的。对于目的，话本篇首的一首七律诗中说得十分明白：

> 暂时罢鼓膝间琴，闲把遗编阅古今。常叹贤君多勤俭，深悲庸主事荒淫。致平端自亲贤哲，稔乱无非近佞臣。说破兴亡多少事，高山流水有知音。

随后“入话”说古道今，上至三皇五帝，下迄炀帝、明皇，以阐述国家的兴亡盛衰，“都关系着皇帝一人心术之邪正”的道理，为全书奠定了思想基调。作者“深悲庸主事荒淫”的愤懑，在“入话”后喷涌而出：

> 今日话说的，也说一个无道的君王，信用小人，荒淫无度，把那祖宗混沌的世界坏了，父子将身投北去也，全不思量祖宗创造基业时，直不是容易也！

这里无道的昏君，显然是指宋徽宗赵佶。正是他“信用小人”和“荒淫无度”，毁了祖宗创造的基业，造成父子“将身投北去”的奇耻大辱，沦落异乡，在颠沛流离中死去。除总结北宋覆亡的历史教训外，《宣和遗事》还保存了许多珍贵的史料。如有关宋江起义的历史记载，是书中篇幅最多，也最精彩的部分。话本对梁山泊聚义始末的描写虽较简略，但形成了《水浒传》故事的基本框架与结构。在《宣和遗事》之前，有关梁山英雄的故事，一般以单个人物事迹居多，非常分散和零乱。《宣和遗事》第一次将他们组合起来，构成比较完整的前后连贯的故事。又如有关方腊起义的记载，虽仅一节，但也相当具体。此外，如王安石、李师师以及宋徽宗宠信道士林灵素的故事，也都在书中有比较详尽的描写。虽然这些故事已经过民间艺人的加工，有较多的文学色彩，但依然引人注目。除《宣和遗事》外，像狄青、杨家将的故事，以及“新话说张、韩、刘、岳（指张浚、韩世忠、刘锜和岳飞，均系南宋初抗金名将）”（罗烨《醉翁谈录》）等也都曾编成话本，在市井间广为流传。这些话本虽已失传，但其故事情节尚有迹可寻。

前朝历史。宋代话本中，讲述的主要是比较精彩、有治乱经验、有人生智慧的历史。除三国史外，主要是五代史。现今存世的作品有《五代史平话》。全书分

《梁史平话》《唐史平话》《晋史平话》《汉史平话》《周史平话》各上、下两卷，共10卷。其中《梁史平话》和《汉史平话》各缺下卷，实存8卷。《五代史平话》叙述五代梁、唐、晋、汉、周各朝兴衰的历史。全书按照编年顺序，对《资治通鉴》记载的史事，有选择、有详略地做了节录和改写。在成书过程中，作者还参考了李焘《续资治通鉴长编》一书。话本中凡由《资治通鉴》等史书而来的文字，仍以文言为主。主要人物如黄巢、朱温、刘知远、郭威等，他们的出身及发迹经过，因大多出于“说话”艺人的口头创作，或是他们按照当时的民间传说和旧话本内容改编而成，所以使用的文字都是通俗易懂的白话。两者风格完全不同。话本着重描写了五代割据者之间频繁的战争和动乱的局面，在尖锐的矛盾冲突中，反映人民的痛苦，用犀利的笔触揭示了专制帝国建立的真实世相，既渗透着作者强烈的爱憎，又具有较强的认识价值。书名《五代史平话》，“平话”之“平”，有评论、评议、评价和品评天下的意思，指对其中讲述的历史事件和重要人物加以评论。沿用《资治通鉴》的编年纪事体作为话本情节发展的基本艺术结构，虽一定程度上削弱了《五代史平话》的文学色彩，但在讲述黄巢、朱温、李克用、石敬瑭、刘知远、郭威等各朝开国之君时，因较多从民间采撷创作素材，更显得生动传神。这些历史人物的一个共同特点是出身寒微，且多为市井无赖之辈，后在群雄逐鹿中建功立业，成为一代帝王。这类发迹变泰的故事，颇能吸引听众。

元代，讲史更加发达。今存的元代讲史话本主要是《三国志平话》。该书全名《新刊全相三国志平话》，分上、中、下三卷，作者姓名已佚。全书从东汉历史说起，讲述魏、蜀、吴三国史事。上卷记东汉末年，社会黑暗，黄巾军揭竿而起，刘备、关羽、张飞等乘时而出，桃园结义后，杀太守，战吕布，投曹操，成为乱世英雄。中卷记刘备受封豫州牧后，得大将赵云，又三顾茅庐，请出诸葛亮，联吴抗魏，于赤壁大败魏军。下卷记刘备取西川，建蜀国，成三分天下之势，并在诸葛亮辅佐下，南征北战，得马超，失庞统，封五虎将，并临终托孤。其后，诸葛亮出师，错失街亭，挥泪斩马谡，五丈原殒命，司马氏统一三国，是为晋。在《三国志平话》成书前，许多三国故事已在民间广泛流传。全书拥刘贬曹思想相当突出，与传统史学观迥异。北宋司马光的《资治通鉴》在叙述三国史事时，基本上是以魏做正统的。这大致上符合历史的真实。魏、蜀、吴三国相争，由分治到统一，客观地说，魏占主导地位。魏国不仅地广人多，而且对历史发展所起的作用也较蜀、吴两国相对大一些。《三国志平话》呈现的拥刘贬曹思想，显然和元代社会中尖锐的民族矛盾密切相关。首先，话本多次强调刘备是“中山靖王之后”，是汉朝政权的继承者，体现了广大人民希望恢复汉王朝统治的强烈愿望。其次，蜀国地处南方，与建国于北方的魏国对峙，很容易勾起人们对元代社会现实的联想。最后，话本中的刘备是个好皇帝，不仅礼贤下士，而且以仁德治理天下，在他身上寄托着人民殷切的期望。这也曲折地反映了元代人民对专制、残暴的统治者的愤恨。与史书相比，

《三国志平话》不仅有较为生动的故事情节，而且人物性格也很鲜明。刘备的仁，关羽的义，张飞的猛，赵云的忠，诸葛亮的智慧，袁绍的迂腐，曹操的奸雄和周瑜的刚愎自用等，都在话本中有生动的体现。全篇文字简率质朴，时有生动有趣之处。此外，元代讲史话本还有《武王伐纣书》《乐毅图齐》《秦并六国》《前汉书》《薛仁贵征辽事略》等书传世。

在长期的表演实践中，形成了鲜明的艺术特色，是宋元话本的又一重要价值。

艺术特色之一是善于设置悬念。在属于口头表演的“说话”艺术中，为了聚集听众，引导其进入特定情景，调动其审美注意力，设置悬念尤显重要。“说话”艺人大多深谙此中三昧，对“悬念”的设置巧妙又周到，如《简帖和尚》。小说开头描写简帖僧让僧儿送帖，踏上实施罪恶阴谋的第一步时，故意隐去其真实的身份和意图，将他精心策划的骗局千方百计遮盖起来。这就在人们的审美心理上产生了“悬念”，诱导着读者（听众）欣赏视点的凝集。然后是皇甫松中计，引起家庭矛盾，并闹到官府，把故事推向高潮，而简帖僧却始终未露一面，深化了“悬念”。接着，杨氏欲投河自尽，又一下子激化了矛盾，并紧紧地抓住了人们的心。突然又冒出一个婆婆，将她拉住。几天后，婆婆的家中闪过简帖僧的身影，他设置的骗局开始露出端倪。婆婆劝婚，杨氏被迫依允，奸僧达到了目的。此时，作者的笔锋陡然一转，让几个人物同时在大相国寺里“亮相”。这一戏剧性的场面，是小说发展的高潮，既在意料之外，又在情理之中，为解开谜底，揭穿骗局做了必要的铺垫。话本前后呼应，丝丝入扣，把整个案件写得意趣盎然，引人入胜。

艺术特色之二是注意编织故事的结构技巧。作为表演艺术，“说话”时必须在现场“抓住”观众。这就决定了话本不能平铺直叙，必须要有引人入胜的故事情节。因此话本就要善于组织矛盾冲突，构成丰富曲折的情节，并且铺垫呼应，层次清楚，结构周密，时有奇峰异澜，既在意料之外，又在情理之中。跌宕多姿的故事是话本小说的中心，围绕着这个中心，“说话”艺人们以“天才建筑师”和文学“裁缝匠”的杰出才华，从生活的底蕴里采撷创作素材，将最有意义的、生动的事件加以合理的剪裁和巧妙的安排，组成一幅幅市民生活五彩斑斓的图画，以达到“钦异拔新，洞心骇目”的艺术效果。

在结构故事与情节时，宋元话本主要运用了三种结构方式：

第一种是单线纵向推进的方式。这种结构方式采用步步推进的方法，使故事纵向发展，在步步分明的情节递进中，逐渐把故事推向高潮。《西湖三塔记》《洛阳三怪记》《西山一窟鬼》和《崔衙内白鹞招妖》等，都采用了这种结构方式。这种单线式的纵向发展，使故事有头有尾，脉络分明，于平铺直叙中见出细密谨严和波澜起伏，而且往往寓奇于平，在朴实无华的叙述中，洋溢着不凡的艺术情韵。单线纵向的结构方式是宋元话本最基本的结构故事的手法，特别是宋代话本运用这种手法较多。这是话本还处在发展时期的表现，也受到演出时间及听众等各种因素的影响。

第二种是双（多）线式交叉推进的方式。这种结构故事的艺术手法，主要用于展现较为复杂事件的作品。南宋话本中已开始运用了这种方式，如《郑节使立功神臂弓》和《陈巡检梅岭失妻记》就是运用这种结构方式的典型例子。元代话本更多地运用了这种方式。《张孝基陈留认舅》就是很好的一个例证。话本以张孝基勤俭持家、教育浪子小舅子回头的故事情节为发展主线，又从"工商勤苦挣家园"的"长话"古训入手，引出许昌许家的故事，描述了败家子过迁的各种劣行，作为小说情节发展的一条副线。全篇主、副线交叉推进，滚动发展，于峰回路转中照应前后，将故事组织得脉络清晰，丝丝入扣，富有艺术魅力。故事的发展一波三折，波澜起伏。全篇前后照应，丝丝入扣，引人入胜。有的话本结构还将单线式与双线式结合起来运用，使作品更富于变化，产生出人意料的艺术效果。

第三种是"巧合"的方式。这种方式可以简化情节发展进程，加强作品矛盾冲突的紧张性，使话本主题更加鲜明。如《错斩崔宁》就是运用"巧合"方式结构故事情节的成功范例。话本描写王氏的父亲给刘贵十五贯钱，而崔宁卖丝所得也"恰好是十五贯钱，一文也不多，一文也不少"；刘贵回家，王氏偏偏被留下；刘贵"戏言"，二姐躲入邻家，未关家门，恰为窃贼提供了方便；劫掠王氏的静山大王，原来正是杀害刘贵、偷窃十五贯钱的强盗等。借助这种"巧合"的艺术技巧，使话本的情节发展波诡云谲，富于传奇色彩。这种艺术上的"巧合"，并不是主观的臆造，而是从生活中提炼的真实。表面来看，似乎有极大的偶然性，其实在各种"巧合"之中，往往隐藏着必然性。

艺术特色之三是注重塑造独具个性的人物形象。虽然宋元话本大多以故事情节和结构技巧擅胜，但在故事情节的发展中，人的活动却始终占据着重要的地位。话本的故事情节依赖人的活动而存在，而人的活动则靠故事的发展逐步呈现鲜明的性格特征。如璩秀秀、周胜仙、李翠莲等，都以各自较为鲜明的艺术形象活跃在话本中。"说话"的艺人运用各种艺术手段，如通过激烈的矛盾冲突、特定的典型环境、精微细致的心理描写，"不务装点，而情态反如画"的白描，注重细节描写以及对比、映衬、烘托、情景交融等手法，使人物形象塑造达到了一个相当高的艺术水准。如《快嘴李翠莲记》中的李翠莲，作者将故事的焦点集中在她"出嫁前后"这一人生的重大变动时期，让她始终处于矛盾的交汇点，在和婆家、娘家、媒婆以及社会上的各种人物接触中，展现她与传统宗法思想的尖锐冲突，其鲜明性格也在这种冲突中得到了集中的刻画。

艺术特色之四是注意语言的独特性。宋元话本的语言有着独特的艺术魅力。首先，追求叙述语言的高度口语化，是宋元话本语言独特性的表现之一。话本是讲述体的文学，语言高度口语化是其第一要素。《志诚张主管》中，在介绍小夫人和张胜、李庆的第一次会面时的情景时写道：

这张员外门首是胭脂绒线铺，两壁装着橱柜，当中一个紫绢沿边帘子。养娘放下帘钩，垂下帘子。门前两个主管：一个李庆，五十来岁；一个张胜，年纪三十来岁。二人见放下帘子，问道："为甚么?"养娘道："夫人出来看街。"两个主管躬身在帘子前参见。

叙述者用的全是高度口语化的语言，把小夫人同养娘到外面看街的情景讲述得历历如现。演唱的韵文，话本也力求口语化，以使老妪和童子都能一听就懂。如李翠莲新婚之夜在洞房中吆喝丈夫"堪笑乔才你好羞"的大段韵文，可为例证。如果将它和戏曲中的唱词，或者当时流行的诗、词、曲，甚或是民间传唱的俚词小曲相比，这种口语化的特征就体现得更为鲜明。追求人物语言的充分个性化，是宋元话本语言独特性的表现之二。在刻画人物时，"说话"艺人必须要做到"心曲隐微，随口唾出，说一人肖一人"（李渔《闲情偶寄》）。而要达到这样的艺术境界，人物语言的个性化是关键。如《闹樊楼多情周胜仙》《西湖三塔记》《洛阳三怪记》《西山一窟鬼》等都是一时名作。

总之，宋元话本的语言通俗、明白、晓畅，具有传神写照的鲜明特点。虽然近代中国小说从口头文学逐渐演变为书面文学，但宋元话本开创的这种语言艺术之美，一直在后世的文学创作中得到继承和发扬。

第三节　宋元话本的影响

宋元话本对后世文学产生了深远的影响。首先，宋元话本对后世传统小说的发展产生了较大的影响。我国古代中、长篇白话小说的艺术形式和话本的体制如出一辙。且不说大量承袭和模仿话本而创作的拟话本小说，就连脍炙人口的《水浒传》《三国演义》《金瓶梅词话》《西游记》《封神演义》《儒林外史》和《红楼梦》等作品，在艺术形式上也和宋元话本关系密切。如今本《水浒传》就明显保留着讲唱文学的特点。其第一回前有"引首"，即是全书的楔子，相当于宋元话本中的"篇首"或"入话"。全书各回大多以诗词作结，中间穿插大量韵文，基本相类于宋元话本的艺术体制。第十六回说的是"智取生辰纲"之事，结尾说"这个唤作《智取生辰纲》"，露出了它是从讲唱文学《水浒传词话》蜕变而来的痕迹。此外，宋元话本中《郑节使立功神臂弓》和《水浒传》也有渊源关系。这则话本中的某些诗词与《水浒传》前 13 回中的部分诗词有相似之处。如其中的咏雪词《鹧鸪天》，与《水浒传》中林冲雪夜奔梁山时的那首咏雪词仅有个别文字的变动。

《郑节使立功神臂弓》中之《鹧鸪天》：

凛冽严凝雾气昏，空中瑞雪降纷纷。须臾四野难分别，顷刻千山不见痕。银世界，玉乾坤，座中隐隐接昆仑。若还下到三更后，直要填平玉帝门。

《水浒传》中之《鹧鸪天》：

> 凛冽严凝雾气昏，空中祥瑞降纷纷。须臾四野难分路，顷刻千山不见痕。银世界，玉乾坤，望中隐隐接昆仑。若还下到三更后，仿佛填平玉帝门。

这说明，《水浒传》在成书时，确从宋代话本《郑节使立功神臂弓》中汲取过艺术的养料。就《金瓶梅》与宋元话本关系而言，以《志诚张主管》为例，《金瓶梅词话》中主人公之一潘金莲的身世遭遇和那位小夫人十分相似。尤其是两人在婚姻上的不幸，如出一辙。《金瓶梅词话》第二回描写王婆的韵语以及第十三回叙述李瓶儿从大名府梁中书家逃出时带了一百颗西洋大珠，第一百回写春梅在夜里派人送东西与周秀的亲随李安，李安之母不让儿子再到周家去的情节和写韩爱姐“乌云不整”的一段韵语，都引自《志诚张主管》，两者因袭关系十分明显。又《金瓶梅词话》第六十二回的两首赞辞《非干虎啸》和《黄罗抹额》以及潘道士驱使神将为李瓶儿解禳的描写，与《西山一窟鬼》有直接联系。其中《黄罗抹额》的赞辞，又见于《洛阳三怪记》，两者相勘，《洛阳三怪记》的词句似更拙朴，约早于《西山一窟鬼》。《金瓶梅词话》将此两首赞辞移录，表明它在成书过程中，确和话本等说唱文学发生过联系。尽管书中的赞词与宋元话本相比有较多异文，如将“癞道人”改成“潘道士”等，但它们间的“血缘”关系尚可探寻。同回叙写怪风吹灭李瓶儿的本命灯，将死的命运已无可挽回的情节，在《西山一窟鬼》的另一首赞辞中也可找到类似的描写。又《金瓶梅词话》第九十回有李衙内在杏花庄大酒楼下，看教师李贵卖艺和觊觎官家妇女的情节，这李贵也在宋话本《杨温拦路虎传》中出现过。话本写他于“庙会比武”时，刚愎自信，败下阵来，蹈袭之迹分明。《金瓶梅词话》第七十三回描写尼僧讲说佛法时，向众人叙述的内容为《五戒禅师私红莲记》的故事梗概。这一事实清楚地表明了它向流行于市民中的话本觅取过创作素材，也是此书和宋代话本存在千丝万缕联系的直接佐证。就《三国演义》与宋元话本而言，《三国志平话》的主要情节，都被《三国志通俗演义》吸收，只是后者的篇幅比话本大为增加，内容也更充实丰富，思想容量更大。如“三顾茅庐”一节，话本中仅有寥寥几百字的叙写，且文字较为粗率，而到了《三国志通俗演义》中，则成为全书的精彩篇章之一。罗贯中在《三国志平话》的基础上，对它作了大胆的艺术加工，展现了一幅精妙绝伦的艺术画面，小说的两个主要人物刘备和诸葛亮的艺术形象也活灵活现。然究其根，则远在平话之中。如“煮酒论英雄”节，话本仅说：

> 无数日，丞相请玄德筵会，名曰“论英会”，唬得皇叔吐其筋骨。

寥寥几字，平淡无奇。但到罗贯中笔下，将这个故事演绎成整整一回，并且精雕细刻、绘声绘色地描摹出刘备和曹操的内心活动，使人有亲见其人、如历其境之感，于平淡中隐伏着刀光剑影。综观两书，以蜀汉为中心，始于桃园结义，终于晋统一的基本艺术框架和拥刘贬曹的思想倾向全同，因袭关系非常明显。事实上，明清两代的小说，很少没有受到过宋元话本影响的。我国古代小说大厦的耸立，是由无数的砖石垒砌而成的，而宋元话本就是奠基的砖石，奠定了中国古代小说发展的基础。

不仅如此，宋元话本对我国古代戏剧的发展，也有很大影响。无论是宋元杂剧还是明清传奇，一般都是前有"楔子"，后有"题目""正名"，中间才是戏文内容。如关汉卿的《窦娥冤》的题目是"秉鉴持衡廉访法"，正名是"感天动地窦娥冤"。这种艺术形式显然受到宋元话本的启迪。如话本《碾玉观音》的结尾说："咸安王捺不下烈火性，郭排军禁不住闲磕牙；璩秀娘舍不得生眷属，崔待诏撇不脱鬼冤家。"① 二者语言结构极为相似。此外，在人物的上、下场时，往往先介绍姓名、籍贯、经历和家庭情况等；在剧本终了时，又出现"正是""散场"等字样。这和宋元话本的艺术体制也非常接近。

思考题

1. 简述宋元话本的结构方式。
2. 简述宋元话本的成就。
3. 简述宋元话本的影响。

【参考书目】

1. 程毅中：《宋元小说家话本集》，齐鲁书社，2000 年版。
2. 欧阳代发：《话本小说史》，武汉出版社，1994 年版。

①缪荃孙编：《京本通俗小说》，商务印书馆，1925 年版。

第十八章 辽宋金元文学理论批评的发展历程

宋代的政治、地理格局影响了宋代文学批评理论的发展。一方面在散文方面倡导新的古文形式，发扬传统的道的作用，但另一方面对道并无新的深刻的阐发，以道观文的本质不过是以俗观之。诗歌方面，虽开诗话一途，但茶馆格局，话题也并不新鲜，学晚唐、学杜以及技法之类，都是表面现象，某种意义上说不过是一种政策消费。为了标新，以文字为诗，以议论为诗，以标为诗，而实际上都是应然的改良表述。文学没有体现出传统的价值精神与大国气象，牵扯在本体上的笔墨过多，与社会的主流文化精神也并不和谐。词是不是别为一家，其实无关政教，不过是自娱自乐。无论对词的守正，还是诗文的创新，都不是历史车轮的组成部分，而是装饰，甚至有一些伪饰。辽金本不足夸，但其纯真、强劲的奔放气质正是代表了主流文化精神。所以这一段时间的文学理论与批评处于阴阳不协调状态。

辽代的文学理论与批评以崇儒适用为指向，强调品质美真、风格刚劲，但无完整的著作和论文。辽宋时代的文学理论批评成就主要在宋。

第一节 宋代文学理论批评的发展历程

宋代的文学理论与批评著述比较多，内容也很丰富，对当时的文学创作有较大影响。宋代的文学理论批评著作对世风、人情、心理的文学表现讨论细腻，生动传神，虽不以天才相夸，也并无恶意的文人相轻，但乐于竞技，结社交友，高谈阔论，成为一时风气。

一 北宋时期

北宋时期的文学理论批评以诗文理论批评为主。宋初的文学创作，沿袭晚唐、五代文风，一味为文而文，追求时尚，“仰不主乎规谏，俯不主乎劝戒”（范仲淹《唐异诗序》），背离了儒家的明道讽谏传统，又不切于实用，因此文风不振，文坛凋敝。也因此，革新文风就成为文学发展中的必然要求。

首先站出来提倡古文，反对五代奢靡文风，提升文学价值的是柳开（947—1000）。柳开在《上王学士第三书》中指出，文章是“为道之筌”，主张传扬“孔子、孟轲、扬雄、韩愈”等古代圣贤之“道”。要“古其理，高其意”，写出高于“今人之文”的文章。在形式上，认为为文要“随言短长，应变作制”，既取法古人，又要根据内容和表达的需要不拘长短，体制灵活。在语言及修辞上，他认为“文恶辞之华于理，不恶理之华于辞也”，提倡“实有其华”，传达出文学变革的信息。

与柳开同时的王禹偁也就宋初文风及变革提出了自己的见解，《五哀诗·高锡》《送谭尧叟序》《答张扶书》《再答张扶书》等系列诗文表达了他的主张。在作文方面，认为文的作用在于“传道明心”。如果从政，“道”能有惠民之功绩；如果修身，“道”能有垂教之功效。其次，他认为具体为文要“远师六经，近师吏部”，六经中的某些文章“艰奥者非故为之语”。和柳开务实进取的主张相比，王禹偁对当时深僻难晓文风的批判更深刻彻底，对宋代散文通俗流畅风格的形成，起着较大的推动作用。王禹偁的道源自《周易》等经典表达的原道，与儒家道统同源。对于诗歌创作，王禹偁推崇李白、杜甫与白居易，其中尤喜杜甫与白居易。王禹偁的文学批评重道而不轻文，重理而不轻辞，更注重反映社会现实，比柳开要通达得多。王禹偁关于文学的现实价值的理论，为宋代文学及其理论的发展，做出了符合传统的具有积极意义的指引。但由于条件不成熟，他的文学主张在当时未得到广泛响应。稍后的穆修（979—1032）、孙复（992—1057）、范仲淹等，都以韩愈为宗，以弘扬古文为业，但势单力薄，难成气候。

至宋真宗、仁宗二朝，杨亿等人登上文坛。杨亿、钱惟演、刘筠等上层文人用诗歌唱和酬答，结集为《西昆酬唱集》，“雕章丽句，脍炙人口”，气象刷新，诗体为之一变。但石介（1005—1045）认为不好，在《上赵先生书》一文中，表达了强烈不满，提出尊韩重道的主张，撰《怪说》三篇，力排西昆。

与石介同时，倡导变革文风，并在诗歌理论方面做出贡献的是梅尧臣（1002—1060）。梅尧臣论诗，强调继承诗骚传统，反对淫靡怪僻文风，《答韩三子华韩五持国韩六玉汝见赠述诗》表达了他的主张。对诗歌的内容与艺术，梅尧臣认为不应偏废，作诗要能“意新语工，得前人所未道者”，认为只有这样才能达到“状难写之景如在目前，含不尽之意见于言外”的诗歌至境。在具体作品表现上，他认为作诗要能“平淡”。他还写作《续金针诗格》，专门探讨字法、句法、声律、用韵、诗格、诗体等作诗技法。

对宋初不良文风大加扫荡，并最终实现新文风的是欧阳修。辩证地看问题，立论不走极端，是欧阳修诗文理论极其重要的特色。主张文章重道，欧阳修和柳开、石介等人论点相仿，但他特别突出道的实践品位，反对将道变成性理讲章，主张道和文学融为一体，温柔敦厚地走进我们的生活。这是他论道的一大特色和可贵之处。他认为事业、文章是君子人格的两种体现，提升了学问与文章的品格地位。在既重道又重文的思想支配下，他探讨了文章价值的标准，提出了“事信”“言文”“所恃之大小”的三标准。从重视文学质量的高度出发，他提出了“诗穷而后工”的观点。和前代及同时代的其他人相比，欧阳修诗文理论在许多方面都有创新。再加上他勤于实践，创作卓有成就，善于奖掖后辈，团结同仁，并能利用自己的威望、权力呼吁，推行健康、朴实的文风，所以宋初文风开始发生根本转变，开始走上健康发展的道路。

在宋初文风发生变化，诗文创作取得一定成就之后，关于诗文理论和批评的思想开始分化。这种分化大致分成道学家的文论、政治家的文论及文学家的文论。

道学家宣扬儒家学说，结合宋代政治上的需要，往往强调建立封建正统的世界观，他们往往将文学的内容和艺术分离，有的甚至否定文学的艺术性，进而否定文学。早期的是周敦颐（1017—1073），第一个提出了“文以载道”的思想。程颐（1033—1107）提出“作文害道”的观点。作文为什么会害道呢？程颐认为：首先，为文“玩物丧志”。人生在世最重要的是求道，就是加强个人修养，不必顾及其他，而作文会转移志趣，迷恋作文便会放松乃至不去“求道”。其次，为文耗费时间和精力，贻误学道。为人应把全部精力都放到求道学道上来，无暇他顾。最后，致力于作文的人是不可能真正明道的，不明道去作文，就易于离经叛道。离经叛道之文，自然也就会有害于道。程颐的这种认识，既是对周敦颐“文以载道”论的发挥，又是道学家文论走向极端的表现。

政治家文论的代表人物是王安石和司马光。二人政治上是政敌，但文学观点却相似。王安石强调一切文化措施，包括文学都是为了政教目的存在的。文章唯一的价值就是实用，华丽的雕饰是次要的，没有它，也一样实用，形成功利性的艺术观，影响了他对文学艺术特征及其价值的认识，还将其看成是无足轻重的东西，十分轻视文学的作用。司马光《答孔文仲司户书》和《与薛子立秀才书》同样表达了传统儒家文论中关于文学的社会作用的最基本的理论。

苏轼对文学创作有深切体验，了解文学的特点。思想上一方面深受儒家思想的影响，一方面又受到道家和佛教思想的影响，但更具开放性与辩证性。他强调诗文要“有为而作”，文章内容应切合现实，“言必中当世之过”。这种主张和倡导诗文革新的先驱者们认识是一致的。他还主张为文要“有道有艺”。即文章既要有内容，又要有很好的艺术性，二者缺一不可，不能偏废。从“有道有艺”出发，他重点探讨了为文的艺术性。他认为，创作的最高境界就是“自然”状态，不拘守法度，随物赋形，行止自然。而达到“自然”的关键在于“辞达”。要想做到“辞达”，先要做到能对写作对象“了然于心”，即求得彻底的了解；然后还要“了然于口与手”，即做充分的表达，充分运用技巧。他反对刻板地描绘，主张“神似”。风格上，苏轼向往那种自然平淡而又厚实内敛的作品风格。指出，冲和之美看似平淡无奇，率尔造作，但却蕴涵着深远的韵致，而绝不是随便挥洒。平和之美，强调它是对立统一造成的美，是极炼如不炼的产物，悠远的韵致来源于内在凝聚的力度与人生感喟。他认为韦应物、柳宗元的创作“发纤秾于简古，寄至味于淡泊”。不同的风格互相包含、相反相成，体现出深刻的艺术辩证法思想。他最推崇的是陶潜等人的“枯澹”诗风，认为这种诗风是外表枯槁而内里丰腴（苏轼《题柳子厚诗》）。

北宋后期诗坛，形成了一个诗歌理论与创作风格大致相近的诗人群体，后因吕本中作《江西诗社宗派图》，又称为“江西诗派”。江西诗派的形成，与黄庭坚指示门径的诗法理论及成功的创作经验的影响有很大关系。黄庭坚论诗，诗骚并举，又奉杜甫为圭臬。在思想意识上，黄庭坚以儒家的忠孝友信为人生信条，与道学家思想也有相通之处。在文道论上，与韩愈、欧阳修相近。在精神旨趣上，受苏轼的影响，要求诗人要有如嵇康、陶渊明般的超逸尘俗，不同时流的精神旨趣。在精神上，有自己固守的信条，要能“临大节而不可夺”，将圣人之学与人格修养的提升相结合，凝聚成胸中的逸气。由于当时的文字之祸愈来愈严重，再加上受到儒家温柔敦厚思想影响，黄庭坚主张诗歌在表现上，虽可以关心现实，抒写“所不能堪”之情，但决不能为愤激之语，以引来杀身之祸，而应以儒家诗教理论所倡导的婉而多讽、温柔敦厚的方法来反映现实，评论时政。他认为这才符合“诗之旨”。这同历史上扬雄、班固讽刺屈原《离骚》过于激愤引来谗害放逐、不懂明哲保身的观点如出一辙。在诗歌艺术上，黄庭坚倡导“以俗为雅，以故为新”，力求诗歌翻新出奇，标新立异，在继承和学习前贤的基础上超越前人。他认为，古人的成功在于他们严守诗文固有法度。他总结了古代诗文名家在技巧上的训练与成功之处，强调诗文创作的关键是如何在技艺上下功夫，将技艺视为本体，而忽略了文艺创作的根本在于主体人格对于外界事物的感受与表现，即如何处理好心物关系的问题，技艺则是其次。他认为技艺可以通过学习来获得。黄庭坚为此强调加强学问，以获取诗文的长进。关于技艺的具体思想，集中体现在他的“点铁成金”和“夺胎换骨”的主张上。这种主张说到底，就是要善于学习古人的长处，勤于锻炼语言，胸罗万卷，然后自铸伟词，以超越前人。单纯地从提高诗歌技艺上这样说无可厚非，但假如将此作为作诗的唯一方法，忽略了诗歌源于生活这一根本规律，“资书以为诗”，就会使诗歌创作走上歧路。黄庭坚诗法理论的终极目的，是强调诗歌从循规蹈矩、雕字琢句入手，最后达到“不烦绳削而自合”的怡然境界。

江西诗派中的诗人的理论认识，在黄庭坚基础上又有变化与发展。其中最有代表性的人物是陈师道、韩驹和吕本中。陈师道学诗，师尊黄庭坚，故其论诗的基本观点，也上承黄庭坚。但陈师道看到了黄庭坚诗法的局限性，所以提出了“法在人，故必学；巧在己，故必悟”的主张。这是江西派诗学由讲“法”到讲“活法”的转变，“悟”则是这种转变中的一个关捩。韩驹（？—1135）对陈师道的主张有了进一步的发挥。其《赠赵伯鱼》诗说：“学诗当如初学禅，未悟且遍参诸方。一朝悟罢正法眼，信手拈出皆成章。”沿着陈师道、韩驹这一思路，江西诗派的另一位作家吕本中(1084—1145)提出了著名的“活法”理论，开始引导诗人们从“左规右矩”地学步苏、黄，锻炼斫削地翻新陈言中逐渐摆脱出来。这样，吕本中就较陈师道、韩驹等更加彻底地揭示了江西诗派诗论的片面性，而深入发掘并阐发了它的合理内核，把眼光投向不傍古人的求变精神上来，为宋诗新发展，确立了一个基本的、带指导性的原则，以引导江西诗派作家及诗坛后学们走出江西诗派的墙垣。

二　南宋时期

南宋文学理论批评主要体现在诗论、词论及文论三个方面。

南宋诗论的主要形式是诗话。作为中国古代一种独特的论诗之体，诗话是综合性诗“论”与说“话”相结合的论诗形式。诗话始于北宋，欧阳修的《六一诗话》是宋代的第一部诗话著作。早期的宋代诗话，多以记事为主，泛述有关诗的见闻逸事，带有随笔性质，体近于“话”；至北宋中后期诗话大量涌现之后，才逐渐由记事为主转为以批评为主，不仅论诗及事，而且论诗及辞，理论性增强。因此，从概念上说，诗话有狭义、广义之分。狭义的诗话，是诗歌之“话”，即关于诗歌的故事。话者，故事也。以记事为主，注重“以资闲谈”。就体裁言，就是关于诗歌的随笔。广义的诗话，乃是一种诗歌评论样式，以诗论为主，重在诗歌的评论，强调诗学理论及其价值，凡属评论诗人、诗歌、诗派以及记述诗的发生关系与表现生态的专门著作，皆可称之为“诗话”。南宋是诗话大发展的时期，出现了许多著名的诗话。代表作有张戒的《岁寒堂诗话》，黄彻的《䂬溪诗话》，吴聿的《观林诗话》，曾季狸的《艇斋诗话》，葛立方的《韵语阳秋》，吴沆的《环溪诗话》，周必大的《二老堂诗话》，杨万里的《诚斋诗话》，旧题尤袤的《全唐诗话》，张表臣的《珊瑚钩诗话》，敖陶孙的《敖器之诗话》，姜夔的《白石诗说》，刘克庄的《后村诗话》，赵与虤的《娱书堂诗话》，佚名的《北山诗话》，严羽的《沧浪诗话》等。

《岁寒堂诗话》《白石诗说》与《沧浪诗话》是宋代诗话的优秀之作。

张戒（约生活在北宋末年至南宋初期）的《岁寒堂诗话》主要论述了两个问题：一是对诗歌本体的认识，二是对苏黄诗歌的评价，二者相互关联。在诗歌本体上，张戒认为诗应以言志为本。他说“言志乃诗人之本意，咏物特诗人之余事”。与《尚书》记载的“诗言志”的简要表述不同，他对诗言志做出了具体的阐发，虽主张诗以言志为本，但并不排斥情感，甚至还认为情志可融为一体。同时，他又强调孔子“思无邪”认识的重要意义，认为在人的情志之中，总是有邪有正，诗人既能言志，又能无邪，才能符合《诗经》之本旨，才能发挥“兴观群怨”的作用。他还认为自建安至宋代，真正“思无邪”的诗人只有陶渊明和杜甫二人。因此，张戒关于“情”与“志”的认识，始终没有摆脱先儒“发乎情，止乎礼义”的轨范。从这点出发，他认为传统的诗歌大致经历了两个阶段，一是“建安陶阮以前诗，专以言志”阶段，二是“潘陆以后诗，专以咏物”的阶段。就后一个阶段而言，只有李杜是“兼而有之者”。他认为，后一个阶段诗人们“专意咏物，雕镌刻镂之工日以增，而诗人之本旨扫地尽矣”。对整个诗歌发展不满，其中隐含着对宋诗以来愈来愈讲技法、章句的不满。他还主张诗应词婉意微，富有余蕴，认为元白片面追求辞质言直，以致词意浅露，略无余蕴。他认为苏轼、黄庭坚以用事、押韵为工，发议论、求奇僻的诗风违背了诗的艺术创作规律。他主张作诗须“情意有余，汹涌而后发”，强调“诗人之工特在一时情味，固不可预设法式”。这些见解对于矫正江西诗风流弊，拓展诗人视野，推动南宋诗歌发展，都有积极意义。张戒反对苏黄诗偏重形式技巧的流弊，总结创作上的历史经验，要求继承体现儒家精神的诗歌传统，用“诗言志”说反对苏黄。

张戒生活于南宋初年，苏黄诗的流弊还在，他的批评具有现实性，领风气之先，对后来反对苏、黄的诗论的产生发展都有影响。

姜夔（1155？—1230？）的《白石诗说》30则，是一部记录创作经验的诗话。它集中讨论了形式技巧上的一些问题，谈的全是个人的体会。因为他出自江西诗派，因此谈诗法，也谈诗病，而就其兴致看更喜欢谈“活法”。他的求“活”要求表现自己的创作个性，目的是在突破一些程式的束缚。他谈诗时提倡“高妙”，认为这是诗的最高境界，而于理、意等处再三致意。江西诗派中人的诗，往往停留在“工”上，姜夔则进一步要求“妙”。“妙”不能凭空出现，只能体现在文字上，但“知其妙而不知其所以妙”，又要努力去领会此中“妙”处，“碍而实通”“出自意外”云云，又不能用理性去分析，就只能仰仗于直觉的“悟”了。

严羽（约生活在宋理宗1192年至宋度宗1245年间）所著《沧浪诗话》，在中国古代文论史上有独特地位，这不仅是因它在当时具有矫正江西诗派的作用，而且它对于中国古代诗学的一些基本特点，如重视感悟，强调心理体验，以及诗的艺术特点等，援用禅宗学说，做了不同于前人的阐发。是继《乐记》《文心雕龙》《二十四诗品》之后中国古代文论史上的一部重要著作。整体而言，《沧浪诗话》有这样几个特点：首先是系统性。《沧浪诗话》由《诗辨》《诗体》《诗法》《诗评》《诗证》五部分组成，论诗从诗歌的内容到艺术形式，自成一个比较完整的体系。其主旨集中在《诗辨》一篇。它以禅喻诗，以禅论诗，重在诗歌审美意识的探讨，提出了“真识”“妙悟”“入神”“兴趣”等说法，以此来研讨发现诗人的审美能力、审美活动和诗歌的审美标准、审美特征等重大的理论问题。其次是探索性。《沧浪诗话》一反“以资闲谈”的论诗传统，重在诗学理论的探讨，表现出一种可贵的探索精神。严羽集宋人诗禅之说之大成，将它上升到新的理论高度，使之系统化、理论化，不仅为中国诗学建一新的门庭，开拓了论诗的思维空间，而且启迪了后人，开清代诗话“神韵”和“格调”两大诗学派别。这是《沧浪诗话》对中国诗歌理论的一大贡献。诗体之辨，并非始于严羽。然而《沧浪诗话》以一章的篇幅专论诗体，在中国诗体分类史上却还是头一回。严羽从各个不同的角度纵论诗体，丰富了中国古代文体论的艺术宝库。最后是针对性。严羽论诗，为救一代诗弊而发。首先，针对苏黄诗风和江西诗派；其次，反对江湖诗派“清苦”诗风。严羽以前，张戒曾尖锐批评“苏黄”为诗人中之一害。严羽与张氏不同，批判的矛头指向的不是“苏、黄”二人，而是整个江西诗派及其不良诗风，“辨白是非”，定其宗旨，敢于否定整个诗潮，不辞“得罪于世”。以禅论诗理论的产生，与唐代的诗禅文化以及南宋人渴望精神解脱的心理有密切的关系。

南宋是词论的繁荣时期。唐宋词的繁荣发展迫切需要词学理论与批评与之相适应，推动词的写作的健康发展。词学理论与批评的发展有一个漫长过程。唐五代词作多以女性生活为主题，王国维《人间词话》称为“伶工之词”。虽然不很贴切，毕竟南唐二祖已经将词送上了士大夫文化的轨道。但词主要以女音为主，以婉约为宗，“风云气少，儿女情多”确是主体事实。词学理论，后蜀欧阳炯《花间集序》已首开其端，论及词的性质、功能及词坛风尚等，标志着传统词学观念的形成。至宋代，词集之序流行，成为北宋词学理论与批评的主要平台形式。北宋嘉祐三年(1058)，陈世修《阳春集序》明确提出词的社会功能在于“娱宾而遣兴”(《阳春集序》)；晏几道《小山词自序》也谓词的用途在于“析酲解愠”“期以自娱”(《后山诗话》)。内容题材的狭隘和娱宾遣兴的目的，使词的地位不及诗，形成诗尊词卑的局面。这种情形的重要改变始于苏轼。苏轼的词学思想主要是“以诗为词”和倡导豪放词风，由此拓宽了词的意境，丰富了词的表现手法，提高了词的地位。苏轼把词当成“古人长短句诗”，推崇词的“警拔”“雄”“奇”等风格，这些风格基本属于豪放范畴，与传统的婉约风格迥异。在倡导豪放词风的同时，苏轼也并不排斥婉约词风，倡导多种词风兼容并存。这些观点对以后豪放词的发展奠定了理论基础，也为词的士大夫化提供了理论依据，词分雅俗也就成为很自然的事情。北宋后期，除用专集序跋阐释词学理论外，出现了专题词论，如晁补之的《词评》、李清照的《词论》等，还出现了在笔记、诗话中间及论词，如陈师道的《后山诗话》等。词学批评开始从零散片断逐渐转入全面、系统，标志着词学理论的进一步发展。其中黄庭坚《小山词序》着重强调了晏几道词脱于世俗之气的清新、纯情和动人的力量。陈师道则认为苏词以诗为词，并非本色，对苏轼的诗学视野的一些评论观点他并不认可。张耒评词却源于苏轼，倡举自然。李清照的《论词》提出词“别是一家”之说，强调词的本体特质，即词的音乐性，首次为诗词之别树立一块界石，既是其词学批评的基本出发点，也是宋代词学注重词体艺术的本体精神的表现，历来受到理论界的重视。

随着词这一新的文学样式成熟崛起，及词学的繁荣发展，南北宋之交，词话开始从诗话母体中分离出来，独立成为一种词学批评的专门形式。其后作者日众，著作繁多，出现了像杨湜《古今词话》、王灼《碧鸡漫志》、吴曾《能改斋词话》、胡仔《苕溪渔隐词话》、张侃《拙轩词话》、魏庆之《中兴词话》(载《诗人玉屑》中)、周密《浩然斋词话》、张炎《词源》、沈义父《乐府指迷》等词话著作。

与王灼词学思想相近的是胡寅的词论。胡寅(1098—1156)的词论主要见于他的几篇题跋和序文，基本观点是词当“发乎情性，归乎礼义”，显示出道学家词论的色彩，与王灼词论要求符合伦理道德规范相比，保守性更强。这个时期词学批评的突出成果，还有张炎的《词源》与沈义父的《乐府指迷》，是宋代词学成熟的主要标志。

张炎的《词源》是宋代最著名的词学理论著作，达到了这一时期词学的最高水平。上卷论述词律及词曲唱法，附《讴曲要旨》一篇，详论五音十二律、律吕相生及宫调、管色等，并以图解说明，有很强的词曲音律学价值；下卷论音谱、拍眼、制曲、句法等，重在作词原则、方法、技巧、音律、风格、评论标准等，提倡“雅正”“清空”“意趣”。强调“词以协音为先”，要符合音律的标准，认为“词要清空，不要质实”。张炎词论重意趣，和司空图诗论讲究“味外之旨”，苏轼论诗倡导“言有尽而意无穷”有异曲同工之处，也与李清照论词将“情致”看作词的重要特质思维一脉相承，突出了词言情而委婉的审美特点，力图在艺术特征上把词与诗区分开来。由于对词律、词作进行了全面而深入的研究，并揭示了词作为独立的文学门类应有的品格与风格，所以，张炎的审美理论对后代词学影响较大。

南宋后期豪放词论主要围绕对辛弃疾词的评价展开。主要词论有刘辰翁的《辛稼轩词序》。它具体指出了由苏轼开创、辛弃疾发扬光大的豪放词在词的内容和词境上的重大开拓与创造之功。

南宋文论的代表性人物主要有朱熹。朱熹关于文学的理论与批评，主要收在南宋黎靖德编的《朱子语类》中。他认为“道”为本，“文”为末：“道者，文之根本；文者，道之枝叶。”文学批评深深扎根于其义理心性之学的基本倾向，是道学家文学批评重道而轻文思想的集中体现。此外，朱熹在《诗经》学和楚辞学等方面也提出了许多见解，形成了很多重大突破，并对后世产生了深远影响。

总之，宋代的文学理论都强调文学的道的中心位置，但在文道关系和文的具体表述上，彼此有一定的差异。轻松活泼的形式，词学的独立思考，宗教和文学的相关评论理论，强调创新的“活法”等皆是宋人的理论体验和创造。

第二节　金代文学理论批评的发展历程

金代文学创作以诗文为主要样式，文学理论和批评自然也集中表现在诗文方面，理论著作主要有朱弁的《风月堂诗话》，王若虚的《滹南诗话》《文辨》和元好问的《论诗三十首》几种。刘祁的《归潜志》中也记载了大量金代文人轶事及谈诗论文的资料，颇有理论价值。另据《中州集》记载，魏道明曾有《鼎新诗话》，范墀也有诗话传世，惜今已不存。此外，在金代文人的序跋记引等文章中也有一些诗文理论和批评的内容，重要的有赵秉文的《答李天英书》《答麻知几书》《竹溪先生文集引》，李纯甫的《西岩集序》，元好问的《杨叔能小亨集引》《杜诗学引》等。这些就是我们探讨金代文学理论和批评的基本材料。

文学理论和批评都是建立在文学创作的基础之上的，都有其产生的原因和所指的对象。所以，我们必须结合金代文学发展概况和风尚习气来谈论金代文学理论和批评。金代文学受北宋文学尤其是苏黄诗风的影响较大。金末文坛盟主元好问说“百年以来，诗人多学坡、谷”，清人翁方纲亦云“程学盛南苏学北”。所以，在一定程度上说，金代文学理论和批评的发展也是与对待苏黄诗风的态度密切相关的。

金初文学“借才异代”，受到苏黄诗风的影响是很自然的事情，如施宜生“颇得苏门沾溉”。由于他们有由宋入金的特殊经历，作品内容较为充实，感情也很真挚，因此，诗作还是很能感动人的。此期的诗文理论著作只有“南冠诗人”朱弁的《风月堂诗话》一种，其中多是对北宋文人轶事的追忆，也有作者对前人诗歌所作的评论。朱弁论诗尤重“自然之妙”“浑然天成”，对杜甫和苏轼极为推崇，对李商隐和黄庭坚也颇多肯定。朱弁的这些论诗主张对金代诗歌创作产生了重要的影响。

金代中期，真正的“国朝”文人已登上文坛。由于国家实行取士制度，以词赋为重，导致了人们作诗过于追求讲究格律技巧。再加上承平日久，社会安定，生活富庶，文坛上表现出追求尖新奇险、次韵唱酬的不良倾向，如王寂的诗歌“仿苏才翁太甚”，刘仲尹则是“学江西诸公”“参涪翁而得法者”，仍然受到苏黄诗风的影响。一些有识之士就对此提出批评，如周昂认为“宋之文章至鲁直已是偏仄，陈后山而后，不胜其弊矣”。故终身不喜黄庭坚诗歌。他提出“文以意为主”“巧拙相济”的观点。此期的诗文批评也不发达，理论著作亦少，见于记载的只有魏道明的《鼎新诗话》，但今已不存，具体内容不得而知。

金代后期文坛，苏黄的影响也没有消失，如雷渊就“诗杂坡谷，喜新奇”，张毂“诗学黄鲁直格”，等等。此时蒙古兵南下，加上朝政腐败，社会动乱，民不聊生，只讲格律技巧、缺少思想内涵的江西诗风已难适应时代的需求，所以许多人对这种诗坛风尚提出极为严厉的批评，如王若虚称黄庭坚“‘夺胎换骨’‘点铁成金’之法，特剽窃之黠者耳”（《归潜志》），提出写诗作文“贵自得”，要抒发真心实感，崇尚平易自然的风格。又如李纯甫说江西诗派“高者雕镌尖刻，下者模影剽窜”（元好问《中州集》），主张“以心为师”“惟意所适”，他“教后学为文，欲自成一家”“当别转一路，勿随人脚跟”（《归潜志》）。而赵秉文则主张广泛学习古人，以形成自己的风格，“为文当师六经、左丘明、庄周、太史公、贾谊、刘向、扬雄、韩愈，为诗当师《三百篇》《离骚》《古诗十九首》，下及李杜，学书当师三代金石、钟、王、欧、虞、颜、柳，尽得诸人所长，然后卓然自成一家”（《闲闲老人滏水文集》卷十五）。而集金代文学之大成的元好问更是写下《论诗三十首》，要为诗坛辨别正伪、区分清浊，指出一条学习和创作的正确道路。第一首就开宗明义说：“汉谣魏什久纷纭，正体无人与细论。谁是诗中疏凿手？暂教泾渭各清浑。”所谓“正体”就是指以“诗三百”为源头的，以汉乐府民歌，建安文学，阮籍、陶渊明的作品，一直到唐代的陈子昂、杜甫、白居易等诗人的创作为主流的风雅传统。他们或主张师古，或主张师心，相互争论辩难，但都是对当时文坛上追求格律、讲究技巧的江西诗风的反拨。

这一时期的诗文理论著作主要有王若虚的《滹南诗话》《文辨》和元好问的《论诗三十首》等几种。金亡后，刘祁写下《归潜志》一书，记载了大量金代文人轶事及谈诗论文的资料，颇有理论价值。这些都是金代最为重要的理论成果，在中国文学批评史上占有举足轻重的地位。

第三节　元代文学理论批评的发展历程

元代文学理论与批评有自己的特色，方回的《瀛奎律髓》、张炎的《词源》都是著名的理论著作。元代还出现了以辛文房《唐才子传》和钟嗣成《录鬼簿》为代表的传记体文学批评著作，于正史之外，为诗人与戏剧家们立传，开创了以作家批评为中心的传记体文学批评样式。传记体文学批评，渊源于史传，是史传体在文学批评中的具体运用。方回当然是诗学名家，张炎当然是词学名家，钟嗣成无疑也是曲学名家。只是由于传统的偏见的影响，人们对方回的人品多有贬词，因而影响了对他的诗文成就和诗学成就的评价。张炎则一直被当作宋人，他的词作和词论都成了宋代文学史和文学批评史的内容。对钟嗣成的评价不存在什么问题，对其《录鬼簿》的整理和研究在20世纪也做得很充分，他对曲学的贡献确实主要在于文献方面而不在理论方面，但他为曲学奠基之功是应充分肯定的。辛文房的《唐才子传》，杨士弘的《唐音》都是有影响且在批评史上不可多得的著作，只是《唐才子传》长期被作为唐诗文献著作看待，它的诗论价值，是在20世纪才受到研究者逐渐重视的。《唐音》凡十四卷，分《始音》《正音》《遗响》三类，计收诗1341首，以别体制之始终，见音律之正变，也有较高的文学批评理论价值。只是《唐音》的影响被后起的明代高棅《唐诗品汇》所取代，而《唐诗品汇》正是在《唐音》的直接影响下产生的。此外像刘壎的《隐居通议》，也是很有价值的文学批评著作。朱右的《八先生文集》今无传本，但其精神却对中国古代的散文评论产生了深远的影响。此集所选为唐代韩愈、柳宗元，宋代欧阳修、曾巩、王安石、苏洵、苏轼、苏辙八人散文。明代唐顺之《文编》于唐宋两代选八家，与朱右所选完全相同，不能说他没有受到朱右的影响，正是在此基础上才出现了茅坤的《唐宋八大家文抄》，于是“唐宋八大家”之称流传至今，成为中国古代散文史上最有影响的概念之一。元人文集中大量的评诗论文的序跋，也都是重要的诗学文献，蕴藏着很有价值的文学批评见解，很多是前代所没有的，今人以为是明人的创造，其实元人早有很好的论述，如真诗在民间，诗乃天地自然之音等等，不胜枚举。元人的文学理论成就，有待我们去进一步认识。

元代诗文理论分为以下几派：以方回为代表，承继宋代黄庭坚与江西诗派，标榜“格律整峭”；以郝经、刘因为代表，承继宋代理学家的观点，以道论文，倡导恢复风雅传统，崇尚诗之“高古”；受宋末著名诗论家刘辰翁影响，其弟子赵文和儿子刘将孙，主张诗学性情论；以戴表元、袁桷为代表，承继严羽，宗唐复古诗风的倡导以及对理学危害文艺的批判；元末杨维桢，认为诗应表现个人的情性，强调诗的个性化，反对因袭模拟。而在戏曲、小说方面，则有了开创性的成就，形成了一个新的文学理论分支，为明清的戏曲和小说等叙事文学理论奠定了基础。

元代文学批评主要有以下显著特点：其一，元代诗学批评以唐音为宗，重盛唐，尊李白、杜甫、王维为“唐之正音”。如郝经曾选编《一王雅》辑录汉魏至唐五代之诗，称“李唐一代诗文最盛”，如李、杜、韩、柳、白诸家诗“直与《三百五篇》相上下”。刘因亦如是，谓“魏晋而降，诗学日盛，曹、刘、陶、谢其至者也；隋唐而降，诗学日变，变而得正，李、杜、韩其至者也；周宋而降，诗学日弱，弱而后强，欧、苏、黄其至者也”(《静修先生文集·叙学》)。如赵文与赵孟頫等主抒情言志，以自然为本，认为唐诗之妙在于抒情性之真，在于“诵其诗者知其人，识其事物者达其义，览其辞者见其指归”，认为“唐人之于诗美”者，体现在“唐人之精神情性始无隐遁焉”(《赵孟頫《唐诗鼓吹序》)，而宋诗之弊在于铺张议论、刻削过当，因而赵文认为宋人“诗话盛而诗愈不如古”(《郭氏诗话序》)。傅若金《诗法正论》云：“大概唐人以诗为诗，宋人以文为诗。唐诗主于达情性，故于《三百篇》为近；宋诗主于立议论，故于《三百篇》为远。达情性者，《国风》之变；立议论者，《雅》《颂》之变。固未易以优劣也。”元大德八年（1304），辛文房《唐才子传》一书面世，为唐诗研究与作家批评开拓了一个新局面。“元诗四大家”(虞集、杨载、范梈、揭傒斯)，提倡盛唐诗歌雅正恢宏气象，力排金末宋季的乱世之音。揭傒斯的《诗宗正法眼藏》声言“学诗当以唐人为宗”，“诸名家又当以杜为正宗”。元末著名诗人戴良《皇元风雅序》亦云：“唐诗主性情，故于风雅为犹近；宋诗主议沦，则其去风雅远矣。”其总体审美倾向仍然是扬唐抑宋。

其二，元代文学批评体式，有因袭宋金诗话诗格，如祝诚的《莲堂诗话》，蒋子正的《山房随笔》，吴师道的《吴礼部诗话》，韦居安的《梅磵诗话》等，沿袭北宋欧阳修诗话“以资闲谈”之旨，以记事为主，少有创见。还有，最突出的一个特点就是唐人诗格的复兴，使元代诗坛盛行着一种诗格、诗式、诗例之类诗学入门著作。如杨载的《诗家法数》(又题《杨仲弘诗法》)、《诗学正源》(为《诗家法数》中一篇)《杜律心法》(或题《杨仲弘注杜少陵诗法》，题杨载注)等，范梈的《木天禁语》(1卷)、《诗学禁脔》(1卷)，揭傒斯的《诗法正宗》(1卷)、《诗宗正法眼藏》(1卷)，傅若金的《诗法正论》(1卷)，陈绎曾有《诗谱》(2卷)，等等。这类著作虽“论多庸肤，例尤猥杂”，重在诗体、诗法、诗眼、诗病等方面的知识性介绍，注重诗歌创作经验的传播，但是其中也不乏真知灼见。如《诗法正宗》论诗主“味”，极力推崇司空图的“味外之味”学说，且有所发扬光大，自成一格；认为诗味之妙在“意外生意、境外见境”。所述之诗学见解深厚广博，议论之精当，内容之完备，逻辑之严密，远非唐人诗格之可媲美，元人的诗学体系已初露端倪。另外，元人标举诗学。此前的诗学作为诗歌创作原理、诗学观念、诗学批评的“诗学”之名尚未诞生。元人标举诗学，使诗学之名正式成为专门论诗著作之题，以诗学为尚，所论之诗学体系已趋向精到完备，已经跨越了唐人诗格与宋人诗话的藩篱，显示出元代诗学批评注重理性思辨的审美特征。

其三，元代是中国小说戏曲批评逐步走向成熟的时代。随着小说、戏曲艺术的繁荣发展，小说理论批评与戏曲理论批评的论著也应运而生。其中，小说批评有罗烨《醉翁谈录》，凡10集20卷，为传奇、话本小说集。卷首《舌耕叙引》中的《小说引子》与《小说开辟》，是两篇比较全面地总结宋元话本小说创作经验的理论文章。戏曲批评有燕南芝庵《唱论》、周德清《中原音韵》、钟嗣成《录鬼簿》、夏庭芝《青楼集》等，论及戏曲音乐、韵律、唱法、语言、作家传记、戏曲剧目等等，虽然这种戏曲批评尚不系统，比较零碎，但较之于前代已有明显进步。

思考题

1. 简述北宋的文学思想与文学批评的发展历程。
2. 简述南宋的文学思想与文学批评的发展历程。
3. 简述金代的文学思想与文学批评的发展历程。
4. 简述元代的文学思想与文学批评的发展历程。

【参考书目】

1. 李春青：《20世纪中国古代文化研究史》，山东教育出版社，2008年版。
2. 郭绍虞：《中国文学批评史》，百花文艺出版社，2004年版。

第十九章 辽宋金元文学理论批评

第一节 宋代的文学理论与文学批评

一 欧阳修的诗文理论

在政治变革大氛围的影响与推动下，至宋仁宗时，宋初柳开等人所倡导的诗文革新，愈来愈受到文人重视。在此背景下，欧阳修开始登上文坛，并逐渐成为这一时期的文坛领袖。作为在创作和理论上都取得卓越成就的文人，和宋初许多文人相比，欧阳修的诗文理论辩证而不走极端，比较符合诗文创作实际，对诗文创作产生了较好的指导作用，也对后世文学理论批评产生了较大的影响。

（一）建立了较为辩证的文道观

文与道的问题始终是文人关注的核心问题。欧阳修也十分重视道。在《与张秀才第二书》中，他认为文人学习，主要是学道；而学道则必先知古，因为道是历史传承下来的一种自觉的精神传统和文化遗产。明了道的历史与内涵，并自觉地用之修养自身，在事业中体现，在文章中阐释，才能不朽于后世。欧阳修认为做人、做事、作文都离不开对道的学习。就文与道关系而言，欧阳修认为，道是根本，解决好这个问题，其他问题就好解决了。

欧阳修认为，道虽是为文的根本与首要问题，但不是唯一问题，重道但绝不轻文。这是欧阳修诗文理论立论的关键。首先，他认为，为文必须重视文采，文章没有文采，语言运用缺乏技巧性与表现力，是不能传之久远，有绵长生命力的。

（二）提出了“诗穷而后工”的观点

欧阳修继承了韩愈“穷苦之言易好”之说，并在《送孟东野序》等相关文章中，阐述过这一见解。欧阳修认为，诗人大多穷厄这种认识是不对的，并不是诗的创作就导致诗人穷厄。诗无罪，写不写诗，诗写得好和不好，和诗人穷达关系不大，因此，绝不能将诗人穷厄归罪于他对诗的执着和专注。同时，穷厄对提升诗人作品中的人生与伦理境界是有帮助的，在这种境况中产生的诗作往往是最能打动人心的佳作。“诗穷而后工”的命题，指出了社会环境对文学创作的重要影响，有要求作家接受生活磨炼的意思，对封建社会的压抑人才制度客观上也有批判的意义。突出了诗穷与后工的必然关联，实际上是将传统的诗可以怨、“发愤抒情”“发愤著书”与“不平则鸣”理念提升了一步，或者说体现了时代要求，并且与中国文化的内在审美规律相结合，在中国古代文论史上有着进步的意义。

（三）探讨了意蕴、情趣等问题

欧阳修认为文学艺术有着不同于政教义理的独特之处，主要表现在意蕴的不可言说，只能意会。在《书梅圣俞稿后》中，指出音乐有着文学所无法相比的抽象性、缥缈性，不是简单的政教原理所能覆盖的。在谈到鉴赏绘画时，欧阳修同样认为绘画也具有鉴赏者难以体会到的言外之意。艺术欣赏过程中的奥妙之处也是如同人喝水一般，冷暖自知。欧阳修在谈论艺术的意蕴、情趣特征时看到了这一点。

二　苏轼的诗文理论

与欧阳修一样，苏轼也是既能进行文学创作，又能对文学进行理论思考的作家。他的诗文理论主要体现在以下几个方面。

（一）倡导诗文应“有为而作”

对于诗文，有人把它看成小玩意，看成风花雪月的小东西，但苏轼却不是这样看。他高度重视诗文创作，始终倡导“有为而作”。在《凫绎先生诗集叙》中，他引述苏洵评论颜凫绎诗文的话说：

> 先生之诗文，皆有为而作，精悍确苦，言必中当世之过。凿凿乎如五谷必可以疗饥，断断乎如药石必可以伐病。其游谈以为高、枝词以为观美者，先生无一言焉。

在《题柳子厚诗》中他又说：“诗须要有为而作。”所谓“有为而作”，就是要求诗文内容能切合现实，“言必中当世之过”，有如“疗饥”的五谷，“伐病”的药石；就是反对诗文无病呻吟、徒具形式的华美文辞。这种主张和诗文革新的先驱者们的认识是一致的。这种认识，提高了诗文的价值和地位，使人们对诗文不敢小看，不能不去重视。

（二）提出文学艺术要“有道有艺”

和欧阳修一样，苏轼论述文学创作中的文道关系，也不走极端。既重视内容，又重视形式与技巧。在论及绘画时，他曾说过“有道有艺”的话，这不仅是对绘画说的，也是对一切文学艺术作品说的。换句话说，“有道有艺”是苏轼评价文学艺术作品的重要标准。苏轼之所谓“道”，不仅指哲学、伦理道德及社会人事等方面的内容，还包括各类事物自身的特点和规律。这样，苏轼所说的道已经突破了儒道传统，而扩展到自然、社会等各个方面。苏轼对道的解释，是古代文论中对“道”含义所做论述的重大突破。

（三）探讨了文学创作中“艺”的系列问题

作为杰出的文学家，苏轼有丰富而成功的创作经验，因此，对艺的体会和总结，也就比别人要多，并比较精辟。

首先，崇尚自然。苏轼说，自己写文章不拘守法度，随物赋形，行止自然。在《答张文潜书》中，他尖锐批评王安石“好使人同己”，认为即使是好的作品，一旦被奉为典范，要求天下一体，那必然会导致创作的模式化、雷同化，所写出的文章只能千篇一律，单调贫乏，有如“荒瘠斥卤之地，弥望皆黄茅白苇”一样令人生厌。

其次，倡导“辞达”。在《答谢民师书》中，苏轼批评“尚质轻文”说的片面性；进而又将“辞达”解释为是“达物之妙”；然后再指出，要想收到这种效果，就必须对所表现的事物“了然于心”，即有深刻的认识和全面的把握，以形成“意”。苏轼认为，只有到了这种状态下，才可以运用语言把“意”准确生动地表现出来，达到“了然于口与手”的境界。这无疑是一个完全符合文学创作规律的认识。

再次，追求“神似”。在《书鄢陵王主簿所画折枝》《送参寥师》《书晁补之所藏与可画竹》中都强调神与物化，物我两忘，主观与客观完美结合，借物之神传己之意。这样的作品自然也就易于达到“天工与清新”的境界。

最后，深入探讨了风格问题。苏轼向往那种自然平淡而又厚实内敛的风格。周紫芝《竹坡诗话》曰：

> 作诗到平淡处，要似非力所能。东坡尝有书与其侄云：“大凡为文，当使气象峥嵘，五色绚烂，渐老渐熟，乃造平淡。”

这样的作品，内涵才能深厚，意味才能深长。这种认识得之于司空图，而阐释又较司空图要透彻与深刻得多。

三　黄庭坚的诗歌理论

黄庭坚是对后世诗歌创作影响最大的宋代诗人之一。他的诗歌理论，大致包括如下几个方面。

（一）倡导诗歌要“温柔敦厚”

黄庭坚在《书王知载朐山杂咏后》中认为，诗歌虽主性情，但却不是朝堂上强谏硬争之语，也不是道路上愤激污垢之声，更不是宴聚中使气骂座之言，因此主张温柔敦厚的品格，甚至认为表现“温柔敦厚”性情的才是诗歌。如果与时乖逢，诗人们那些怨恨牢骚之情，不平愤懑之情，一是不能有，二是不能流露出来。实在不能不有所显现时，也适合哀婉呻吟、调笑诙谐的方式表现。抒写愤激之语，只能引来杀身之祸。黄庭坚的这一段话，既是对历代诗人创作的总结，也是对苏轼因诗惹祸的反省。苏轼因诗惹祸是当时诗坛议论得比较多的话题。苏轼受贬之后，他的朋友们多次劝他戒诗："北客若来休问事，西湖虽好莫吟诗。""莫向沙边弄明月，夜深无数采珠人"（叶梦得《石林诗话》卷中）。在《答洪驹父书》中，黄庭坚说："东坡文章妙天下，其短处在好骂，慎勿袭其轨也。"《后山诗话》中，陈师道也表示过类似的观点。诗歌尽量不正面、直接地表现现实。那么，诗歌要多展现什么呢？黄庭坚在《宿旧彭泽怀陶令》中提出，应是诗人们的精神旨趣、流风逸韵，强调精神气韵对于文艺创作的根本作用和存在价值。

（二）注重以法度才学为诗

黄庭坚在美学旨趣上表现为崇尚法度的倾向。他认为，古代文人的成功在于他们严守诗文法度。严守法度，就要多阅读研习古人的诗书。在《答洪驹父书》中，他提出加强学问，是诗文长进的重要法宝。而要加强学问，就必须向古人学习；向古人学习的一个重要方面，就是学习古人成功诗文中的技艺。在黄庭坚诗文理论体系中，有将文章之道简化成技艺范畴的倾向。他强调诗文创作的关键是如何在技艺上下功夫，将技艺视为本体，而忽略了文艺创作的根本在于主体人格对于外界事物的感受与表现，即如何处理好心物关系的问题，技艺则是其次。他的这种理论，强调了学习的重要性，强调了诗文创作中技艺的重要性，当然对初学者来说，有法度可依，有规矩可循。江西诗派后来以才学议论为诗，就是从此种观念出发的。但只将诗文创作关键归结为器用范畴的技艺方面，光在词句与用律上下功夫，丧失了"不平则鸣""诗穷而后工"的精神，则不免有些气短，这是他及江西诗派其后被严羽猛烈抨击的缘由。

（三）提倡"以俗为雅，以故为新"

在诗文创作，尤其是诗歌创作中，黄庭坚将技艺视为本体，因此，就提出与总结出了许多可操作、可实践的诗法。这些诗法在其后的江西诗派那里产生了较大影响。在《再次韵杨明叔》诗序中，黄庭坚提出了诗"以俗为雅""以故为新"的主张，要做到这一点，就要在句法、句眼上下功夫。他说："拾遗句中有眼，彭泽意在无弦。""一洗万古凡马空，句法如此今谁工。"所谓的"句眼""句法"，应属修辞学上涉及的技艺的范畴，和诗文总体的精神气韵相关，没有特别神秘的地方。但在黄庭坚那里，这些东西被不适当地放大了，成为关乎诗文意蕴与整体之美的关键。在这方面，他还指引了许多具体的门径，其中影响最大的是在《答洪驹父书》中提出的"点铁成金"与"夺胎换骨"。

黄庭坚倡导"以俗为雅，以故为新"，其本意是要在继承与借鉴前人的同时又应有所超越，但将此作为作诗的唯一方法，忘却了诗歌源于生活这一根本规律，

"资书以为诗"，就会使诗歌创作走上歧路，这也是江西诗派为当时和后人所诟病之处。

（四）追求"不烦绳削而自合"的艺术境界

黄庭坚诗法理论的终极目的，是强调诗歌从雕字琢句、循规蹈矩入手，最后达到"不烦绳削而自合"的境界。他曾反复说明这个问题。如在《题意可诗后》中，他赞美陶渊明的天放自合，不烦绳削；在《与王观复书》中，他对杜甫晚期诗歌创作十分敬佩，认为达到了炉火纯青的地步；在《荆南签判向和卿用予六言见惠次韵奉酬》中，他强调要"安排一字有神"。

四　《沧浪诗话》与严羽的诗学批评

严羽（生卒年不详），字仪卿，一字丹丘，自号沧浪逋客，福建邵武人。约活动于南宋理宗年间，晚年隐居不仕。著有《沧浪诗话》和诗集《沧浪集》。《沧浪诗话》共1卷，由《诗辨》《诗体》《诗法》《诗评》《诗证》5部分组成，是宋代诗话的压卷之作，也是宋代文学批评，特别是诗学批评的代表作，在中国文学批评史上有着极其重要的地位。《沧浪诗话》的理论特色及突出贡献，主要表现在以下几个方面。

（一）强烈的针对性

严羽论诗，为救一代诗弊而发。首先，《沧浪诗话》写作的主要目的是反对苏黄诗风和江西诗派。南宋末年，宋诗一味在诗中述哲理、炫才学，使诗失去灵气，缺乏"一唱三叹之音"，变得味同嚼蜡。诗的美感作用一旦消失，也就无从实现"兴观群怨"的功能了。江西诗派自称师法杜甫，四灵、江湖诗派则改为效法晚唐诗人，特别学习贾岛、姚合一派的作品。然而他们的诗歌风貌浅薄琐碎、狭隘窘仄。对此，严羽不喜欢这些"清苦之风"，把他们作为江西诗派的另一极端加以反对。正是从不满、批评南宋诗坛上的这两种创作倾向出发，严羽对诗歌理论进行了许多有益的探索。

（二）积极的开创性

和宋前期的诗话多好"以资闲谈"的论诗传统不同，《沧浪诗话》侧重对诗学理论进行探讨，表现出可贵的开创精神。《诗话》的开创精神表现在如下三个方面。

1. 以禅喻诗

宋代诗禅之风虽盛行，但真正确立"诗禅"之说，应归功于严羽的"以禅喻诗"理论的创立。在《诗辨》中，有一节专门论及"禅道"与"诗道"的关系。严羽把学诗看作学禅，认为"禅道惟在妙悟，诗道亦在妙悟"。所谓"禅道"，即禅宗之原理；所谓"诗道"，即诗歌创作的内在规律性。严羽"以禅喻诗"，是用禅宗的某些话头来比喻诗歌创作的特点，着眼是在"喻"上，"以禅喻诗，莫此亲切"，只是以其有共通处，故而借用佛教中的一些说法阐明自己的理论主张，而不是把禅和诗当作一回事。严羽集宋人诗禅之说的大成，把禅宗新的思想、新的思维方式运用于论诗，又自成体系，为中国诗学建一新的门庭，开拓了论诗的思维空间。同时，启迪了后人，开清代诗话“神韵”和“格调”两大诗学派别。

2. 论诗辨体

关于诗体之辨，由来已久。首先，严羽虽然有时存在“体与格不分，格与法不分，混体格法三者而为一”（《沧浪诗话》）的问题，但开创之功不可抹杀。对诗体的辨析，《沧浪诗话》涉及全面，可以说集古今诗体之大成。许印芳评论《诗体》一章时说：“诗体繁赜，大概已具于此，其余体格，博览群书自知之。”其次，《沧浪诗话》简明概括了诗体演变大略线索：“风雅颂既亡，一变而为《离骚》，再变而为两汉五言，三变而为歌行杂体，四变而为沈宋律诗。”这“四变”，概括了《诗经》以来中国古代诗体发展演变的四个阶段。再次，《沧浪诗话》论述角度复杂多变，努力表现新意。《诗话》论诗体，除“以时而论”与“以人而论”之外，有以集命名的“选体”“玉台体”“香奁体”等；有以字数句式而称的三言四言五言等；有以格律与否而分的“古体”“近体”；有以乐府歌谣而分的“谣”“吟”“词”“引”等；有以感情色彩而分“叹”“愁”“哀”“怨”名者等；还有一些“杂体”。角度不同，名称各异。严羽从各个不同的角度纵论诗体，虽然有时也显得杂而乱，但毕竟有利于诗体之辨，丰富了中国古代文体论的艺术宝库。

3. “以盛唐为法”

在《沧浪诗话》中，严羽反复强调“以汉魏晋盛唐为师”，“当以盛唐为法”。主张师法盛唐诗歌。而他所以倡导以盛唐诗歌为取法典范，又是基于两大原则：一是“入门须正”，二是“立志须高”。从《沧浪诗话》的其他地方论述中可以看出，他认为“本朝诗人”中，对诗“作奇特解会”的苏黄与江西诗派诗人，属于“入门不正”；“独喜贾岛、姚合”的四灵与江湖派诗人属于“立志不高”。关键都是不知“诗之宗旨”，所以也就不知作诗之道。对盛唐诗歌，严羽总结为“雄浑悲壮”四字。他认为高岑诗是雄浑悲壮的，也是盛唐之音的显示。相反，他不喜欢中唐的孟郊、贾岛，认为他们的诗歌“直虫吟草间耳”。

（三）较强的系统性

《诗话》分五部分，其中《诗辨》以“以禅喻诗”为理论核心，全面论及作者关于诗学与诗歌美学方面的基本主张，是全书的理论纲领；《诗体》主要探讨中国古代诗歌体制和诗歌流派发展演变的情况；《诗法》着重阐释诗歌创作的技巧与法则；《诗评》侧重品评以唐诗为主体的历代诗人诗作；《考证》对作品、选本及字句真伪、舛讹进行辨证和考订。该书论诗从诗歌内容到艺术形式，形成一个比较完整的体系。

其中，《诗辨》集中反映了严羽的诗学观点。以禅喻诗，以禅论诗，重在诗歌审美意识的探讨，通过提出关于诗学的一些说法，来研讨诗人的审美能力、审美活动和诗歌的审美标准、审美特征等重大理论问题。

1.“真识”说

严羽论诗，关键在一个“识”字。《诗辨》开宗明义地指出“夫学诗者以识为主”。感叹“正法眼之无传久矣”，又说“看诗须着金刚眼睛”，“具一只眼”，要求“识太白真处”“识真味”，均从“识”字上生发。并且一再表白：“倘犹于此而无见焉，则是野狐外道，蒙蔽其真识，不可救药，终不悟也。”严羽强调的“识”与“真识”，指的是诗歌创作和诗歌鉴赏中所必须具备的一种审美能力。这种审美能力，或者叫艺术鉴赏力，首先表现在对诗歌的审美特征的认识和诗歌品位高下的辨别上面。这不是生理上的快感，而是精神上的愉悦，是心理上的快感。只有具备辨别诗歌审美特征的能力，然后才能言诗。如果没有“真识”，没有审美能力，诗歌创作和诗歌欣赏也就难以实现。

2.“妙悟”说

严羽“以禅喻诗”的具体体现是“妙悟”说的提出。他认为“禅道惟在妙悟，诗道亦在妙悟”“惟悟乃为当行，乃为本色”。严羽论悟，是从禅宗处借喻而来的。在禅宗学说之中，悟乃是指一种直指本心，不立文字的独特把握对象本体，心与物冥的意识活动。佛教认为，佛理本体是不可以用语言来说明与认识的，唯有借助于某种神秘的心领神会才能获得，即禅宗六祖慧能所言“诸佛理论，若取文字，非佛意也”（《宋高僧传》卷八）。“禅道”与“诗道”是两个截然不同的范畴。所谓“妙悟”，应看作是诗歌审美活动中的一种思维方法，即审美经验积淀的入门之道。妙悟就是要能领悟和表现出诗歌的艺术规律和审美特征。包含审美鉴赏和审美创作两个方面。就审美鉴赏而言，妙悟是审美经验的积淀，要求全面理解和把握前人诗歌所创造的最高层次的审美意境，深刻洞察其艺术特性和丰富经验。审美鉴赏中的妙悟，除了心领神会之外，还往往借助于情感的参悟。就创作而言，妙悟主要指诗歌创作的形象性，符合诗歌创作的艺术思维规律，正确处理好“词、理、意、兴”的关系，达到词、理、意、兴的统一。严羽倡导妙悟说的最终目的无非是通过从悟到妙悟，从渐悟到顿悟的审美活动，领悟、体味诗歌的审美特性，创造诗歌的艺术美，达到浑然天成的最高层次上的审美境界。这就是妙悟说的真谛所在。严羽以后，妙悟作为一种新的审美心理学说，在宋代以后的画论、书论、文论、曲论方面产生了很大影响。境界论也是在这种以妙悟为特征的心理基础之上生成的。

3.“兴趣”说

在论及诗歌审美特征时，严羽指出：“盛唐诗人惟在兴趣，羚羊挂角，无迹可求。故其妙处透彻玲珑，不可凑泊，如空中之音，相中之色，水中之月，镜中之象，言有尽而意无穷。”（《沧浪诗话》）提出了盛唐诗歌最突出的审美原则和审美特征，就是“兴趣”。所谓“兴趣”，就是诗歌抒情性与遵循艺术思维规律所创造的含蓄蕴藉之美和谐统一的一种审美情趣。作者运用一连串的比喻，来说明诗歌的这种审美情趣所具有的基本艺术特征，既富有朦胧空灵、含蓄蕴藉之美，又具有“言有尽而意无穷”之味，诗歌的艺术美也因此更加典型化、审美化、情趣化。兴趣说虽然也有白玉之瑕，如有人批评他忽视了对哲理的审美情趣。但若斥之为“唯美主义”，则失之偏颇。作为盛唐诗歌审美经验的积淀，兴趣说强调了诗与一般的文章及文学作品的根本区别，突出了诗的情感性、趣味性等审美特质，从而揭示了诗歌创作的独特艺术规律与要求，对于力挽唐风以救宋人之失、对于诗歌审美特征和艺术规律的探讨有不可磨灭的贡献。

4.“入神”说

严羽论诗的审美标准是入神：

> 诗之极致有一，曰入神。诗而入神，至矣，尽矣，蔑以加矣！惟李杜得之，他人得之盖寡也。(《沧浪诗话》)

他认为诗歌至善尽美、达到无以复加的艺术造诣，就是“入神”。他从汉魏风骨和盛唐气象的诗歌星空之中，以入神为审美标准，准确地找出李杜双子星座，标举李杜诗歌为唐人模式，倡言“以盛唐为法”。由此可见，严羽的入神，并非仅仅指九品中的某种风格和诗歌境界，而是泛指诗歌艺术的最高境界，即他一再称颂的汉魏、盛唐诗之高妙处。境界是诗之本，入神则使诗歌的艺术境界臻于完美。

五　两宋的词学理论

宋词虽被称为一代之盛，但在理论上总体建树不大，这是因为文人学士多把它看作小道，不想在此领域中下大功夫。只是随着词的发展，各种流派的出现，引起了许多不同的看法，产生了争论，于是在理论上也就有了专门的言论与著述。

(一) 李清照的《词论》

李清照的《词论》是文学批评史上已知的第一篇正式的词学专论，它代表着北宋词论的最高水平。从文中所叙盛唐以来词的发展与演变情况推断，该文当作于南渡之前。

在《词论》中，李清照认为诗与词同源而异流，诗与词的界线泾渭分明，因此词“别是一家”。这是《词论》的理论核心，是李清照词学批评的基本出发点，也是宋代词学注重词体艺术的本体精神的表现。强调词的特点，对探讨词的特殊性有积极意义。因为一种文体形成之后，作家确是应该根据它的特点进行写作，才能使内容与形式得到最大限度的协调，产生完美的作品。围绕着“词别是一家”这一核心问题，李清照阐释了其基本含义：

一要雅。雅关乎词品。李清照是北宋后期致力于词雅化的代表人物之一，她不满中晚唐品格低下之词，肯定南唐君臣之词“尚文雅”，又批评柳永词“词语尘下”，反映了文人士大夫阶层清高的雅趣。

二要有情致。情致关于内容。她批评秦观词“专主情致，而少故实”。实际上是肯定秦观词的重情致，只是不满他只关注情致而不及其他。从李清照的创作看，她也是非常重视词的情致的。严声律加上重情致，才能构成形式与内容的完美统一，产生感人的艺术效果。

三讲故实。故实的意思，当与典故的运用及学养相关。李清照虽称赞少游词专于情致，但又以其“少故实”为憾，就是要求词既富于情致，又要尚气格。苏轼最赏识少游词，也说“犹以气格为病”。胡仔《苕溪渔隐丛话后集》也说“少游词虽婉美，然格力失之弱”。可见气格柔弱是少游词的不足。要气格高，学养就要高，只有在传统思想文化的陶冶中，气格才能逐步提高。与少游相比，黄庭坚的学养可谓深厚得多，所以就词的气格而言，一般认为黄庭坚以气格胜，秦少游以情致胜。但黄庭坚又走到了“尚故实，而多疵病”的极端。李清照认为黄庭坚一味炼字炼句，“以故为新”“夺胎换骨”也有不足之处。可见李清照要求用典要圆通灵活。在李清照看来，情致与气格应结合在一起，词作既要情致婉约，又要雍容大气。

四要铺叙。这主要指慢词而言。柳永是铺叙手法运用较多的词人。词主抒情，当以比兴为主，但慢词篇幅较长，为把情、事叙写和勾勒清楚，善铺叙也是少不了的。之后秦少游继承了这一写法，至周邦彦则集大成。周济评说清真词是“愈勾勒愈浑厚”。由于晏几道的词多小令而少慢词，小令不便铺叙，所以李对晏“苦无铺叙”的批评并不全面。

五要浑成。这是就整个词境而言。诗、词至于浑成，方达到最高境界。有佳句而无佳篇，算不得好词。所以要浑然一体，就要内容与形式各要素整合成一个有机整体。从这一要求出发，李清照批评了张先、宋祁等人“虽时时有妙语，而破碎何足名家”，这是一针见血的批评。诗歌的发展，在六朝时期也曾经历过有名句无名篇的阶段，如谢灵运的诗，词的发展也有类似的情形。李清照指出这一点，对促进词创作的进步有积极意义。

六要协律。作为音乐文学，协律是词的最基本特征，词的创作既是“倚声填词”，就应合于词谱的规范，合于词曲的要求，以便于歌唱。这种规范又表现在两个方面：一是不只要协调平仄与韵脚，还要合于音乐的要求；二是语言要流畅顺口。欧苏以议论入诗，已经不合于诗的本色特征，更何况又引入于词，李清照说这是“句读不葺之诗”“不协音律”，指的就是这些词忽略了词作为音乐文学的基本特征。她要探讨的，是词的文学性与音乐性完美结合的经验。她进而提出了“五音”“五声”“六律”“清浊”等一系列具体标准。她认为，合乎声律标准的词应该具备分五声与六律的相关条件。柳永的词虽然“词语尘下”，不够文雅，但能“变旧声作新声”“协音律”，故应高度肯定。而晏殊、欧阳修、苏轼等人所作歌词“往往不协音律”，流为“句读不葺之诗尔”，即变成句子长短不齐的诗，丧失了词的特点。

这里，对以苏轼为代表的“以诗为词”的创作现象显然是不满的。苏轼的一些词作，偶有不合音律的现象，这是事实；但连晏殊这样北宋前期的重要词人也被她列入不协音律之列，可见李清照对音律的要求绝非一般人所能达到。而一旦对词的音律要求达到了苛刻地步，以声害词、以声害意的问题就必然会出现。这是她词论的不足之处，也可以说词体变化雅化的标志之一，宋代作家普遍精通音律当与此有关。

（二）王灼的《碧鸡漫志》

王灼的《碧鸡漫志》是一部专门论词的笔记体专著，共五卷。第一卷阐述词的渊源和宗旨，第二卷品评唐宋词人词作，第三、四、五卷考证词调来历。

王灼词学的基本观点是：诗与歌同源，所以诗与词便应同体。《碧鸡漫志》说：

> 故有心则有诗，有诗则有歌，有歌则有声律，有声律则有乐歌。永言即诗也，非于诗外求歌也，今先定音节乃制词从之，倒置甚矣。而士大夫又分诗与乐府作两科。古诗或名曰乐府，谓诗之可歌也。

诗、歌同源，早有定论。王灼则以此为依据，提出了诗词同体的主张。归纳起来，他的理由主要有三：首先，不应“分诗与乐作两科”，认为诗既可歌，即可被之管弦。其次，反对“先定音节，乃制词从之”，认为倚声填词是本末倒置。最后，反对侧词艳曲的传统观念，主张歌同诗一样，可起到道德教化的作用。李清照在肯定这种发展与演变的同时，强调了词与诗相区别的一方面，王灼则过分强调了二者的联系，从根本上否定二者应有的区别，以致也否定了诗与词的这种发展演变。

从这种认识出发，在评价唐宋词人时，王灼最肯定的是苏轼，极力贬斥的是柳永与李清照。甚至笑话易安居士晚节流荡无归，作长短句能曲折尽人意，轻巧尖新，姿态百出，闾巷荒淫之语，肆意落笔，自古缙绅之家能文妇女，未见如此无顾籍也。

王灼的诗词一体论有着不容忽视的价值。王灼首先充分肯定苏轼突破旧有传统词风，勇于创新，面对种种非议“不顾侪辈”的勇气，以及苏轼以诗入词的做法。更重要的是，他明确指出了苏轼对北宋词坛的重要贡献在于“偶尔作歌，指出向上一路，新天下之耳目，弄笔者始知自振”。就是说苏轼的创新精神是健康向上、令人耳目一新的。他一扫词的浮艳、绮靡之词风，给世人带来了一股清新之风。王灼称柳永、李清照词词品低下，与实际情况相去甚远，不够公允。

（三）张炎的《词源》

张炎的《词源》二卷，是宋代最著名的词学理论著作。上卷专论音律，论述词律及词曲唱法，且附《讴曲要旨》一篇，详论五音十二律、律吕相生及宫调、管色等，并以图解说明之，对于词乐及词曲音律学研究有重要价值。下卷专论文词，阐释作者自己关于词学的见解，对词与音律的关系、词法与词评等方面进行了较为全面的表述。《词源》是唐宋词学的总结和后代词学的指南。《词源》的主要内容有：

1. 声律论

《词源》大部分篇幅在讨论词的音律。张炎认为，词要“雅正”，首先必须符合音律的标准。第一条《音谱》就说：

> 词以协音为先，音者何，谱是也。古人按律制谱，以词定声，此正“声依永”“律和声”之遗意。雅词协音，虽一字也不放过。

他年轻时曾师从词学家兼音乐家杨缵，特别称赞杨缵的“持律甚严”。他特地将杨缵的《作词五要》附录于《词源》之后，而《作词五要》的前四条便是择腔、择律、按谱、随律押韵，都是有关音律的论述。他阐释的主张，充分反映出格律派词人在协音合律方面的严格要求。自李清照论词强调五音五声六律以来，协音合律是南宋格律派词人谈得最多的一个问题，《词源》可视作是对这种探讨的一个系统、全面的总结。但由于过度讲究协律，他们在创作中都有严重的因协律而害文意的倾向。《音谱》中就记载：其父张枢作“惜花春起早”词，中有“琐窗深”之句，深字不协，改为幽字，又不协，再改为明字，歌之始协。上三字都是平声，只是将齿音改成唇音。但深字与明字意义正相反，却不以为意。

2. 骚雅论

对雅正的追求，是宋代词论的一个历史性话题。苏轼以诗入词，就有提升词品，使之雅化的意味。李清照主情致、尚典重，这种雅化的追求更鲜明了。南宋后期以姜夔为代表的雅词创作和沈义父的《乐府指迷》等总结雅词创作技巧的著作，更为张炎的雅正论铺平了道路。张炎《词源》一书的序言中，开门见山地指出：

> 古之乐章、乐府、乐歌、乐曲，皆出于雅正。

在“雅正”理想的追求上，张炎提出了一个新的概念，即骚雅。以骚雅代替传统的雅正是张炎词论雅化的独创之处。他在书中多次提到骚雅，如：“白石词……不惟清空，又且骚雅，读之使人神观飞越。”“美成词……惜乎意趣却不高远，以白石骚雅句法润色之，真天机云锦也。”倡雅主要是克服词的流俗，倡骚则是进一步的艺术要求，要克服直肆、粗悍之弊。骚雅之倡有向传统言志论靠拢的迹象。婉约派偏重词的特征与技巧骚，如李清照等；而豪放派偏重词的思想与内容雅，如胡寅等。而张炎的骚雅把两者较好地整合在一起，说明宋代词论在张炎手中达到了融会贯通。

3. 清空论

清空论在张炎词学中占有重要位置：

词要清空，不要质实。清空则古雅峭拔，质实则凝涩晦昧。姜白石词如野云孤飞，去留无迹。吴梦窗词如七宝楼台，眩人眼目，碎拆下来，不成片段。此清空质实之说……白石词如《疏影》《暗香》……不惟清空，又且骚雅，读之使人神观飞越。

在张炎看来，“清空”是与“质实”相对的一种风格。他认为姜夔的词“如野云孤飞，去留无迹”，正是清空的范例。质实则相反，多执着于所描写的事物的外在形貌，且意象排列密集：“吴梦窗词如七宝楼台，眩人眼目。”又缺乏整体浑成的艺术美感：“碎拆下来，不成片段。”所以，词风不免晦涩板滞。张炎把姜白石和吴文英拿来作为清空与质实风格的例子，对后者显然包含贬义。这种论调实际上反映了婉约派的一次分化。同样注意形式，但如吴文英一派作家，辞语秾丽，结构细密，然失之于晦涩。这种词风由周邦彦开其端，由吴文英承其流，在形式的琢磨上还未达到无斧凿痕的程度。张炎要求提高一步，用疏快的词语表达超尘脱俗的情趣。

4. 意趣论

在《词源》中，意趣是和清空相关的一个范畴，或者说是形成清空风格的一个主要因素。张炎在《词源》中提出：“词以意为主，不要蹈袭前人语意。”接下来举了苏轼《水调歌头》（明日几时有）、《洞仙歌》（冰肌玉骨），王安石《桂枝香》（登临送目）和姜夔《暗香》（旧时月色）《疏影》（苔枝缀玉）等五首词作，评说这些词皆“清空中有意趣，无笔力者未易到”。可见，清空和意趣是密不可分的，而且能达到这种境界的词作并不多，皆为大家。张炎在《杂论》中批评周邦彦的词“意趣都不高远”，就是因为周词写男女爱情时，多流于浅白，而不及姜夔的爱情词那样多用柳梅的寄兴手法含蓄写出。张炎词论重意趣，正是司空图诗论中“味外之旨”和苏轼“言有尽而意无穷”的艺术原则的表现，同时也与李清照的“重情致”说一脉相承。张炎的意趣论突出了词言情且委婉的审美特点，力图在艺术特征上把词与诗和曲区分开来。这一努力是值得肯定的。

由于张炎对词律、词作全面而深入的研究，揭示了词作为独立的文学门类应有的品格与风格，可谓体大思精，所以，张炎的审美理论对后代词学影响重大。元代前期的词论基本上是南宋词论，尤其是张炎雅正派词论的沿袭。陆辅之《词旨》中的“论词七则”就是根据张炎的《词源》总结出来的，其中第五则有“《词源》云清空二字，亦一生受用不尽，指迷之妙，尽在是矣”等语，对清空说推崇备至。张炎词学对清代词学的影响极大。以朱彝尊为首的浙西词派，曾极力推崇姜夔和张炎，朱彝尊自言：“浙西填词者，家白石而户玉田。”到了浙西词派后期，厉鹗又进行了发扬光大。

第二节　金代文学理论与文学批评

金代诗文理论著作不多，流传下来的更少，内容较丰富而又成体系的只有王若虚的《滹南诗话》和元好问的《论诗三十首》两种，其余散见在序引题跋一类文章中，数量也不太大。尽管如此，作为一代之文学理论和批评，也不能漠视。

一　朱　弁

朱弁是金初的“南冠诗人”，他在羁留金国期间写下了《风月堂诗话》，多是对北宋文人轶事的追忆，也有作者对前人诗歌所作的评论。朱弁论诗尤其看重“自然之妙”“浑然天成”。因此，对杜甫极为推崇，并引东坡之言做评价：“老杜自秦州越成都，所历辄作一诗，数千里山川在人目中，古今诗人殆无可拟者。”他对苏轼也是推崇备至，云：“东坡文章，至黄州以后人莫能及，唯黄鲁直诗可以抗衡。晚年过海，则鲁直亦瞠乎其后矣。或为东坡过海虽不幸，乃鲁直之大不幸也。”(《风月堂诗话》卷上）杜甫由秦入蜀的纪行诗和苏轼遭贬南迁之后的诗文都是诗人亲身体验的产物，全然不假借雕琢工夫，但却给人“浑然天成”之感，得到朱弁的高度评价。他还说：“李义山拟老杜诗云：‘岁月行如此，江湖坐渺然’，直是老杜语也。其他句……置之杜集中亦无愧矣，然未似老杜沉涵汪洋、笔力有余也。义山亦不自觉故自立门户成一家。后人挹其余波，号‘西昆体’，句律太严，无自然态度。黄鲁直深悟此理，乃独用昆体功夫，而造老杜浑成之地，今之诗人少有及者。此禅家所谓更高而一着也。”(《风月堂诗话》卷上）

李商隐虽句律谨严，但有自然态度；黄庭坚虽用“昆体工夫”，却能造浑成之境，且他们都能自立门户成一家。因此，朱弁对李商隐和黄庭坚也就颇多肯定。朱弁这些论诗主张对金初诗歌创作产生了重要的影响。

二　周昂

周昂是金朝中期的重要诗人和理论家。元好问在金亡后编选《中州集》时收录了周昂的诗歌100首，入选数量为全书之冠，可见其在金代文坛上的地位之高。周昂没有专门的文学理论著作存世，但他的一些文学观点保存在其外甥王若虚的《滹南诗话》中，主要表现为两个方面。

（一）文以意为主

周昂论文强调内容，他说：“文章以意为主，以言语为役，主强而役弱，则无令不从。今人往往骄其所役，至跋扈难制，甚者反役其主。虽极辞语之工，而岂文之正哉?”（元好问《常山周先生昂》）这里所讲的意与言语相对，指文章的内容。他认为文章应以内容为主，以形式为辅。如果过分强调形式而忽视内容，就不是

"文之正"。他还说"文章工于外而拙于内者，可以惊四筵而不可以适独坐，可以取口称而不可以得首肯"。认为文章徒具华美的形式只能带来一时的哗众取宠，而不会得到人们内心的认可，只有充实的内容才可以经得起人们的考验。这实际上仍是强调文章内容的重要性。

（二）巧拙相济

周昂重视文章的内容，但并没有忽视形式。相反，他认为形式要更好地为内容服务。他说：

以巧为巧，其巧不足。巧拙相济，则使人不厌。唯巧者，乃能就拙为巧。所谓游戏者，一文一质，道之中也。雕琢太甚，则伤其全；经营过深，则失其本。（《滹南诗话》）

他反对以巧为巧和过分雕琢的做法，主张巧拙相济，亦即在充分表达内容的前提下适当注意形式美。周昂在前代诗人中最推崇杜甫，而不喜欢以黄庭坚、陈师道等人为代表的江西诗派。他有《读陈后山诗》云："子美神功接混茫，人间无路可升堂。一斑管内时时见，赚得陈郎两鬓苍。"认为陈师道作诗过分强调形式技巧，因而与杜甫相去太远。他还说："鲁直雄豪奇险，善为新样，固有过人者；然于少陵初无关涉，前辈以为得法者，皆未能深见耳。"认可黄庭坚诗雄豪奇险的风格，也肯定其诗的创新"固有过人处"，但其作诗之法与杜甫全然不同，相差太远。说明他虽在一定程度上肯定形式技巧的重要性，但从根本是看，仍是以内容为主的。由于材料有限，表述得也不太明白，我们还无法确切地指出其所谓的"真谛"，他的许多观点为其外甥王若虚所继承。

三　赵秉文

赵秉文是金代中后期的文坛盟主。他没有专门谈诗论文的著作，只在一些书信序跋中也表达了他的文学观点，如《答李天英书》《答麻知几书》《竹溪先生文集引》等，撮其要点有二。

（一）广师博学，自成一家

赵秉文提倡广泛学习古人，尽得诸人所长，然后才能卓然自成一家。他认为，后人必须在学习古人的基础上才能自创一格，而学习的重点在古人的文辞表达和艺术技巧等方面。如果完全脱离古人，一味追求新奇，就会导致言不成语，使别人看不明白。他对各种不同的风格都非常认同：

尝谓古人之诗，各得其一偏，又多其性之似者。若陶渊明、谢灵运、韦苏州、王维、柳子厚、白乐天得其冲淡，江淹、鲍明远、李白、李贺得其峭峻，孟东野、贾浪仙又得其幽尤不平之气。若老杜可谓兼之矣。然杜陵知诗之为诗，未知不诗之为诗。而韩愈又以古文之浑浩溢而为诗，然后古今之变尽矣。太白词胜于理，乐天理胜于词。东坡又以太白之豪、乐天之理合而为一，是以高视古人，然亦不能废古人。（《答李天英书》）

他认为古代有成就的诗人“各得一偏”，已足以名家。因为他们的诗皆“其性之所似”，也即充分表现出他们自己的个性，具有独特的风格，所以能自成一家。而杜甫和苏轼这样伟大的诗人之所以能出于众人之上，是因为他们能“兼众人之所长”。

（二）因事遣辞，辞以达意

赵秉文《竹溪先生文集引》说：“文以意为主，辞以达意而已。古之人不尚虚饰，因事遣辞，形吾心之所欲言者耳。间有心之所不能言者，而能形之于文，斯亦文之至乎！”与周昂一样，他认为文章以内容为主，言辞是为表达内容服务的。文章的言辞应是“不尚虚饰”“达意而已”。也就是说，言辞的作用或功能就是把作家内心的情感充分表达出来。因此，在文章的语言风格上，他主张平易自然，反对奇险怪异。他说“亡宋百余年间，唯欧阳公之文不为尖新艰险之语，而有从容闲雅之态，丰而不余一言，约而不失一辞，使人读之者亹亹不厌，盖非务奇之为尚，而其势不得不然之为尚也”。对欧阳修文章的语言做了高度的评价。

四　李纯甫

李纯甫是金代后期文坛盟主。论文之作可考的有《闲闲集序》和《西岩集序》两篇，前者今已不存，后者于《中州集·刘汲小传》中有所保存。另外，在刘祁的《归潜志》中也记录了他谈论诗文的一些零碎片段。大体而言，李纯甫的文学观念表现在以下两个方面。

（一）诗无定体，唯意所适

李纯甫在《西岩集序》中对齐梁“永明体”以及初唐“沈宋”等人讲究格律声韵有所批评，对晚唐诗人效法李商隐、江西诸君子模拟黄庭坚的做法极为不满。他之所以反对格律声韵，反对使事用典、模拟雕琢，是认为过分讲究形式技巧会影响情感的自然表达。

（二）以心为师，各言其志

李纯甫在《为蝉解嘲献》诗中说：“倚杖而吟如惠施，字字皆以心为师。千偈澜翻无了时，关键不落诗人诗。”刘祁《归潜志》说他“教后学为文，欲自成一家”“当别转一路，勿随人脚跟”。强调写诗作文要“以心为师”，也即自由充分地表情达意；强调“不落诗人诗”，要能“自成一家”。实际上，也只有“以心为师”“各言其志”，才能“不落诗人诗”，才能“自成一家”。无论是庄子散文的汪洋恣肆、苏轼散文的行云流水，还是卢仝、李贺诗的奇诡艳丽、杨万里诗的“活泼刺底”，都极具个性色彩，这与李纯甫主张“以心为师”“各言其志”的观念是契合的。再加上他狂放不羁的个性和坎坷曲折的经历，导致其诗文创作不受拘束，自由地表达自己的情感，充满了强烈的个性色彩，表现出恣肆奇险的风格。

五 王若虚

王若虚是金代后期一位重要的文学家和理论批评家，生平颇好议论，著有经史论辨33卷，或议论先儒之是非，或指责前史之疏谬。他的文学思想主要体现在《滹南诗话》《文辨》和一些论诗诗中。王若虚曾从师其舅周昂，论诗自然也深受其舅影响，大致有如下几个方面。

（一）贵自得

王若虚《滹南诗话》说："古之诗人，虽趣尚不同，体制不一，要皆出于自得。至其辞达理顺，皆足以名家，何尝以句法绳人者!"论诗看重"自得""辞达理顺"。他高度赞赏谢灵运"池塘生春草"之句，认为是"天生好语，不待主张"，就在于这是自然之工，而非技巧之工。他认为东坡才识虽高，也因"集中次韵者几三之二"，而受到他的指责，认为"去古人益远"。

（二）主真情

王若虚《滹南诗话》说："哀乐之真，发乎情性，此诗之正理也。""文章唯求真是而已。"强调要表达真情实感。因此，他对黄庭坚的诗是不赞赏的："山谷之诗有奇而无妙，有斩绝而无横放，铺张学问以为富，点化陈腐以为新，而浑然天成，如肺肝中流出者不足也。""铺张学问"自然与情感无关，当然不会从"肺肝中流出"，也就缺乏感人的力量。他甚至认为"鲁直论诗，有'夺胎换骨''点铁成金'之喻，世以为名言，以予观之，特剽窃之黠耳"。批评十分严厉。

（三）尚平易

王若虚在诗话中高度评价白居易的诗："乐天之诗，情致曲尽，入人肝脾，随物赋形，所在充满，殆与元气相侔……而世或以浅易轻之，盖不足与言矣。"也极为赞赏苏轼的文章："东坡，云中龙也，理妙万物，气吞九州，纵横奔放，若游戏然，莫可测其端倪。"（《滹南诗话》）而他本人也是"文以欧、苏为正脉，诗学白乐天"。金末刘祁也说他"贵议论文字有体致，不喜出奇，下字止欲如家人语，尤以助词为尚"（《归潜志》）。可见，平易自然是他一贯的主张。

另外，王若虚还擅长语法修辞之学，在鉴赏评论具体作品时，往往字斟句酌，颇有见地。

六 元好问

元好问是金元两代最杰出的文学家和批评家，他的文学理论集中体现在《论诗三十首》等论诗诗、《中州集》作家小传以及一些碑铭序引等文章中。《论诗三十首》最为著名，是诗人28岁时所写的一组论诗绝句，系统地评述了自汉魏以迄宋末一千年间的诗歌创作，以作家作品评论为主，涉及诗歌本原论、传统论、创作论、风格论等诸多方面，目的是辨别正伪，为当时的诗歌发展指明正确的方向。

（一）诗歌本原论

元好问在《杨叔能小亨集引》中阐明了他对诗歌本原的看法，“诗与文特言语之别称耳。有所记述之谓文，吟咏性情之谓诗，其为言语则一也”。他认为诗和文都是以言语为载体，二者的区别在于：诗主情，文主事。也即他认为诗歌的本质在于情感。“唐诗之本”，即为“温柔敦厚”“蔼然仁义”之情，也即雅正之情。

（二）诗歌传统论

针对当时诗坛盛行尖新奇巧的状况，元好问标举风雅传统，要重新恢复正体，强调以诗三百为源头，以五言古诗为正脉。他所认可的是《古诗十九首》以及建安七子、阮籍、陶渊明、谢灵运、陈子昂、杜甫、柳宗元、韦应物、白居易等诗人的创作。

（三）诗歌创作论

在诗歌创作方面，元好问有许多具体的主张。一是强调要有真实的体验，“眼处心生句自神，暗中摸索总非真”。二是主张抒发真情实感，赞赏阮籍“纵横诗笔见高情”，批评潘岳“心画心声总失真”。三是主张自然天成，他欣赏谢灵运的自然，“池塘春草谢家真，万古千秋五字新”；赞美陶渊明的天然，“一语天然万古新，豪华落尽见真淳”。四是反对苦吟雕琢，他瞧不起江西诗派，“诗肠搜苦白头生，故纸尘昏枉乞灵”；批评陈师道闭门觅句，“传语闭门陈正字，可怜无补费精神”。五是反对烦冗缛丽，他指责陆机，“斗靡夸多费览观，陆文犹恨冗于潘”。六是反对俳谐怒骂，他说“曲学虚荒小说欺，俳谐怒骂岂诗宜”？等等。

（四）诗歌风格论

在诗歌风格境界方面，《论诗三十首》风流蕴藉，推崇魏晋文人的慷慨激昂，赞美陶渊明的真淳简淡，赞赏北朝民歌的自然质朴，钦慕李白的壮丽，反对柔婉华靡，鄙视软弱无力……元好问这种审美追求是与北方率直简易的文化传统、鲜卑族率真豪放的民族性格、北方雄莽广阔的山川地理、金末动乱多难的时代氛围有很大的关系。

元好问的文学批评还表现出很多特征，诸如责任感、使命感、诗史观念和辩证态度以及变通意识等等。他面对金末文坛纷纭迷乱的现状，要以“诗中疏凿手”自任，对千百年的诗史进行梳理，辨别正伪，区分清浊，给时人指出一条正确的发展道路，体现出当仁不让、高度自信的责任感和使命感。同时，他把不同时期的诗人联系起来进行比较，如把晋朝的刘琨与建安时期的曹植和刘桢相比较（《论诗三十首》其二），把柳宗元和谢灵运联系起来（《论诗三十首》其二十），体现了很强的诗史观念。而且，他在具体的批评中讲究辩证地看待问题，如对李商隐、苏轼、黄庭坚等人的评价就并非全面肯定或否定，体现出相当灵活的态度。尤其值得注意的是，他的一些看法也是发展变化的，有一个历史过程。如他早年对诗人的雕琢苦吟多持批评的态度，而随着生活阅历的增加和创作体会的深入，意识到创作也不完全是自得天成，写作技巧、雕琢功夫也是很重要的。因此，在他晚年编《中州集》以保存一代之史，在撰写的作家小传中，对那些苦吟的诗人就更多理解，也更多肯定了。

七　刘　祁

刘祁在《归潜志》中记录了金代文坛诸大家的论文要旨及其相互论争的情况，其中也表露了自己的文学观。

（一）文各有体

刘祁认为各种文体都有自己的特点和要求，在语言的使用上不能相混，否则就是失体。《归潜志》说：

> 文章各有体，本不可相犯，故古文不宜蹈袭前人成语，当以奇异自强。四六宜用前人成语，复不宜生涩求异。如散文不宜用诗家语，诗句不宜用散文言，律赋不宜犯散文言，散文不宜犯律赋语，皆判然各异。如杂用之，非惟失体，且梗目难通。

他评论赵秉文和李纯甫的创作时说：“赵于诗最细，贵含蓄工夫；于文颇粗，止论气象大概。李于文甚细，说关键宾主抑扬；于诗颇粗，止论词气才巧。故余于赵则取其作诗法，于李则取其为文法。”认为赵、李于诗文各有所长，作法各异，其中也体现了“文各有体”的看法。

（二）以情论诗

刘祁理解诗本发其喜怒哀乐之情，如使人读之无所感动，非诗也。认为诗的本质在于情，若无情便不能感动人。“予观后世诗人之诗皆穷极辞藻，牵引学问，诚美矣，然读之不能动人，则亦何贵哉?”（《归潜志》）只讲究形式技巧，缺乏真情实感的诗，不能称之为好诗。“古人歌诗，皆发其心所欲言，使人诵之至有泣下者。今人之诗，惟泥题目、事实、句法，将以新巧取声名，虽得人口称，而动人心者绝少，不若俗谣俚曲之见其真情而反能荡人血气也。”古人之诗能感动人在于抒发真情，今人之诗不能动人是因为缺乏真情。“唐以前之诗在诗，至宋则多在长短句，今之诗在俗间俚曲也，如所谓《源土令》之类。”把“唐以前之诗”“宋之长短句”与“今之俗间俚曲”相提并论，也是强调文学中的真情，由此对金代民间的俗谣俚曲也多有肯定。这种重视俚俗的见解在当时是难能可贵的，对明代李梦阳的“真诗乃在民间”之说有直接的影响。

（三）崇尚奇古

金末文坛大体分为两派，以赵秉文为首的一派崇尚平实，以李纯甫为首的一派崇尚奇古。刘祁常追随李纯甫游学，故受其影响较大，崇尚奇古之风。刘祁还说“余于赵则取其作诗法，于李则取其为文法”。这看似对赵、李两人都有所学，但其所学乃在写作技巧。而此言崇尚奇古，则是侧重于作品风格，故两者并不矛盾。他称赞评李汾“乐府歌行尤奇峭可喜”；推许李纯甫“为文法庄周、左氏，故其词雄奇简古，后进宗之，文风由此一变”；评雷渊“为文专法昌黎，尤长于叙事。诗杂坡、谷，喜新奇”；评李经“天英为诗刻苦，喜出奇语，不蹈袭前人，妙处以莫能及”；评宋九嘉“为文有奇气，与雷希颜、李天英相埒也”（《归潜志》）；评李夷“为文尚奇涩，喜唐人，作诗尤劲壮，多奇语”；等等。刘祁喜用“奇峭”“雄奇”“新奇”“奇语”“奇气”，甚至于“奇涩”等词语来做评价，且多为肯定性评价，可见，他崇尚奇古的文风。

第三节　元代的文学理论与文学批评

元代的诗文理论批评，上继两宋，下开明清，在中国文论史上具有重要地位。以往的文学批评史研究，对元代文学理论批评重视不够，近些年有些改观。元代文论家中，较为著名的有方回、郝经、刘因、戴表元、袁桷、赵文、刘将孙、黄溍、柳贯和杨维桢等人。

一　方回的诗学理论

方回是一位诗人，也是一位诗论家，他在中国诗史上的贡献，主要在理论而不在创作。

前人评方回为“江西诗派”之后劲。以今人的眼光看，他对诗学的贡献，体现在他对江西诗派的改造之功，具体说则是：创“一祖三宗”之说，上溯杜甫为江西诗派初祖，完善江西诗派法系；以“圆熟”济“格高”为江西诗学崇尚纠偏；系统总结江西诗派诗法。《瀛奎律髓》卷二十六说：

> 古今诗人，当以老杜、山谷、后山、简斋四家为一祖三宗，余可配飨者有数焉。（《瀛奎律髓》）

宋末的“江西诗派”百弊丛生，那么其病因何在呢？方回认为，其最重要的原因是诗人们眼界狭窄，不能广泛学习，转益多师，因此引杜甫为初祖，改革江西诗派。

江西诗派在审美趋向上追求所谓“老境”美，追求诗歌的“劲健”美，标举“格高”。格高在诗风上的表现也是劲健，指瘦硬劲折、豪壮质朴之风格。为达此要求，方氏认为作诗应“律为骨，意为脉，字为眼”，通过高标立意与锤炼字句章法以显扬高格。按照格高的要求，他批评宋末“四灵”、江湖诗派及其所师法之晚唐姚合、许浑等人诗“体格太卑，对偶太切”“而气象小矣”。以江西诗派之瘦硬劲壮力诗风矫宋末诗坛之萎靡风气。

面对宋末诗坛的现实，他既想横扫宋末诗靡弱之习，又要救江西末流粗硬之弊。要扫萎弱之弊须倡导格高，要变粗硬恶习又须济之以圆熟。过度提倡圆熟又恐流为尘腐，因而又必须坚持“格高为第一”，又提倡“圆熟”，二者相对又互补，不可偏废。所以他说：“诗先看格高而意又到语又工为上，意到语工而格不高次之，无格无意又无语下矣。”（《瀛奎律髓》卷二十一曾茶山《十二月六日人雪》批）

另外，关于诗料的运用，宋末江西末流和“四灵”、江湖走了两个极端。正如袁桷所批评的“粹书以为诗，非诗之正也。谓舍书而能名诗者，又诗之靡也”（《清容居士集》卷四十八《书汤西楼诗后》）。方回对这一问题思考比较深入，他说，诗人应该“书无所不读而不用之于诗，天真自然，薄世故，遗外物”（《刘光诗跋》）。诗人不能在诗中表现学问，读书的目的是提高诗人的学养，他要求诗人“无一书不读以养其力”，若有“数万卷之心胸气力鼓舞跳荡”，那就能“有一斡万钧之势而不见其用力，有一贯万古之胸而不觉其用事”（《送胡植芸北行序》）。

方回对宋代以来的诗法做了系统的总结。以江西派诗为主的宋代诗论家对诗歌格法做了很多探讨，包括诗的命意、结构、格律、句法、对偶、用字等。但其见解往往载于短札和谈片，散见于有关文集、诗话、笔记等著作里。《瀛奎律髓》把这些零碎的意见集中在一起，加以系统化，并通过评点作品的方式把它们具体而明白地显示出来。这对后人学习和借鉴，是非常有益的。

二　郝经、刘因的诗文理论

元初郝经和刘因承继元好问的诗文主张，又各自加以发展，形成了带有北方地域共同倾向性的文学主张。

1. 适应文化重建和政权建设的需要，推崇有用之文

郝经文论给人印象最深刻的，是重视文之用，由于重视用，便特别强调文章的质与实，反对巧和丽。在那个特定的历史时期，文章之大用，就是“救时行道”。他认为，大乱之世，正是文人挺身用世之时，所以他坚决反对工巧而无用之文。

刘因与郝经论文的着眼点不同，但他同样强调文章之用，主张“取诸家之长贯而一之”，“以为有用之文”（《静修集》卷一《述学》）。与政治家郝经的“救时行道”之用不同，作为学者的刘因，他强调的文章之用乃是学术的“经天维地”。在刘因这里，强调文之用，就包含了对宋金之世徒务文采与工巧的否定，也包含了对“颜状未离乎婴孩，高谈以及乎性命”空疏无用之理学文风的否定。郝经和刘因所论，着眼点虽各不同，而归趣则一：文要有用。这在当时，是颇具现实意义的，也是适合社会需要的文学理论。

2. 文学问题的理学哲学思考

宋元理学对文学的影响有两个层面，浅层的影响，即理学家重道轻文对文学的消极影响，比如尽人皆知的“作文害道”说，“作诗妨事”说。而深层次的影响，即理学精神向文学的渗透，理学的概念和命题进入文学理论，用理学之哲学眼光探讨文学问题。在这一层次上，则有利于文学问题的研究和认识的深入。郝经、刘因运用理学的哲学理论研究文学问题，为文学理论的深化做出了贡献。有些结论，却恰恰走向了理学前辈们的反面。这其中最有影响的是郝经的“内游”说。

郝经的“内游”说是针对中国传统文论中“江山之助”说提出的。宋人以为，文章需要奇气，而这奇气有赖于作者的游历。郝经对此有不同看法，他称这种游历为外游，“其得也小，故其失也大”。与其外游，不如内游。“内游”指凝神定性的心性修养，使其精神进入一种虚灵神明的境界。达到这种境界和状态的途径，一是读书造道，一是积义养气，是理学家追求的人格修养的一种内修和静养功夫，也是二程的“定性说”和孟子的“养气说”在作家修养论上的阐发。理论出自道家的心游和儒家的艺游。

三　戴表元、袁桷的诗学理论

戴表元是元初东南影响一时的诗文名家，也是著名文论家。袁桷从学于戴表元，与表元是一脉相承。袁桷（1266—1327），字伯长，庆元鄞县（今浙江宁波）人。桷少承家学，博学多才。《四库全书总目》称其：“文采风流，遂为虞、杨、范、揭等先路之导。其承前启后，称一代文章之巨公，良无愧色矣。”在元代诗文发展史上，他扮演了重要的角色。戴表元和袁桷师徒生活在文风转变时期，他们批判宋末诗文之弊，提出自己的文学主张，在推动当时诗风转变中起了重要作用。

1. 宗唐复古诗风的倡导

元代诗学的一个基本走向，是批判宋诗之弊，主张律诗学唐、古体学汉魏晋。在当时反思宋诗倡导学唐的潮流中，戴表元是最为积极和突出的一位。他的弟子袁桷也是积极倡导者之一。因此可以说，宗唐复古，是戴表元师徒文学主张最引人注目之处。戴表元《洪潜甫诗序》说：

> 始时汴梁诸公言诗，绝无唐风。其博赡者谓之义山，豁达者谓之乐天而已矣。宣城梅圣俞出，一变而为冲淡，冲淡之至者可唐，而天下之诗非圣俞不为，然及其久也，人知为圣俞而不知为唐；豫章黄鲁直出，又一变而为雄厚，雄厚之至者尤可唐，而天下之诗于是非鲁直不发，然及其久也，人又知为鲁直而不知为唐。非圣俞、鲁直之不使人为唐也，安于圣俞、鲁直而不自暇为唐也。迩来百年间，圣俞、鲁直之学皆厌，永嘉叶正则倡“四灵”之目，一变而为清圆。清圆之至者亦可唐，而凡枵中捷口之徒皆能托于“四灵”，而益不暇

为唐。唐且不暇为，尚安得古！

这就是今人概括的“宗唐得古”之论。戴表元所谓的“唐”，主张学习有唐一代一切有成就、值得学习的诗家和流派，以“唐人数家”为百卉，不偏主一卉，也不失一卉。学各家之长，弃各家之短，才能形成自己的风格而自名家。

袁桷对宋诗的反思更为系统和全面。他认为，宋诗有“三宗”：即王安石代表的“临川之宗”，苏轼代表的“眉山之宗”，和黄庭坚代表的“江西之宗”（《书汤西楼诗后》）。王安石倡导学唐，但此宗后继乏人，于是唐音为宋调取代。以苏轼为代表的“眉山之宗”和以黄庭坚为代表的江西诗派，成为宋诗之主流。袁桷对此“三宗”并无多少贬词。宋诗之弊，自南宋中期“以道德性命为宗”，苏、黄之体也已衰落，于是诗始弊。宋季流行的“四灵”、江湖，和江西末流，或“粹书以为诗”，或以为“舍书而能名诗”，都非正途，是应该抛弃的。在他这位诗学复古论者的眼中，唐宋之际为诗歌发展的分界，他肯定唐及其以前的诗，而程度不同地批评宋各派诗。他提倡宗唐复古，目的并不在于要恢复汉魏古意和唐人风调，他是要为建设新的诗风文风，也即为形成“盛世之文”“治世之音”服务的。

2. 对理学危害文艺的批判

宋代理学兴，由于理学宗师对文艺所持的排斥态度，理学对于文学产生了相当大的负面的、消极的影响。戴表元、袁桷是批评理学害文的主力。概括他们的论述，最主要的有以下两点：其一，理学家以诗言理，反对诗歌之摹写物象，以至使诗不能成章：“至理学兴而诗始废，大率皆以模写宛曲为非道，夫明于理者犹足以发先王之底蕴，其不明理则错冗猥俚，散焉不能以成章，而诿曰：‘吾唯理是言。’诗实病焉。”（《乐侍郎诗集序》）用理性思维取代诗歌的形象表达，从思维和表达这一基点上违背了诗歌特性，是造成“诗病”的根本问题。其二，以诗言理，正如佛、道讲道之偈颂，重蹈玄言诗之覆辙，“宋世诸儒，一切直致，谓理即诗也，取乎平近者为贵，禅人偈语似之矣”（袁桷《清容居士集》卷四十九《书括苍周衡之诗编》）。诗需要情志意趣，不着力追求诗的性情韵味，反而追求“直致”与“平近”，使诗无情无味，是南辕北辙，只能越来越弱化和远离诗性。

3. “无迹之迹，诗始神”：关于材料与精神的辩证法

这是戴表元提出的一个诗学命题，是一个极富辩证色彩的命题。《剡源集》卷九《许常卿诗序》一文中说：

> 酸咸甘苦之食，各不胜其味也，而善庖者调之，能使之无味；温凉平烈之药，各不胜其性也，而善医者制之，能使之无性；风云月露，虫鱼草木，以至人情世故之托于诸物，各不胜其迹也，而善诗者用之，能使无迹……无味之味，食始珍；无性之性，药始匀；无迹之迹，诗始神也。

文章继承了先秦体味学说，发展了钟嵘滋味说、司空图味外之味和苏东坡至味说，味与无味在于作家的独创，不着痕迹的神韵，才是最高境界。

四　赵文、刘将孙的诗学性情论

宋末著名诗论家刘辰翁影响一时，执弟子礼的赵文和儿子刘将孙，都是元初著名的文论家。赵文（1239—1315），字仪可，一字惟恭，号青山，庐陵（今江西吉安）人。在宋为国学上舍生，后入文天祥幕抗元。入元曾隐居不仕，后出为东湖书院山长，寻授南雄儒学教授，有《青山集》。刘将孙（1257—?）字尚友，元初官临汀书院山长、延平教授，仁宗时荐授光泽主簿，有《养吾斋集》。他们诗文理论中最有价值的是诗学性情论。

赵文论诗有一个响亮的口号："人人有情性，则人人有诗"，当然并不是说所有的人都是诗人。要理解他这一口号的含义，先得了解他之所谓"人"。他有一个很能显示其独特见解和思维个性的说法，叫作"今世诗多而人甚少"。在《诗人堂记》中，他关注到宋亡科举废后，原来攻四六时文以应举的人都作起诗来，于是诗歌创作一时大盛，以诗谋进，成为手段。赵文对他们是鄙视的，把他们排除在"人"之外了。他之所谓"人"，只指在漫漫红尘中尚能"介然自守"者，这些人以其高尚之怀，自然有"人"之情性，这其中，"有能为诗以咏歌其情性，谓之诗人可也"（《青山集》）。在有了以上的认识铺垫后，我们再来看他"人人有情性，则人人有诗"之论。其《萧汉杰青原樵唱序》云：

> 萧汉杰出所为诗号《青原樵唱》示余。或曰：樵者亦能诗乎？人人有情性，则人人有诗，何独樵者？彼樵者，山林草野之人，其形全，其神不伤，其歌而成声，不烦绳削而自合。宽闲之野，寂寞之滨，清风吹衣，夕阳满地，忽焉而过之，偶然而闻之，往往能使人感发兴起而不能已，是所以为诗之至也。

在他看来，只有那些无功利目的，无富贵之求，人格完整，孤介自守的高尚之士，无意为诗而自然兴会，"往往能使人感发兴起而不能已"，感动读者，启发人意。这样的诗是真诗。这样的诗中，才有诗人真实的自我，才是诗人真情性的自然流露。这应该是赵文"人人有情性，则人人有诗"这一口号的真实含义。赵文充分尊重个性、倡导个性的诗学性情论，是以诗人的高尚人格为前提的。

刘将孙的性情论，可以称为自然性情论。他认为诗是诗人"一时自然之趣"，认为"人间好语，无非悠然自得于幽闲之表"（《本此诗序》）。诗的抒情应遵循自然的法则，他称这种自然之趣为"天""天成""天趣"。他《养吾斋集》卷十《九皋诗集序》说：

> 九皋者，幽闲深远处也，而鹤则乐之……岂非去人愈远，于世若疏，其声

之不可闻，而天者遂与之一……人声之精者为言，言之又精者为诗。使其翩翩也皆如鹤，其诗之矫矫也如其鸣于九皋，将人欲闻而不可得闻。诗至是，始可言趣耳。夫诗者，所以自乐吾之性情也，而岂观美自鬻之技哉！欣悲感发，得之油然者有浅深，而写之适然者有浓淡。志尚高则必不可凡，世味薄则必不可俗。

从他的自然性情论的观点看，诗是非功利的，它只是“自乐吾之性情”，只是诗人“一时自然之趣”，得之油然，写之适然，是人的自然之情与天地自然之趣的融合，人与自然为一，诗则不知其所以然而得之。诗要得性情之真，就要消除一切世俗之想，排除所有功利目的，回归自然，回归本心，恢复最原始的诗性精神。

刘将孙的自然性情论认为，艺术必须符合自然的法则，这自然的法则就是“天者”，在“天者”面前，人为的东西显得非常的渺小和微不足道：

盖尝窃观于古今斯文之作，惟得于天者不可及。得于天者，不矫厉而高，不浚凿而深，不斫削而奇，不锻炼而精。若人之所为，高者虚，深者芜，奇者怪，精者苦……两汉以来，六朝南北，盛唐名家，岂不称雄一时？而竟莫之传者，天分浅而人力胜也。(《养吾斋集》卷十一《须溪先生集序》)

他从风格论的角度，进一步阐发了他纯任自然的性情论。诗道性情，得天趣，才有生命，有灵性，才是活的艺术。如果扼杀了诗的性情，不管这种扼杀是因过分地讲究技巧，蹈袭常格，还是扼杀于道理与学问，也就扼杀了诗的生命，缺乏趣味，也便不再是艺术，诗也就可以不作了。总之，是要任“天分”而不要凭“人力”。

五 黄溍、柳贯的诗文理论

黄溍和柳贯都是元中期婺州人，是元中期金华之文的代表性作者。其诗学理论和主张也有不少很有价值的东西。柳贯（1270—1342）字道传，号蜀山居士，婺州浦江人。以学问文章有名于当时，擢翰林待制兼国史院编修官，门人私谥文肃。

黄溍的文学思想受心学的影响比较明显，论诗主张“诗生于心而成于言”：

夫诗生于心而成于言者也。今之有心而能言者，与古异耶？山讴水谣，儿童妇女之所倡答，夫孰非诗？彼特莫知自名为诗耳。或者幸能探幽发奇，使组绣之丽，被于草木，是固知以诗自名，而非孟子所谓“诗”也。(《黄文献公集》卷四《题山房集》)

师心必然崇尚自然，这是师心意义的引申和拓展，由此我们可以更充分地认识他这段话的理论意义。

受心学我心即是宇宙，心外无物哲学观念的影响，他提出了“物我混融，境智冥合”的重要命题，发展了唐宋以来以禅论诗所形成的意境说。他说：“竹，物也；动静，境也。物我混融，境智冥合，则静且不有，而况竹乎?”要求审美应该“善观物而不物于物”（《跋静竹斋记》)。当物我混融为一时，即无物无我，当然既无动静也无竹，人的精神完全处于一种灵明虚静之境，在审美观照中，体验主客观的混然为一。在有我无我之境外，寻得境界两无说。

更为重要也更有价值的是，他“诗成于心”所要强调的，是诗以写“胸中之趣”“胸中之奇”以及“胸中之磊落轩昂峥嵘者”。这样我们才能真正认识他“诗成于心”的理论价值。今人对元代晚期倪瓒画论“写胸中逸气”之说给予高度评价，黄溍这些诗论，早于倪瓒且深于倪瓒，其价值无疑是应该充分肯定的。

柳贯也是师心尚今论者，在这方面，他与黄溍有着共识。他对这一问题的阐释，是很有意义的。他认为，诗不过写我心而已，他在《自题钟陵稿后》一文中说：

> 余之诗，出诸余心，宣诸余口，无隽味以悦人，无鸿声以惊俗。上不足以企乎古，下不足以贻诸今。不过如嵇康听锻、阮孚之著屐，以足吾之所好而已……余山中人，旦夕受代东归，以是诗置诸山中，则林猿野鹤，其将有以谅之矣。

在这里，他彻底消解了诗的神圣与庄重，也抛弃了儒家文论加在文学身上的种种重负，它不传道，不言志，不美刺，无须黼黻皇猷，无须兴观群怨，还了诗歌一个彻底的自由身。它只有一个目的，那就是“足吾之所好而已”。他认为，好诗应“神超韵胜”，得自自然，“思与境会，脱口成章，自有一种奇秀之气”（《题赵明仲所藏姚子敬书高彦敬尚书绝句诗后》)，无须义理与学问，谢绝雕琢与锻炼，要有“天趣”而不“损天和”，如此而已。

六　杨维桢的诗学理论

与赵文、刘将孙一样，杨维桢认为诗出情性，其诗学性情论充分地体现了其个性精神，他说：

> 诗得于师，固不若得于资之为优也。诗者人之情性也。人各有情性，则人各有诗也。得于师者，其得为吾自家之诗哉！（《东维子集》卷七《李仲虞诗序》)

他以资反对模拟。所谓资、情性、情，都是意义相近的概念，指人的性格、情趣、志趣、气质、修养、境界等，多数时候并不直接指人的感情，而基本上属于人的个性的范畴。我们看他较为具体的论述：

> 评诗之品无异人品也，人有面目、骨骼，有情性、神气，诗之丑好高下亦然。风雅而降为骚，骚降为十九首，十九首而降为陶、杜，为二李，其情性不野，神气不群，故其骨骼不庳，面目不鄙。嘻！此诗之品在后无尚也。下是为

齐梁，为晚唐、季宋，其面目日鄙，骨骼日庳，其情性神气可知已。嘻！学诗于晚唐、季宋之后，而欲上下陶、杜、二李，以薄乎骚雅，亦落落乎其难哉！然诗之情性神气，古今无间也。得古之情性神气，则古之诗在也。然而面目未识而谓得其骨骼，妄矣；骨骼未得而谓得其情性，妄矣；情性未得而谓得其神气，益妄矣。(《东维子集》卷七《赵氏诗录序》)

他关于面目、骨骼、情性、神气之论，是他诗学的重要理论，所以也是他反复强调且希望其弟子们用心体认的。吴复在为杨维桢《铁崖古乐府》作序时就说："复学诗于先生者有年矣，尝承教曰：认诗如认人，人之认声认貌易也，认性难也，认神又难也。习诗于古而未认其性与神，罔为诗也。"

读以上两则材料，我们应当注意两个问题：第一，杨维桢以情性论诗，但他更重视诗之"神"或称"神气"。第二，"神气"较之"情性"，更能反映诗人的个性，强调神气，也就更强调个性。而他之强调学习古人之情性、神气，则是针对诗坛的模拟之风而发的。他在《吴复诗录序》中批评说："后之人执笔呻吟，模朱拟白以为诗，尚为有诗也哉？故摹拟愈逼而去古愈远。"强调个性就是强调个体的创作，人各以己之情性为诗，就不可能有模拟的问题："诗得于言，言得于志。人各有志有言以为诗，非迹人以得之者也。"但如果古今诗人有心灵相通处，其诗精神有相合处，则不属于模拟。他以东坡和陶诗为例说明："东坡和渊明诗，非故假诗于渊明也，其解有合于渊明者，故和其诗，不知诗之为渊明？为东坡也？"(《东维子集》卷七《张北山和陶集序》)。"迹人"，也就是模仿、仿效别人。苏轼的和陶诗，不是模仿，自是东坡诗而非渊明诗。

思考题

1. 宋代文学理论批评的主要成就。
2. 辽金元文学批评的特色。

【参考书目】

1. 张少康：《中国文学理论批评史》，北京大学出版社，2005年版。
2. 王运熙，顾易生：《宋金元文学批评史》，上海古籍出版社，1996年版。

后　记

《中国文学史》（辽宋夏金元卷）按照时代顺序由黄震云、王兆鹏、胡传志、赵维江、查洪德主编。撰稿人分工如下：

第一章、第二章：黄震云、王兆鹏、胡传志、查洪德；

第三章：黄震云、王兆鹏、曾维刚、董希平、闵泽平、霍志军；

第四章：胡传志、王兆鹏、霍志军、裴兴荣；

第五章：查洪德、任红敏；

第六章：黄震云、王兆鹏、胡传志、裴兴荣、查洪德、闵泽平；

第七章：黄震云、王兆鹏、闵泽平、姚圣良、裴兴荣；

第八章：胡传志、王兆鹏、闵泽平；

第九章：查洪德、任红敏；

第十章：王兆鹏、赵维江；

第十一章、第十二章：王兆鹏；

第十三章：赵维江、潘莉、韩宏韬、余长保、黄伟；

第十四章、第十五章：黄震云、裴兴荣、花志红；

第十六章、第十七章：苗菁；

第十八章、第十九章：黄震云、谢建忠、龙建国、苗菁。

本卷章引言：黄震云。

本卷策划：王兆鹏、黄震云、查洪德。

本卷统稿、定稿：黄震云。

本卷审校：一、二校，黄震云、裴兴荣；三、四、五、六校、终校，黄震云。

协助审校：姚圣良、许芳红、沈文雪、崔蕴华、罗世琴、成敏、马宗昌、孙娟。

全书主编方铭最后审核了本卷初版内容。

根据有关教材使用反馈及协商意见，我们对本册教材进行了少量的增补和必要的修订。本版增补工作由黄震云完成，校订工作由北京语言大学于静、伊雯君协助完成。

黄震云

2016 年 6 月 9 日